法学与法治建设研究文丛

孟庆瑜 主编

RESEARCH ON JURISPRUDENCE
AND RULE OF LAW

4

河北大学一流大学建设项目经费资助

家事诉讼比较研究
——以子女利益保护为主要视角

A Comparative Study
on Domestic Litigation
—A Viewpoint from the Protection of Children

陶建国 著

法律出版社 LAW PRESS·CHINA

总　序

“完善和发展中国特色社会主义制度，推进国家治理体系和治理能力现代化”是党的十八届三中全会确立的全面深化改革的总目标。在实现这一总目标的过程中，法治发挥着至关重要的作用。《中共中央关于全面推进依法治国若干重大问题的决定》进一步深刻指出，“依法治国，是坚持和发展中国特色社会主义的本质要求和重要保障，是实现国家治理体系和治理能力现代化的必然要求”。因此，如何将国家治理的现代化目标与全面推进依法治国的战略布局相结合，实现国家治理的法治化，不仅是党和政府需要全面推进的重大改革任务，而且是广大社会公众，特别是广大法律、法学工作者必须积极参与的重大系统工程。正是在这样一个特定的时代背景下，河北大学国家治理法治化研究中心适时成立和运行，并成功获批为河北省高等学校人文社会科学重点研究基地。

河北大学国家治理法治化研究中心是依托河北大学人大制度与地方立法研究中心、河北省政府法治研究中心等学术机构，整合法学、政治学、经济学、社会学等多方面的科研力量创建的，与河北省人大常委会法制工作委员会、河北省人民政府法制办公室、河北省人民检察院和河北省高级人民法院等国家机关和法律实务部门之间已建立交流与合作长效机制。中心拥有一支政治素质高、业务能力强、富有团队协作和创新精神的专兼职相结合的学术队伍，主要围绕人大制度与地方立法、政府法治与政府执行力、社会治理与法治创新、京津冀协同发展与地方法治等方向开展科学研究、人才培养和社会服务等工作。迄今为止，中心在课题研究方面，承担国家社会科学基金项目近10项，其中，中心负责人孟庆瑜教授主持承担的国家社会科学基金重点项目《京津冀区域生态环境协同治理政策法律问题研究》实现了河北省在该领域的突破；在决策咨询与服务方面，接受省人大法制工作委员会、省政府法制办公室、省人民检察院等部门委托，承担委托起草、专家论证、立法后评估、检察公信力测评等工作40余项；在学术交流方面，承办或协办第三届海峡两岸能源经济与能源法学术交流会、第六届中国农村法治论坛、第九届中国财税法前沿高端论坛、中国经济法学研究会2015年年会等多次全国性学术会议。

《法学与法治建设研究文丛》是河北大学国家治理法治化研究中心创设的，由法律出版社负责出版的研究成果转化平台，着力对法学研究和法治建设方面的原创性或实用性成果予以资助出版，以期能为推进国家治理体系和治理能力现代化这一总目标的实现提供必要的理论支撑和决策参考。

河北大学国家治理法治化研究中心

《法学与法治建设研究文丛》编辑委员会

2015年12月

目录

引　言

家事案件为涉及婚姻家庭方面的纠纷案件，归属于民事诉讼范围。家事案件的具体种类较多，主要表现为离婚案件、分居案件、监护权纠纷案件、探望权纠纷案件、抚养费给付案件、亲子关系案件、收养关系案件等。有的国家将遗产继承以及离婚后的财产分割案件也归入家事案件范围，但属于与身份关系有关的附随性案件。家事案件与普通民事案件有所不同，具有公益性、社会性和责任连带性的特点。家事纠纷的解决具有"前瞻型"特性，法官审理的重点问题不是如何化解此前的矛盾，也不单纯以追求当事人孰是孰非为目的，而是重在调整未来的人际关系，促使父母离婚或分居后继续维持与子女之间的关系，并能够在自主合作基础上履行子女抚养计划。而普通民事案件的解决属于"回顾型"，法官重在处理当事人之间已经发生的纠纷，并不对当事人的未来生活关系作出安排。

家事案件的特殊性要求国家对此类案件制定独特的审理规则，对此，一些国家制定了专门的家事案件程序法，指引法官正确适用司法程序。更为重要的是，各国通过修改家族法，为法官建立了审理家事案件的实体规范，甚至一些国家的家族法中针对家事纠纷特点建立了特别的程序规则。在司法机构的设置上，有的国家建立了单独的家庭法院，即使未建立单独家庭法院的国家，也在普通民事法院中设置了审理家事案件的法庭（仍然被称为家庭法院）。家事法官不仅需要法律专业知识，而且需要具备较丰富的社会阅历、人生经验，并掌握调解和交流的技术。

各国家族法或家事程序法均规定,家事案件的审理以未成年子女利益最大化为原则。家事纠纷涉及未成年子女利益的维护,国家必须在法律上以特殊方式对其进行倾斜性保护,法院不再使父母对其子女的自然权利成为各自主张的主要基础。传统上被置于首位的父母个人利益,同子女和社会利益相比较,几乎已放到了末位。为了贯彻子女利益最大化原则,各国在家族法中为司法者设置了审理家事纠纷的标准,例如,在监护权归属和变更、探望权行使方式、抚养费给付等方面要求司法者遵循一定的认定标准。但立法必然具有抽象性和滞后性,在适用这些实体法时,法官会根据个案情况在子女利益保护原则下对立法进行解释并作出裁决,随着岁月的流逝,各国积累了丰富的相关司法判例。

在程序法方面,国外注重未成年子女在程序中的地位,听取子女的意见。为了确保子女的利益不被侵害,要求即使离婚或分居的父母就监护权、探望权、抚养费问题达成合意,法官也必须对合意内容进行实质审查,以了解其内容是否符合子女的福祉。美国、韩国等国家规定在诉讼程序中,为了让离婚或分居的父母达成合理的子女抚养计划,法官有权命令当事人接受父母教育。在国外的家事诉讼程序中存在子女利益代理人制度,通过利益代理人维护其程序和实体上的权益,子女利益代理人不是单纯的程序代理人,其重要作用在于通过与子女交流,了解子女的意思表示,向法院提出纠纷解决的意见,使纠纷解决结果更加符合子女的福祉需要。家事案件依职权调查证据,实施证据调查者无论是法院人员还是社会机构工作人员,都必须在子女利益保护原则下进行证据调查,在向法院提交的报告书中,应当就如何解决纠纷以符合子女利益提出建议。在离婚或分居诉讼中,父母双方必须对子女抚养费给付问题作出安排或由法院作出裁判。一些国家制定了抚养费给付标准,但又允许法官在遇有特别情况时变更相关标准,各国在抚养费标准的变更方面形成了一些具有重要意义的司法判例,考察国外的这些判例,可以较好地了解国外法院在遇到离婚或分居的父母发生生活变化时,如何考量抚养费与子女利益需要之间的衡平关系。

家事案件与普通民事案件的不同还表现在法院判决的履行方面。作为普通民事案件,当事人自主履行判决确定的义务时,不需要国家或社会机构的介入或帮助,因为这种自动履行能够满足债权人的利益。而在家事案件中的探望权判决履行过程中,即使当事人主动履行判决,也还是存在依靠自身力量难以解决的一些问题。例如,探视子女的场所、子女的接送、探视过程中争议的处理、探视过程中子女遭受暴力行为等,均需要第三方介入。在国外,法院针对探望权人存在暴力、虐待、酒精或药物依赖等情形,可以作出在第三人监督下探视子女的判决,这种判决的履行必然需要第三人的介入。对此,国外特别关注探望权判决履行的社会支援制度的建设,并因此形成了各具特色的支援机制。

总之,在子女利益最大化原则下,法院在家事诉讼中的功能发生了改变。在监护权、探望权、抚养费纠纷案件中,法院的作用不仅仅定位于当事人之间纠纷的解决,而更要对当事人以及案件所涉未成年子女的未来生活作出合理安排,有效维护家庭关系的稳定,促进未成年子女健康成长,并对当事人履行法院判决行为进行监督和调整。

鉴于法院在家事诉讼中的特别作用,国外的法院在解决家事纠纷过程中注重调解,为当事人提供接受咨询、教育、指导的机会。法院通过各种方法,消除父母间的对立,让其将子女福祉问题作为离婚或者分居时考虑的重点。在一些国家,法院内部设置家庭顾问(社会学、心理学、教育学家等),专职调解员,心理医师等职务,目的是在涉及子女利益案件中,通过家庭法院的专家或调解员为当事人提供法律咨询、进行调解或者为法院提供心理鉴定意见。然而,仅凭法院自身的努力是难以保障家事案件的审理和判决的履行能够满足保护子女利益之需要的,法院必须与不同的社会机构进行协作。因此,在德国、英国、美国、日本等国家,某些公共机关、社会团体甚至个人成为家事诉讼中法院的有力支援者,为法院审理纠纷或监督判决的履行提供有实效性的援助。

本书以子女利益保护为视角,选择在家事诉讼方面较成熟的国家为考察对象,重点研究这些国家家事诉讼中子女利益保护程序的运行样态,法官对家族法上涉及子女利益的条款如何适用以及相关判例的演变。在研究体系方面,本书涉及 8 个领域,包括家事诉讼中的证据调查、子女利益保护人制度、离婚诉讼中的父母教育、监护权纠纷的审理、探望权纠纷的审理、探望权纠纷判决履行的社会支援、子女抚养费的审理和执行、跨国送交子女案件的审理等。在研究方法上,注重对各国立法模式、制度内容、司法判例的演变等内容进行比较研究。在考察共同性的同时,挖掘制度上存在的主要差异。对于监护权、探望权、抚养费纠纷案件的审理机制,将结合各国家族法上的实体标准研究司法实务中的法律适用问题,通过相关判例了解司法者如何在此类纠纷中贯彻子女利益保护之理念。这一程序法和实体法相结合的研究方法,避免了仅从家族法等实体法角度认知子女利益保护的意义,有助于从动态角度分析司法者如何适用和解释实体法,了解家族法立法和司法对离婚家庭生活的影响。

中国无论在家族法还是家事案件程序法立法方面尚不完善,例如,我国缺乏专门的家事诉讼程序法,婚姻法司法解释中有关家事案件程序规则的规定也非常少。再者,我国婚姻家庭立法中子女利益保护的表现明显缺失,例如,实体法上基本没有在子女利益最大化原则下就监护权归属和变更、探望权行使方式、抚养费标准的认定等方面制定指导法官司法的系列性标准。这致使我国目前在家事案件审理中,法官可能对子女利益的考量不足,即使一些案件的法官认识到了个案中保护子女利益的重要意义,但是由于家事法庭在内部人员配置、与社会机构的合作方面存在的问题,故而个案中的法官也往往觉得在保护子女利益方面无能为力。尽管在目前的家事诉讼审理制度改革试点活动中,一些法院也在做出一些新的尝试,比如,建立家事调查员制度、选任心理学家介入家事诉讼等,但由于尚缺乏全国统一的制度指引,各地在有关措施上仍然存在诸多问题。

本书的研究内容对我国建立和完善家事诉讼制度以及完善家族法立法具有一定的启示价值,有助于立法者了解国外家族法和家事案件程序法的立法特点,也为家族法以及家事程序法的理论研究者提供了系统性的参考资料,有助于研究者更全面、更深入地了解国外的理论、制度、司法实践的发展情况。

第一章　子女利益保护目的下的证据调查制度

家事案件实行职权主义模式,而普通民事案件则奉行当事人主义原则。根据职权主义的要求,在家事诉讼中,允许法院依职权调查证据,法院可以将当事人未主张的事实作为裁判基础,当事人自认的事实对法院没有约束力。家事案件实行职权主义原则的理由在于此类案件涉及纠纷当事人之外人的利益或公共利益。例如,在监护权、探望权、抚养费争议案件中,纠纷解决结果与未成年子女利益密切相关,关涉其未来的成长和发展利益。因此,法院不但需要消解当事人之间的对立情绪,还要关注裁判结果是否保护了子女的最大利益,这需要法院利用职权调查、搜集相关证据,而不能完全依照原告、被告之间的主张或证据进行裁判。各国家事案件中法院调查证据的方式基本有两种类型:一类是法院内部设置专门的法院调查官,审理家事案件的法官命令法院调查官进行证据调查;另一类是法院委托外部机构实施证据调查,向法院提交调查报告书,这些外部机构既有公共机关,也有民间组织,具有保护儿童权益、为家庭提供法律服务的职能。本书以英国、日本、德国、瑞典为考察对象,研究这些国家家事诉讼中证据调查的具体样态,思考如何确保证据调查结果有利于子女利益的保护。

一、英国家事案件调查官的证据调查

英国家事案件审判体制在法院系统内主要由三级构成:一是家事程序法院,设在治安法院中,由家庭问题专门小组的3名治安官开庭审理案件,他们可以处理涉及儿童的大多数家事案件，但是不能作出离婚或解除婚姻的判决，或者就婚姻财产作出法令。二是郡法院，郡法院可以审理离婚、家庭财产以及儿童案件。家事程序法院受理的案件如果案情复杂，可以将案件移送郡法院，或者将他们无权处理的案件移交郡法院。三是高等法院家事法庭，由其处理非常复杂的家事案件，以及具有涉外因素的家事案件。家事法庭的法官都经过特别挑选，且须接受有关儿童发展和社会工作实践等方面的专门训练，“以保证他们对每个家事诉讼法案的原理和思想具有清晰的认识，从而在审理中发挥更为积极的作用，而不仅仅是裁决者”。[1]

在英国，法院审理监护权纠纷以及探望权纠纷以及涉及子女财产权益纠纷等案件，无论是促成当事人和解还是作出判决，均依职权进行证据调查。例如，在父母离婚时，法院为了确保探望权合意或判决有利于未成年子女福祉的发展，委托儿童和家庭法院咨询与支援服务机构（Children and Family Court Advisory and Support Service，CAFCASS）中的家事案件调查官进行证据调查，了解未成年子女的意愿，未成年子女个人情况（出生、性别、性格、身体健康情况），父母情况，了解如何行使探望权有利于子女利益最大化，并向法院提交调查报告。儿童和家庭法院咨询与支援服务机构成立于2001年4月，属于公共机关。该机构整合了以前由感化服务署、地方管理的诉讼监护人和报告官服务署以及最高法院官方律师儿童部这3个部门提供的服务，以便更灵活地运用各种资源，充分保护儿童利益。主要开展的活动如下：一是涉及儿童福祉的家庭纠纷解决支援活动；二是参与儿童利益保护和促进活动；三是对涉及子女利益的家事诉讼提供法律咨询，必要时作为未成年子女的代理人参与诉讼；四是针对监护权纠纷、亲子关系纠纷、家事纠纷的和解进行事实和证据调查，向法院提出调查报告。儿童和家庭法院咨询与支援服务机构中的家事案件调查官从法律家、心理学家、社会学家中选任，要求有5年以上工作经验。英国全国有统一的选拔标准，选拔方式为面试。家事案件调查官必须经过最低1年的实务培训，培训内容包括促成家事纠纷和解的基本知识和技巧；处理财产和金钱问题、未成年子女福祉问题、夫妻间家庭暴力问题的能力。

离婚夫妻在涉及子女监护权、探望权问题上无法达成合意时，案件进入审

---

〔1〕 石雷：《现代英国家事案件审判体制的变迁及其启示》，载《时代法学》2012年第5期。

判程序,进入审判程序前,法官与诉讼当事人进行1小时左右的面谈,共同商议是否直接进入诉讼审理程序,可否在第三方支援下达成和解协议,如果确认确实不存在达成合意可能性时,法官决定进入诉讼审理程序,并向家事案件调查官发出调查命令,要求10周内提交调查报告书。法官对家事案件调查官就调查时的注意事项进行说明,一般称为"确认名单"。这些事项包括:(1)在考虑子女年龄和理解能力的基础上,把握子女的希望和感情;(2)子女身体上、情绪上、教育上的必要性;(3)目前的状况变化对子女产生的影响;(4)子女的年龄、成长背景、性格等;(5)子女正在遭受的或者可能遭受的精神上的痛苦;(6)父母及关系人的监护能力;(7)关于本案在1989年儿童公约法下的法院的权限范围等。家事事件调查官实施证据调查时,还必须遵守内务部制定的服务指南。该指南针对涉及未成年子女的案件,强调注意以下事项:(1)注意性别、人种、固有文化、宗教事项;(2)在性别、年龄、人种、语言障碍、教育程度等方面不差别对待;(3)充分理解个别事项。

调查官接到命令后,会见当事人和未成年子女,收集相关信息。在与未成年子女交谈而听取其意见时,必须考虑其年龄和理解能力,还应根据其理解能力说明调查的意义和报告的内容。调查结束后制作报告书,报告书除了提交给法院外,还应将复印件交送案件的诉讼代理人。法官作出判决时,基于自由裁量权作出判断,家事案件调查官报告书中的意见对法官没有绝对约束力,但是,如不采纳调查官的意见,则必须在判决书中明确记载理由。在判例上,允许法官为了获取证言,传唤家事案件调查官出庭陈述意见。当事人对调查官的证言有异议的,可进行质问。在家事案件调查官进行调查的过程中,当事人若对调查行为不满,可通过自己的律师或亲自向儿童和家庭法院咨询与支援服务机构的负责人进行投诉,由该机构有专门人员对投诉进行处理。[1]

二、日本家庭法院调查官的证据调查

(一)家庭法院调查官选拔方式及其职责

日本各家庭法院配有家庭法院调查官,符合学历条件的人均可报考该职

---

〔1〕 Children and Family Court Advisory and Support Service (CAFCASS), "Annual Report and Accounts 2004 - 2005 HC 109 - Gov. uk, pp. 31ff", Accessed October 1, 2008. www. gov. uk/government/uploads/system/. . . /0109. pdf.

位,合格者首先担任2年的家庭法院辅助调查官,经过2年研修后方可被任命为正式调查官,其主要业务领域为对家事案件和少年犯罪案件进行事实调查,向法院提供调查结果。家庭法院调查官招考一般每年6月进行,要求报考者一般具有社会福利学、社会学、心理学、教育学、法学等专业知识,大专以上学历。考试分两次进行,第一次考试合格者方可进入第二次考试。第二次考试内容除了临床心理学、社会心理学、社会病理学、家族社会学、教育方法学、教育心理学、儿童福利论和老年福利论等课程的论述题外(任选2科),还包括政策论文考试以及人物接待考试,人物接待考试通过考察考生的集体讨论能力和个别接待能力,了解其人际关系、性格特点、交流方式等是否适合担任家庭法院调查官。

家庭法院调查官的职责在日本《家事诉讼法》中有明确规定,其在家事诉讼中的主要任务是进行事实调查和证据调查。家庭法院调查官所进行的事实调查为家庭法院依职权调查证据的一种方式,这是家事案件实行职权探知原则的表现,而在普通民事案件中,由于实行当事人主义诉讼模式,法院并不依职权调查证据。家庭法院调查官的事实调查属于自由证明的资料收集程序,但由于其具有社会学等专业知识,因此,在调查事实时,其对于案件中关系人的性格、经历、生活状况、财产情况、家庭环境等利用医学、心理学、社会学、经济学等专业知识进行调查。

(二)证据调查方法

家庭法院调查官对人事诉讼中的有关事项进行调查,这些事项包括监护人的指定、探望权行使方式、抚养费支付方法等。对是否存在离婚事由以及关于财产分割并不进行事实调查。对于财产分割案件,司法实务上主要由当事人提出主张和举证,或者在法院书记官主持的事前准备程序中开示财产范围和处理方法。因此,可以说家庭法院调查官参与调查的事项主要是涉及未成年子女利益的事项。

对事实进行调查,应当在收到审理案件的法官对其发出事实调查命令后进行,一般来说,对于如何确定监护人的事实调查,一般在结束当事人询问和证人询问程序后向调查官发出调查命令,但是,对听取子女意见以及调查子女目前监护状况问题,可以与辩论准备程序或者证据调查程序同时进行。审理案件的法官在发出调查命令时,会确定案件事实调查的具体事项和范围,例如,监护权和探望权纠纷中，法官可以指示家庭法院调查官仅仅调查未成年的个人意思，也可以命令同时对父母的监护能力进行调查，甚至还可以更具体地指示对当事人的就业情况、收入现状、身心健康、家庭情况等进行调查。总之，家庭法院调查官主要按照法官的指示实施调查，不会超出调查命令指示的范围进行调查。[1]

家庭法院调查官所进行的事实调查具有专业性和科学性，但既然是事实调查，其目的仍然是为了认定事实和收集资料，使其调查报告中所陈述的调查意见被法院高度重视。在裁判实务上，调查报告发挥着类似鉴定的作用，但仍然不能忽视其认定事实之方法的特性。既然家庭法院调查官的事实调查以认定事实为目的，那么首先面临的问题就是针对何种事实的认定收集资料，在家事诉讼中，法院调查官调查的事实为纠纷事实，但需要注意的是，其事实调查并非调查事实发生过程，而是搜集与事实有关的资料，如未成年子女的监护状况、未成年子女的意见、成年监护案件中监护候补人的适格性等。其次面临的一个问题是调查方法，例如，在调查子女监护状况事实时，有多种方法可供选择，如听取父母一方或双方的意见、确认子女意见、访问学校、亲身对亲子间的交流进行考察等。家庭法院调查官是受法院之命实施调查的，法院确定需要调查的事实后，家庭法院调查官依据其所具有的专业知识搜集事实资料，即使是间接事实资料也在收集范围之内，例如，在离婚案件中，对于父母哪一方适合担任亲权人这一事实进行调查时，可以搜集子女目前和过去的监护状况、子女与双亲的亲和性、父母经济状况等诸多事实资料。经过综合考量进行判断。在探望权纠纷中，家庭法院调查官面见未成年父母时，从父母处了解子女此前的生活经历、现在的生活状况、健康状态、身心健康情况，还要了解此前的亲子间交流情况和今后与子女关系的处理方法等。调查官在与未成年子女见面时，要注重交流的地点和方式。一般来说，子女年龄较小的，应以家庭访问方式接触子女，在与子女共同聊天和游戏的过程中，关注其表情、态度、行为等情况；若子女年龄较大，则可在法院直接听取子女的意见。但无论利用何种方法，家庭法院调查官都注重选择最恰当方式听取子女的陈述和意见，确保子女在轻松的氛围内能够直率地

---

〔1〕 日本大阪地方裁判所：「人事訴訟事件における家庭裁判所調査官による事実の調査について」、http://www.courts.go.jp/osaka/vcms_lf/17_1_b3.pdf.，2015，6，12。

表达自己的想法。在有些案件中,未成年子女由于年龄较小或者担心父母的态度而不能直率表达意见时,家庭法院调查官还可以利用心理测试的方法了解子女的心理状态。[1] 另外,为了促使纠纷的解决有利于子女福祉,家庭法院调查官还可请求幼儿园、学校或儿童咨询机关提供帮助。

家事纠纷调解程序中也经常需要家庭法院调查官实施调查。有时,法院会命令其对全部事实搜集资料,有时可能仅命令其对部分事实进行调查,例如,在离婚案件中对谁适合担任亲权人进行调查,法院应将事实调查结果通知当事人,让当事人协商如何解决纠纷。如果当事人之间对立情绪仍然激烈,则法院应当制作调解方案。家庭法院调查官允许出席调解程序,其不但可以对调查的事实进行说明,还可促成当事人之间和解。

（三）家庭法院调查官的意见

根据日本《家事诉讼法》第 58 条规定,家庭法院调查官应以书面或口头方式向家庭法院报告事实调查结果,在调查报告中可以附意见。立法上并没有明确规定其提供的意见与调查结果的关系以及所附意见的内容方式,但有学者认为,调查官的事实调查与一般民事案件的事实调查不同,其对事实的调查并不明显表现为资料收集程序,实际上是其通过听取有关人员的陈述以及了解到的其他情况,通过自己的感官作用形成认识结果,因此,家庭法院调查提供的意见应当允许包括纠纷处理方式的认识,例如,对于父母离婚后哪一方适合被指定为亲权人的意见,如何认定子女的意见等,家庭法院调查官可以就事实认定发表意见。[2] 另外,在调查结束后的报告中,还可以就纠纷是否应当进行调解、是否应当进行裁判发表意见。

在报告书中附意见不属于家庭法院调查官之义务,立法上仅使用了"可以附意见"之用语,因此,在对部分事实进行调查时或者调查结果形成的资料中已经当然具有事实认定要素时,无须附加意见。2013 年 1 ~ 12 月,在审结的 11,840 件人事诉讼中,家庭法院调查官参与事实调查的有 956 件;在双方当事人参加庭审且以判决结案的 3136 件离婚诉讼中,有 456 件(占 14.5%)进行了

---

〔1〕 東京家庭裁判所事務局総務課:「輝く明日を家庭と少年に」、http://www. courts. go. jp/tokyo-f/vcms_lf/kouhoushi14. pdf. ,2015,9,12。

〔2〕 松原正明:「家事調停制度の基本構造」、『法政研究』2012 年 3 号。

事实调查。从调查事项来看，在向家庭法院提交了调查报告书的案件中，涉及“未成年人监护权”的调查事项最多，占 69.6%（491 件），其次为“听取子女意见”事项，占 32.2%（227 件）、“监护人确定”事实调查占 9.9%（70 件）。[1]

三、瑞典家事诉讼证据调查制度

瑞典的亲子法规定，父母离婚后以共同监护为基本原则。共同监护需要对未成年有重大影响的事项由父母双方作出决定，在特别情况下，如果父母共同监护反而影响子女的利益，则法院可以判决父母单方行使监护权。离婚后不与子女共同生活的一方有权利探望子女，这也是父母一方的法定责任，而子女也有与非共同生活的父母一方见面的权利。

在瑞典，夫妻离婚时，若有未成年子女，则法院必须同时对监护权和探望权进行处理。夫妻之间就监护权和探望权达成合意的，法院应对合意内容进行确认。只有在无法达成合意时，法院才作出判决。法院鼓励夫妻之间自主达成合意，避免利用判决解决问题，这是因为和解的内容更有利于未成年子女的利益，并且和解节省诉讼费用，还有利于减少父母之间的对抗情绪。对于离婚案件，法院可以命令离婚夫妻到“家族法事务所”接受调解，就监护权和探望权达成合意，若达成合意，则将合意内容在家族法事务所进行登记即可；若未达成合意，则案件再返回法院由法官作出判决。

家族法事务所为设立于瑞典各地的公共机构，该机构职员具有社会福祉学高等教育背景。主要承担以下业务：第一，负责解决夫妻离婚时未成年子女的监护权和探望权问题，包括受法院委托促成夫妻之间达成合意，接受法院委托对离婚案件中未成年子女抚养问题进行证据和事实调查；第二，确认亲子关系；第三，对收养子女者进行资格审查；第四，对家事纠纷的解决进行斡旋。

在夫妻离婚案件中，法院可以委托家族法事务所对如何确定监护权和探望权进行事实调查。接受调查委托后，家族法事务所书面通知离婚夫妻共同到事务所参加说明会，向双方当事人发送证据和事实调查说明书，说明调查程序和

---

〔1〕 最高裁判所事務総局家庭局：「事訴訟事件の概況－平成 24 年 1 月～12 月」、http://www.courts.go.jp/vcms_lf/jinso_gaikyou_h24.pdf.，2015，10，10。

家庭访问事项。如果夫妻之间存在家庭暴力倾向,则应当分别通知夫妻到事务所参加说明会,若未成年子女年龄较大,也可要求该子女参加。

说明会结束后,事务所的调查员将分别与父母见面,听取离婚后子女抚养方面的意见,实践中,调查员一般会连续多次听取父母意见。调查员还可以直接进行家庭走访,观察父母与子女之间的关系,倾听子女意见。调查员还可以走访幼儿园或学校,听取其他幼儿、学生、老师关于未成年子女与父母关系的陈述。必要时调查员可以到社会保险事务所、社会福利事务所、警察局等机构了解父母双方的相关生活记录,调查是否有犯罪前科等。

调查结束后,调查员制作调查报告书,在提交给法院之前,应当让父母阅读报告书,确认调查员是否存在误解其陈述等问题。调查员应当在报告书中提出如何处理监护权和探望权的提案,调查员有时会提出多种方案,并预测每种方案的结果,例如,其可以针对某一方案分析子女与母亲共同生活将产生哪些影响,与父亲共同生活有哪些有利的方面等。调查官进行和实施证据调查是一项需要付出耐心的工作,大部分调查都要进行数个月的时间。

调查员必须注重听取未成年子女的意见,有的调查员在进行家庭走访时听取意见,也有的调查员在经过多次家访与子女熟悉之后,让该子女到家族法事务所询问其意见。在家庭走访时听取子女意见的,为了避免突然到访造成子女的不安,一般要求父母事前介绍调查员个人情况和工作内容。如果父母已经分居,则应当分别在父母的住所会见子女,听取意见。

在询问子女的方式上,不允许让子女在父母之间做出选择,例如,原则上不进行“你想和父母中的哪一方共同生活”的提问,而一般会进行“和父亲在一起时都做些什么”“和母亲在一起时都做些什么”“在幼儿园都做什么活动”等提问,调查员通过询问尽量了解未成年子女日常生活和心情。另外,调查员在与未成年子女接触时,还应注重其年龄和发育程度,例如,对于年龄较大而能够陈述自己意见的子女,可以直接提出相关问题。但是,对于年龄较小的子女,则一般应采用做游戏、绘画、一起看卡通的方式来了解其感受。例如,调查员可以让未成年人画一幅住宅的图画,安排家人的住所,如果该子女将母亲安排在一楼,父亲被安排在三楼,则表明该子女有可能不喜欢和父亲共同生活。有的调查员在做游戏的过程中,让被调查的子女闭上眼睛进行想象,然后让其睁开眼睛,询问其想象到的事物,从中了解年幼的未成年子女心理状态。[1]

调查员进行调查的目的是使法院的判决能够满足维护未成年子女利益的需要,但实际上,如何把握这一问题有时较为困难。一些调查员在听取子女意见时,特别注意观察子女的意见是否有可能是在父母一方教唆下表达的。调查员认为,子女不应当成为父母一方的代言人,出于真心的意思表示最有利于其利益的需要。但是,有时即使在调查结束后,调查员也很难建议未成年子女与父母哪一方共同生活更有利于其福祉的发展,而只能考察子女与谁在一起能够避免陷入更大危险。在协助法院进行证据和事实调查的过程中,有的调查员并不敦促父母进行和解,但有的调查员尽量尝试促成和解,毕竟在父母自主沟通下达成的和解与判决相比更可能符合子女的利益。在审理探望权和监护权纠纷时,瑞典法院依据法律规定应当听取未成年子女的意见。在一些案件中,法官尊重未成年子女的意见,但也有的法官仅将未成年子女的意见作为参考,注重从实际上考虑如何判决有利于子女利益的保护。

作出判决后,有的法院还会向家族事务所寄送一份判决书,即使有的法院不寄送判决书,有的调查员也会向法院了解诉讼结果,毕竟调查员非常关心自己负责证据调查案件的诉讼结果。实际上,在很多案件中法官都会采纳调查员的建议。

四、韩国家庭法院调查官的证据调查

韩国《法院组织法》第 54 条规定,大法院以及各级法院可以设置调查官,调查官受法官之命,对法律或大法院规则规定的案件进行审判上所必要的资料收集以及从事其他必要事务。目前,韩国设置的法院调查官有家事调查官、少年案件保护调查官、家庭保护案件调查官、儿童保护案件调查官、技术调查官等。[2] 家事调查官制度始于 20 世纪 60 年代。1963 年 7 月 31 日,韩国通过修

---

〔1〕 善積京子:「スウェーデンにおける離別後の養育・居所・面会(その2)」、『追手門学院大学社会学部紀要』2011 年 5 号。

〔2〕 家事调查官主要依据韩国《民事诉讼法》和大法院规则的规定对家事案件进行事实调查;少年案件调查官依据韩国《少年法》的规定对青少年犯罪案件进行事实调查;家庭保护案件调查官根据韩国《家庭暴力犯罪处罚等特别法》对家庭暴力案件进行事实调查;儿童保护案件调查官根据韩国《虐待儿童犯罪等相关特别法》对虐待儿童案件进行事实调查;技术调查官则负责对知识产权案件的处理提出意见书(首尔高等法院、首尔中央地方法院设置技术调查官,技术调查官应当具备工学和法学知识)。

改《法院组织法》确定在韩国创设家庭法院并制定了家事诉讼法。同年10月首尔家庭法院率先成立，专门审理家事诉讼案件及青少年犯罪案件。创设家庭法院的宗旨是实现家事案件的审理专业化，通过教育学、心理学、社会学方面专业人员的参与，在注重和解与调解理念下，对纠纷做出恰当的解决。法院创设初期，曾经尝试设置专职家事调查官，由于各种原因未能达成目的，不过，家庭法院导入了承担调查业务的兼职家事调查官制度。当时规定的资格条件为具有法学教育背景和学士以上学位，通过考试合格后录用。调查官的业务主要是针对离婚的有责性进行调查，并不围绕离婚后如何行使监护权、探望权而有利于子女的未来发展进行调查，因此，这一时期的家庭法院与设立宗旨和社会要求存在一定差距，[1]家事调查官业务缺乏专业性和连续性，其福祉功能更未获得体现。[2] 2001年韩国最高法院作为推进“司法发展计划”的一环导入家庭法院专职调查官制度，专职家事调查官通过大法院考试后录用，必须具备心理学、社会学、教育学等硕士以上学位，其职务为法院公务员。家事调查官除了具有专业性外，还具有中立性和独立性的特点。中立性要求调查官为了家事案件得到公平与确切的处理而实施作为司法功能的调查业务，其不属于纠纷一方当事人的辅助者，故而对家事调查官适用民事诉讼法上的回避规定。独立性是指家事调查官接受调查命令后独立进行调查，其不是法官或调解员的辅助人。家事调查官从事与面临家庭问题者进行交流的工作，需要其具有一颗对人的关注之心，还必须具有奉献精神以及一定要解决人们面临的问题的欲求。正因为如此，如果家事调查官在录用之前有在一般服务团体或非政府组织（Non-Governmental Organization，NGO）团体活动的经验，则更有助于家事调查的进行。

韩国《家事诉讼法》第6条规定，家事调查官的作用是受裁判长、调解负责人或调解法官之命对事实进行调查，有关事实调查方法和程序事项由韩国《大法院规则》加以规定。根据《大法院规则》的规定，家事调查官就命令调查的事项独立实施调查，其不属于法官的辅助者。法官或者调解负责人命令调查官调查事实可以附期限，未附期限的，调查官应当自接到命令后2个月内完成调查。

---

〔1〕 송현종,“가사조사관의 인력과 직무에 관한 연구”,가족법연구 제 26 권 3 호(2012).

〔2〕 이유정,“가정법원의문제점과개선방안”,가족법연구제 22 권 3 호(2008).

家事调查官通过与离婚的父母或案件所涉未成年子女交谈,了解纠纷背后的真实原因,在调查过程中,家事调查官认为有必要时,可以嘱托公务机关、银行、公司、学校、关系人的雇主以及其他人就关系人的存款、财产、教育关系以及其他事项进行调查并提交报告。家事调查官根据需要,对案件关系人的学历、经历、生活状态、财产状况以及性格、健康状况、家庭环境等充分利用心理学、社会学、经济学、教育学以及其他专业知识实施科学性的调查。实施科学性的调查,理由在于家事案件的解决仅凭单纯的法律观点和常识性社会通念显然是不够的,还需要根据当事人面临的境遇及问题点,通过利用人类心理学方法等科学分析和专业性见解进行研讨。[1] 调查官可以采用传唤夫妻双方共同到法院接受询问的方式进行调查,除非有特别情况时才允许分别接受询问。询问事项包括职业、学历等个人情况以及结婚前的生活、结婚后发生矛盾的原因、家庭经济及子女抚养状况等。家事调查官在令一方回答问题时,还要注意倾听另一方的意见,并观察当事人的态度和行为。如果离婚夫妻对监护权、探望权发生纠纷,则家事调查官更倾向于采取走访方式实施调查,例如,其可以到当事人家中实地走访,与当事人交谈,了解未成年子女抚养环境和条件,也可以直接与未成年子女见面,了解其对于父母离婚的心理状态以及与父母的关系情况。在调查过程中,对于对抗情绪比较激烈的当事人,必要时可以实施心理调查。如果当事人有吸毒或者赌博成瘾等情形,还可以建议当事人接受治疗或提供相关的帮助和咨询。有关研究表明,2001 年之前,未有实施心理调查的先例,2007 年首尔家庭法院有 10% 的案件使用心理调查,2010 年为 3.47%,2011 年为 6.2%,使用心理调查方法的案件较少,其主要原因在于家事调查官数量不足,难以应对日益增加的家事纠纷。

家事调查一般进行多次,至于调查期限,有的案件在 1 个月内可以结束调查,但也有的案件由于面谈调查(通知当事人到家庭法院家事调查官室接受询问)和走访调查兼施,因此可能需要更长时间。不过,当法官或调解负责人未规定期限时,应在 2 个月内结束调查。2012 年之前,在全部命令进行家事调查的案件中,调查官与未成年子女面谈次数最多的每月达 7 ~ 8 次,但比例并不高,仅为 2.2%。面谈 1 ~ 2 次的最多,占 52.5%;面谈 3 ~ 4 次的占 17.5%。与

〔1〕 대법원 법원행정처,"법원실무제요",가사[1](2003).

父母面谈的案件中,每个月面谈 21 次以上的占 34.9%,面谈 16 ~ 20 次的占 25.6%,面谈 1 ~ 5 次的占 16.3%。在被命令进行家事调查的案件中,未实行走访调查的占 26.3%,走访调查 1 ~ 2 次的占 55.3%,3 ~ 4 次的占 13.2%。

调查结束后,家事调查官向法院提交调查报告,调查报告中应当附具如何处理监护权、探望权纠纷的意见,如果认为需要对父母或者未成年子女进行心理鉴定,则应当说明相关情况。[1] 调查报告对法官审理家事案件具有重要参考价值,依据调查报告无法达到事案解明需要时,法官或调解负责人可以要求家事调查官出席庭审或调解陈述意见,对当事人提供帮助,促进案件的解决。在开庭审理或调解前未命令家事调查官实施调查的案件中,法官或调解员亦可要求家事调查官出席庭审或调解,家事调查官通过听取当事人陈述,观察他们的态度和言辞,把握当事人心理状况,在法官或调解负责人要求调查官陈述意见时,其可以表达自己的意见。家事调查官的书面意见以及口述意见对法院或调解员具有参考价值,其意见陈述不同于证人证言,正因如此,其陈述意见时无须宣誓。

调查过程中,家事调查官可以建议离婚父母接受法院外部机构的法律咨询,也可以指导如何解决监护权、探望权、抚养费争议而有利于未成年子女的利益,亦可以实施调解措施,在调解时可以提示有利于子女利益保护的监护权、探望权行使方式的意见。家庭调查官的这一作用充分体现了家庭法院的福祉功能,对于家庭法院来说,发挥其福祉功能的必要性在于,首先,利用家庭法院者本身需要医疗、心理、社会福祉等多方面的支援,而这些福祉服务要么无法通过行政机关获得,要么其他机关不能提供确切的服务,因此需要在家庭法院与家事纠纷一起获得统合性的根本解决。其次,家事纠纷本身的特性也需要家庭法院提供福祉服务,消除纠纷当事人非理性的情感因素,调整未来家庭关系,减少父母的纠纷对未成年子女心理的不良影响。家庭法院福祉功能的发挥必须仰仗于人类行动科学领域的专业知识,这就需要家庭法院调查官在事实或证据的

---

〔1〕 家事调查官调查报告书内容主要包括以下事项:调查结果(包括调查日期、调查对象、调查场所及方法);当事人个人信息(包括姓名、年龄、国籍、职业、教育程度、结婚次数、恋爱方式、结婚登记日期、纠纷发生原因、财产状况、诉讼请求额、抚养家庭人员数等);当事人主张及其抗辩;结婚前状况及其结婚后情况;纠纷过程及现状(包括原被告的陈述);家庭环境(主要包括亲属关系);经济状况;双方身心状态;调查官意见等。

调查过程中发挥其作用。

韩国大法院定期对兼职和专职家事调查官开展有助于提升业务素养的课程培训,每次培训时间为 5 天左右,培训人数大约为 30 人。课程培训由大法院公务员教育院负责实施,通过课程培训进一步提高家事调查官的对话交流能力以及体察当事人想法的观察能力。力争打造一个表情明朗、态度亲切和谦逊、以细微的关注之心进行调查、值得民众信赖的家事调查官形象。目前,韩国学界对家事调查官调查程序存在的问题也进行了检视,认为调查官不仅应当对听取的当事人主张的事实关系进行整理,还应当通过调查当事人的特性、个人情况、家庭环境、子女的抚养状态、具体的财产等确定纠纷最根本的原因,摸索出解决问题的方案。然而,在家庭调查官人数不足而家事纠纷案件数量不断攀升的情形下,每个人的调查负担都很重,难以进行深层次的调查,造成了家事案件中只有 10% 左右的案件发出调查命令这一不合理的现象。

第二章　子女利益保护人制度

家事诉讼以保护子女利益为最大原则，在监护权、探望权、抚养费等纠纷中，父母之间可能仅仅关注自己的权益而忽视对未成年子女利益的考量，缺乏如何解决争议更能促进子女未来的发展的意识。甚至一些离婚协议可能是在为了实现尽快离婚的目的下达成的，完全没有考虑子女的利益需要。对此，有的国家规定，在涉及子女利益的家事诉讼中，必须重视子女的意见，法官的决定应当在斟酌子女意见的情形下达成，除非征询子女意见有害于子女的利益。对此，在立法上赋予纠纷中的子女诉讼当事人地位，法院应当依职权或依申请为案件所涉子女选任利益代理人，确保其意见被及时、恰当地反馈于审理案件的法官。子女利益保护人并不是诉讼程序代理人，其不仅倾听子女关于纠纷的意见，还有权通过事实调查向法院提出如何解决纠纷的具体意见。

关于子女利益代理人制度的构建深受联合国 1989 年《儿童权利公约》的影响，该公约第 9 条第 1 款和第 2 款规定：缔约国应确保不违背儿童父母的意愿使儿童和父母分离，除非主管当局按照适用的法律和程序，经法院的审查，判定这样的分离符合儿童的最大利益而确有必要。在诸如由于父母的虐待或忽视，或父母分居而必须确定儿童居住地点的特殊情况下，这种裁决可能有必要。凡按本条第 1 款进行诉讼，均应给予所有有关方面以参加诉讼并阐明自己意见的机会。《儿童权利公约》第 9 条实际上赋予了分居或离婚诉讼中的子女两项重要的权利：一是参加诉讼程序的权利；二是表达自己意见的权利。该公约出台后，促使一些缔约国进一步完善家事诉讼程序，建立了子女利益代理人制度。

本书选择德国、日本、奥地利、澳大利亚、新西兰、美国几个国家为考察对象，研究这些国家子女利益保护人制度的规定和运作状态。

一、澳大利亚子女利益代理人制度

澳大利亚1975年的联邦家族法修改了离婚制度，夫妻分居12个月可以成为离婚理由，并明确规定离婚不支持精神损害赔偿。[1] 离婚时的子女监护问题必须经过法院处理。尽管对于监护权归谁可由夫妻协商，但法院认为其协商结果不适当的，可以不予确认。若协商不成，则需经法院调解或裁判，法院依据子女利益最大化原则认定子女监护问题，不受当事人的主张和证据资料的约束，并依职权调查、搜集证据。1975年澳大利亚修改家族法时，规定了在父母有关监护权、探望权等争议中为未成年子女单独选任代理人，以最大限度地尊重子女的意思表示。被选为代理人的律师对子女的意见通过报告书方式反映给家庭法院，但不久之后，子女代理人的报告书制度被废除了，有关子女的意见由法院的家庭顾问（家庭顾问为家庭法院职员，具有心理学或社会福祉学知识）写入“家庭报告书”，之后呈报给法院。家庭顾问的家庭报告书既可以作为诉讼证据，也会成为纠纷解决指南。[2]

在建立子女独立代理人制度之前，澳大利亚联邦家族法规定除非案件所涉子女想成为程序当事人，否则，未经法院事前许可，禁止让该子女进行宣誓供述。对于法官来说，只有少数法官听取子女的意见，听取子女意见并未成为法院惯常做法，也未设置其他适当程序听取子女意见，从联邦家庭法院程序功能上看，要求家事案件具有公平性、公开性和透明性，但子女的意见无法反馈于法院则与这一要求相悖，基于此，澳大利亚政府通过修改家族法建立了子女程序代理人制度。

根据家族法的规定，在家事案件中，出于子女利益最大化的需要，当法院认为有必要时，可依职权作出为未成年子女选任程序上的代理人决定。此外，未成年人本人、保护未成年人利益的社会团体、其他关系人也可申请为案件所涉

〔1〕 松田亨:「オーストラリア家庭裁判所」、『家庭裁判月报』1997年3号。

〔2〕 日本弁護士連合会家事法制委員会:『家事事件における子どもの地位』、日本加除出版株式会社、2010年、77頁。

未成年子女选任程序代理人。能够成为子女程序代理人者只能是律师，而且必须经过专门的业务研修，研修业务由律师协会家族法分会、法律援助协会、联邦家庭法院共同实施，考核合格者发给证书，持有该证书者才能够被登记为候选代理人。法院一旦决定为未成年子女选任程序代理人，将立即委托当地的法律援助机构选任，法律援助机构则通知律师履行职务。至于何种情形下可以为未成年子女选任程序代理人，传统上一直存在争议，家族法评议会（the family law council）在其报告书中表示涉及未成年子女监护的全部案件均应选任子女代理人，但共同选任委员会（the joint select Committee）则不同意将适用情形界定得过于广泛，而认为应交给法官裁量。〔1〕家庭法院在ReK案件中表示，法官出于保护子女利益的需要，在必要时可为子女选任程序代理人，一般来说，虐待儿童案件、父母间对立激烈的案件、将子女带离父母双方或一方的案件、抚养环境发生长期变化或者否认父母一方行使探望权的案件等应当为未成年子女选任程序代理人。Re K.案件后，为未成年子女选任程序代理人的案件数量明显增加，不过，对于子女程序代理人的费用由谁负担这一问题一直存在争议，2004年修改联邦家族法时明确规定，费用由子女的父母分担，如果一方获得法律援助，则有关费用可通过法律援助解决。〔2〕

关于子女程序代理人在诉讼中的具体作用在司法判例上存在不同见解。早期的In Lyons and Boseley一案中，上诉审法官列举了子女程序代理人的3方面作用：第一，询问当事人和证人；第二，向法院提出关于子女本人或者关涉其福祉的直接证据；第三，必要时向法院提出关于子女意见的证据。该案法官还表示，在某些场合，法院可以要求子女程序代理人对案件所涉子女进行询问，但如果子女年龄偏低，则有关子女的意见应当交由法院的家庭顾问处理，由家庭顾问进行事实调查后（包括询问当事人）向法院提交“家庭报告”。

对于子女代理人是否可以对判决提起上诉这一问题，澳大利亚家庭法院曾存在过赞同和反对的不同判例。鉴于子女程序代理人在诉讼中的作用和地位尚不明确这一现实，1983年澳大利亚联邦家庭法院制定了指南，但该指南仍然

---

〔1〕 Ngela Lynch et al.,“The Future of Family Law Property Settlement in Australia”, Q. U. T. Law J. l., Vol. 15, 1999.

〔2〕 野田愛子:「子どもの代理人制度」、http://www.j-wba.com/modules/activities/index.php?content_id=31., 2016, 8, 26。

存在诸多模糊之处,并影响着司法实践。随后的若干年中,澳大利亚联邦家庭法院通过多个判例进一步表明子女程序代理人的具体作用,认为子女程序代理人的作用主要在于为了实现子女最大利益而与法院合作,对此,其主要职责在于发挥证据收集和交涉作用。2003 年在总结多年司法判例经验的基础上,联邦家庭法院发布了《子女程序代理人指南》,该指南详细记载了子女代理人的作用,并明确表示为了实现子女最大利益,有必要通过代理人的协助,使案件所涉子女能够参加关系到自己的问题的诉讼程序。

2006 年澳大利亚修改联邦家族法,此次修改完善了子女程序代理人制度,规定子女程序代理人代表子女最大利益,而不是对"子女的本身"的代理。这一规定表示子女利益代理人不同于诉讼代理人,因为诉讼代理人仅应当按照委托方的意思表示实施行为,但是子女利益代理人可以为了维护子女利益而发表不同于子女意见的见解。新修改的联邦家族法还具体列明了子女代理人具有如下义务和作用:第一,公平对待当事人;第二,将子女表示的意见全部提供给法院;第三,对关涉子女的必要的报告书或其他文书进行研讨,指出子女最大利益上的事项并反馈给法院;第四,在诉讼过程中应尽量减轻子女的心灵创伤;第五,在符合子女利益限度内努力促成纠纷的和解。立法上还对子女程序代理人与被代理的子女之间的谈话内容给予保密作出规定,原则上法院不可以命令开示他们的谈话内容,只有在开示谈话内容有利于子女最大利益时,法院方可如此行为。当子女代理人存在某些情形时,法院可解任子女代理人,根据家庭法院司法判例,解任子女程序代理人的事由包括:子女程序代理人实施侵害子女利益的行为;实施违背职责的行为;在程序进行上违背信赖关系;与被代理的未成年子女发生强烈对立;欠缺作为专业人员的目的意识。此外,若子女程序代理人为父母双方申请选任,则单方申请解任时,一般不会被法院允许。

二、新西兰子女利益代理人制度

新西兰最早对父母离婚案件设置子女利益代理人制度的立法可回溯到 1068 年的《监护法》,目前涉及这一制度的立法有新西兰《儿童监护法》《家事事件程序法》《儿童、青少年及家族法》等。根据新西兰《儿童监护法》的规定,对于日常的子女监护、教育和探望权纠纷,当事人之间不能达成合意而请求家庭法院审理的,为了确保倾听子女意见,除非法院认为选任子女代理人对子女明显无益,原则上应当选任子女利益代理人。当事人之间主张存在暴力时,法院应迅速任命子女代理人。新西兰《儿童监护法》同时还规定,本法所称儿童为未满18岁的子女。新西兰《家事事件程序法》第162条规定,家庭法院在本法任何程序中,若认为选任子女代理人有必要,则可以为其选任出庭律师或事务律师。新西兰《儿童、青少年及家族法》第19条规定,在有关虐待、儿童及青少年监护和保护程序中,法院认为适当时,可任命出庭律师或事务律师作为子女代理人。该法进一步明确,本法所称儿童为不满14岁者,青少年是指14~17岁的自然人。此外,新西兰《儿童扶养法》《财产法》《家庭暴力法》中也有子女代理人的规定。在司法实践中,适用子女代理人制度的案件主要集中在子女监护权争议、探望权争议、子女教育争议等领域,这些纠纷中法院首先劝告夫妻和解,无法和解时再利用调解程序解决,仍然无法解决的,案件进入裁判程序。法官认为有必要为案件中的未成年子女任命代理人,或者夫妻双方的律师认为应当选任代理人的,应当选任代理人。法官根据法院配置的律师名册,根据律师业务能力、工作量等考察人选,并制作记载案件概要、子女代理人工作内容、任务终了时间、报酬等书面资料。法院书记官依据法官制作的书面资料,与候选的律师进行商谈,若律师同意,则被任命为子女代理人。

被任命为子女代理人的律师均为事先在法院进行登记的律师,对于律师的登记申请,家庭法院组成审查委员会进行审查,对于符合条件者,在指定的日期和场所与法官进行面谈,面谈法官若认为该律师符合条件,则将其列入候选人名单,并报送司法部备案。能够成为候选人的条件如下:(1)具有5年以上家事案件代理经验;(2)目前仍在家庭法院代理案件;(3)熟悉新西兰《儿童监护法》;(4)有能力与任何年龄的儿童交流,倾听和理解他们的心声;(5)能够与成年人顺利交流,听取其意见;(6)接受过专业研修并取得资格证书;(7)有能力与心理学家等专家进行交涉;(8)拥有和理解子女代理人业务知识。子女代理人的登记期间为3年,期满3年时,法院应询问律师是否愿意继续被登记为子女代理人候选人,律师也可自己申请撤销登记。对于登记的律师,若家庭法院认为其不适合担任子女代理人,则可作出解任决定。一般来说,不适合担任子女代理人的主要原因是滥用职权、不积极履行职责。对法院作出的解任通知,律师可提出异议,法院对此应当重新进行调查,并倾听律师的意见。

子女代理人的作用和职责如下:(1)向案件中的未成年子女说明诉讼程

序，使其对诉讼内容能够了解。对于子女代理人来说，无适当理由必须与案件中涉及的儿童见面，儿童拒绝的，不得强制要求与其见面。法院应当向儿童的父母进行劝说，尽量让儿童与代理人会面。至于会面场所，可以是子女的住宅、学校以及律师事务所，子女代理人通常会与儿童的父母协商会见场所。(2)全程参与诉讼程序。在有关监护权的争议中，子女代理人代表子女利益与子女的父母或其他关系人进行交涉，为了明确有关当事人的意思，即使在法庭外也可以与子女的父母进行个别交谈。(3)听取未成年子女的意见。如果未成年子女因年龄、发育状况、身体障碍等状况难以表达意见，子女代理人应从最有利于子女福祉的角度进行主张，对此，子女代理人可以与子女的其他亲属、学校教师、社会福祉工作人员等会谈。不过，在司法实践中，子女代理人的业务也存在一定的问题，例如，在涉及监护权的争议中，如果子女代理人认为子女表明的意见并不适当时，如何向法院反馈有关信息就存在需要调整的问题。当从保护子女利益角度出发，子女代理人发表个人意见，而这些个人意见与子女的意见不一致时，法院应当如何对待等都需深入研讨。在司法实践中发生过一起案例，一未成年子女希望与母亲共同生活，但该子女的代理人认为与其母亲生活并不合适——不过没有向法院表明这一意见，其后，该子女提起上诉，认为其代理人应当向法院表明自己的意见。尽管该子女的上诉权没有问题，但对于上诉费用由谁负担却成为了争议问题。(4)案件审结后的说明和上诉。一审法院对有关监护权、探望权等争议审结后，子女代理人应向所涉子女说明法院的判断，并讲明法院判决对其影响，还应告知可以上诉。若表明上诉，则子女代理人可代为上诉。(5)向法院提交代理报告书。法院在任命子女代理人时，一般在任命书中要求子女代理人在案件审结后提交代理报告书，对此，子女代理人应当将自己实施的代理行为以及对纠纷解决的评价以书面形式向法院报告。

在诉讼进行过程中，当子女代理人不适合继续担任代理人时，子女代理人本人、子女的父母、其他关系人以及被代理的子女均可请求家庭法院更换子女代理人，对于子女代理人不积极履行职责的，还可向律师协会投诉。对于子女代理人的费用问题，原则上应由国家负担，但也允许家庭法院根据案件情况命令诉讼当事人或败诉当事人负担，在命令当事人负担诉讼费用前应当征求当事人的意思，并对其财产状况进行调查。对于业务能力一般的代理人来说，每小时的代理费用在 130 ~ 155 美元，其他律师大多为每小时 155 美元。如果案件涉及特殊问题,则可在 155 ~ 170 美元(每小时)。

三、美国家事诉讼中子女利益代理人

1960 年之后,随着离婚案件数量的增加,学界及司法实务界均呼吁在监护权争议案件中建立子女代理人制度。耶鲁大学葛瑞德修塔恩(Goldstein)教授专门就监护权纠纷中子女的最大利益进行了研究,加利福尼亚大学心理学家瓦拉斯塔因(Wallerstein)教授也就父母离婚对子女的影响开展了研究,强调离婚争议解决程序中必须注重子女的最大利益。1967 年美国联邦最高法院在 Gault 一案判决中表示,儿童有权选任律师,儿童不是被保护的客体,而是权利主体,同成年人一样享受宪法上正当程序之权利保障。[1] Gault 案件虽然是涉及未成年人犯罪的刑事案件,但此案判决作出后,对其他诉讼案件也产生了重要影响,特别是在家事诉讼、涉及未成年人的行政诉讼中,法院以此判决为参照保障未成年人选任程序代理人的权利。[2] 1974 年美国在联邦层面制定美国《联邦儿童虐待防止法》,规定各州在未成年人保护程序中,应当为儿童选任代理人。受相关立法及学说影响,美国各州逐渐在家事诉讼中建立了未成年子女代理人制度。但是,各州对代理人选任标准、代理人的作用等方面规定得不尽一致,在实施方面也存在较大差异。1995 年福特汉姆大学召开由教授、律师、法官、研究员等 70 人参加的研讨会,对家事诉讼中儿童的律师如何进行代理,与儿童的交流方式以及子女意见的判断方法等进行研讨并提出了研究报告书,报告书在 10 个方面提示了参照规范。美国律师协会(American Bar Association,ABA)于 2003 年发表了《儿童代理人的监护案件规范》,希望各州能够采用该规范。在该规范中,将代理人分为两类:一类是儿童的律师(child' s attorney),儿童与律师之间是委托法律关系,律师属于通常意义上的律师,依据诉讼中未成年人的意思表示从事代理活动。另一类是子女的利益代理人(best interest attorney),该代理人不受子女意思表示的约束,以保护子女最大利益为目的,提供独立的法律服务。

在立法上,威斯康星州明确规定监护权和探望权纠纷中为子女选任利益代

---

[1] In re Gault,387 U. S. 1(1967).

[2] Sanford N. Katz. *Family Law in America*,*New York*,OUP Oxford,2003,pp. 108 – 109.

理人是法官的义务，而其他州则在立法上规定，在监护权、探望权争议诉讼程序中，依据法官的裁量为子女选任代理人，既可为子女选任单纯的意思代理律师，也可以选任利益代理人，具体选择哪种代理人由法官决定。[1] 无论选任哪种代理人，都必须从律师中产生，法院委托法律援助机关选任。能够担任子女代理人的律师必须有家事诉讼代理经验，且经过相关业务培训，经选拔后被赋予子女代理人资格，法律援助机构配有子女代理人名册。

利益代理人型的代理人在诉讼中不受子女意见的约束，其任务是探寻子女的意向、希望、感情并加以考量，从独立于子女的立场，从客观角度维护子女最大利益，并采取行动。也就是说，子女利益代理人非是子女的意思代辩人，而是其利益维护者，具体任务如下：第一，确认子女的利益，将其反馈于裁判程序。子女代理人的作用不是与子女对话，把握其主观利益，而是发挥将客观利益提供给法院的功能，针对案件情况，通过询问父母、子女的兄弟姐妹、祖父母、抚养人、幼儿园、学校等收集信息，向法院或其他机关提供相关证据，以维护子女的利益。[2] 第二，参加法官询问子女程序，参与任何审理程序，请求阅览诉讼记录，询问证人，申请鉴定，听取鉴定人意见，对鉴定结论发表意见等。第三，根据案件所涉子女的理解能力，利用适当方法对该子女说明诉讼程序的对象、经过以及预想的结果。第四，对不符合子女利益的判决提起上诉。美国一些州的法院专门设置精神卫生专家，负责对监护权纠纷进行事实调查和鉴定工作，一般称为监护权评定程序。在监护权评定程序中，评定者对子女的需要、父母的资格、父母的适合性等进行调查，并向法院提交调查报告书，报告书中可以对如何解决纷争发表意见。这一制度并不与子女利益代理人制度存在矛盾，二者均发挥着程序保障作用。

子女利益代理人必须具备特别的代理能力，需要准确掌握、理解子女的意思、父母的行为（虐待、酗酒、忽视、药物依赖等）对不同年龄子女有何影响的技能，还需要精通家族法、国际条约、判决的执行等知识，因此，需要对具有代理资格者进行相应的培训。目前，美国律师协会家族法分会、各州律师协

---

〔1〕 Linda D. Elrod, "Counsel for the Child in Custody Disputes: The Time is Now", *Family Law Quarterly*, Vol. 26, No. 1, Spring 1992.

〔2〕 Martin Guggenheim, "The Right to be Represented but not Heard-Reflections on Legal Representation for Children", 59*N. Y. U. L.* Rev. 1984.

会在业务培训方面发挥着重要作用。此外,美国一些大学如哥伦比亚大学、宾夕法尼亚大学、密歇根大学等的法学院还开设子女利益代理人临床课程,通过实际发生的司法案例培养未来从业的律师具备高度的代理能力。

选任子女利益代理人涉及律师费用问题,代理人费用原则上由法官根据案件所涉父母的经济状况决定由双方或一方负担。有些州规定当事人没有支付能力的,可以向州的法律援助协会申请法律援助。

四、德国家事诉讼中子女利益保护人制度

20 世纪 70 年代,德国通过完善亲权制度,在民法上将监护权(elterliche Gewalt)概念变更为父母照护权(elterliche Sorge),于民法上一改传统的父母本位理念,进而转向关注子女最佳利益,强化子女在家事案件中的权利主体性。为了贯彻子女最佳利益原则,德国在家事诉讼程序中建立了子女利益保护人制度,确保在离婚诉讼、监护权诉讼、探望权诉讼、亲子关系诉讼等程序中实现子女利益的最大化。

(一)理论界对创设子女利益保护人制度的推动作用

1983 年 4 月 15 ~ 17 日,德国儿童保护联盟及家族法学会联合主办了关于子女福祉当今理解之结论子女辩护人研讨会,参会人员包括家庭法院法官、律师、教育家、心理学家、精神科医师、少年局职员、临床医师及其他社会人士等。[1] 参会者表示,家事诉讼程序应当出于保护子女利益之需要建立子女辩护人制度,子女辩护人的作用不应仅限于在诉讼程序中担任未成年人的代理人,还应当在诉讼外的纠纷仲裁程序中提供咨询意见,并且即使在纠纷解决后,也应发挥保护其合法利益的作用。此次会议受到德国社会高度关注,提升了人们在家事诉讼中确立子女利益保护人重要性的认识。会议结束不久,德国成立了全国性的名为“子女的辩护人”社会团体,北莱茵—威斯特法伦州的 Mönchengladbach 区法院还于 1984 年 12 月 5 日建立了子女利益保护人制度,

〔1〕 Ingeborg Schwenzer, Der Anwalt des Kindes-Bericht uber die Tagung der Evangerischen Akademie Bad Ball, *FamRZ*, 1983(15 - 17), S. 974.

要求在所有监护权案件中,基于基本法的“法定听审请求权”,[1]出于子女独立主体地位之考虑,为其指定自己的律师维护正当权益。

进入20世纪90年代后,有关子女利益保护的讨论上升至政治层面,人们依据此前学术界一些研究成果呼吁出台相关法规。当时的联邦司法部部长克劳斯·金克尔(Klaus Kinkel)亦强烈要求在诉讼程序中为子女指定独立代理人,并表示应尽快进行相关立法。[2] 金克尔指出,传统上德国对于家事诉讼中子女利益的保护制度不甚完善,诉讼中未对子女福祉部分加以重视,因此有必要为诉讼中的子女设立专业性的利益代理人。1992年3月6日德国加入《联合国儿童权利公约》,至此,德国再次掀起诉讼中子女权益保护的讨论热潮。德国法律界召开第五十九届法律家大会,在家族法分会上,与会者对于通过立法建立未成年人独自利益代理人制度的必要性达成了共识。其后,为数不少的学者进一步开展了有关子女独自利益代理人之作用构造的研究,在这一研究中,英美法上的子女利益代理制度对德国学者产生了重要影响。在众多研究者中,萨尔格(Salgo)教授的理论受到德国社会较高关注。依据他的观点,子女利益代理人应当实行二元制,即由律师代理专业性法律问题,由社会工作者或社会教育学者代理子女实体利益。其理由是在诉讼程序中,子女面临的不仅有法律事项,还涉及其权利主体等福祉性问题。[3] 尽管萨尔格教授提倡家事诉讼中子女利益之保护,但并未明确使用“子女辩护人”之类的概念,因此,其学说多具抽象性,关于子女利益代理的框架并不明了。时任联邦司法部部长的施纳伦贝格尔(Schnarrenberger)从具体角度对子女利益保护人加以研究,认为根据基本法的要求,在诸如父母分居诉讼、离婚诉讼、监护权诉讼、探望权诉讼、收养关系诉讼中,为了实现子女福祉而应当为其指定独自的利益代理人,即由法院

---

〔1〕 法定听审请求权(der Anspruch des rechtliches Gehr),来自于德国《基本法》第103条第1款的规定,任何人在法院面前享有法定听审请求权(Vor Gericht hat jedermann Anspruch auf rechtliches Gehr)。德国基本法确定的法定听审请求权适用于民事诉讼、刑事诉讼与行政诉讼。民事法定听审请求权包含了三个方面的内容:一是知悉权,当事人享有请求法院提供充分的诉讼信息的权利;二是陈述权,在广泛获得诉讼信息基础上,当事人有权要求在法院面前作出陈述,尤其是针对事实和法律上所有可能的重要事项进行陈述;三是法院的知悉和审酌义务,法院应当知悉当事人提出的诉讼材料,并在判决中予以考虑和履行说理的义务。

〔2〕 Deutscher Bundestag, Stenographischer Bericht. 9. Sitzung. Accessed Aug. 23, 2015, http://dip21.bundestag.de/dip21/btp/12/12009.pdf.

〔3〕 Steindorff-Classen, a. a. O(8). S. 34.

选任子女的辩护人。应当说,施纳伦贝格尔的研究较之萨尔格教授更具具体性,但其在子女利益代理人实行二元模式这一观点上与萨尔格教授区别不大。

经过理论界多年研讨,关于修改家事诉讼法的见解获得了更多民众支持,人们认为,家事诉讼虽然规定了职权探知主义、[1]听取子女意见之义务、[2]听取少年局(Jugendamt)之意见、满 14 岁子女具有抗告权等制度[3],但在诉讼双方当事人存在利益冲突且关涉子女本身重大利益时,这些制度的作用则非常有限,所以就有必要通过完善现有法律确保子女独自利益的实现。

在 1994 年年底召开的法制审议会中,子女利益保护立法动向与此前学界的讨论出现些许偏离,认为只有在监护权、探望权发生强烈争议的案件中,方需为子女选任程序保护人。1996 年 2 月 28 日联邦政府提交立法草案,草案仅规定在涉及人身利益程序中,法院可决定为保护子女利益选任程序保护人。之所以未对财产关系设立保护人,是因为法案起草者认为既存亲权法规定在父母和子女发生明显利益冲突时,允许法院对是否剥夺父母的法定代理权而为子女选任"补充保护人"(Erganzungspfleger)进行裁量,家事诉讼中法院可以灵活运用该制度以保护子女财产权益。

(二)子女利益保护人制度的立法及进一步完善

1997 年德国通过修改亲权法,在家事诉讼程序中建立了子女权益保护人制度,立法内容与 1996 年联邦政府提出的草案内容几乎一致。子女利益保护制度适用于家事案件和监护权纠纷,无论案件进入几审程序,法院都应考虑是否加以适用,如果案件仅仅涉及财产权益则不适用该制度,但是,即使是在涉及身份利益的诉讼中,也是由法院根据个案情况决定是否有适用之必要。《非讼程序法》第 50 条规定,法院在认为有必要选任程序保护人来保护子女利益时,

---

[1] 所谓职权探知主义,系指对于诉讼资料的收集法院拥有主导权,其与辩论主义概念相对,其内涵包括:第一,法院在观念上必须明确当事人未经提出的事实同样可以作为裁判的基础;第二,法院可依职权进行证据调查;第三,对事实的认定不受当事人提出证据的约束,当事人的自认对于法院并无拘束力。

[2] 家事诉讼中听取子女意见之义务是指在审理家事案件中,若案件涉及子女的人身利益和财产利益,或者出于确认事实关系之需要,法院应直接听取子女的意见。如果子女年满 14 周岁且无民事行为能力,法院在关涉人身利益诉讼程序中,必须听取子女的意见,关涉财产法上的诸事项,若法院认为在性质上适当时,应直接听取子女的意见。法院仅限于存在重大事由时,方可排除听取子女意见。

[3] 满 14 岁子女抗告权是指被听取自己意见的子女在收到法院判决后,若就判决中有关身份利益、财产利益不服,可以单独提起抗告,选任代理人进行抗告诉讼的审理。

可在关涉未成年人身份利益程序中选任程序保护人(Verfahrenspfleger)。第50条第2款规定了法院必须作出选任程序保护人决定的几种情形:(1)子女的利益与法定代理人明显冲突时;(2)诉讼程序的对象涉及将子女从家庭中分离,或者全部剥夺父母一方的监护权而危害到子女的福祉时;(3)程序的对象涉及子女离开养育人(干亲)、父母、共同生活者、探望权人时。第59条第3款规定,如果子女的利益能够由律师或其他适当的程序代理人代理,则不应选任程序保护人,已经选任的应当撤销选任。

1997年建立的程序保护人制度存在诸多缺陷。第一,法院根据案件具体情况裁量适用,但实际上很难说法院的裁量绝对正确。第二,立法上未规定程序保护人从哪些人员中选任,很难确保程序保护人具有良好的能力维护未成年人利益。因为一般来说,程序保护人不仅需要具有法律知识,更需要具有心理学、教育学、社会学、医学等专业知识。[1] 第三,立法上未具体规定程序保护人的法律地位。[2] 正是由于这一点,在法定代理人利益与子女利益发生矛盾时,难以明确法定代理人与程序保护人的关系如何。第四,立法上未明确规定程序保护人的职务与权限。[3] 理论上认为,程序保护人的权限应当包括听取子女意见并反馈于法院;法院听取子女意见时在场;与诉讼中的子女及其他关系人对话;阅览裁判记录;申请鉴定;对鉴定结果表明意见等。

2003年德国启动修改《家事诉讼程序法》的工作,2005年形成立法草案,2008年12月22日正式公布修正案。[4] 此次修法对子女利益保护制度进行了较大完善,但在适用范围方面仍然限于涉及子女人身利益的案件。根据新法第158条的规定,法院认为出于保护子女利益之需要(必要性),应尽可能迅速选

---

〔1〕 Borth Helmut/Hahne Meo-Micaela/Maurer Hans-Ulrich/Schwab Dieter. Handbuch des Scheidungsrechts, München: Vahlen Franz Gmbh, 2004, S. 160.

〔2〕 佐々木健:「手続保護人(Verfahrenspfleger)の実務の現状と課題」、『立命館法學』2007年5号。

〔3〕 Silvia Sopper, Rechtsprechungsubersicht zur Vergutung von Verfahrenspflegern, FamRZ 2002, S. 1535.

〔4〕 此次立法将过去分散于法国《非讼案件程序法》《民事诉讼法》《家庭财产规则》(Hausratsverordnung)中的各种诉讼程序进行统合性立法,并将法律名称修改为《家事事件及非讼事件程序法》(Gesetz über das Verfahren in Familiensachen und in den Angelegenheiten der freiwilligen Gerichtsbarkeit)。根据该法规定,家事事件包括婚姻案件、亲子关系案件、血缘关系案件、收养关系案件、抚养关系案件、养育调整案件、夫妻财产分割案件、家庭暴力保护案件、同居关系案件等。

任适当的程序辅佐人(Verfahrensbeistand),[1]在子女利益与法定代理人利益存在冲突、变更监护权、将子女带离监护人、诉讼对象涉及交付子女或命令滞留、否定探望权或限制探望权等案件中,应当选任程序辅佐人。立法上还规定了程序辅佐人的法律地位与具体任务。根据新法第158条的规定,程序辅佐人不是子女的法定代理人,其属于具有独立地位的参与人。程序辅佐人一旦选任,就应以关系人身份参与诉讼程序,直至诉讼程序结束。2003年的立法还具体规定了程序辅佐人的权限和任务,程序辅佐人应当对子女利益进行确认,并在诉讼程序中加以主张,为了确认子女的利益,程序辅佐人除了可以与子女对话外,还可以与其父母、其他亲属、学校老师、少年局等进行沟通。程序辅佐人应以确切方法向子女传达有关诉讼程序的内容、经过、预想结果等信息,以利于子女及时提出自己的主张。根据案件审理之需要,法院可以委托程序辅佐人与子女的父母谈话,尽量就有关问题达成和解协议,但法院应明确委托内容和范围,并说明理由。[2] 程序辅佐人有权为了维护子女利益寻求法律救济手段,比如有权提起上诉。除了立法上明确规定的上述任务与权限外,在诉讼中,程序辅佐人还享有阅览诉讼记录、[3]申请鉴定、搜集与案件有关的有利于维护子女福祉的信息的权利。

程序辅佐人的费用由国库支付,具体标准是每一审级每一子女350欧元,允许同时担任多个子女的程序辅助人。如果法院还委托其与子女父母沟通促成和解之事务,则收费标准为每名子女每一审级500欧元。

(三)子女利益保护人制度的实务发展

为了确保法院能够选任具有专业知识的程序辅佐人,德国一些社会团体承担起了招募、培养程序辅佐人的任务,这些社会组织有些是全国性的,也有些是地域性的,其中比较有名的有程序保护联邦研究会(BAG Verfahrenspegshaft)、子女

---

〔1〕 传统的立法称为程序保护人(Verfahrenspfleger)。

〔2〕 程序辅佐人接受法院委托促成纠纷当事人和解时,其法律地位仍为子女的福祉维护者,并非父、母或其他当事人的利益维护者。因此可以说,在促成和解时,程序辅佐人不但关注和解能否达成,更注重促进案件直接当事人在子女利益保护方面达成一致意见。对于纠纷当事人来说,如果拒绝接受法院命令不进行和解程序,法院可令其承担诉讼费用,但根据法律规定,程序辅佐人在任何情况下都不承担程序费用。

〔3〕 Ludwig Salgo, Verfahrenspflegschaft für Kinder und Jugendliche: ein Handbuch für die Praxis, Bundesanzeiger, 2002, S. 358.

保护人联盟(VAK)、慕尼黑程序保护人协会(Verein Anwalt des Kindes-Muenchen e. V.)等。

各程序保护人社团通过招聘方式从社会上聘请具有法学、心理学、社会学、教育学等专业知识的人员,这些人员中有些专职从事程序辅佐人之职,但大部分为兼职,其大多来自律师、教师、医生、心理师等行业。

各团体经常组织程序辅佐人召开研讨会或案例分析会议,各成员之间也通过电话、传真、电子邮件等方式进行交流,目的是不断提升专业素养。各社团之间以及与法院、少年局、其他儿童福利机关、专家之间等进行合作,增强程序辅佐人的辅助技能。很多程序辅佐人社团还委托一些教育培训机构组织程序辅佐人进行课程培训,向合格者颁发证书。

当法院需要选任程序辅佐人时,一般首先通知有关社团进行协助,社团根据案件情况从该组织程序辅佐人名单中选择适格者,例如,有些案件选任的辅佐人不但在专业知识、时间等方面有保障,而且其子女年龄还与案件中子女的年龄相当,这会更有利于程序辅佐人与案件中的子女沟通和交流。

在确定合适的人选后应将名单报送法院,法院一旦作出选任决定,将向程序辅佐人发出选任通知。程序辅佐人应及时与负责审理案件的法官联系,以确定与法官交流案件信息的时间。在与法官交流信息时,双方经过对案件的讨论(允许程序辅佐人阅览诉讼资料),决定程序辅佐人应当与哪些人,按何种顺序面谈以及是否有必要搜集书面资料,并制作计划书。上述程序结束后,程序辅佐人应与子女的父母或监护人见面,目的是获得同意与子女会谈的机会,并取得父母或监护人的免除保密义务书。没有正当事由拒绝与子女见面,或者拒绝免除保密义务的,法院可作出代替同意的裁定。

在与案件中的子女交流时,应选择适当场所(如子女自己的房间、法院接待室、程序辅佐人协会、公园等)进行"一对一"的会谈,以子女能够理解的方式说明诉讼情况和争议问题,很多程序辅佐人为了能够使未成年人容易理解,使用游戏教学法、绘画等辅助手段进行说明。[1] 程序辅佐人的作用并非是"传话

---

〔1〕 岩志和一郎:「子の権利の確保のための諸力の連携 - ドイツ親権法の展開」、『早稲田法学』2010年2号。

筒”,而是需要探求子女的真实愿望,[1]并斟酌其想法是否有利于其福祉的发展。对此,程序辅佐人可以与子女的朋友、亲属、老师、邻居等进行对话,努力将子女的真实意图带入诉讼程序。程序辅佐人与案件中的子女交流并非易事,因为子女的年龄不同,性格上也存在差异,因此,要想与子女顺利沟通并获得其真实想法,就需要高超的交流技巧,对此,程序辅佐人所属协会特别注重交流技巧的培训。为了解除年龄较小子女对话时的紧张感,一些交流场所还配备了儿童玩具、漫画等,以利于创造出融洽的交谈气氛。

另外,由于年龄较小的未成年人生活场所主要为家庭,受其父母、监护人精神的、心理的状况影响较大,因此,当子女的意思表达可能与此影响有关时,程序辅佐人可以在事实调查后将有关推论意见反馈给法院。特别重要的是,与子女的交流并非一次就结束,而是根据案件需要持续多次,有时 1 周之内可进行几次,这主要由程序辅佐人根据具体情况做出判断。

程序辅佐人在探求子女真意的过程中,为了解明子女的需要和意愿,可以对涉诉家庭的家族关系和生活环境进行调查,尽管这在立法中没有明确规定,非属其当然权限,但是一般认为,家庭生活调查对诉讼案件至关重要,因此,实务中程序辅佐人进行家庭调查的事例并不鲜见。另外,如果程序上需要确认的问题借助鉴定方能确定,则程序辅佐人有权申请鉴定,并可以参与鉴定人的选任,但是为了避免鉴定引发诉讼迟延,应当慎重判断是否需要鉴定。

五、日本子女利益代理人制度

(一)程序代理人制度的特点

作为未成年人的子女在诉讼程序中的程序行为受到一定限制,但立法上规定法院必须尊重未成年人的意见及自我决定权,即法院有义务在家事案件中倾听 15 岁以上子女的意见。对此,日本《家事诉讼法》第 65 条规定,家庭法院在亲子关系、亲权、未成年人监护案件或其他涉及未成年人利益案件中,如果诉讼结果影响未成年子女利益,则法院应当利用倾听子女意见或者家庭法院调查官调查等方法努力把握子女的意思,审判时根据子女发育状况考虑其意思表示。

---

[1] Anika Hannemann/Peter-Christian Kunkel, Der Verfahrensp eger-das unbekannte Wesen, FamRZ, 2004, S. 1834.

此外,在某些案件中,可能不适合或者不能通过法定代理人代为程序行为,如监护权的处分案件、探望权纠纷案件、指定亲权人案件、亲权的变更案件、抚养费负担案件等,此前这些种类案件的当事人仅为子女的父母,但实际上案件结果与子女利益密切相关,因此,2013 年 3 月 1 日开始实施的日本《家事诉讼法》第 23 条规定,在有关涉及未成年子女的案件中,应当确保有意思能力的子女参与诉讼程序,即未成年人作为当事人参与诉讼。立法上还进一步规定,未成年子女可以申请法院选任程序代理人,如有必要,法院也可以依职权为其选任程序代理人。程序代理人仅能从律师中选任,非律师不得任此职务。程序代理人的主要职责是调查子女的真实意思,从独立于法院和当事人的立场,根据子女所处境况,基于其未来福祉的发展的角度,提出对于案件处理的意见,以确保子女的利益获得最大保护。程序代理人有权走访学校或者未成年子女的亲属,以获取有关信息,亦有权参与纠纷调解程序。

程序代理人不是法定代理人,法定代理人属于诉讼代理人,而程序代理人属于子女利益的特别维护者,而且法定代理人只能是子女的亲权人或监护人,所以在一些案件中,即使子女方面存在法定代理人,若有必要,也可以为其指定程序代理人。程序代理人也不同于家事诉讼法中的特别代理人,特别代理人是指在家事诉讼中,当未成年子女没有法定代理人,或者虽然存在法定代理人但法定代理人不能行使代理权,或者未成年人与法定代理人之间存在利益冲突时,[1]法院可依申请或依职权选任特别代理人。特别代理人制度主要适用于可能侵害子女财产利益的情形,或者因无法定代理人不能行使代理权致使程序迟延并因此可能损害子女利益之情形。特别代理人仍然属于诉讼代理人,其不一定必须具有律师资格,其只能行使诉讼代理权限且必须经过授权。而程序代理人必须具有律师资格,其非为诉讼代理人,不受诉讼代理规则的约束,所保护的子女利益主要是非财产性利益,例如,避免探望权行使方式不合理而侵害子女的未来福祉,确保子女获得适当的监护,确保亲权人的指定和变更不侵害子女利益且有利于子女的健康成长等。此外,特别程序代理人的作用亦不同于家庭法院调查官。在家事诉讼中,为了确保纠纷解决的公正性,在涉及子女利益

---

〔1〕 例如,在父亲死亡继承遗产时,当未成年子女与母亲之间可能存在利益冲突时,法院可依职权选任特别代理人,也可依申请选任。

的案件中,允许法官命令家庭法院调查官进行事实调查。调查时允许对子女进行询问,但家庭法院调查官仅仅是作为法律职业人行使调查权,子女是调查的客体,并非作为诉讼主体参与诉讼程序,实务中,更多的案件法院调查官仅对子女进行1~2次的询问,调查官担任的并非是子女利益的保护人角色,其作用更多地集中于探寻子女的真意。子女程序代理人不但了解未成年子女对于相关问题的真实意思,还从有利于维护子女利益的角度向法院提出个人见解。子女程序代理人独立于法院,其并非在法院命令范围内行使职权,而是站在子女利益的角度确保纠纷的解决结果有利于子女的健康成长,其在整个诉讼程序或者调解程序中,频繁地与未成年子女接触,参与全部程序的进行,通过与子女沟通和交流了解子女对于纠纷解决的意思表示,并将有关意见提供给法院。程序代理人甚至还可以在将子女意见反馈给当事人双方的基础上积极促使当事人进行和解。[1]

(二)建立程序代理人制度的必要性

日本家事诉讼程序中的程序代理人制度是由2013年3月实施的新家事诉讼法建立的,此前家事诉讼法上并无此机制。对于建立程序代理人制度的必要性,一般认为首先是履行国际条约的必然要求。日本于1996年加入《联合国儿童权利公约》,该公约第3条第1款规定,关于儿童的一切行为,不论是由公私社会福利机构、法院、行政当局还是由立法机构执行,均应以儿童的最大利益为一种首要考虑。第6条规定,缔约国应最大限度地确保儿童的存活与发展。第12条规定,缔约国应确保有主见能力的儿童有权对影响到其本人的一切事项自由发表自己的意见,对儿童的意见应按照其年龄和成熟程度给予适当的看待;为达此目的,儿童特别应有机会在影响到儿童的任何司法和行政诉讼中,以符合国家法律的诉讼规则的方式,直接或通过代表或适当机构陈述意见。既然日本加入了该条约,则其就理应建立有关程序以确保诉讼中未成年子女的利益得到保护。然而,日本对于子女利益的保护制度并不完善,日本《民法典》第826条中确立了特别代理人制度,但根据日本《民法典》的规定,该制度一般在客观上未成年子女与父母的利益存在冲突时才可适用,并不能充分发挥子女利

〔1〕 杉井静子:「家事事件手続法制定により家事事件の手続はどう変わるか」、『総合法律支援論叢』2013年2号。

益保护的作用,而且日本《民法典》中也没有明确规定未成年子女是否有权申请选任特别代理人。另外,以前的日本《人事诉讼法》第 13 条第 2 款规定,[1] 对于未成年人作为当事人的案件,若有必要,法院应依申请或依职权为其指定诉讼代理人,但该诉讼代理人制度只适用于人事诉讼中当事人直接作为原告或被告的案件,而在离婚案件中作为附带处分的监护权纠纷以及抚养费纠纷等事项则并不适用。

根据以前的日本《家事审判法》第 12 条规定,在必要时,家庭法院可以让与审判结果有利害关系者参加家事诉讼程序,据此,能够得出法院可以通知与家事案件有利害关系的未成年子女参加诉讼的结论,但问题是,其参加诉讼最终也仅仅是作为利害关系人而参加,并不具有诉讼当事人地位,且立法也未规定为其指定代理人的制度。此外,传统上的人事诉讼和家事诉讼程序主要是以当事人对立构造建立的,但实际上,一些案件除了关涉原告和被告外,还与未成年子女的利益密切相关,但是,立法上并没有将未成年子女作为当事人对待,未成年子女的利益难以获得有效保护。在离婚以及探望权纠纷中,日本《人事诉讼法》第 32 条第 4 款和日本《家事诉讼法》第 54 条均有确认子女意思、听取子女意见的规定,对此,家庭法院调查官可以听取子女意见,调查有关事实,但问题在于法院调查官是站在法院的立场搜集证据的,这很难确保未成年子女能够有充分机会在诉讼中陈述意见,显然,在涉及子女利益和福祉的案件中,缺乏程序上的代理人维护其权益,不但违反了《联合国儿童权利公约》的精神,也产生了接受裁判权上的疑问,不利于子女的健康成长。[2]

综合日本立法和司法实务中的诸多弊端,日本学者认为,家事和人事诉讼程序的构建必须充分考虑未成年子女的利益,确保子女利益通过正当程序获得实现,对此,有必要通过修改法律建立子女利益保护制度,其中包括程序代理人制度。在涉及未成年子女的家事案件中,需要把握子女处于何种心理状态,对

---

〔1〕 日本在 2011 年 5 月 25 之前,对于有关身份关系的诉讼适用日本《人事诉讼法》,该法最初制定于 1898 年。人事诉讼案件以外的涉及离婚财产分割、子女监护人的确定、抚养费的负担、婚姻费用的分担等争议适用日本《家事审判法》,该法制定于 1947 年。2011 年通过法律改革将以上两部法律合并,统一为日本《家事诉讼法》。

〔2〕 第一東京弁護士会少年法委員会:「子どもの代理人制度(仮称)の必要性に関する報告(子の裁判手続上の地位と適正手続についての一考察)」、http://www. ichiben. or. jp/news20100520kodomo. pdf. ,2014,5,22。

父母持有何种情感和希望,案件所涉子女在何种心理的、情绪的、精神的环境中生活才有利于其成长。从这一角度来看,必须了解案件中子女的意思表示,并对其意思表示根据其年龄情况作出评价,而不能仅仅依据父母的意思进行调解或裁判。不过,现实情况是,在父母对立非常激烈的案件中,子女有时很难表明或者适当表明自己的意见,在法律规定经过法院许可后未成年子女可以参加诉讼程序的情况下,有必要为纠纷所涉未成年子女配置程序上的代理人,以使其真实的个人意见能够进入诉讼程序。[1] 当然,对于建立未成年人程序代理人制度,在日本也存在一定的消极论点,认为建立这一制度意义不大。例如,有观点认为,日本已经存在法院调查官制度,法院调查官具有较强的事实调查经验和社会经验,有关子女利益的保护可以通过完善法院调查官制度加以实现,而仅具法律知识的律师是否有能力承担程序代理人之职务尚且存有疑问。而且家事诉讼程序引入程序代理人可能造成诉讼程序的复杂化。[2]

(三)程序代理人制度上存在的问题

1. 报酬问题

程序代理人包括未成年子女私选代理人和法院选任代理人两种类型,日本《家事诉讼法》第23条第3款对程序代理人的费用作出规定,程序代理人的费用由未成年人负担,其无能力负担时,可判令其父母负担。即使选任的律师为公共律师(国选律师),原则上也应由选任者自己负担费用。对此,日本一些律师协会提出意见,认为由未成年人自己承担费用不具有合理性,程序代理人的费用应当由国家负担。[3] 理由是:首先,未成年子女缺乏支付费用的财力基础,因此不应由其负担相关费用;其次,即使理论上存在由亲权人或监护人负担报酬的可能性,但当亲权人或监护人拒绝负担时,也存在现实困难。日本律师协会还进一步指出,很多案件中未成年子女可能与亲权人或监护人存在利益冲突,因此,亲权人等拒绝为其负担报酬的可能性极大。在诸如丧失亲权案件、停

---

〔1〕 日本弁護士連合会:「子どもの手続代理人制度の活用を目指して」、http://yoshimine.main.jp/kodomotetudukidairinin20140208/shiminshukaikodomotetudukidairinin20140208.pdf.,2015,8,9。

〔2〕 渡辺義弘:「子の監護・引渡をめぐる紛争の法的解決の今日的課題(その7)」、『青森法政論叢』2010年11号。

〔3〕 日本弁護士連合会:「子どもの手続代理人の報酬の公費負担を求める意見書」、http://www.nichibenren.or.jp/library/ja/opinion/report/data/2012/opinion_120913_5.pdf.,2015,6,16。

止侵权案件或者管理权丧失案件中,有关当事人很可能对选任子女程序代理人持不赞同态度,这也将成为负担程序代理人费用的障碍。一旦法院认定存在报酬支付上的难题,或许法院也会对选任子女程序代理人持消极态度,这也有可能会影响这一制度的发展。

另外,根据法律援助制度的要求,当未成年人自己选任律师而向法律援助机构(法テラス)申请法律援助时,法律援助机构、律师、未成年人3方之间应当签订法律援助契约。目前,法律援助实行的是“偿还制”,因而,未成年人实际上也就具有了偿还义务。但问题是,这样的民事契约因属于附义务契约可以被亲权人或监护人撤销,若果真行使撤销权,则相当于未成年人根本无法自己选任律师,即使不被撤销也存在未成年人无偿还能力或者亲权人拒绝负担费用等问题。日本律师协会还主张,为了配合程序代理人报酬国家负担制,应当修改目前的法律援助法,为未成年人自己选任程序代理人而申请法律援助专门建立“给付制”,以便能够有正当理由实现国家负担。另外,对于法院选任的国选代理人报酬,有必要作为法律援助机构的当然业务予以规定。日本山口县律师协会为了应对可能出现的律师无法获得报酬这一问题,专门建立了子女程序代理人援助基金,当律师无法从被代理人的未成年子女或其父母处获得报酬时,可以通过基金解决问题。

2. 其他问题

程序代理人为日本家事诉讼程序法中新建立的一种特别制度,目的在于保护未成年子女的利益。一般认为,除了程序代理人报酬的规定存在一定问题外,其他方面也存在需要进一步研究的问题。

第一,适用的案件类型问题。立法上仅规定法官在认为有必要时可以同意或者依职权选任程序代理人,并没有明确哪类案件适用这一制度,这可能造成对于类似情况法官作出不同的认定,因此,一些本应由程序代理人参与的案件最终未能选任代理人。日本鸟取县律师协会认为,以下案件适合利用程序代理人制度:子女监护权处分案件、解除收养关系案件、丧失亲权以及停止亲权或者丧失管理权案件、指定或变更亲权人案件、未成年人监护案件、子女监护权处分案件、收养关系成立后的亲权者资格案件、亲权人指定或变更的调解案件、离婚调解案件等。

第二,未成年子女自己选任程序代理人的问题。未成年人缺乏各种信息和社会经验,这将发生选任行为上的难题。即使有父母的帮助,父母也不一定确保被选任的律师具备保护未成年子女利益的知识和经验,[1]因为在涉及子女的监护、探望权、收养等案件中,被选任的律师仅有法律素养和经验是不够的,其更需要具备与未成年人交流、敏锐观察子女的真实意图、与子女的父母交流和沟通、进行社会调查的技巧。毕竟子女程序代理人并不仅仅是诉讼代理人,仅按照子女的意思实施行为并不符合这一职务的要求。因此,从保护子女利益角度来看,确实应当考虑建立一种代理人选任支援制度,保证选择的律师能够真正发挥维护子女利益的作用。

第三,法院是否能够积极利用程序代理人的问题。日本律师协会于 2013 年 6 月进行过一项调查。结果显示,法院对程序代理人制度的运用表现得并不积极,在调查的 21 个家庭法院中,只有名古屋家庭法院明确表示"尽可能积极地作出努力"。一些法院表示,如果未成年子女的年龄偏低,则难以参加诉讼程序,程序代理人是非常例外的一种制度。也有法院表示,法院基本上不会依职权选任程序代理人,甚至有的法院担心利用程序代理人制度反而会激发矛盾,故而对这一制度持消极态度。另外,担心报酬负担问题也是法院不能积极利用这一制度的原因之一,截至 2013 年 6 月 14 日,有 21 个家庭法院与律师协会签订了利用协议,但没有一个协议涉及报酬负担的解决问题。[2] 截至 2014 年 11 月,实行了将近 2 年的子女程序代理人制度仅被家庭法院使用了 9 次(9 个案件适用),有 3 个案件是由案件所涉子女选任的代理人。子女程序代理人制度被较少适用的原因中就包括报酬制度上的问题。

六、奥地利家事诉讼中子女利益保护人制度

(一)奥地利家事诉讼程序特点

奥地利没有建立独立于普通民事法院的专门家庭法院,但在区法院设置了审理家事案件的专门法庭,此类法庭仍然被称为家庭法院。奥地利制定了《非

---

〔1〕 相川裕:「動きだす(?)子供の代理人制度が動く」、http://www.e-hoki.com/column/current/94.html.,2014,12,30。

〔2〕 鳥取県弁護士会:「家事事件手続における子どもの手続代理人制度の改善、及び、あるべき子どもの代理人制度の創設を求める議題」、http://chugoku-ba.org/iken/2013/gidai_20131011-1.html.,2015,7,23。

讼事件程序法》,该法是法院审理家事纠纷所遵守的程序规范。家事案件实行三审制,对家庭法院判决不服可向上诉法院提起抗告(上诉),对上诉法院判决不服还可向最高法院提起再抗告(再上诉)。除规定的几种案件外,家事诉讼其他案件的第二审程序中仅律师有诉讼代理权,而第三审则必须由律师代理诉讼。家事案件实行职权主义诉讼模式,对于裁判基础资料,法院可以依职权进行调查。法院必须依职权考虑程序的进行,争取缩短程序进行的时间,当事人对此也有义务协助法院。诉讼中要保障当事人的"法的审问权",一方当事人有权知晓法院依职权获取的另一方当事人的有关陈述或调查内容,并应保障其对此发表意见的权利。如果当事人未在法院指定的期间发表意见或接受法院以询问为目的的传唤,则可以做出该当事人对另一方当事人陈述以及调查内容无异议的推定。除非有例外规定,家事案件实行口头辩论原则,法院可以就全部案件或者个别问题指定口头辩论期日。口头辩论应公开进行,但是,法官认为有合理理由的,可以依职权决定停止公开。[1] 在没有诉讼代理人代理的情形下,法院有义务对当事人程序进行方面提供指导和教示,以使当事人在符合权利追求目的或者有助于权利防御情形下陈述意见和提出证据。

在监护权、探望权、子女抚养纠纷案件中,必须确保对纠纷的审理符合子女最大利益。已满14岁的未成年人在监护权、探望权以及抚养纠纷程序中,可以在法院单独实施行为,法院必须在未成年人认识能力限度内给予其听取意见的机会,从而有效保障未成年人的程序权利,并应当向未成年人表明可以寻求咨询。以自己名义实施程序行为不妨碍法定代理人的权限,未成年人与法定代理人陈述不一致的,法院应当根据全部陈述内容综合考虑。已满14岁的未成年人在最高法院再抗告程序中缺乏代理的,作为程序救助,应当依据申请为其选任律师,无须对其财产要件进行审查,可在再抗告程序终结后审查救助要件。在监护以及探望权纠纷审理程序中,对未满14岁的未成年人,可以考虑为支援该未成年人,让其他当事人之间集中对话而为未成年人选任儿童辅助人。在有必要时,征得同意后,可以为已满16岁的未成年人选任儿童辅助人。法院于监护权、探望权以及抚养纠纷案件审理程序中,必须询问未成年子女本人,未成年

---

〔1〕 法官在以下场合可以依职权停止公开口头辩论:(1)因公开将损害风俗或者公共秩序;(2)因公开将妨害辩论或者使事实关系的调查发生困难;(3)停止公开是出于保护被保护人的利益等。

人未满10岁的,出于未成年人成长和健康状况的需要以及可能难以期待其表明意见时,可以利用青少年福祉事业者、少年法院辅助机构以及其他确切方法(如鉴定人询问)进行询问。如果询问可能使未成年子女福祉陷入危险,或者考虑到其认识能力而无法期待其慎重发言,则不得实施询问。

奥地利家庭法院配置了家庭法院辅助官(Familiengerichtshilfe)之职,其从社会福祉事业者中选任。家庭法院辅助官在监护和探望权争议处理程序中,基于法院的命令收集裁判基础资料,为和解做准备,并负责搜集当事人信息。辅助官有权为了解未成年人生活而传唤知悉相关信息的人并听取意见,保护该子女的父母则有义务忍受来自家庭法院辅助官的交流要求。治安机关、检察厅、法院以及未成年子女的养育和照护机关,有义务向家庭法院辅助官提供必要信息,让其阅览文书或记录。辅助官结束相关调查后,应当向法院书面或口头报告调查结果,在回避方面准用鉴定人回避的规定。在探望权判决履行过程中,法院可以指定家庭法院辅助官作为"探视中介人",其任务是为了使探望权能够具体实施而与父母双方联络,若发生分歧则进行仲裁。在不与未成年子女共同生活的父母一方准备探视子女、送交子女、交还子女时,家庭法院辅助官可以在场。法院有要求时,辅助官还应当就获知的探望权行使情况以书面或口头方式向法院报告。

(二)子女利益保护人

为了保护家事诉讼中未成年子女的利益,奥地利于2009年通过《儿童辅助人法》建立了儿童辅助人制度,并将该制度导入《非讼案件程序法》中。在监护权纠纷以及探望权纠纷中,鉴于其他程序当事人之间的争议状况,在有必要为未成年子女提供支援时,法院必须依职权为14岁以下者选任辅助人;对于14岁以上16岁以下者,若有必要,法院可以在经其同意后为其选任辅助人。子女辅助人应当具有青少年领域的专业知识和工作经历,如具有精神医学、心理学、教育学、社会学等教育背景和职业经验。法院选任辅助人时,仅能从联邦司法部或司法支援局(Justizbetreuungsagentur)指名者中选择。辅助人在诉讼过程中必须经常与未成年子女交流,对其提供诉讼程序中的任何信息。辅助人应当听取未成年子女的意见,并将意见向法院进行陈述。立法上还规定,辅助人有权阅览诉讼资料,法院必须将所有指定的期日向其通知,当事人的任何申请和主张都应当告知辅助人。辅助人有权参加诉讼的开庭审理程序,也可参与开庭审理之外的证据调查程序。联邦司法部或司法支援局可以基于重要事由取消辅助人的指名,法院若认为存在适当的理由时,也可以解任辅助人。子女辅助人在法律地位上不属于法定代理人和财产管理人,其重要作用是在未成年子女能够了解的情况下,将他们的意见直接反馈于法院,而不是听从未成年子女的安排。因此,其在权限上是独立于法定代理人的,属于诉讼程序中子女的特别利益的代辩人和帮助者。设置辅助人制度是为了防止诉讼中子女的福祉受到危害。其参与程序的正当性还在于借助其与青少年交流的专业知识和经验,为因父母之间的争议而感受精神痛苦的未成年子女提供更好的援助。

第三章　离婚案件中的父母教育制度

国外家事案件特别注重通过当事人之间达成合意的方式解决纠纷,在监护权、探望权、抚养费纠纷案件中尤为如此。之所以注重以和解方式化解矛盾,原因在于立法者和司法实务家认为,以达成协议方式化解家族矛盾,更有助于纠纷的彻底解决,而且更为重要的是,在子女的抚养安排上所达成的合意可能更符合子女利益的需要,因为父母对子女的利益需要更清楚。为了保障离婚父母清楚认识离婚对子女带来的影响,在满足子女未来发展需要的基础上达成子女抚养的协议,美国率先在家事诉讼中建立了离婚诉讼的父母教育制度,其后,这一制度被很多国家所借鉴和引入。在亚洲,韩国和日本对父母教育项目的实施表现出非常积极的姿态,学界和司法实务界对有关父母教育项目的研究也在不断深入。

一、美国法院离婚诉讼中的父母教育

美国家事诉讼案件由各州法院管辖,由于各州具有独自的立法权,因此,各州家事诉讼程序之间存在一定的差异。但共同性的表现是家事案件的审理以优先保护未成年子女利益为原则,法院中配有专门调解纠纷的具有临床心理学或精神医学教育背景的专家,诉讼注重调解等。[1] 父母在离婚诉讼程序中,往往存在较为强烈的对立情绪,会对子女的心理健康和成长造成很大的不良影

〔1〕 日本法務省法制審議会:「诸外国司法制度概要」、『ジュリスト』2000 年 1170 号。

响,这就需要通过一定措施缓和父母之间的矛盾,促使父母离婚后协作抚养子女。[1] 1976 年堪萨斯州精神保健中心(Mental Health Center)与法院共同开发了"分居与离婚父母的一般责任"(General Responsibilities as Separating Parents)这一父母教育项目。1986 年之后,很多法院都引入父母教育制度。到了 1990 年之后,离婚父母教育制度迅速在全国展开。1996 年美国通过《个人责任与工作机会协调法》(Personal Responsibility and Work Opportunity Reconciliation Act, PRWORA)对各州离婚教育项目提供资金支援,根据离婚家庭以及未成年子女数量状况,对每个州提供每年不低于 10 万美元的资金援助。[2] 目前,美国有 46 个州在夫妻离婚时由法院与其他机构合作实施父母教育,而 27 个州实行法院命令实施父母教育制度。[3] 对于离婚父母未按要求参加离婚教育可能产生的后果,也视各州的立法而宽严不一。有些州对离婚而不参加教育计划者规定了具体的制裁措施。例如,佛罗里达州规定,法院可以认定没有按要求参加教育计划的父母的行为构成蔑视法庭,或拒绝其共同监护子女的请求,或施以法院认为合适的其他处罚。有些州将制裁的权力留给法官自由裁量,如明尼苏达州;而有些州的立法则没有提及制裁。至于计划教育的实际效果,相关调查显示,参加过的离婚父母认为,通过这个教育计划可以学习到有益的养育和交流技能,可以有效降低其将子女置于冲突之中的可能性,也可以促使父母双方为了子女的利益更好地合作,关注到子女的需要。[4]

(一)加利福尼亚州离婚诉讼中的父母教育

在加利福尼亚州,夫妻离婚时,法院不但要解决夫妻离婚问题,亦要同时处理未成年子女监护权和探望权等事项。离婚夫妻有义务在诉讼中制订离婚后未成年子女的抚养计划,对未成年子女的监护和探望权行使方式作出约定,只

---

〔1〕 Clorinda E. Vélez, Sharlene A. Wolchik, "Jenn-Yun Tein, and Irwin Sandler. Protecting children from the consequences of divorce: A longitudinal study of the effects of parenting on children's coping processes", *Child Development*, Vol. 82. No. 1, 2011.

〔2〕 CR Ahrons, "Family Ties After Divorce: Long-Term Implications for Children", *Family Process*, Vol. 46. No. 1, 2007.

〔3〕 Pollet, S. L., Lombreglia. M, "A Nationwide Survey of Mandatory Parent Education", *Family Court Review*, Vol. 46, 2008.

〔4〕 参见陈思琴:《离婚前父母教育计划:美国离婚法的经验与借鉴》,载《南昌航空大学学报》(社会科学版)2012 年第 2 期。

有当其最终无法达成一致意见时,法院才利用判决方式处理相关争议,但法院并不直接作出决定,而是对离婚父母首先实施"父母和子女在一起"(Parents and children together)的教育项目,力争接受离婚教育的父母能够自主达成抚养协议,离婚父母有义务接受这一教育方式。教育项目实施完毕后,当事人必须在法院配备的专家组织下进行调解,调解不成的方进入审判程序。

1. 法院对离婚教育的指导说明

为了帮助离婚案件中的父母能够通过协商就未成年子女监护权、探望行使方式、抚养费等问题达成合意,加利福尼亚州审理家事案件的法院在其网站上公布了子女抚养计划指导说明。案件当事人可以通过阅览网站相关信息,了解制订抚养计划需要考虑的主要事项。

一是子女的监护方式。如果约定共同监护,则应当记载父母双方共同拥有有关子女的信息;共同决定关涉子女健康、教育、福祉等事项。还有必要约定若无对方同意或法院命令,不得变更子女的住所这一事项。如果实行单方监护,则最好约定紧急状态下子女的医疗决定事项(如手术等),并确定非直接监护方是否有权阅览子女的医疗记录和学校的记录等。二是确定子女与父母共处的时间分配方式。例如,可以约定子女在谁的照护和监管下生活,子女和父母分别共处多长时间等。三是有关节假日的日期安排。父母可以约定圣诞节、寒暑假等期间子女和谁一起生活。四是约定探望子女的方式,如在什么时间、什么地点探望子女以及如何交付子女等。五是其他约定事项,例如,夫妻之间可以约定,任何一方不得在子女面前贬低对方。

为了确保离婚父母在协商基础上达成抚养计划,加利福尼亚州的法院还配备了说明手册,离婚父母可在法院领取该手册,详细了解制定恰当的子女抚养计划应当考虑的重要事项。指导说明为劝导性的事项告知,离婚父母根据各自状况、子女的需求确定抚养计划的内容。一般来说,如果夫妻之间关于子女的监护和探望权的行使方式争议不大,则协议记载的事项可以简化;夫妻之间的争议较为激烈的,则有必要制订详细的子女抚养计划。

在指导说明中,法院可以向当事人告知在制订子女抚养计划时能够利用的各种支援手段,例如,聘请律师与对方当事人交涉,或者让律师介绍具有家事纠纷调停经验的专家与对方进行沟通,在双方交涉的基础上制定有利于子女利益保护的抚养计划。

2. 法院离婚教育的具体程序

当事人在起诉离婚前达成子女抚养计划的,法院在离婚诉讼程序中对协议合理性进行审查,审查重点为协议内容是否能够保护未成年子女的福祉发展,具备合理性的,应当进行司法确认。起诉前未能达成合理抚养计划的,法院应当告知当事人必须接受离婚纠纷的父母教育。

当事人可选择郡内任何一所法院接受教育,教育项目的实施时间为 3 个小时。法院设有专门的教育实施部门(family court services),聘请专门人员开展离婚父母的教育。这些被聘请的专家担当父母离婚教育和调解之职责,相关专家是从具有社会心理学教育背景者中选任的,拥有硕士学位,至少有 5 年以上的工作经历。由于其具备丰富的学识和实务经验,可以发现离婚父母存在的不同问题,并能为双方准确地提供制订抚养计划的有益信息,达成容易被双方接受且具有可行性的抚养计划。

在实施离婚父母教育的程序方面,首先由作为专家的讲师播放 5 分钟左右的录像。录像内容主要是上级法院法官对离婚父母进行教育项目实施程序的说明,讲解夫妻自主达成子女抚养计划的重要性。例如,法官将说明父母对自己的子女最了解,由父母双方制订抚养计划可能比法官作出决定更为适当,也可以节省经济成本。录像内容还包括向离婚父母介绍协商抚养计划时,调解员如何发挥调解作用。[1]

接着将进入 20 分钟的"离婚后的子女们"的教育时间。教育方式仍然是使用录像设备,由多名离婚家庭的子女叙谈父母离婚时或离婚后的不同感受,专家讲解为什么这些子女会出现很多不愉快的情绪以及如何避免这些情绪。专家将向离婚的父母说明,父母离婚时不要将离婚原因归于子女,父母必须向子女明确表达离婚不是因为子女的原因。另外,父母也不要在子女面前说对方的"坏话",更不要将子女作为监视对方的工具,而是要让子女感受到父母的关心。

录像播放完毕后,作为调解专家的讲师询问离婚父母从录像中获得了何种感受,敦促他们对相关问题进行深入思考,并告知当事人即使夫妻离婚,子女也

---

〔1〕 棚村政行:「親子の面会交流を実現するための制度等に関する調査研究報告書」、http://www. moj. go. jp/MINJI/minji07_00100. html. ,2016,11,12。

是父母之间最重要的存在，不过，离婚后的未成年子女抚养方式将发生变化。父母还应当了解离婚对子女的影响，双方应当通过合作制订共同抚养计划。在一方存在家庭暴力、滥用药物等问题时，应当确保探望权行使的适当性，避免子女受到侵害。

一些年轻的离婚父母表示，在离婚时，本想在法官面前讲述对方的各种问题，但经过教育后，认为为了达成有利于子女成长的抚养计划，与对方协作才更为重要，而不是诋毁或贬低对方。

3. 离婚教育后的调解或审判

经过离婚教育的父母必须在调解员参与下进行调解，此为离婚父母的义务。离婚父母和法院调解员预约调解时间。调解主要围绕监护权、探望权、抚养费等事项进行，一般每次调解 2 个小时，原则上一次调解结案。

调解员应当努力为离婚夫妻创造对话环境，倾听父母双方各自有关生活状况、与对方的关系、对抚养计划的要求等陈述，在考虑双方意见的基础上，调解员提出具体调解方案供双方选择。父母双方亦可自主达成合意，达成的调解协议不利于子女利益的保护的，调解员应当敦促双方修改抚养计划。例如，对于只有八九个月左右的未成年子女，父母约定双方各与该子女分别生活一个星期，轮流进行。法官根据子女的年龄认为这样的生活方式不利于子女健康成长时，可以要求离婚的夫妻修改抚养计划。此外，在调解过程中，发现父母一方有对子女实施严重虐待行为的，必须报告于儿童与家庭服务部（Division of Child & Family Services，DCFS）。该机构经调查认为事实属实的，则交由少年法院处理虐待儿童问题，并一并解决监护权和探望权事项方面的问题。

调解未成功且不需要少年法院处理的，离婚案件进入法官审判程序。法院在作出判决前，委托事实调查专家进行事实调查，了解离婚夫妻与未成年子女的关系、家庭生活状况、家庭暴力倾向等。为了了解事实，事实调查专家有权通过接触未成年子女、离婚的父母、未成年子女就读学校的老师或同学、离婚父母工作单位或邻居等探寻相关信息，并有权了解当事人的家族史、犯罪记录或其他不良行为记录。调查专家应向法院提交调查报告书，报告书将成为法官判断监护权和探望权处理问题的重要参考证据。

实际上，法院收到专家的事实调查报告后，往往再次敦促当事人接受离婚教育，希望纠纷以和解终结。一些案件中的当事人在阅览调查报告书后，通过预测案件处理结果,主动要求将纠纷恢复至父母教育程序,通过调解达成子女抚养计划。

2011 年之前,加利福尼亚州的法院对父母之间矛盾特别激烈的离婚案件,即使进入审判程序也要求进一步实施离婚教育,目的是消除双方的隔阂,有利于离婚后监护权、探望权判决的履行。这一教育项目名称为“消除纠葛的子女抚养”,教育时间持续 6 周,每周 1 次 3 个小时。教育内容包括理解共同抚养的意义;不同年龄段未成年子女对父母离婚的反应;离婚纠纷对子女的影响;父母离婚后如何构筑有利于子女成长的关系;理解和容忍对方的不良情绪;履行判决时纠纷的处理方法等。出于对法院经费问题的考虑,2011 年 3 月,法院停止了该教育项目的运营。一些法院敦促当事人参与民间组织开展的离婚父母教育,但由于民间组织的离婚教育收费额较高,经济困难的离婚夫妻还是不愿选择这一教育方式。

(二)俄勒冈州离婚诉讼的父母教育

俄勒冈州的离婚父母教育制度是在借鉴“转变中的家庭”(Family in Transition,FAIT)教育制度的基础上建立和运营的。FAIT 项目开发于 1992 年,目的是在离婚时通过对离婚家庭提供支援以维护子女的利益,维持子女与父母的关系。最先引入该制度的州为肯塔基州,后陆续被其他州导入。[1]

在俄勒冈州,夫妻离婚时必须接受离婚项目的教育,自主达成离婚后未成年子女的抚养计划,抚养计划包括监护权的行使、子女的居所、探望权的行使方式、抚养费等方面的内容。经过离婚教育后无法达成子女抚养计划的,必须经过调解程序解决相关争议,调解不成时方进入审判程序。

夫妻提出离婚申请后,法官委托有资格实施离婚教育的机构对夫妻进行离婚教育,父母有义务接受这一教育。实施离婚教育的机构为民间组织,每周有固定时间实施教育项目,每次可同时对多对离婚夫妻进行教育,负责教育项目实施的人员为具有心理学或社会学知识的专家。教育内容包括子女发育阶段特征、各发育阶段子女对父母离婚的反应以及如何确切应对;离婚后与原配偶协作抚养子女的知识和方法。教育机构运用阅览手册、观看录像、角色表演、小

---

〔1〕 FAIT 项目分为双亲项目和子女项目,双亲项目的主要内容是:(1)了解子女对于父母离婚的疑惑或担心并适当应对;(2)强化离婚后的亲子关系;(3)构筑协作抚养子女的关系。子女项目的主要内容包括:(1)子女自身理解自己的情绪;(2)劝导改变对父母离婚的错误认识;(3)让子女理解能够解决的问题和无法解决的问题,对于需要解决的问题给予帮助。

组讨论等方式进行教育。观看的录像内容为经历过父母离婚的青少年讲述对父母离婚的感受,通过讲述者的讲述可以感受到子女往往认为父母离婚是因为自己的原因,或者对于父母激烈的争执或恶言相向感到不安。教育实施者听取参与者(离婚夫妻)的感想,告知如何能够让子女承受父母离婚,即使父母离婚子女也需要父母的关爱。在制订抚养计划方面,应当让父母知晓虽然夫妻离婚有各种理由,但应当意识到共同抚养子女的重要性。教育实施者还应当说明夫妻离婚后从配偶关系转变为仅因子女进行合作的关系,相互接触时避免争议,如果双方矛盾特别激烈,则应尽量避免接触。一方行使探望权时,应当寻求相关机构的帮助。教育实施者还要讲解离婚后为了抚养子女而相互交流时,如何恰当地表达意思和使用语言,避免不恰当的用语伤害对方。

在对父母进行离婚教育的同时,一些机构还对未成年子女进行父母离婚教育。教育时间一般选择在放学后或周末,教育内容丰富多彩。教育实施者根据子女的年龄分成不同的小组进行教育。通过子女教育,让子女认识到父母离婚是大人的事情,子女没有责任,即使父母离婚父母也依然爱着自己。教育过程中,教育人员让子女不受约束地表现出因离婚而感到的不安、悲伤、恐惧、愤怒等情感,然后有针对性地帮助他们尽快适应新的生活。在教育方法上,根据子女的年龄有所差异,对于年龄较小的儿童,教育人员在与其游戏或互动中了解其对于父母离婚的心情,有时还借助绘画、捏泥人、看漫画等方式洞察子女对于父母的情感。通过适合子女年龄的教育方式,让子女明白父母离婚能够带来的变化以及不能带来的变化;是悲伤的变化,还是喜悦的变化;儿童自己能够控制的变化和不能控制的变化,离婚后能够适应的事情和不能适应的事情等。美国的文化与东方一些国家明显不同,父母离婚之事并不对子女隐瞒,因此,在实施相关教育项目时,教育人员问及父母情况时,即使幼儿园的孩子也能给予适当回答,很少出现不知道父母准备离婚或已经离婚等情况。

(三)其他州的离婚父母教育制度

伊利诺伊州开发出了“子女第一”(Children First)离婚父母教育项目,该项目的特点是不仅提供与离婚有关的法律程序信息,还强调离婚对子女的负面影响,并对此提供有效果的抚养子女方法的信息。提供相关信息的方法包括讲座、发放手册、利用视听资料等多种方式。该项目费用低廉,即使人力和设备较为薄弱的法院也可以利用。这一项目特别适合离婚夫妻对法律程序不甚熟悉,相互间矛盾和危险要因较低的离婚案件。法院有权命令离婚夫妻接受父母教育,教育分两阶段进行,共3个小时。第一阶段主要是介绍教育项目,提供有关反思自身、站在子女角度考虑基本欲求、消解争执顺利进行意思沟通等信息。第二阶段针对离婚中或离婚后一方在子女面前对另一方使用中伤言语这一频繁发生的家庭问题实施解决方法的教育,最后由离婚父母对教育项目进行评价。

俄亥俄州代表性的离婚父母教育项目为"夫妻间的子女"(Children in Between),这是由离婚教育中心开发的。该教育项目的特点是注重进行离婚后子女的抚养的技法教育,而不是仅仅关注单纯的信息教育。通过灵活利用视听资料、教育手册等针对离婚后协作抚养子女时可能发生的问题以及具体解决对策进行教育,让离婚父母学习离婚后父母的角色、具体的意思沟通方法以及抚养子女的技法等。教育分为两个阶段,每个阶段90~120分钟,由法院命令离婚夫妻接受教育。目前,该州扩展了教育范围,除了对离婚父母实施教育外,还对离婚中未成年子女进行教育。

新泽西州最具代表性的离婚父母教育制度是"每个人都影响子女"(Every Person Influences Children,EPIC)。该项目主要适用于离婚夫妻之间矛盾特别强烈,有虐待儿童倾向、酒精依赖症或药物依赖症等危险因素的离婚案件。之所以以对抗情绪强烈的夫妻为教育对象,是因为争执强烈容易在子女面前对另一方恶言相向,妨碍一方抚养子女,夫妻之间难以进行协作抚养子女的意思沟通,最终结果可能是再次卷入诉讼程序。该教育项目以个人咨询或者小规模集团咨询为特点,因此,与其他教育项目相比,参加教育的时间比较长,共进行6~8周的教育,每周2小时左右。教育项目主持者应当具备专业知识和熟练的技能,正因如此,其需要投入较高的教育项目运营费用,只有人力资源和设施较好的法院和机构才适合实施这一教育项目。

美国一些州的法院和其他机构还引入了由精神卫生专家、法学家以及法官共同开发的"协助儿童过度"(Assisting Children through Transition for the Children)父母教育项目。该教育项目以不存在虐待儿童、家庭暴力等现象的离婚夫妻为对象,目的是缓解离婚夫妻心理压力,帮助子女适应父母离婚后的变化。教育分为两个阶段进行,第一阶段中利用视听资料、小册子等方式,通过角色扮演和讨论了解控制愤怒的方法、冲突管理方法以及为了建立正确亲子关系而进行意思沟通的技法等。第二阶段主要是让离婚父母掌握如何通过协作有效抚养子女的方法，提供离婚的法律程序信息等。[1]

二、韩国离婚案件中的父母教育制度

韩国离婚纠纷由法院解决，为了避免草率的离婚影响家庭的安定和子女的成长，立法上设置了夫妻离婚的"思考期"制度，[2]有未成年子女的离婚案件，从提交离婚申请之日起3个月后方可请求法院进行离婚意思的确认，没有未成年子女的案件思考期则为1个月。在韩国，离婚分为协议离婚和裁判离婚，协议离婚是指夫妻双方达成离婚协议书，以法院对协议离婚意思进行确认的方式离婚的一种制度。[3] 裁判离婚是指夫妻无法达成离婚协议，请求法院以裁判方式判决离婚的一种制度。无论哪种制度都是要经过思考期的。韩国对于请求判决离婚的案件一般采取调解前置原则，但如果法官认为调解明显无望或者无法向一方当事人直接送达司法文书时，也可以直接利用裁判程序。在韩国，离婚夫妻可以直接申请法院调解，对此，法院应当依据韩国《民事调解法》规定的程序进行调解。目前，不直接申请调解而是直接提起离婚诉讼的案件占70%，这些直接提起诉讼的案件的最大特点是夫妻之间的对立感非常强烈。

在离婚诉讼中，为了保护子女福祉，家庭法院可以指定诉讼期间的监护人，

---

[1] Pedro-Carroll J. ,Nakhnikian E. ,Montes G. ,"Assisting children through transition:Helping parents protect their children from the toxic effects of ongoing conflict in the aftermath of divorce", *Family Court Review*, Vol. 39, No. 4, 2001.

[2] 박복순,"협의이혼제도의 운용실태 및 개선방안",젠더리뷰 제 21 호(2011).

[3] 1963年之前，协议离婚需要户籍管理员对离婚协议进行审查，立法上未规定夫妻双方必须共同到户籍管理机构申请离婚并接受询问，户籍管理员仅对离婚协议进行形式审查，并不对真实意思表示进行确认。在这一立法背景下，难以避免出现借助协议离婚形式将妻子赶出家门，甚至出现在妻子不知情情形下"协议离婚"等现象。1963年7月1日，韩国通过修改《户籍法》改革了协议离婚制度，户籍管理员应命令夫妻到场接受询问，对离婚协议进行实质性审查，避免出现强迫离婚或欺骗性离婚现象。然而，户籍管理员一般仅关注夫妻双方离婚意思表示是否真实，并不关注离婚协议中有关子女抚养方式和探望权的约定是否存在或是否合理，故而，协议离婚制度尽管可能在较大程度上确保离婚意思表示出于真实，但难以保障未成年子女的利益获得最大保护。1977年韩国修改《民法典》，建立家庭法院法官确认离婚协议程序，协议离婚的夫妻双方应出席法院意思确认程序，在法官面前陈述真实的意思表示，如果妻子一方表示未有离婚的意思，则不批准离婚协议。然而，该制度存在的问题是，家庭法院法官仅仅扮演着确认离婚是否出于本人真实意图的角色，并不对离婚后的子女直接监护权、非直接监护一方的抚养费支付方式、探望权行使方法等进行干涉，对此，社会上存在强烈的家庭法院对离婚案件不负责任的批评声音。出于种种原因，韩国于2007年再次修改《民法典》，建立新的协议离婚制度，赋予法院在离婚案件中扮演更为重要的角色。比如，保护女性独立地位、防止草率离婚行为、注重离婚中子女利益的保护等。

也可以劝告夫妻双方通过合意确定此期间的监护人及探望权的行使方式，避免子女在诉讼期间陷入不利地位。[1] 为了确保离婚后未成年子健康成长，家庭法院在协议离婚和裁判离婚程序中对离婚夫妻进行离婚教育，促使双方达成有利于子女福祉的离婚协议。

（一）离婚程序中父母教育制度的成立过程

韩国对于建立离婚诉讼中父母教育制度的研究始于2001年。为了落实韩国《司法发展计划》，韩国在家庭法院设置了专职家庭法院调查官，一改此前家庭法院调查官由书记官兼任的不合理状况，[2]并在2002年的韩国《家事调查业务灵活化方案》《关于调查官制度的研讨》中介绍了美国和澳大利亚的离婚案件父母教育制度。在研讨过程中，研究者认为，国外父母教育的教育内容对韩国具有较大借鉴意义，不过，由于韩国法院的福祉功能不足，因此，美国法院的与外部的精神保健领域专家协作实施父母教育项目的做法尚不适合韩国国情。首尔家庭法院调查官曾建议借鉴美国、澳大利亚等国家的司法实务，在离婚案件早期阶段，为防止未成年子女利益遭受损害，应当针对离婚的父母举行应当采取何种行为的说明会。该建议虽然未被采纳，但是，有关建立父母教育制度的必要性以及由家庭法院调查官担任教育实施者的这一观点还是得到了司法实务界的认同。尽管立法上或政策上没有确立离婚时的父母教育制度，但是，家庭法院调查官一直在此方面作出着自己的努力。例如，一些家庭法院调查官在进行事实调查时，对当事人开展“一对一”的离婚教育，由于离婚教育属于非正式程序，所以并未取得较好效果。首尔家庭法院调查官于2003年编制了用于维护未成年子女利益的父母指导小册子——《援助之树》，在当事人提出协议离婚申请、家庭法院调查官进行事实调查或对案件进行调解时，家庭法院调查官向每个案件的当事人发放该小册子。该小册子的主要内容包括父母离婚对子女的影响、离婚期间及离婚后根据不同年龄的子女应当采取的言行、

---

〔1〕 犬伏由子、宋賢鐘：「韓国法における親の離婚と子の養育について：子の利益（福利）を実現するシステムの構築に向けて」、『法學研究』2013年1号。

〔2〕 韩国家庭法院调查官制度开始于1963年，尽管设立该制度的初衷是建立一种专门的法院调查官制度，但实际上，一直未能在调查官任职资格专门化方面取得进展，家庭法院调查官一般由法院书记官兼任。2001年韩国借助当时的司法改革运动，建立了家庭法院专门调查官制度。家庭法院调查官应当接受过临床心理学、社会学等教育，拥有硕士学位，通过国家统一的选拔考试。另外，韩国家庭法院还存在少量的特聘专职家庭法院调查官，主要是从私人医院、心理咨询机构中选任的。

父母之间和平解决纠纷的重要意义。

2007年修改的韩国《民法典》第836条第2款规定，协议离婚的夫妻，必须接受家庭法院的离婚指导，必要时，法院可以劝告当事人接受具有专业知识和经验的专业咨询人员的咨询。根据上述规定，协议离婚程序中接受教育是父母的义务，但是，立法上对于离婚指导的内容、实施主体等事项未作规定，而交由法院制定相关规则。为了研究协议离婚程序的恰当进行问题，首尔家庭法院设立了首尔家庭法院协议离婚程序研究会，该研究会由法官5名、法院书记官2名以及家庭法院调查官3名组成。该研究会就如何确立协议离婚程序以及父母教育进行了讨论，包括离婚指导的内容、指导方式、指导的主体等。研究会研讨的结果对司法实务的完善产生了重要影响，有关研究成果反映在了修改后的《家庭关系登录等规则》《协议离婚程序及家庭关系登录事务处理指针》之中。

在离婚指导内容上，研究者主要围绕3个方面进行了讨论：一是协议离婚程序，二是与离婚有关的法律问题，三是离婚教育。对于离婚教育内容的讨论，研究者认为应当研究是否有必要向父母告知父母离婚对子女造成的影响以及根据子女的年龄，父母应当对离婚采取的行动等涉及心理学、社会福祉学的内容。经过研究，研究者表示有必要对离婚父母通过积极的教育，促使父母达成合理的实现子女最大利益的离婚协议。在离婚指导方式的研讨方面，研究者认为对于协议离婚的指导，应当采取“分离指导”方式，即对于有未成年子女的夫妻离婚单独实行指导。研究者还认为，在教育形式上，有必要实行“分组指导”（几对夫妻共同接受指导），而不适合进行“个别指导”（即对一对夫妻单独进行指导）。这是因为个别指导方式尽管有保护离婚夫妻个人隐私的优点，但这一方式也会增加法院的负担，而且难以使受教育者与其他案件的父母进行意见交换。通过研究，研究者认为应当对无未成年子女的离婚夫妻实施“共通指导”，进行协议离婚程序和离婚中的法律问题的教育。而对于有未成年子女的离婚夫妻，除了实施上述“共通指导”外，还应当实施“子女抚养指导（父母指导）”，并且有必要针对“共通指导”和“子女抚养指导”分别制作视听资料用于父母教育。韩国最高法院用于“子女抚养教育”的视听资料是根据首尔家庭法院调查官组成的“父母教育研究组”的研究成果制作的。在指导主体方面，研究者认为“共通指导”应由法院书记官负责实施，“子女抚养指导”则由家庭法院调查官负责。目前，为了提高协议离婚程序的效率，首尔家庭法院对无未成年子女的协议离婚案件,向夫妻发送书面指导资料说明相关内容;子女抚养指导则由家庭法院调查官利用试听资料及书面材料,以面对面讲授的方式实施教育。协议离婚程序中的父母教育制度随着《民法典》的修改于2008 年6 月开始在韩国全境实施,但是,各地开展的情况不尽一致,目前,在地方法院中尚未出现类似于首尔家庭法院那样的在父母教育方面取得卓越成就的法院。

2008 年成立的首尔家庭法院协议离婚程序研究会表明,鉴于裁判离婚程序中当事人之间存在较为强烈的对立情绪,为了使离婚后的父母与未成年子女顺利实现探望权,应当让父母充分理解离婚后在子女抚养方面的作用,对此,有必要对裁判离婚中的父母实施教育,并确立相应的父母教育项目。[1]

2009 年 8 月首尔家庭法院成立"子女问题解决会",负责研究裁判离婚程序中父母教育项目的具体内容,并负责项目的普及和推进工作。裁判离婚的父母教育制度主要借鉴了美国的相关经验。此外,加拿大、澳大利亚、日本等的离婚案件的父母教育制度对韩国制度的生成也产生了一定影响。根据研究结果,韩国最高法院制作了用于父母教育的 DVD,名称为"有子女的夫妻分离时间必须考虑的事项"。2010 年 1 月 10 日首尔家庭法院首先尝试运行裁判离婚的父母教育项目,并且每年度对实施效果进行一次调查。2010 年年中,裁判离婚的父母教育制度开始在全国其他地方法院实施。

(二)父母教育项目的实施

1. 协议离婚程序中的父母教育

对于离婚诉讼案件,无论是合意离婚还是裁判离婚,离婚夫妻均需要接受离婚教育。在合意离婚程序中,法院在对离婚申请进行意思表示确认后,当日即可实施离婚指导程序,由家庭法院调查官负责离婚指导程序的实施,离婚指导制度实际上具有对离婚夫妻进行离婚教育的性质。家庭法院调查官和法官劝告离婚夫妻接受离婚教育,有未成年子女的必须双方全部参加,法院将接受离婚教育情况记入诉讼笔录。

首尔家庭法院每天午前和午后各进行一次离婚指导(每天午后还进行一

---

〔1〕 이명철,"2008 년 개정 민법에 따른 협의이혼절차",가족법연구 제22권 제3호(2008).

次针对裁判离婚的当事人进行的离婚教育),时间大约为1个小时。[1] 离婚指导的主要内容如下:(1)介绍协议离婚程序。家庭法院调查官利用DVD向当事人告知协议离婚的申请方式、思考期的相关规定;劝告当事人接受离婚咨询,并介绍思考期内应当进行的事项。介绍离婚赔偿金和财产分割的概念,讲解双方达成子女抚养计划的重要性。(2)对离婚合意书进行说明。家庭法院调查官向夫妻双方讲解离婚协议书的内容、子女抚养计划的重要性、协议书内容对子女的影响、达成协议书过程中子女的参与以及离婚后子女的适应问题。(3)讲解相关离婚法律知识。家庭法院调查官利用DVD方式讲解如下内容:监护权、抚养权、探望权的概念;以子女利益为中心的合意达成方法;支付抚养费的义务以及强制执行的方法;探望权的注意事项等。(4)父母离婚对于子女的影响。家庭法院调查官利用DVD及离婚指导手册对父母进行离婚教育,主要项目包括子女的情感和行动以及父母应当具有的言行等。具体内容包括从子女角度思考离婚问题的必要性、子女对于父母离婚的反应、离婚后父母根据子女的不同年龄采取的行为、父母之间的纠葛与子女的适应性以及父母应当采取的言行。

家庭法院调查官使用的离婚指导手册名称为"父母",是由韩国"父母教育共同研究会"制作的。该指导手册针对离婚夫妻说明双方如何根据子女的不同年龄和发育状况采取相应的行动以保护子女的健康成长。指导手册中告知父母不要在子女面前争吵,即使离婚也不改变对子女的爱;夫妻共同对子女说明目前离婚的情况,尽可能与子女保持沟通。家庭法院调查官使用的DVD教育资料是由韩国最高法院制作的,内容主要是离婚后父母持续性的纠葛对子女的不良影响、离婚后父母的作用、为了子女的成长父母在离婚后继续发挥作用的重要性以及共同抚养子女的意义等。

2. 裁判离婚程序中的父母教育

裁判离婚案件在法院作出判决前,对于有未成年子女的案件将通过"子女问题解决会议"以及"父母教育"程序确保离婚后子女利益获得最大保护,质言之,在裁判离婚时,法院关注的焦点并非应否离婚,而是离婚后子女利益如何得

---

[1] 在首尔家庭法院,每日举行3次,午前10点至11点和午后16点至17点各一次,这两次以提交协议离婚意思确认申请书者为对象;第三次时间为午后13点至14点半,以裁判离婚的当事人为对象。

到确切保护。

“子女问题解决会”是由家庭法院设置的一个制度,目的是对父母之间对立激烈的离婚诉讼案件,通过“子女问题解决会议”为纠纷当事人提供咨询服务,确保子女利益不被忽视。[1] 各地家庭法院的“子女问题解决会议”程序运作方式不甚一致,但区别也不是很大。这里仅以首尔家庭法院为例,考察“子女问题解决会议”的具体运作方式。首尔家庭法院“子女问题解决会议”由法官5名、法院调查官6名、外部咨询委员3名组成,其中外部咨询委员主要是家庭福祉学科教授、心理医学专家、健康家庭中心的负责人等。法院在裁判离婚时,若认为当事人关于子女探望权、抚养方式等争执激烈,则审理法官可以劝告当事人利用“子女问题解决会议”确定合理的解决方式。“子女问题解决会议”有权委托健康家庭中心对父母提供咨询服务或进行心理检查,也可以委托专家提供咨询服务。当“子女问题解决会议”得出处理结论后,应将有关意见提交给审理法官,法官可参照该意见进行判决。

审理法官可以根据案件情况,劝告父母参加法院举办的“父母教育”活动,以促使父母双方能够对子女抚养、探望权等问题达成一致意见。韩国最高法院认为,在离婚案件中,夫妻之间往往对立情绪强烈,父母一方可能更多地关注自己利益和需求从而忽视子女利益的保护,对此,家庭法院在离婚案件中有必要通过实施父母离婚教育项目,避免子女利益被严重忽视。[2]

裁判中的“父母教育”由法院调查官组织,主要从以下几个方面对离婚父母进行离婚教育:(1)说明父母之间的争议对子女的影响。在首尔法院,调查官经常使用“双亲教育共同研究会”制作的影像资料向父母阐明离婚对子女的不利影响,通过这些真实的案例,让父母理解离婚后子女问题的重要性。(2)分析父母的心理状态。家庭法院调查官会帮助当事人分析纠纷产生的原因,让当事人了解自己目前的心理状态,审查自己的情感世界,劝告当事人不要只关注自己的事情,不要做出非理性行为。(3)分析离婚后子女的心理状态与父母应持的态度。家庭法院调查官将说明父母离婚后,处于不同年龄阶段(哺

---

〔1〕 박복순,“협의이혼제도의 운용실태 및 개선방안”,젠더리뷰 제21호(2011).

〔2〕 犬伏由子、田中佑季:「親教育指針書(韓国親教育共同研究会 2011 年 4 月刊行)」、『法學研究』2013 年 1 号。

乳期、幼儿期、低学龄期、青少年期）的子女可能因离婚出现的心理、精神状态，劝告父母针对子女的不同表现采取最适当行为，[1]不要使离婚后的父母关系恶化，更不要促使子女在父亲和母亲之间进行关系选择。法院还会提醒离婚会带来一些无法预测的变化，应当尽量确保子女情绪的稳定，支持子女继续维持与祖父母、外祖父母、此前的朋友、老师之间的关系，虽已离婚但也应当在子女生日以及其他重要节日时与子女共同度过，以使子女获得安全感。（4）说明诉讼中应保持的态度。家庭法院调查官将向离婚当事人说明诉讼中双方应尽量平和地解决相关问题，避免诉讼给子女带来恶性影响，劝告父母离婚本身实际上并不在于父母谁胜诉谁败诉，更重要的是解决涉及子女的相关问题。为了子女的利益，双方必须进行合作，并认识到合作关系的重要性。法院调查官会提醒双方，离婚后的最初，合作抚养子女可能存在一定困难，但是随着双方态度的转变，可能会出现不同的结果，因此，双方应当拥有诚心解决问题的态度。（5）讲解家族法律知识。家庭法院法官告知当事人诉讼中应协商解决的事项以及直接监护人或者抚养人对子女财产的管理权、法律行为代理权的主要内容。调查官还会仔细讲解探望权的立法规定，让父母了解探望权不仅仅是父母的权利，也是子女接受父母探望的权利，探望权对子女的健康成长至关重要。家庭法院调查官还会提醒双方，支付抚养费是父母的义务，诉讼中或者离婚后必须给付子女抚养费。离婚可能造成生活上的变化，不支付抚养费将影响子女的生活。（6）父母对话的技巧说明。家庭法院调查官实施进行教育时，对离婚诉讼中以及离婚后的对话技巧进行说明，告知纠纷当事人使用恰当的语言进行沟通。注意倾听对方的意见，有问题时进行协商，越急躁就越解决不了问题。虽然离婚后已不是夫妻，但必须明白双方仍然为子女的父母，作为父母必须铭记，不在子女面前发生争吵，父母对子女的爱不发生改变。父母应当共同向子

---

[1] 家庭法院调查官在实施父母教育时，针对子女成长的不同阶段进行说明。对哺乳期（0～18个月子女）幼儿，说明维持日常生活的一贯性，尽量保持日常生活的缓慢变化。对于18个月至3岁的子女，父母通过言语赋予子女安定感，对家庭生活的变化用易于理解的语言进行说明。对于入学前儿童（3～6岁）维持子女与周围人的日常生活的一贯性，不要在子女面前有愤怒的表现或吵架。对子女表现不变的爱意，通过言语使其具有安全感。对于小学低年级的子女（7～9岁），法院调查官告诫离婚父母不要把子女卷入父母的纠葛之中，在子女面前不要非难另一方。对小学高年级子女（10～12岁），告诫离婚父母认真听询子女的情感和牢骚，支持子女对非监护人父母一方维持情感，父母不要给子女施加倾向于自己一方的压力。对于青少年时期的子女（13～18岁），父母不要强求子女在双方之间做出选择，支持子女维持与朋友之间的正当关系。

女说明目前离婚的事情和状况，尽可能地与子女进行交流。

上述介绍的离婚父母指导会及父母教育制度始于 2008 年，起初各地做法不一，而目前各地做法则差异不大。裁判离婚中的“子女问题解决会议”制度最初由首尔家庭法院尝试建立，约在 2010 年年中普及到韩国全国。2010 年 8 月韩国成立父母教育共同研究会，会员为家庭法院的法官以及法院调查官。为了更好地促进全国家庭法院实施父母教育活动，该研究会出台了“双亲教育指针手册”供各地法院参考，并编写了教育辅助资料《父母》小册子，还经常组织法官及调查官举办业务交流会。裁判离婚中的父母教育制度并未在韩国《民法典》中有所规定，因此，有人认为，判决离婚前实施这一制度似乎缺乏法律根据。对此，韩国最高法院于 2012 年 9 月 19 日出台了《家事裁判、家事调解以及协议离婚意思确认程序中的子女抚养说明指针》，规定法官出于保护未成年子女福祉的需要，可以劝告离婚当事人参加子女抚养说明会，最高法院出台的这一“指针”不但解决了实施父母教育的正当性问题，还为法官实施父母教育提供了具体的运用规则。

为了了解离婚诉讼中父母教育的实施效果，韩国自 2010 年开始，每隔若干年便进行一次调查，包括对接受教育的父母的调查、对法官等与案件审理有关者的调查。[1] 2012 年 7 月 16 日至 9 月 3 日，韩国以裁判离婚父母教育参加者为对象进行了一次调查，调查结果显示，74.2% 的人认为父母教育的内容非常有帮助，25.8% 认为有一般性帮助。关于父母教育难易程度，有 80.6% 认为接受教育很容易，只有 1 人认为教育内容较难。对于教育的有益之处，回答“子女的心理状态的内容”最有意义，其次是“帮助子女适应的父母行动”，再次为“子女不同年龄的特性”。对于教育所需时间的适当性，有 93.5% 的人认为适当。对于负责实施教育的讲师的满意度，有 54.8% 的人认为非常满意，38.7% 认为满意。对讲义内容表示满意的理由，第一是“内容的传授方法很好”，第二是“获得了听取专家意见的机会”。[2]

---

〔1〕 Kim, Su-Jeong, “An Investigation of Divorce Education Program for Divorce Parents in the USA: Implication for Developing of Divorce Education Program in Korea”. *Journal of Theology and Pastoral Duties*, Vol. 30, 2008.

〔2〕 犬伏由子、宋賢鐘:「韓国法における親の離婚と子の養育について:子の利益(福利)を実現するシステムの構築に向けて」、『法學研究』2013 年 1 号。

三、日本家庭法院的父母离婚教育

日本大阪家庭法院在日本率先借鉴美国经验建立了离婚时父母教育制度，力图通过父母教育，促使离婚夫妻达成有利于子女利益保护的有关监护权、探望权方面的合意。也就是说，父母教育的目的并不关涉父母应否离婚问题，而是为了确保离婚协议更符合子女的利益需要，父母教育将父母之间的争议引导至为维护子女的利益进行合作。大阪家庭法院的离婚父母教育主要以促成离婚夫妻达成合理的探望权行使方式为主，家庭法院就父母教育制作了宣传手册和录像资料。宣传手册的内容包括实施探望权时监护权人和非监护人应当注意的事项，如监护权人协助探望权实现的应对方法、非监护权人探望子女的时间、场所的设定方法、探望子女时应注意的事项等。录像指导资料的放映时间约为 20 分钟，内容包括：(1)子女监护方面的法律知识；(2)离婚对于子女的影响；(3)减少离婚对子女伤害的方法；(4)如何实行探望权。日本的家事案件实行调解前置原则，调解由法官与从社会上聘请的调解员负责实施，调解组织有权要求离婚的父母接受离婚教育。通过教育，消解监护权人对非监护权人的不信任感，强化当事人之间的合作意识。实施教育项目后，法院可以命令父母试行探望权行使方案，试行结束后，通过调解程序再次进行离婚教育，让当事人从保护子女利益角度反省试行期的言行。

千叶家庭法院松户分部调解协会从 2005 年起，开始实施“父母离婚别让亲子分离”的教育项目，主要在监护权和探望权纠纷的法院调解中运用这一方法。该父母教育项目利用美国 Kyoko Bear 撰写的《并非你的错》(*It' s Not Your Fault*)一书制作的漫画实施父母教育，该漫画名称为“可可，不是因为你”。该漫画的内容是，小熊可可父母离婚，可可深感惊异、迷惑、悲伤、愤怒，父母在理解可可心情情况下，让可可了解父母离婚情况，可可跨越父母离婚的鸿沟继续与父母保持关系。该漫画在每页的下方对离婚父母提出忠告和说明，通过小熊可可的言语，促使父母明白父母离婚也无法改变亲子关系，离婚不是家庭的崩溃，而是新的亲子关系和家族关系的开始。

日本最高法院事务局于 2006 年 5 月制作了 DVD 离婚父母教育资料，为离婚夫妻提供离婚时处理监护权、探望权问题的参考方法。[1] 通过案例解说,告知当事人离婚对子女的影响;处于离婚纠纷夹缝中的子女心理(狭间はざま);避免子女卷入父母离婚纠纷的心理准备等。在让当事人观看DVD资料后,家庭法院调查官根据案件情况提出确切的劝告,促进当事人对纠纷的理解和认识,敦促当事人在考虑子女福祉的基础上,尽量通过调解程序圆满解决问题,形成正确的纠纷解决态度。日本最高法院制作的DVD父母教育资料内容结构如下:案例及其解说篇,大约34分钟;探望权篇,大约14分钟;总结篇,大约5分钟。在具体案件中,让当事人观看录像的哪一部分,根据案件具体情况确定。案例解说篇由9个场景构成,每个场景都有单独的解说内容,可以单独播放,也可连续播放9个场景,对这9个场景有综合性的解说。此外,探望权篇也由9个场景组成,可以单独播放每个场景的内容。日本最高法院制作的DVD父母教育资料一般不适用于当事人存在精神障碍或人格缺陷等情形,无论当事人之间的争议是否激烈,只要项目实施者进行适当的说明和指导,均可以利用。从实际运用方面来看,离婚夫妻中未出现拒绝接受这一教育的情形,父母教育项目对于离婚父母了解法律知识和离婚心理准备方面发挥了较好的效果。

日本有学者对离婚父母教育实施效果进行了研究,例如,本田麻希子等在其论文《离婚对子女及家族的影响》中对父母教育的实施实例进行了考察,在肯定实施效果的基础上,也提出了存在的问题。其认为家庭法院实施的教育项目的主要目的不在于心理援助,而是促使纠纷得到顺利解决。今后,在父母教育方面,应当关注经历离婚的父母和子女的心理层面的支援,不应当仅仅聚焦于纠纷的解决。[2]

四、奥地利离婚诉讼中的父母教育

2013年2月1日生效的奥地利《亲权关系及姓名修改法》考虑到了《联合

---

〔1〕 武田大助、杉崎勝之:「子どもの福祉の視点を当事者に気づかせるための当事者助言用DVDを制作しました」、『調停時報』2016年163号、45頁;大阪家庭裁判所:「シリーズ調停の充実に向けた家庭裁判所の取組(3)S当事者助言用DVDビデオの家事調停事件での活用のあり方について」、『家庭裁判月報』2007年59卷12号、141頁。

〔2〕 本田麻希子、遠藤麻貴子、中釜洋子:「離婚が子どもと家族に及ぼす影響について」、『东京大学大学院教育学研究科研究纪要』2011年51号。

国儿童权利公约》的规定,[1]该修改法在奥地利《民法典》第138条的儿童福祉概念中特别强调了儿童抚养、保护、身体及精神健全性、儿童意思的尊重及儿童与父母双方值得信赖的见面交流的重要性。该修改法还在已有的子女利益辅助人制度基础上导入了家庭法院支援制度(Familiengerichtshilfe)和探望权行使辅助人(Besuchmittler)制度,这两个制度均有助于在子女养育权程序中保护子女的利益。受《民法典》修改的影响,奥地利《非讼事件程序法》新增了第95条第1a款,该款主要内容如下:(1)法院在协议离婚程序中,一方当事人未经律师代理,且该当事人未要求任何关于离婚效果的咨询时,法院必须指出相应的咨询请求,并且指出对于咨询效果的认识不充分所带来的不利益,给予当事人接受咨询的机会。(2)夫妻双方在向法院提交离婚协议时,必须证明就离婚问题上有关子女利益保护效果接受了确切的个人或单位的咨询。上述规定的主要意旨是在离婚案件中,离婚夫妻申请协议离婚的,必须接受离婚咨询,并且要向法院提交证明,证明离婚协议是在接受咨询的情况下达成的。这意味着在奥地利,夫妻协议离婚时,有义务接受法律咨询。在裁判离婚程序中,尽管离婚夫妻没有义务接受离婚咨询,但是,法官仍然可以基于奥地利《非讼事件程序法》第107条第3款的规定劝告离婚夫妻接受咨询。第107条第3款规定,法官可以为了子女福祉命令采取相关措施,包括命令夫妻接受家庭咨询、父母咨询或教育上的咨询等。在这里需要特别说明的是,奥地利虽然在立法上使用的是"咨询"概念,但实际上,咨询内容包括对父母的离婚教育。为了提高奥地利《非讼事件程序法》第95条第1a款规定的离婚夫妻咨询的质量,2013年3月22日由青少年代理事务所、联邦经济家庭青少年部、司法部等180名专家学者参加的会议研究制定了《离婚夫妻咨询指南》,该指南对奥地利离婚咨询制度发挥着重要指导作用。该指南规定,咨询员应当具备以下资格:心理学、教育学以及类似学科学士或硕士学位获得者;社会福祉师或社会教育师;心理治疗师;夫妻及家庭咨询师。咨询员必须接受关于分居或离婚父母的咨询培训,从事家庭咨询实务3年以上。

---

[1] Kindschaft-und Namensrechtsänderungsgesetz: KindNamRÄG 2013.

(一)实施离婚咨询的条件以及环境

1. 接受咨询前应获得的信息

根据奥地利《非讼事件程序法》第 95 条第 1a 款的规定,接受咨询前,咨询机关为了实施恰当的咨询可以获得以下信息:离婚夫妻以及子女最近的生活状况;子女的年龄以及兄弟姐妹人数;聘请翻译的必要性和可能性(父母以德语之外的语言为母语时);咨询场所、时间以及资金及形式条件;可以仅对个人进行咨询的情形;咨询时获知事项的保密义务。

2. 接受咨询的构成条件(场所、时间、费用)

选定的场所符合地域性条件,具有良好的接近性,充分考虑地区分布。在时间构成上,个别咨询或夫妻咨询最少 1 ~ 2 小时,集体咨询在 2 ~ 3 小时之间。关于咨询费用可以依照如下标准收取:个别咨询的,每人每小时 60 欧元;夫妻咨询的,每人每小时 35 欧元;集体咨询时,每人每小时 30 欧元。对于费用上限必须在事前告知离婚夫妻,作出明确表示。不通晓德语的离婚父母,可以寻求特定翻译人或者为移民设置的咨询所的协助。

3. 环境形成方面的事项

在依据奥地利《非讼事件程序法》第 95 条第 1a 款实施咨询时,应当遵循以下环境形成方面的指南。一是咨询可以以集团、夫妻、个人咨询方式进行,在可能的情况下,集团咨询优先适用。二是可以考虑适用集团咨询说明会方式。三是对于夫妻长期分居或存在暴力行为时,尽量避开个别咨询或夫妻咨询方式。四是集团咨询最好不超过 20 人。五是在依据奥地利《非讼事件程序法》第 95 条第 1a 款实施咨询时,可以考虑使用所谓“打开心之门的道具”(Türöffner)诸如戏剧或电影等有创意的方法。六是努力促使夫妻双方共同参与咨询,这样有利于从双方处获得全面的信息。七是必须向父母发送记载子女权利和相关信息的小册子。

4. 离婚父母咨询方法论的解释

依据奥地利《非讼事件程序法》第 95 条第 1a 款实施咨询时,为了保障咨询质量,必须遵守本质上的方法论,即应当遵守如下观念或向这些观念转化:一是咨询时离婚夫妻与咨询员之间形成“连带”,创造相互理解、可信赖的氛围。二是咨询员负有保密义务。三是认为存在子女福祉遭受危险情形时,确切地向儿童及青少年保护人报告。四是对于离婚父母关于接受咨询义务出现的反感或抗拒感,应当从方法论上加以考量并解决,必须从"义务层面"积极地进行讨论。质言之,可以向其说明这一规定尽管是强制离婚父母加以遵守,但是,也应当认识到接受义务性的咨询有助于克服离婚中的问题,获得相互协作的机会。

(二)咨询的内容

在实施咨询时,应当将以下内容作为重点:(1)以子女关于父母离婚的要求、愿望、烦恼、愤懑及副作用的经历为咨询中心;(2)明确子女的权利(福祉、保护、身体及精神的健全性、儿童意见的参酌、与父母双方可信赖的接触等)以及与此相关的子女现在和将来生活状况形成的结果;(3)必须言及父母情感的对立和争执,并使之主题化;(4)父母对子女多样化支援的可能性以及消除子女负担的可能性;(5)提醒因离婚产生的机会(如子女在争执较少的环境中成长的机会);(6)告知当事人对于其提出的咨询要求将不厌其烦,为其提供追加性帮助的咨询机会。

1. 子女领域必须传达的内容

在子女利益方面,咨询员必须告知父母离婚对子女带来的影响,让父母应当考虑子女经历的情感。需要告知父母的事项包括:第一,父母离婚常常给子女造成较大损失。第二,离婚意味着子女经历痛苦的事件,可能造成子女过度的烦恼、不安、矛盾等。第三,子女会有无助、被抛弃感、愤懑、耻辱感等。第四,子女以为的因为自己的原因造成父母离婚这一负罪感。第五,离婚给子女造成失去父母或者可能完全离开父母或不能经常在一起的恐惧感。第六,父母离婚引发子女忠诚心纠葛,子女可能思考在父母中做出如何选择。

为了不因父母离婚造成子女心理及精神上的损害,父母离婚咨询指南还就"子女必要的希望经历"作出了规定,要求咨询者必须告知离婚父母以下事项:(1)父母双方同等关爱子女。(2)子女与父母双方见面及亲密性。(3)不让子女有父母一方辱没另一方的经历。(4)不要马上告诉子女新的生活伴侣。(5)告知子女父母新的生活伴侣会喜欢他(她),并且能够继续与亲生父母维持关系。(6)让子女继续维持已经熟悉的住所状况、学校或者朋友关系。(7)尽量像平时一样表达自己的意思表示。

此外,咨询员还应当说明离婚夫妻需要理解子女对于父母离婚的反应和特征,告知如下事项:确保子女对于父母离婚保持平稳的精神反应所必须采取的心理对策;对子女的反应不是有意识地给予调整,而是应当为了克服其经历的丧失感进行内在心理调整;对未出现任何反应和显著行为的子女,不要认为其对于父母离婚没有负担;对未出现任何反应的子女,要鼓励其情感表现,要理解子女的一些症状(如敏感反应、攻击性、夜尿症、学习成绩下降、身体症状等)属于内在的紧张表现。

2. 父母领域必须传达的内容

所谓父母领域必须传达的内容,是指在依据奥地利《非讼事件程序法》第95条第1a款实施咨询时,应当针对离婚夫妻本身的问题确定咨询内容。根据《离婚夫妻咨询指南》的要求,以下内容为父母领域重点的咨询内容。

(1)父母的态度、纠葛及问题。第一,在子女“必要的观念”上,离婚父母应当区分“作为夫妇的层面”和“作为父母的层面”。第二,父母离婚给子女带来的机会。第三,想要离婚或者已经离婚的很多父母遇到的不可回避的深刻纠葛。因父母引发的问题、辱没、伤害、愤懑等造成子女失去一方父母并非子女所愿。第四,父母双方应认识到错误、责任以及子女的痛苦,为了使离婚过程对子女的发展有益,应注意观察子女需要什么,极力减轻子女的负担。第五,子女对于父母的分离没有错误。

(2)减轻子女负担的父母行为。父母在接受咨询过程中,应当关注如何能够减轻子女负担的信息,以下事项会对子女有所帮助:第一,在符合子女年龄和环境的情形下,与其谈论离婚或者与此相关的事件或原因。第二,父母评价另一方时给予尊重,如果不这样,将重新引发子女忠诚心纠葛。第三,对于子女与一方的见面交流(探望权行使),在可能限度内对特定规则给予融通。第四,不要使子女的愤懑和纠葛进一步增强,不要让子女成为一方的“间谍”或“大使”。第五,向子女表达他(她)的问题不仅仅是一个人的这一情感。第六,对子女新的交际在积极评价的基础上提供场所和时间,但同时也可能需要保持距离。第七,在双方关系中生活的子女,并非失去亲生父母,而是以新的方式表现特别的关爱。第八,子女对父母双方拥有权利。

(3)家庭日常生活形成方面的咨询内容。咨询人员应当劝告离婚父母以何种方法对子女的日常生活中的事情给予支援,减轻子女的负担,咨询员至少应当就以下事项进行劝告:一是确定见面交流及子女生活中重要的纪念日;二是有可能时,父母共同参加子女的学校庆典、体育活动或者休闲活动;三是“简单方式的”即兴见面的可能性(如电话等);四是对于子女重要的需求,双方应共同努力满足,并表示其对于父母来说也极为重要;五是子女对于父母双方持有“移行对象”(如照片等),对于子女来说,移行对象具有情感领域的意义,象征着分开的父母,同时还可能起到“桥梁”的作用。

第四章　监护权纠纷的解决及子女利益保护

父母离婚或分居时,必须解决子女监护问题。监护权的行使方面,欧美国家大多实行尊重共同监护的选择,但是,出于保护子女利益的需要,也可以由法院决定实行单独监护。法院确认监护权归属时,应当遵循法定或判例上的标准,并以保护子女利益为最大原则。各国立法上有关监护权归属的判断标准基本上属于原则性的规定,需要法官在这一原则下根据具体案件作出裁判。监护权的行使侵害子女利益时,法院可依申请作出变更或停止监护权的裁判,然而,各国在裁判标准的把握上不尽一致,历史上形成的相关司法判例对指引法官裁判发挥着非常重要作用。父母虽未离婚但一方对子女实施虐待或暴力行为,也会影响到监护权的行使,法院通过诉讼程序对监护权行使加以限制,但在此类诉讼程序的启动主体、管辖法院、证明标准、临时保护措施等方面,各国还存在一定的差异。任何监护权案件的审理都必须注重倾听子女的意见,一些国家规定了未成年子女达到一定年龄的,必须听取其意见,此为法院义务。然而,子女的意见在多大程度上能够影响裁判结果一般由法官在具体案件中作出裁量,各国在此方面也形成了较为丰富的司法判例。监护权在行使过程中可能会遭受侵害并引发诉讼,此类侵权诉讼的主要表现是法院判决共同行使监护权,但是父母一方在行使监护权和照顾子女的过程中,带子女移居他处或者拒绝让子女与另一方共同居住,对此,另一方起诉要求送还子女或者变更监护权(变更为单独行使监护权)。此类案件中,法官必须针对个案情况判断留置子女或带子女移居是否存在正当理由,一些国家在此方面形成了一些非常重要的司法判例,甚至一些判例是经过宪法法院而形成的。

一、美国监护权纠纷的审理与子女利益的保护

(一)监护权纠纷的审理

美国法上的监护权用语由“parental rights”或“custody”表示,子女从出生时即享有父母的监护权,只要未被强制剥夺,父母对子女均可以行使这一权利。即使离婚或分居,这一权利也不消灭。离婚时父母之间对监护权发生争议,有必要限制一方监护权的,应当通过诉讼程序由法院作出判断,各州在立法上规定了诉讼程序和判断标准。美国各州家族法上一般将监护权分为“法的监护权”(Legal Custody)和“身体监护权”(Physical Custody)。法的监护权,一般是指对于关涉子女重要事项的诸如医疗、宗教、教育等的决定权限;身体监护权则是指实际上对于子女的身体进行保护的权限。很多州对于身体监护权还具体分为主要的身体监护权(大半时间对子女有身体监护权)和部分身体监护权(未过一半时间对子女有身体监护权)。

美国监护权纠纷的审理实行对审构造,双方一般会聘任律师代理诉讼。为了了解未成年子女的意见,法院可以命令专家对子女进行鉴定,如心理学家、精神医学家等,费用由父母负担,鉴定费在 2000 ~ 6000 美元。如果父母经济困难,则可以申请法律援助。监护权纠纷审理中,如果父母之间的争议较大,则法院应当为未成年子女选任利益代理人,子女的利益代理人为律师,律师进行事实调查,通过与未成年子女、纠纷中的父母接触,收集各种信息。另外,其还可以申请对子女进行心理鉴定。事实调查结束后,向法院报告调查结果,报告书中应表明未成年子女对于纠纷的意思表示及律师的意见。子女利益代理人是为了维护案件中子女的利益,而不是单纯的诉讼代理人,其向法院提出的意见可能与子女表达的意见不一致,但却可能更符合子女的最大利益。各州律师协会与法学院对律师联合开展子女利益代理人业务培训,一些州还规定,只有接受过一定时间培训的律师,才可以担任子女利益代理人。

(二)确定监护权行使方式的标准

离婚时,夫妻选择共同监护子女的情形较多,但是,也有的案件中,父母对监护权发生了较大争议,这就需要法院基于子女最大利益原则(best interests of the child)指定监护人。在传统上,当子女年龄较小时,法官实行母亲优先原则,由母亲单独行使监护权。20 世纪 60 年代以后,立法和判例上逐步废除了这一标准。1981 年阿拉巴马州最高法院认为,这一标准因性别歧视而违反宪法,即使这一原则属于反证可能的推定规则亦是如此。目前,在认定监护权由谁行使方面,法官一般会考虑以下几个标准:

1. 主要的抚养者原则

西弗吉尼亚州最高法院在 1981 年确立了这一原则。[1] 该原则以离婚或者分居前父母中哪一方发挥了主要抚养作用为标准判断监护权归属,由于实际上在抚养子女的过程中,母亲一方往往付出的努力最大,以致最终有利于母亲获得监护权。但是,法院并不将这一要件作为唯一的标准,除此之外,还需要综合考虑其他要素。

2. 监护环境

一些州的法律明确规定了应当将子女的生活环境作为监护权判断的条件之一,如子女与双亲、兄弟姐妹以及其他人的交往情况,子女适应家庭、学校、地方生活环境的情况等。即使立法上未列明这一条件的州,法官在审理案件时,也会考虑事实上的监护人继续监护的必要性、子女对新的居所或学校的适应可能性等。

3. 兄弟姐妹不分离原则

法院一般不愿意作出使兄弟姐妹分离的判决,即使是有一半血缘关系的兄弟姐妹亦是如此。当然,法官同时也会考虑子女的性别和年龄,也会作出例外的判决。

4. 维持与父母的良好关系

很多州的立法规定,让子女与父母保持频繁、持续交流的关系是未成年子女最大利益,所以立法上规定在确定监护人的标准上,应将促进一方父母与子女之间能够继续保持亲密的关系作为考虑要素。伊利诺伊州法规定,只要目前不存在虐待情形,法院必须推定在子女身体的、心理的、道德的以及情感的福祉方面,让子女维持其与双亲最大的关系是子女最大利益。但是,立法上也同时规定,该推定规则不能解释为支持共同监护的推定规则。有的州还规定,应当

[1] Garska v. McCoy, 278 S. E. 2d 357(W. Va. 1981).

将父母一方是否能够促进子女与另一方保持频繁且持续的交流作为获得监护权的一个要件。例如,依据爱荷华州法律的规定,没有理由否定一方与子女保持最大限度的持续交流机会,法官必须将该情况作为判断监护权的一个重要条件。

5. 子女的意思表示

几乎所有的州都在立法上规定,必须将子女的意思作为判断监护权归属要件之一。佐治亚州法律规定,满 14 岁的子女有权选择监护人,只要被选择的父母一方不存在侵害子女利益的情形,就应当推定其意思表示真实。德克萨斯州法律规定,12 岁以上的子女,经法院许可,可以选择监护权人。也有一些州并未设定年龄要求,例如,加利福尼亚州法律规定,对于监护权,在年龄和能力上能够充分表明常识性的选好即可选择监护权人。法院一般对于 10 岁以上子女的选择给予尊重,子女年龄较小的,法院一般会认为无法判断其选择是否符合其最大利益。法官在考虑子女意思表示时,除了听取其表明的理由外,还会调查其背后的心情或情绪。

法院在听取子女意见上存在多种方法,如调查、调解、监护评价、精神医学鉴定等。有些案件中法院为未成年子女选任单独的代理人,也有的法院为子女选任保护人,在听取子女意见时,代理人或者保护人应当在场。不过,法官在听取子女意见时,必须注意不能让子女在父母之间做出选择,这会加重子女的心理负担。对于子女的意见,还应当给予父母反论的机会。

6. 父母的暴力行为

美国所有的州都规定,在决定监护权的行使方式时,应当考虑父母是否有暴力行为。新泽西州法律规定,除非有确切的证据证明符合子女最大利益,对于子女实施性暴力或其他暴行的,应当否定加害人的监护权或探望权。明尼苏达州法律规定,父母之间存在暴力行为的,可以推定共同监护违反子女最大利益。目前,很多州都专门制定了反家庭暴力法,未成年子女因家庭暴力处于危险的,可以依一方当事人的请求由法院发出禁令或保护命令。有些州规定,保护命令中可对监护权或探望权作出规定。也有很多州规定,保护命令中包括对加害人隐匿子女住所的决定。

美国各州在立法上均要求法官将配偶之间的家庭暴力行为作为判断监护权归属的一个要素。在裁判指导方面,美国少年及家庭法院法官协议会发挥着重要作用，其公布了《关于防止和规制家庭暴力的示范法》，[1]对各州的立法起到了较大的推进作用。其公布的模范法要求，认定家庭暴力时，首先必须考虑子女及受害父母一方的安全和健康，允许将家庭暴力行为作为不符合子女最大利益的“反正可能的推定规则”。加害人要想获得监护权，就必须证明加害行为对子女无害，否则便难以获得监护权。不过，在监护权纠纷中，受害人对加害行为的证明存在较大困难，实务中允许将医院的诊断书、报警记录作为证据资料。

7. 单亲疏远症候群（parental alienation = PA）

单亲疏远症候群，是指父母一方经常在子女面前讲另一方的坏话，长此以往，子女会对另一方父母产生厌恶情绪，拒绝与该方父母进行交流，甚至直接拒绝与其见面。单亲疏远症候群在诉讼中一般作为鉴定意见加以利用，不过，由于单亲疏远症候群缺乏经验法则上的实证和调查，其科学基础相当薄弱，一直以来，很多法院都拒绝利用这样的鉴定意见，精神医学家也对单亲疏远症候群理论提出了批评意见。[2] 然而，北卡罗来纳州最高法院在2000年的某一案件中认可了单亲疏远症候群鉴定结论，以作为监护权人的母亲挑拨子女与父亲的关系为由，将监护权变更为由父亲行使，并且要求母亲一方必须有监督人在场方可探望子女。[3]

法官在决定共同监护时，一般考虑以下要素：（1）双亲适格；（2）双亲希望积极参与子女的抚养；（3）双亲能够就子女的最大利益进行共同决定；（4）与其他监护方式相比，共同监护不破坏亲子关系。由于共同监护符合子女最大利益，因此要求父母具有共同监护的意向，能够进行共同抚养子女的合作。

（三）对带子女移居行为的司法规制

1980年之前，美国各州在处理带走子女，侵害他人监护权案件方面，基本上依据各州的立法规定。离婚或分居后，从监护人处带走子女移居他州的，可以向法院请求获得监护权。他州的法院可以利用其州法律赋予申请人监护权，

---

〔1〕 Model Code on Domestic and Family Violence.

〔2〕 Carol S. Bruch, "Parental Alienation Syndrome and Parental Alienation: Getting it wrong in Child Custody Cases", *Family Law Quarterly*. Vol. 35, No. 3, 2001; Linda D. Elrod, "Reform the System to Protect Children in High Conflict Custody Cases", *William Mitchell Law Review*: Vol. 28, No. 2, 2001.

〔3〕 Hendrickson v. Hendrickson, 603 N. W. 2d 896(2000).

法院可以为了维护子女的利益忽视管辖的规定，赋予父母一方监护权。1980年美国制定了《统一的子女监护权及执行法》，[1]要求监护权的决定应尊重他州法律，不允许作出新的监护权决定，并且规定在一州可以申请执行另一州的监护权判决。

美国所有的州在立法及判例上规定，夫妻离婚后未经非与子女共同生活一方的同意，与子女共同生活的一方不得带子女到其他地方居住，这是为了确保非与子女共同生活的父母一方能够持续地与子女见面，以有利于子女成长。准备带子女移居的，应当提前告知另一方，一些州规定应提前30日通知，有的州规定的时间为45日，也有的州规定为60日。通知内容包括搬家日期、新居地址、移居理由、是否变更监护权等。在佛罗里达州，父母之间达成可以移居的合意后，应当依据法律规定制作合意书，并在合意书中写明移居后子女抚养计划(包括监护权、探望权以及抚养费给付等事项)。如果到较远的州居住，合意书中应当对探望权人探望子女时的交通费用如何负担、带子女出去旅游应当多少日前通知对方等进行约定。合意书应当提交于法院，在规定期间未提出异议的，法院直接作出认可决定。父母双方达不成合意的，各自向法院提出意见书，由法官审理后作出认定。

非与子女共同生活者反对另一方带子女移居且无法达成合意的，可以向法院提起诉讼，请求禁止移居或者请求变更监护权。各州在证明责任方面的规定不尽一致，有的州规定探望权人证明移居不符合子女利益，有的州规定由监护权人证明符合子女利益的需要。经审理法官认为移居不符合子女利益需要的，可以作出禁止移居的命令，也可以作出变更监护权的决定。1997年美国婚姻法律师学会在对各州判例进行研究的基础上，通过示范法列举了是否可以带子女移居的认定标准：(1)希望移居者与子女关系的性质、质量、关系范围、期间，子女与非移居者、兄弟姐妹、其他重要生活关系者的关系；(2)子女年龄、发育阶段、移居必要性以及移居对子女身体的、教育的、心理发育的影响；(3)考虑双方的经济环境，通过适当可能的见面交流保持子女与非移居者关系的可能性；(4)考虑子女年龄和发育程度情况下的子女的希望(意见)；(5)希望移居者一定的活动促进或威胁子女与非移居者的关系情况；(6)在经济利益、精神利益或

[1] Uniform Child Custody Jurisdiction and Enforcement Act, UCCJEA.

教育机会方面,移居是否能够提高直接监护人与子女双方的一般生活质量;(7)移居者和反对移居者的各自理由;(8)影响子女利益的其他要件。[1]

加利福尼亚州的法律虽然规定移居影响子女利益时,法院可以发出禁令或者变更监护权,但并不存在证明上的立法标准,相关判断事项和证明责任是由判例形成的。1991 年的 Carlson 案中,离婚的父母对子女具有共同监护权,但由母亲直接行使监护权,父亲拥有探望权。离婚后,母亲一方准备带子女回宾夕法尼亚州居住,父亲向法院提起禁止移居的诉讼。加利福尼亚州上诉法院基于子女与双亲交流的利益,认为母亲带子女移居妨碍子女与父亲的交流,并认为留居的父亲一方不应承担移居对子女有害的证明责任。[2] 在该案件中,法院的观点是移居是否有利于子女的利益,应当由准备移居的一方承担证明责任。1996 年的 Burgess 案中,对子女享有身份监护权者为母亲,但法定监护权由离婚后的父母共同享有。离婚 1 年后,母亲出于工作和生活的需要,准备带子女到 40 英里之外的其他地方居住(同属加利福尼亚州),父亲反对移居并向法院提起诉讼,请求禁止移居。加利福尼亚州最高法院没有令准备移居的母亲承担移居是出于监护上的必要的证明责任,而是令父亲(留居)一方承担证明责任。法院认为,本案中移居场所仅在 40 英里之外,无须变更监护权。[3] 在 2004 年的 LaMusga 案中,加利福尼亚州最高法院引用了 1996 年 Burgess 案的判决观点,再次认为与子女共同生活的一方不需要证明移居的必要性,非直接监护人应当证明住所的变迁对子女有害。[4]

新泽西州通过判例法的发展,还明确了需要证明的事项。在 1976 年的 D' Onofrio v. D' Onofrio 案中,法院认为允许移居的标准包括以下几个方面:(1)移居会提高监护权人与子女的通常生活质量;(2)监护权人在移居动机方面诚实(即不是为了停止或妨碍非直接监护人的探望权);(3)反对移居一方的人品以及持续地给付抚养费的经济状况;(4)如果同意移居,非直接监护人与子女关系是否存在获得基本保护的基础。在该案件中,法官将证明责任交由准

---

〔1〕 山口亮子:「子の監護権と転居 – アメリカにおけるRelocation 問題」、『産大法学』2015 年 3 ~ 4 号。

〔2〕 229 Cal. App. 3d 1330,280 Cal. Rptr. 840(1991).

〔3〕 13 Cal. 4th 25,913 P. 2d473,51 Cal. Rptr. 2d 444(1996).

〔4〕 In re Marriage of LaMusga 32 Cal. 4th 1072,88 P. 3d 81,12 Cal. Rptr. 3d 356(2004).

备移居的一方负担。1984 年的 Cooper v. Cooper 案中,法院使用了同样的证明责任分配方法。1988 年的 Holder v. Polanski 案中,新泽西州最高法院令直接监护子女的人证明移居动机上的诚实性之后,又令非与子女共同生活的一方证明移居对子女的利益有害。1990 年该州最高法院在 Winer v. Winer 案中,沿袭了 Holder v. Polanski 案的证明责任分配方法,该案中法官在尊重迁徙自由的基础上,认为证明方面不需要证明监护权人和子女引移居是否获益,而是应当证明是否会因移居而受到损害。

2001 年在新泽西州最高法院审理的 Baures v. Lewis 案中,法官除了令监护权人证明移居动机以及移居对子女无害,令非与子女共同生活一方证明移居对子女成长有害外,还明确提示了应当证明的 12 个事项:(1)移居理由;(2)反对移居的理由;(3)双方当事人赞同或反对移居理由上的过去的经历;(4)移居是否能够使子女获得享受与在当地同等的教育、健康、娱乐上的机会;(5)对于子女特别的需求或资质发展,在异地是否能够满足同等设施上的需要;(6)是否能够确保非与子女共同生活的父母一方与子女保持充分且持续的发展;(7)如果允许移居,则直接监护权人是否能够保证子女与非直接监护人关系的持续维护;(8)对当地或新居所中的亲属关系的影响;(9)达到一定年龄的子女的意思表示;(10)如果子女不同意移居,则在其高中毕业前,是否进入高中的高学年班级就读;(11)非直接监护子女的人移居的可能性;(12)保护子女利益的其他要件。

该案件不是离婚后变更监护权的纠纷案件,而是在夫妻离婚时,直接监护子女的一方有移居他州计划进而需要法院判断是否允许移居的案件。在该案件中,所涉子女有自闭症,离婚前一直与母亲共同生活。母亲表明离婚后将从新泽西州移居到威斯康星州居住,而子女的父亲则反对移居。一审中,通过医师鉴定表明,父母各具特点的抚养行为有利于子女的利益,母亲一方未能证明新的居住地存在有效的教育和医疗设施,因而法院没有同意移居。新泽西州最高法院基于直接监护人与子女生活的安定性以及非直接监护人与子女情感的重要性这一社会科学成果,认为应当重视父母对于子女共同的抚养作用。由此对当事人附加了上述 12 项证明事项。而且在证明责任分配上,首先让准备移居的母亲证明移居的诚实性,移居符合子女的利益,然后令父亲一方必须证明带子女移居对子女存在不良影响,而且法院表明,如果前者证明未成功,则后者无须负担证明责任。本案不属于单纯的探望权行使纠纷案件,其争议的焦点在于带子女移居是否会使子女利益受害。该案中,新泽西州法院认为一审事实审理不清,因此作出了发回重审的判决。[1]

美国1980年《统一的子女监护权及执行法》规定,子女去他州,若子女在此前的州连续居住6个月,且父母获得监护命令的,父母在新的州可以请求法院对此前州的监护权命令作出承认,此为寻求监护权的执行命令。但是,如果带走子女侵害了另一方的监护权,则可以向法院请求救济。在可利用程序方面,不同的州有不同的规定,基本上包括监护命令执行程序、请求藐视法庭罪程序、申请人身保护令程序(writ of habeas corpus)。传统上,人身保护令状请求适用于违法拘禁人身之紧迫情形,也适用于非监护人拘束子女人身场合。判例法上,最初的子女人身保护令请求程序仅为审理监护人送还子女请求的程序。之后,在子女最大利益理念下,其又转变为确定监护权以及命令送还子女的程序。再后来,一些州重新将人身保护令请求程序限定为执行监护权程序,在该程序中,不确定监护权或者变更监护权事项。因此,如果诉讼申请人没有监护权(包括暂时的监护权),则必须另行提起诉讼获得监护权,胜诉后再申请人身保护令程序。得克萨斯州法律规定,人身保护令程序限定于向监护人送还子女,但是,如果送还子女可能造成子女利益严重损害,则可以赋予带走子女一方的父母以暂时的监护权。在得克萨斯州,法院发出子女人身保护令状时,命令被申请人带子女出庭审理,法院令其说明为何带走子女的理由。人身保护令程序由于属于监护权执行程序,故而对法院的决定不可上诉。通常,申请人在请求人身保护令时,可以同时请求对对方实施藐视法庭罪的处罚。

对于带走子女(诱拐子女)的行为,另一方通常利用民事诉讼程序向法院(很多州为家庭法院)寻求救济。在诉讼过程中,如果带走子女者又带子女逃匿他州,则还可以利用刑事程序进行救济。目前,美国所有的州均将诱拐子女列入刑事处罚范围。伊利诺伊州规定,父母一方隐匿子女15日以上,未向对方进行通知的,构成诱拐儿童罪,申请人可以向警察报警。加利福尼亚州法律还规定,在执行监护命令时,检察官可以利用民事和刑事的所有手段采取行动(Cal. Fam. Code §3131),在当事人向警察联络后,警察将与各地的"诱拐子女

[1] 167 N. J. 91,770 A. 2d 214(2001).

专门检察官事务所”联系,检察官立即与带走子女的人联系,若带走子女者未有法院的监护命令,则劝告其请求暂时的监护命令。

搜查子女下落时,检察官会向法院申请“保护监护令状”(protective custody warrant),获得送还子女的命令。如果带走子女者在他州获得监护权,则将发生管辖权上的问题,对此,检察官可以提起管辖权民事诉讼,利用民事程序解决管辖权问题。检察官也可以与其他州的法官或检察官取得联系,就管辖权问题进行交涉。

(四)丧失监护权案件的审理方法

丧失监护权的原因由各州州法规定,监护权人因虐待、丧失民事行为能力、遗弃、忽视(子女)、酗酒、药物依赖等行为侵害或可能侵害被监护子女利益的,可以被剥夺监护权。丧失监护权也就意味着监护人丧失监护子女的权利,相互之间不再存在继承法律关系。俄克拉荷马州规定,因监护人不适当的监护使子女在一学期中有 15 日不上学的,可以剥夺监护权。路易斯安那州规定,父母入狱 15 日以上的,可以被剥夺监护权。还有的州规定,剥夺父母监护权,还必须以子女在一定时间内处于公共机关监护下为条件。例如,纽约州规定,丧失监护权必须以子女由公共机关监护 1 年以上为前提条件。很多州的法律还将丧失监护权符合子女利益作为条件,法官认为剥夺父母的监护权违背子女的利益的,不应剥夺其监护权。

监护权丧失诉讼程序属于典型的国家介入家庭生活的情形,与其他民事诉讼程序存在一定的差异。普通的民事诉讼案件存在明显的利益对立,丧失监护权程序中虽然也存在潜在的对立利益,但实际上,诉讼目的是调和相关利益。因此,必须考虑以下要素:一是维护家庭共同体时父母与子女的利益;二是监护子女时的父母利益;三是子女永久、稳定的安全环境利益;四是保护子女利益的国家利益。有权提起剥夺监护权诉讼者,包括州有关机构和利害关系人。有的州允许寄养父母请求剥夺亲生父母监护权,审理初期,法院对事实进行审查,根据当事人提出的证据确定是否符合剥夺监护权的法定要件。当然,即使存在法定原因,法官也应当审查剥夺监护权是否符合子女利益。丧失监护权诉讼不是惩罚性的诉讼,而是为了维护家庭共同体,因此,很多州的立法上都规定法院应当为父母提供咨询或教育上的服务。

在证明标准上,美国联邦最高法院在 Santosky v. Kramer 案中认为,丧失监护权程序中对事实的证明应当实行“明确且具有说服力的证据”标准,即严格的证明标准,而不应当适用优势证据证明标准。美国联邦最高法院认为,丧失监护权可能招致父母恒久切断亲子关系的后果,此类诉讼不但会给父母造成剥夺自由利益的威胁,而且可能因贴上抚养子女不适格的标签而招致污名。实际上,父母和子女都存在防止亲子关系误断的重大利益。证据优势证明标准没有在当事人之间公正分配错误地发现事实的危险,适用这一证明标准侵害了正当程序,所以应当要求州(起诉人)依据高标准的“明确且具有说服力的证据”确证自己的请求。剥夺监护权案件采用排除合理怀疑的证明标准未必能够对家庭自主性给予强力的保护,而且还可能使未成年子女的福祉陷入危险,这是由于存在证明上的困难,以致在不能丧失监护权的情形下,未成年子女只能继续忍受监护父母一方的违法或不当行为。[1] 有学者认为,证明标准过高,还会增加诉讼申请人的经济负担,意味着其必须花费更多的时间和财力,利用多个程序收集、调查证据。

二、澳大利亚监护权纠纷的审理及子女利益的保护

澳大利亚1995年修改《家族法》时,澳大利亚建立了离婚后子女共同养育制度。立法规定,父母离婚或分居后仍然共同行使养育权,应当共同负担促进子女健康成长的责任。共同养育子女意味着即使父母离婚,对于涉及子女重要问题的事项也应当由父母双方共同作出决定,如子女的教育、子女健康、子女的姓名、医疗、宗教等事项。当第三人依据父母单方意思表示采取行动,另一方反对的,可以向法院寻求救济。立法者认为,父母共同承担养育责任,可以推论父母离婚或分居后各自与子女共同生活的时间相等(即父母以相同的时间轮流与子女共同生活、履行养育职责)。司法实务中,若无特别情形,家庭法院也依据这一方法作出裁判。但一方存在暴力或虐待行为的,可以判决在一定时期内剥夺其与子女共同生活的权利。出于更好地保护子女利益的需要,2010年澳大利亚对《家族法》再次进行了修改。新法对法律修改的目的进行了明确表述。在新法第60B条中规定,子女利益通过以下措施给予充分保护:(1)子女

---

[1] Susan B. Hershkowicz, “Due Process and the Termination of Parental Right”, *Family Law Quarterly*, Vol. 19, 1985, p. 245.

的生活在符合子女利益限度内,双亲应最大限度地确保与子女的重要关系;(2)保护子女免受虐待、怠慢或家庭暴力,保护子女免受肉体上、精神上的损害;(3)双亲具有为帮助子女潜在能力得以发挥,确保子女获得充分、适当的养育以及确保双亲履行保护子女福祉和成长的义务。

（一）澳大利亚家事诉讼制度概览

1975年6月12日澳大利亚修改了《家族法》,该法中规定建立解决家事纠纷的家庭法院。家庭法院管辖的案件包括离婚及婚姻关系案件、子女监护案件、配偶及子女的抚养案件、婚姻财产的清算案件等。各州法律规定的收养关系案件、继承纠纷案件、事实婚姻案件、婚外子案件等原则上不由家庭法院审理。在联邦司法系统中,各州均设有家庭法院。在州司法系统中,目前仅西澳大利亚州设置了家庭法院,其组织机构和功能与联邦家庭法院一致。家庭法院由普通部(General Division)和上诉部(Appeal Division)构成。普通部审理关于联邦家族法上的一审家事案件以及对各州治安法院家事案件不服提起的上诉案件,审理时实行独任制。上诉部审理对普通部判决不服提起的上诉案件,一般由3名法官组成合议庭进行审理,必要时也可由3名以上的法官进行审理。对上诉部判决不服,若涉及重要法律或公益问题的,经许可后可向联邦最高法院上诉。家庭法院法官由总督任命,65岁退休,被任命为家庭法院法官需要具有律师资格,且从事家族法律问题代理5年以上,具备处理家族法问题的能力,接受过相关的业务技能培训。家庭法院自设置之初就注重专家咨导作用,其中,婚姻咨导协会(The Marriage counseling Service)及家庭法院咨导服务中心发挥的作用较大。

在离婚案件中,法院附带解决子女直接监护人、子女居所、探望权等问题。尽管立法上未规定调解前置原则,但法官仍然可以命令当事人在诉讼程序开始前接受专家咨导,促成当事人自主达成有利于子女利益保护的合意。负责咨导的专家具有社会学、心理学等专业知识,是家庭法院中的专职人员。根据家族法规定,法院也可以劝告当事人接受法院之外的个人或团体的咨导,这是因为澳大利亚属于多民族国家,夫妻之间的宗教信仰可能不同,民族、所属社会团体也可能不同,因此,令其接受法院之外的咨导可能更有效果。咨导人员并非仅仅进行情绪上的疏导,还应注重从心理学、社会学角度进行指导,防止家庭的崩溃,促成夫妻和好;在夫妻决意离婚时,咨导人员应尽量减缓当事人间的敌对情绪,敦促其思考如何解决子女监护等问题,尽量通过合意解决相关争议。达成和解的合意后,经法院确认并记入判决书,发生法律效力。

1991 年澳大利亚制定了《调解与仲裁法》(The Mediation and Arbitrtion Act),建立了家事案件调停制度。家庭法院设置调解员,负责家事案件事实的调查和纠纷的调解。调解员从心理学家、社会学家中选任,属于法院的专门职员,有自己的办公场所。实际上,很多从事调解的人员是从此前负责咨导的专家中选任的,可以说调解制度建立之后,咨导制度和调解制度进行了统合。提起离婚诉讼时,若涉及子女监护、探望权行使等问题,则法官应当首先命令当事人接受咨导,咨导程序一般持续 2 周左右。若夫妻之间未能就监护权、探望权达成合意,则纠纷进入调解程序,由调解员进行调解。调解时,调解员分别与父母双方会谈,了解是否存在调解可能性;若无可能性,则调解员向当事人发放不适合调解证书,持该证书才可向法院申请离婚诉讼程序。若纠纷具有调解可能性,则调解员将与夫妻共同商谈进行调解的确切方法,此时,调解员一般为男女各 1 人。调解员确定具体的调解时间,在父母双方共同出席下进行调解,调解员令父母各自陈述在子女监护、子女的居所、探望权行使方式、抚养子女其他事项方面的意见,了解父母双方争议的重点问题,促进双方达成合意。调解一般要实施多次,有的案件的调解甚至可能持续 3 个多月。调解时,调解人员一般不以家庭访问方式了解子女的意思,对于 5 岁以上的子女,经过父母同意后,可以在法院专门的场所与子女见面,但调解员不会直接询问子女的选择,而是根据子女的年龄采用不同的方法探知子女的意思,如借助游戏、漫画、玩具等方式。

调解不成功的,案件进入审判程序,由法官审理相关争议,可以命令家庭法院顾问进行事实调查,听取子女的意见。家庭法院顾问是家庭法院配置的一种职务,其具有心理学、教育学教育背景和 5 年以上的相关工作经验。目前,澳大利亚全国家庭法院共有 80 名家庭法院顾问。家庭法院顾问必须在法官受托范围内调查事实,可以与未成年子女见面,询问子女的父母,走访学校或医院收集相关资料,调查结束后向法院提交调查报告。对子女意见的听询,不实行对审式审理,而是由当事人直接向法院主张如何处理会更符合子女利益。法院专门设有儿童咨询室,咨询室在装修上体现温馨性,配有不同的游戏物品或器具,有关人员可以在咨询室倾听子女的意见。法官在决定子女的直接监护人、居所、探望权行使方式等事项时,唯一标准就是子女的最大利益,虽然也可以考虑父母的权利或利益等其他因素,但在促进子女利益面前,其他考虑事项均存在让步之余地。在家事诉讼程序中,法官必须考虑子女不能因为家庭暴力而陷入危险,更要避免子女因此受到直接侵害,因此,法官必须将父母一方是否存在家庭暴力行为作为裁判时的参考要素。

澳大利亚离婚案件的受理费在联邦家庭法院为606美元,联邦治安法官法院为288美元,缴纳受理费困难者可申请减交,一般可以减交1/4。《家族法》对律师费用有详细规定,向法院提交离婚申请书的启动费为27.20美元,修改费为9.30美元(每页),离婚申请书解读费为12.9美元(每页),电话咨询费为9.40美元(每5分钟)或113.9美元(每小时),律师事务所的诉讼准备费为130~185美元(每小时),出庭费用为310~545美元(1天),综合的代理活动费用为930~1370美元(每次)。上述标准仅仅是标准额度,允许律师与委托人对该标准进行修改,但是未采取基本标准额度收费的,律师必须事前对委托人进行说明,在无法确定律师报酬时,可以请求家庭法院登记官决定。家事案件允许不经律师代理而由本人参加诉讼,不由律师代理的案件已经超过70%。家庭法院通过发行小册子或通过法院的网站,介绍离婚案件、监护权争议案件、探望权争议案件、财产分割案件等的审理方法,让当事人了解进行诉讼的相关知识,尽量考虑不聘任律师进行诉讼以节省诉讼成本。

(二)监护权归属的司法判断要素

澳大利亚现行《家族法》规定,夫妻存在无法恢复的婚姻破裂情形即可离婚,而能够证明婚姻破裂的唯一证据是夫妻分居12个月以上。若符合离婚要件,则法院不对是否存在离婚事由进行实质性审查。如果离婚夫妻有未成年子女,则法院将从保护子女最大利益的角度处理子女抚养问题。澳大利亚《家族法》将父母的监护责任定义为"父母关于子女法律上拥有的一切义务、权能、责任及权威",但立法上并未明示监护权的具体内容,故由法院依据普通法或有关制定法进行认定。学理上认为,依据普通法,监护权应当包括为子女提供住所;与子女见面交流;对子女的教育、宗教、姓名、饮食等日常事项作出决定;抚养子女以及管理其财产等义务和权能。

在监护权方面,法院首先推定离婚后的共同监护符合子女最大利益,如果有证据证明共同监护对子女有害,则应当作出父母一方单独行使监护权的决定。根据澳大利亚《家族法》第60条的规定,法官判断是否符合子女最大利益时,考虑因素包括主要考虑事项和附加考虑事项。主要考虑事项包括以下两个方面:(1)子女与父母存在有意义的关系上的利益;(2)子女因受虐待、被忽视或家庭暴力或者见闻上述行为而致身体或心理损害,对此加以保护的必要性。附加的考虑事项如下:(1)子女表明的一切见解以及在法院中评价子女意见时有关的一切要素(如子女的发育状态、理解能力等)。(2)以下人员与子女的关系:第一,子女的父亲或母亲;第二,其他第三人。(3)子女的父母对于以下问题在多大程度上具有或不具有机会:第一,参与决定子女重要且长期的事项;第二,与子女共同度过的时间;第三,与子女交流;第四,子女的父母对子女的抚养义务在多大程度内能够实现或不能实现。(4)子女所处环境的一切变化,如与父母分别的影响以及与子女此前一直共处的其他子女或第三人(祖父母、外祖父母以及其他亲属等)的影响。(5)子女与父母一方度过时间或进行交流所发生的现实上的困难或费用支出。存在上述困难或费用问题时,是否对子女维持与父母双方密切关系或者定期与父母见面的权利造成重大影响。(6)以下人员对子女在心理或知性的需求方面是否能够给予满足:第一,子女的父亲或母亲;第二,其他第三人(祖父母、外祖父母或者其他亲属)。(7)子女、父母的行为能力情况、性别及其他背景以及法院可以考虑的其他一切情况。(8)子女是否为澳大利亚土著居民的后代,或者是否为Torres列岛的居民后代。[1] (9)子女的父母对子女以及责任上的态度。(10)对子女以及家庭成员的家庭暴力情况。(11)如果法院针对家庭暴力发出相关命令,遵守该命令的情况等。

澳大利亚家事案件未明确规定调解为前置程序,但是,法官有权依据法律规定命令当事人进行调解,调解程序由具有调解资格的专门调解员组织。审理监护权纠纷时,调解人员以及为纠纷解决或判决履行提供支援者,均应当最优先考虑未成年子女利益,以实现子女利益为首要原则。父母应当首先考虑通过自主合作或者调解解决监护权纠纷,力争通过合意解决争议,减少目前及未来争议的可能性。达成合意时,应当优先考虑子女的利益。有关合意内容,可以

〔1〕 所谓土著居民或者Torres列岛文化的权利,包括:(1)维持与该文化的联系;(2)根据子女的年龄、发育程度以及子女的意见,最大限度为其提供探究该文化的支援、机会、奖励等;(3)为子女对该文化提供培养肯定性认识的支援、机会、奖励等。

包括以下事项:应当与子女共同生活者;子女与另一方居住的时间和方式;父母关于子女监护责任的分担;双方对子女分担监护责任的,决定某些事项时分担者之间协议的形态;子女与父母一方间的通信;子女的抚养;有关监护权、探望权争议解决程序等。

(三)子女与离婚父母居住方式的判断标准

立法上规定在符合子女利益限度内双亲应最大限度地确保与子女的重要关系,据此,家庭法院在审理监护权纠纷时,必须考虑如何分配父母抚养子女的时间。2010 年修改的《家族法》对判断如何分配抚养时间的考察因素作出不完全列举,包括父母之间住所的距离;确定的时间分配方案于现在和将来的可行性;父母之间现在与将来联系的可能性;法院的决定对子女的影响等。在能够实现子女最大利益且具有合理实行的可能性时,法院一般首先考虑平等分配抚养时间,即子女与父母轮流居住,轮流居住的时间相等。若此方法明显不当,则法院可以从对子女有实质意义的角度分配抚养时间,确保符合子女最大利益,这一方式又称"充分且重要的时间"方式。实行这一方式,意味着虽然父母共同享有监护权,但是,在子女与父母居住的方式上,则不必遵守平均分配居住时间的规定,甚至可以允许子女与父母一方单独居住。根据澳大利亚《家族法》的规定,法院决定平等分配居住时间时,必须考虑如下因素:(1)子女与父母平等分配居住时间(抚养时间)是否符合子女的利益;(2)平等分配与子女居住的时间是否合理或可行。法院在以"充分且重要的时间"分配养育时间时,也应当考虑是否符合子女利益,是否合理且可行,并且要考虑以下问题:周末时间;长期休假时间;学校的特别活动;父母对子女学习上的帮助;父母是否有时间接送参加体育训练和比赛以及各种艺术活动的子女;是否能够给予子女参与课外活动的机会以及是否有时间出席子女课外活动或公演;是否对于一定年龄的子女指导其承担一定的家务等。

无论是平等分配居住时间还是确定不同的居住时间,法官在判断是否具备"合理且可行性"时,都应当考虑如下因素:(1)父母各自住所的距离;(2)目前及将来父亲及母亲实现与子女共同生活的能力;(3)目前及其将来父母之间在实现监护权方面能够进行协作、解决相关问题的能力;(4)平均分配居住时间以及利用充分且重要的时间时对子女产生的影响;(5)法院应当考虑的其他事项。

(四)法院对任意移居行为的处理方法

澳大利亚国土面积广,人口流动性大。父母离婚后,可能存在一方带子女移居他处的可能性,如果父母一方准备带子女移居他处(包括海外)而影响监护权和探望权实现,则另一方可以申请法院作出禁止移居命令。在证明责任上,法院一般令希望移居者证明带子女移居他处具有"正当或无反论余地的理由"。1999年澳大利亚联邦最高法院在AMS案中,对于这一判断标准提出了反对观点,其认为如果对于移居发生争议,则法官应当分别考察父母的要求,确定哪一方的主张能够提升子女最大利益。从该案中可以看出,法官并不赞同将证明责任仅仅分配给带子女移居的一方,而是从子女最大利益的角度进行判断,分别考虑父母的各自主张。[1] 澳大利亚联邦最高法院在2002年某一案件中,再次表明父母带子女从原居住地移居他处的,没有任何限制,依据一般原则处理。子女的最大利益当然优先于父母的利益,法院不受父母主张有无的约束,有权对子女的监护和教育问题做出调整。[2] 从联邦最高法院的判例来看,目前,在贯彻《家族法》子女最大利益原则的考量下,父母移居必须考虑子女最大利益,影响共同养育的移居行为被法院拒绝的可能性很大,甚至在子女利益保护面前,宪法上的迁徙自由权也受到了一定的限制。

三、日本监护权争议的裁判及子女利益保护

(一)监护权诉讼程序特点

根据日本民法的规定,夫妻婚姻关系存续期间,对未成年子女共同行使监护权,离婚后实行单独行使监护权。因此,在离婚诉讼中,当事人既可以通过合意确定监护权人,也可以由法院作出裁判。合意离婚时,确定父母哪一方行使监护权是离婚的必须要件,但是否约定探望权、抚养费给付则不影响离婚。自1960年代以后,有80%的案件离婚后由母亲一方行使监护权,而且大多数案件是通过调解结案的。[3]

无论是单独的监护权争议还是离婚时附带监护权问题的处理,均实行调解

---

〔1〕 [1999]FLC 92-852.

〔2〕 [2002]FLC 93-112.

〔3〕 上村昌代:「離婚後の子どもの共同養育に向けて―共同親権・共同監護をめぐる問題」、『現代社会研究科論集』2012年6号。

前置原则。当事人可通过书面方式向法院提出调解申请,法院原则上应当向对方当事人送达调解申请书副本,但是送达申请书副本可能会引发更激烈矛盾,妨碍调解程序顺利进行的,也可以不向对方当事人送达申请书副本。调解由1名法官(调解主任)和2名调解员组成的调解委员会主持,调解员从公民中聘任,由最高法院任命。被任命为民事纠纷调解员者可以是律师,也可以是具有某一专业知识的人员或者具有丰富的社会生活经验者,年龄为40~70岁,并具有良好的道德品行。调解人员确定最初的调解期日,令当事人于该期日亲自参加调解,仅允许在不得已情况下由代理人出席调解,法院在第一次调解时,应当向当事人说明调解程序进行方式。调解人员询问当事人,了解双方的意见,促成双方在相互理解下解决问题。调解成功的,将合意内容记入调解笔录,该调解笔录与生效判决具有同等效力。调解未成功,调解人员认为有必要的,可以从公平和衡平角度,结合调解中的证据资料,依职权作出具体的解决方案,这一制度被称为代替调解的裁判。代替调解的裁判书(调解方案)送达给当事人后,如果在法定期间内不提出异议,代替调解的裁判书发生法律效力。

调解最终未成功的案件将进入诉讼程序,法院可以根据日本《家事程序法》的规定选任参与员参加审理程序。法官有权决定提交的证据,并可以依职权命令当事人提交证据资料,当事人有义务协助法院进行事实和证据调查,这是为了实现纠纷获得迅速和恰当的审理。法院必须向当事人发出证据调查通知,当事人有权为了解法院调查内容和目的而申请阅读和复制案件记录。[1]诉讼中,法院可以依申请或者依职权为有意思表达能力的未成年子女选任程序代理人,使其通过全程参与诉讼程序,向法院反映子女的意思,维护子女的利益。[2]

当事人一方因路途遥远或身体原因无法出席庭审的,可以利用电话或电视会议系统参加庭审,这一方式被称为远程审判。日本法院在利用网络系统审理民事纠纷方面进行了积极的探索,各地法院配置了先进的网络审判设备,因此,无法出庭的一方当事人可以到最近的法院利用电话或电视会议系统参加庭审。

---

〔1〕 杉井静子:「家事事件手続法制定により家事事件の手続はどう変わるか」、『総合法律支援論叢』2013年2号。

〔2〕 池田清貴:「子どもの手続保障と子どもの手続代理人制度」、『LIBRA』2012年12号。

普通的民事案件要求必须有一方当事人到庭时才能利用电话或电视会议系统进行审理,但对于家事案件却未作此规定,因此,即使双方均无法出庭,也可以利用这一方式进行审理。[1]

在监护权纠纷案件中,无论调解还是审判,法院都依职权调查证据,由审理案件的法官委托家庭法院调查官调查证据,家庭法院调查官属于法院专门配置的一种职位,是通过招考方式选任的,其具有社会学、心理学、教育学、精神医学等专业知识。在监护权纠纷中,调查官对谁更适合作为监护人进行事实调查,并了解子女的意思表示,调查结束后向法院提交调查报告。对于离婚、监护权纠纷、探望权纠纷等家事案件,家庭法院认为有必要的,可以让参与员参加诉讼或调解程序,参与员是从普通市民中选任的,在选任条件上要求其具有良好的品格并具备子女监护等相邻科学的专门知识,法官在审理案件或调解争议时,征求参与员的意见。

法院审理监护权争议之前,如果存在父母一方带走子女的情形,则当事人可以申请法院作出保全处分,由法院指定临时监护人,并命令交送子女。申请保全处分必须说明请求理由,必要时法院可以依职权进行事实和证据调查。法院应当听取对方当事人的陈述,但听取其陈述将影响保全处分目的实现的,可以不实施询问。法院还应当听取子女的意见,如果子女未满15岁且根据其年龄和发育状况,听取意见反而会影响其福祉,则一般不对子女进行询问。法院发出保全处分命令,必须存在必要性,例如,子女目前的生活环境显著恶化,或者违反子女的意思强行带走子女等。东京高等法院在2003年1月20日作出的某一判决中认为,在子女福祉受到危害而有必要及早消除该状态时,若等待本案作出判决,即使本案判决命令送还子女也无法达成消除危害之目的,当属存在必要性。审判前的保全处分要求存在紧迫性、迅速性这一要件,表明法院对于发出保全处分采取了严格标准,实际上,这有利于实现本案案件审理的效率,因为保全处分程序毕竟会对本案审理的及时性带来影响。[2]

申请变更监护权或申请宣告丧失监护权程序中,出于维护子女利益的需要,法院可以根据申请人的请求,在宣告变更或丧失监护权之前作出保全处分,

---

〔1〕 大坪和敏:「家事事件手続法の要点と同法施行に伴う実務の動向」、『LIBRA』2012年12号。

〔2〕 東京高決平15.1.20(家月56卷4号)。

命令监护人停止实行监护权,并选任临时监护人。法院应于作出保全处分时,听取监护人意见陈述,只有在听取其意见陈述将不能达到申请保全处分目的时,方可无须听取意见。法院还应当听取案件所涉子女的意见,在听取意见影响保全处分目的的实现,或者子女不满15岁且根据其年龄和智力状况,听取意见不符合其福祉要求时,可以不进行询问。对法院作出停止监护权或丧失监护权保全处分不服时,当事人可以提起抗告。

(二)审理监护权争议遵循的基本原则

法院决定监护权归属时主要受4个原则的约束。

一是持续性原则。该原则要求尽量能够维持和尊重现状,特别是出于未成年子女生活环境安定的需要,考虑这一原则更具有重要意义,有利于让子女继续与现实的监护人保持心理上的牵绊。也有学者认为,遵循持续性原则还可以考虑子女的朋友圈关系,尽量维持与朋友的联系。在持续性原则方面,日本东京高等法院在1981年5月26日的某一判决中认为,即使令兄弟分离,也应当优先考虑持续性原则。大阪家庭法院在1975年3月17日的某一判决中认为,判断监护权人存在困难时,可以实行持续性原则,维持监护权原来的行使方式。

二是遵循尊重子女意思原则。日本《家事诉讼法》规定,家事案件涉及子女利益的,对15岁以上子女应当听取其意见,不满15岁但能够正确表达意见的,也有必要听取其意见。子女的意见对于法官没有绝对约束力,是否尊重其意见,需要考虑子女的年龄、心智成熟状况、环境影响等因素。家事案件中,由家庭法院调查官听取子女意见,调查官与案件所涉子女会面,通过交流了解子女的意思。由于家庭法院调查官具有临床心理学、社会福祉学、心理学等教育背景,所以其可以运用专业知识和方法探寻子女意思表示,特别注重观察交流过程中子女的态度、表情、会话内容的前后矛盾性、精神状态等,力争探寻子女的真意。家庭法院调查官不使用直接询问方式进行交流,例如,其一般不直接询问子女想和父母哪一方生活。必要时,调查官可以利用漫画、游戏等方式了解子女对父母的情感,其有权请求对子女进行心理测试,但一般要征得父母的同意。

三是兄弟姐妹不分离原则。这一原则要求法官在决定监护权归属时,要意识到让兄弟姐妹在一起生活有利于子女的人格发展,特别是子女的年龄较小时,这一可能性会更大。但是,当存在兄弟姐妹有相当一段时间未在一起生活的情形时，一般不适用该原则。另外，对于年龄较大的未成年子女，也可以不考虑这一原则。京都地方法院早在1955年9月12日的某一监护权纠纷案件中，就利用这一原则支持了原告送还子女的诉讼请求。法院认为，案件所涉未成年子女与其兄长在一起生活会进一步增进其幸福。1970年12月25日，仙台家庭法院在某一案件中认为，幼儿期的子女与兄弟姐妹共同生活具有相互获得人格形成的经验价值，不能因父母为了满足情爱的需要而剥夺这一价值。东京高等法院于1988年4月25日的某一判决中未适用兄弟姐妹不分离原则，法官认为，让多名未成年子女处于同一监护人身边是较好的方法，但是，对于达到一定年龄的子女来说，则未必如此，本案中一名子女15岁，另一名12岁，让两人分别由父母监护并无不合理。

四是母亲优先原则。一般认为，对哺乳期的婴幼儿有必要实行母亲优先原则，这有利于子女的抚育和成长。近些年来，日本理论界有学者对此提出反对意见，认为这一原则具有先入为主的意味。然而，在司法实践中，法官面对年龄很小的子女时，仍然会考虑适用这一原则。札幌高等法院在1965年11月27日的某一案件中认为，案件所涉子女才3岁，为了其身体和精神上的成长，无论如何都需要其母亲的爱护和教育。在本案中，实际上案件所涉子女自出生至母亲起诉要求监护权时，一直由父亲一方抚养，应当说父亲一方与该子女已经存在较深厚的情感。但是法院则认为，不难想象，该子女与父亲及其家人以及近邻同龄的孩子之间形成了深厚的关系，不能忽视这一事实，但是，为了子女将来的福祉，让母亲一方抚养该子女应当是与此相当的，所以即使抚养环境发生变化会给子女造成暂时的心理上"动摇"，也是不得已的事情。

（三）决定监护权时考虑的具体因素

立法上未对确定监护权归属时的具体判断要素进行列举，但日本《民法典》规定，变更监护权时，应当考虑子女的利益，这一利益要求需要法官确认由谁行使监护权对子女成长更为有利。一般认为，法院判断监护权归属的具体要素包括父母方面的要素和子女方面的要素。父母方面的要素包括监护的积极性、目前及将来监护的可能性、父母年龄、父母心理健康状态、时间保障、资产和收入情况、父母的父母提供监护上的帮助可能性、生活环境、住房情况、居住地域、学校关系、诱拐的违法性、探望权行使可能性等。子女方面的要素包括子女年龄和性别、子女意思表示、子女身心发育状况、与兄弟姐妹的关系、环境变化的影响以及与父母和亲人间的情感关系等。以下，本书将通过 4 个案例，考察日本法院如何把握监护权确定时的具体要素问题。

某夫妻离婚前分居数年，分居时子女 2 岁，母亲与子女共同生活，后来在母亲同意下，该子女由父亲带走抚养，至离婚诉讼时，该子女已经 7 岁，仍然与父亲共同生活。在夫妻离婚时，法院判决由母亲行使监护权，但父亲一方拒绝送交子女，母亲依据日本《人身保护法》向奈良地方法院提起诉讼，请求子女的父亲送还子女。奈良地方法院认为，母亲为监护权人，明显有监护子女的权利。但是，也应当考虑到父亲的监护并不起因于诱拐（夺取），而是从一贯平稳开始监护的。从子女的立场来看，父母分居后，该子女有 4 年多时间与父亲共同居住，习惯了目前的学校生活。如果允许本案诉讼请求，则将产生父母对立的结果，子女也将在与父亲、任课教师、友人分离情况下生活，这从子女的幸福观点来看不具有适当性。与让子女处于母亲监护下相比，让父亲监护更为妥当。判决作出后，母亲一方向最高法院提起上诉。最高法院作出了撤销原判决，发回重审的判决。判决理由是，母亲不存在对子女情感及监护权上的积极性问题，也符合监护的客观态势。原判决并未从子女的福祉观点来对母亲监护子女的显著不当性进行论证。原判决的判断，对日本《人身保护法》第 2 条和《人身保护规则》第 4 条存在错误的解释适用。[1]

在某一案件中，父母达成离婚协议后，母亲一方提起无效确认诉讼，同时要求父亲一方送还子女。该夫妻共有 3 名子女，长子 14 岁，次子 11 岁，长女 8 岁。在父母分居期间（分居 2 年 3 个月），父亲对母亲的探望权行使不给予合作，造成探望权行使的困难。母亲希望由自己监护子女，与子女共同生活。横滨家庭法院认可了母亲一方的诉讼请求，认为在抚养子女客观的经济环境完备方面，父母之间不存在差异状况；在精神的、心理的环境方面，由母亲监护与父亲监护抚养相比更有利于子女的福祉，因而是妥当的。父亲一方不服，向东京高等法院提起上诉，上诉法院撤销原判，驳回了母亲的诉讼请求。法院认为，母亲一方提出的请求属于离婚诉讼前的保全处分申请，只有存在监护人因虐待、放任等行为致使引起子女发育迟缓或情绪不安时才符合送还子女的要件。对此，上诉法院认为，本案中的子女在父亲监护下过着安定的生活，不存在需要采

---

〔1〕 最判平 11.5.25（『家庭裁判月報』1999 年 51 卷 10 号参照）。

取保全措施的紧迫性。[1]

2名未成年子女(长子7岁,长女5岁)的父母达成离婚协议,协议中约定母亲对子女行使监护权,在提起诉讼前,母亲请求法院裁判令父亲送还子女(2名子女由父亲监护是经过母亲一方同意的)。一审法院甲府家庭法院认为,从现实情况来看,父母之间在对子女的情感以及监护积极性、经济状况、物质环境方面不存在明显的差别。长子拥有多名当地关系良好的朋友,对于已经进入小学一年级的长子来说,和这些朋友交往具有重要意义,长子表示在父母离婚后,想在父亲的身边生活。应当尊重子女的意思以及父亲持续监护子女的事实,不改变父亲监护的状况更符合子女最大利益。基于上述判断,法院作出了长子继续由父亲行使监护权,但应当将长女送还于母亲的裁判。母亲一方不服,向东京高等法院提起上诉,上诉法院于2003年3月12日作出判决,撤销原判。上诉法院认为,离婚后的子女监护人,在向作为非监护人的另一方请求送还子女的,另一方拒绝送还子女缺乏法律依据。从子女的福祉角度来看,本案只要不存在违反子女利益等特别情形的,都应当支持母亲的请求。兄弟姐妹共同由母亲养育监护对子女今后的成长有利。长子希望在父亲身边生活,应当尊重其意见,其属于一年级小学生,具有可塑性,充分完备的母亲一方的抚养环境,可以通过各种措施对其新的生活提供支援让其早日适应新环境是可能的。[2]

某夫妻因夫妻关系出现裂痕请求法院对夫妻关系进行调解,调解未成后,父亲谎称带5岁的长女出去散步而将长女带走。在离婚诉讼前,母亲申请临时保全措施,要求另一方送还子女,父亲未遵从该裁定,在其后进行的人身保护程序中,其以工作为由未出席法院的准备调查程序。5个月后,在法院负责实施的母亲探望该子女的程序中,该子女对母亲表示出强烈的反对态度。在确定监护人诉讼中,一审法院认为,父母在作为监护人适格性上以及抚养环境方面不存在明显差异,但法院进一步认为,该案中的长女拒绝态度非常强烈,在父母对立致使姐妹分离不得已的情形下,表示想与具有良好关系的父亲共同生活。所以将其带离父亲身边,只会对其造成进一步的精神伤害,而不会恢复其与妹妹

---

〔1〕 東京高決平15.1.20(『家庭裁判月報』2004年56巻4号参照)。

〔2〕 東京高決平15.3.12(『家庭裁判月報』2003年55巻8号参照)。

已经分断的福祉。基于上述判断,法官作出了由父亲对长女行使监护权的决定。在上诉程序中,东京高等法院针对父亲监护的适格性和抚养环境问题,认为父亲随意带走长女,不遵从法院的临时保全处分,也不出席法院的人身保护程序,在这样反反复复的过程中,难以相信长女存在安逸的现状。针对长女的意思表示问题,法院认为,不能说长女的态度完全不受目前的监护人父亲的影响,五六岁的儿童容易受周围的影响,在很多情况下分不清空想与现实,所以,即使其对父母一方明确表现出疏远的情绪和意向,也不适合直接采用其意思表示或者给予其重视。正因如此,不能完全根据年仅 6 岁的儿童(审理案件时该长女 6 岁)的态度决定监护权人,应当考虑拒绝态度的原因、姐妹分离的问题、长女的年龄和发育阶段等因素,决定谁最能够满足其需要以及探望权行使的问题。〔1〕

(四)丧失或停止监护权的裁判标准

日本《民法典》设置了丧失监护权、停止监护权制度,以确保未成年子女利益不受侵害。根据《民法典》规定,监护人不能行使亲权或者不当行使亲权致使子女利益遭受侵害的,有关主体可以申请家庭法院作出停止监护权的决定,监护权停止期间为 2 年。(《民法典》第 834 条第 2 款)在父母一方虐待或恶意遗弃子女、父母监护权行使存在显著困难或不当而明显侵害子女利益时,子女本人、未成年人保护人、未成年人保护监督人、检察官等可以向法院申请作出丧失监护权的决定。(《民法典》第 834 ~ 835 条)停止监护权是临时性措施,2 年后符合监护资格时可以恢复监护权,但丧失监护权则意味着永久剥夺监护权,相互之间不再享有继承权。丧失监护权会对家族关系产生重大影响,这一手段应当作为最终利用方法。停止监护权或者丧失监护权后,法院应当为被监护子女选任监护人或保护人,一般做法是,如果父母双方被剥夺或停止监护权,则法院应当选任其他个人或公共机关(儿童福祉保护机构)为子女监护人。如果父母一方丧失或停止监护权,则可以变更另一方为监护权人;如果另一方不能行使监护权或父母另一方已经死亡,则法院必须从其他个人或公共机关中指定监

---

〔1〕 行政書士・社会保険労務士法人:「父親が子を奪取した事例 2」、http://www.rikon-legal.com/hanrei/sinken2.html.,2016,4,21。

护人。[1]

法院在审理监护权丧失或停止案件时,根据案件具体情况判断是否作出相应判决。日本《民法典》中并未列明丧失或停止监护权的具体事由,但基本原则是考察监护权的行使是否存在侵害子女利益的情形。日本家庭法院每年都会审理为数不少的此类案件,形成了具有重要参考价值的案例。

夫妻离婚后,父亲对3名未成年子女行使监护权,并与3名子女共同生活。父亲因对长女存在性虐待行为,法院决定基于日本《儿童福祉法》对长女进行保护,后长女与母亲下落不明。父亲一方不但不能适当抚养另外2名子女,还对此女实施性虐待行为,儿童咨询所负责人向法院提起诉讼,请求父亲一方丧失监护权。1979年5月16日东京家庭法院八王子分院对该案作出判决,法院认为,监护人对未成年子女存在性虐待,作为未成年人的监护人本人其滥用监护权虐待未成年子女,明显损害子女福祉。根据以上判断,法院宣告父亲一方丧失监护权。在案件审理期间,法院作出临时保全处分,停止父亲的监护权,选任儿童福祉所负责人代行监护权。[2]

在另一起案件中,某男孩因疾病就医,医生告知父母若接受治疗,虽然双眼视力现在近乎失明,但有90%的治愈可能性,如果不接受治疗,数月内可能死亡。父母以不愿意抚养有残疾的孩子为由拒绝治疗。儿童咨询所提起诉讼,请求宣告父母丧失监护权,并为子女选任监护人。法院认为父母不同意接受手术治疗缺乏合理理由,属于滥用监护权,明显侵害未成年人福祉。基于上述判断,法院宣布父母丧失监护权。[3]

某新生儿患有重度先天性心脏病,如果早期进行几次手术治疗,可以避免不远的将来死亡。医生对患者的监护人再三强调手术必要性和安全性,但监护人出于宗教信仰不同意手术,当地儿童咨询所负责人以监护人滥用监护权为由起诉,请求监护人丧失监护权,并要求在作出判决前采取保全处分,停止监护人行使监护权,选任代行监护权者。名古屋家庭法院认为,监护人有确切监护和养育未成年人的权利和义务,未成年人现在患有重度心脏病,如果及早实施数

---

〔1〕 植木祐子:「児童虐待防止のための親権制度の見直し～民法等の一部を改正する法律案」、『立法と調査』2011年320号。

〔2〕 京家八王子支審昭和54.5.16(家月32卷1号166頁)。

〔3〕 津家裁平成二十年(2008年)1月25日審判(『家庭裁判月報』62卷8号83頁)。

次手术,可以避免不远的将来死亡,但案件中当事人出于信仰宗教上的考虑,拒绝主治医师、县儿童残疾人中心职员接受手术治疗的再三说服,如此任凭事态发展,只能危及未成年人的生命,所以不能认可当事人拒绝手术的理由。[1]

某女A与K存在婚姻关系,A与K分居后与N相识并同居,同居期间A怀孕,N知晓这一事实后下落不明。A解除与N的同居关系,并生下与N结合的S,S出生后即入住幼儿治疗机构。乳儿的母亲在生育S后几乎处于无固定住所状态,后来A居住在朋友家中。再后来,A与K协议离婚,并到另一城市生活,与F结婚。由于A生育S后,几乎未与新生儿见面,也未表现出抚养S的意思表示,并通过电话同意该子女由他人寄养,之后几乎完全断绝与该子女的见面。当地儿童咨询所在与A多次交涉后,A拒绝儿童咨询所的建议,对此,儿童咨询所向家庭法院提起诉讼,请求监护人丧失监护权,并要求指定寄养父母为监护人。审理该案的和歌山家庭法院作出支持儿童咨询所负责人的诉讼请求,认为本案中未成年子女的监护人滥用监护权,明显侵害子女的福祉,让该子女处于该监护人监护下并不适当。[2]

近些年来,日本家庭法院每年受理丧失或停止监护权的诉讼案件的数量在200~300件,停止监护权案件多于丧失监护权案件。提起诉讼者中以未成年子女的亲属居多,其次为儿童咨询所负责人、子女本人、检察官。在提起诉讼的理由方面,以"忽视"为主,所谓忽视是指监护人不重视子女的存在,不积极行使监护权或不行使监护权等,如不照管子女、不同意子女接受手术治疗等。其他诉讼理由主要有身体虐待、心理虐待、行使监护权困难或不能行使、性虐待等。2014年日本全国家庭法院共受理丧失或停止监护权案件261件,其中停止监护权案件有151件。审结案件共287件,其中停止监护权案件157件,丧失监护权130件。在停止监护权案件中,认可诉讼请求的有43件,驳回诉讼请求的28件,撤诉的82件,其他处理方法的4件。丧失监护权案件中,认可诉讼请求的有34件,驳回诉讼请求的16件,撤诉的73件,其他处理方法的7件。在审理的丧失监护权案件中,男性未成年子女占49.5%,女性子女占50.5%。

---

〔1〕 宮崎幹朗:「親権者の医療ネグレクトと親権濫用」、『*Ehime Law Journal*』2010年26号。

〔2〕 許斐有、白石孝:「親権の消極的濫用を理由とする親権喪失宣言:児童相談所長の申立により認容された事例の考察」、『社會問題研究』1993年2号。

停止监护权案件中,男性子女占54.3%,女性45.7%。丧失监护权案件中,认可诉讼请求的共29件,忽视子女的11件,身体虐待的7件,性虐待的7件,心理虐待的4件,不能行使监护权或不适当行使监护权的4件。在停止监护权案件中,忽视子女的有23件,身体虐待的4件,性虐待的2件,心理虐待的5件,其他不适合行使监护权的9件。在审理期间方面,丧失监护权案件中2个月以内审结的占29.8%,3个月以内审结的为46%。停止监护权案件中2个月以内审结的34%,3个月以内审结占56.4%。丧失侵权案件中忽视子女的案件比例为36.7%,身体虐待为23.3%,心理虐待占13.3%。停止侵权案件中忽视子女的占53.5%,身体虐待占9.3%,心理虐待为11.6%。[1]

四、德国监护权纠纷裁判及子女利益的保护

1998年修改《亲子法》时,德国确立了共同监护原则。除非存在特别状况,父母离婚或分居后,对未成年子女共同行使监护权。即使子女与其中一方居住,影响该子女成长的重要事项也必须由双亲共同作出决定。在父母一方向法院提出单独监护请求后,法院可对监护权作出裁判,在决定是否单独行使监护权时,必须遵循子女最大利益原则。在子女的利益遭受侵害或者需要采取保护措施时,即使父母未请求监护权,法院也可以作出相应的决定。1998年修改德国《亲子法》时,立法草案并没有确定共同监护优先原则。原因是,离婚后是否实行共同监护应当由父母自己决定,不能实行共同监护是承担责任最好形态的法律推定。也就是说,立法者对于实行共同监护还是单独监护,需要考虑父母之间是否在理解上达成一致,且必须符合子女利益。但是立法草案也表示,是否赋予共同监护优先适用地位,也会随着时间的变化而有所改变。目前,德国在理论和司法上仍然存在较大争议,一些地方法院在司法适用上表现出共同监护优先的观点。但是1999年9月29日,德国联邦法院在某一案件中明确表示,德国《亲子关系修改法》的新规定并不包含认可共同监护存在优先适用地位的观点,单独监护作为最终手段是一种例外。分居或离婚后,判断选择共同监护还是单独监护的确切标准发生困难时,不能作出共同监护作为父母承担责

---

〔1〕 日本最高裁判所:「親権制限事件の動向と事件処理の実情」、http://www.courts.go.jp/vcms_lf/151204sinkenteisi.pdf.,2016,1,12。

任为最佳状态的法律推定。[1] 此后，德国联邦宪法法院又分别于 2003 年 12 月 18 日和 2006 年 5 月 29 日再次通过判决强调了同样观点。[2]

(一)监护权归属的判断标准

家庭法院在审理监护权纠纷的过程中，对于以何标准判断实行共同监护还是单独监护行形成了诸多判例，虽然保护子女最大利益是法官应当遵循的基本原则，但在具体的诉讼案件中，法官需要根据案件的个别情形认定保护子女利益的相关标准。

1. 父母适格

父母适格要求作为父母在人格、行为等方面不存在可能对子女产生不利影响的情形，如酗酒、精神疾患、同性恋、性暴力等，若存在不适格情形，则法官可以决定不实行共同监护。离婚后，一方不给付抚养费也可以成为否定父母适格性的要素，因此，在分居或离婚后，一方长时间不给付抚养费的，另一方请求法院作出单独监护，其请求可以被法官支持。[3] 在一起由父亲一方提起上诉的案件中，法院查明，父亲不仅对外具有大额欠款，而且没有工作，生活奢侈，离婚后一直没有支付女儿的抚养费，致使女儿的抚养需要借助抚养费代付制度。特别是父亲一方向母亲一方借款，并未归还，还随意从女儿的账户中支取 1.5 万马克用于自己的消费。基于以上判断，法院驳回了父亲的实行共同监护的上诉请求。[4] 2002 年 2 月 27 日某州上诉法院在某一上诉案件中，根据父亲虽然有支付抚养费能力，但不支付子女抚养费这一事实，作出驳回父亲一方共同监护的诉讼请求。2006 年 11 月 7 日另一上诉法院也同样以父亲不支付抚养费为由，判决撤销共同监护，由母亲单独行使监护权。[5]

父母犯罪经历和虐待子女的事实会成为法官判断监护权归属的重要因素，但是并不会因为有犯罪经历就一概否定其诉讼主张，而是考虑犯罪的重大性及其对子女的影响。2008 年 4 月 24 日柏林地方法院以母亲一方过去因重大犯罪行为被判处 1 年半监禁刑罚以及母亲一方不能对于父子交流给予宽容为由，

---

〔1〕 FamRZ 1999, S. 1646 ff.

〔2〕 FamRZ 2004, S. 35ff; FamRZ 2006, S. 1697ff.

〔3〕 FamRZ 2002, S. 973f.

〔4〕 FamRZ 2002, S. 973f.

〔5〕 FamRZ 2007, S. 756f.

作出将共同监护变更为由父亲单独监护的决定。因虐待子女主张变更监护权的,需要证明存在虐待事实。在2004年9月13日不来梅区法院审理的某一案件中,并不存在父亲对女儿性虐待的确切证据,在刑事程序中也未作出有罪判决。但是,根据儿科医生的诊断书记载,基于医生与母子的对话,存在性虐待可能性,而且子女的外祖母也作出过大致同样内容的陈述。据此,法院驳回了父亲一方的共同监护请求,将子女的监护权委托给母亲单独行使,并禁止其在女儿达到入学年龄前与女儿见面。[1] 2009年7月17日某一上诉法院在判决暂时撤销共同监护,由母亲单独行使监护权一案中,使用了"对自己的2个女儿和岳母存在性虐待的充分嫌疑"这一证明标准,没有要求在证明上达到确实性。不过,该案件中有证据显示,其中一名女儿伴有自残危险这一明显的精神压力证据。

2. 抚养子女的协作可能性

分居或离婚的父母能否在抚养子女方面进行协作是判断可否实行共同监护的一个标准,因此,即使父母在适格性上不存在问题,但无法建构协作关系的,共同监护仍将不符合子女最大利益。当然,对于涉及子女一般事项的问题,与子女共同居住的一方有权单方决定,而一些重大事项则必须由父母共同决定,因此,法院一般围绕涉及子女利益的重大事项,父母之间是否能够进行协作进行判断。因父母之间对立情绪激烈而无法构筑协作关系的,法院将判决由一方行使监护权。有的法院在判决取消共同监护的同时,将子女的居所指定权委托给一方行使;有的法院在决定单独监护时,将子女居所指定权之外的其他一些权利委托给一方行使。例如,法院可以决定,在子女罹患医学上尚未有治疗方法的疾病时,只有母亲有权选择治疗方案。2005年柏林上级法院在一起家事案件中,将特定的预防接种(7个种类)的决定权委托给父亲一方行使。[2] 德国《民法典》第1628条规定,对于对子女有重大意义的个别或特别事项,无法达成合意时,家庭法院可以依据一方的申请,委托父母的一方做出判断,对该委托可进行限制或附加负担。在限制方法上,有的法院设定判断权限的期间。

---

〔1〕 Kind-Prax 6/2005, S. 234ff.

〔2〕 FamRZ 2006, S. 142f.

对于附加负担,有的法院命令向法院报告采取的医疗措施。[1] 在有关子女教育方面,比如进入哪所学校上学、是否让子女留级等发生激烈争执且无法达成一致意见时,有的法院对此认为应当撤销共同监护方式,实行单独监护。但也有的法院并不完全撤销共同监护,而仅将子女教育决定权赋予一方单独行使,其他监护权仍然共同行使。子女宗教信仰的选择以及子女疾病医疗方法的选择,亦属涉及子女成长的重要事项,在共同监护的情形下,应当由父母共同作出决定,在发生争执无法协商一致时,有的法院将宗教选择权、治疗方法选择权判决给一方单独行使。[2]

在父母协作可能性的认定方面,出现过因父母各自住所距离较远,主张难以进行协作的案例。对于类似的主张,如果法官经过审理认为虽然父母住所相距很远,但是,若不存在行使探望权上的障碍,则一般也不会取消共同监护,而是将子女居所指定权委托给一方当事人,重要事项仍然实行共同监护。[3] 至于相距遥远影响协作的主张,法院一般会命令当事人之间可以通过电话、电子邮件等方式进行沟通和联系,住所遥远不会直接成为影响共同监护的最大障碍。

在父母无法就抚养子女达成一致意见而请求法院判决单独监护或进行居所指定权委托的,必须就无法达成一致意见提供书面证明,证明无法进行合作的情况及其原因;在何时何地进行过协作的努力;使用何种方法试图合作。此外,还要求详细说明协作未能实现的具体情况。父亲对母亲实施暴力行为的,虽然不属于"作为父母是否合格"问题,但可以作为认定父母之间能否构筑协作关系的证据。如果父亲一方经常对母亲实施暴力行为,则可以认定父母之间已无法进行抚养子女的协作。法国联邦宪法法院在 2003 年 12 月的某一判决中认为,子女的父亲因对母亲强奸未遂以及实施暴力而被判缓刑期间,父母之间不可能进行协作,应当取消共同监护,由母亲单独行使监护权。[4]

3. 一方对另一方与子女关系的宽容性

所谓宽容性,是指子女与父母一方维持亲子关系时,另一方是否采取容许

〔1〕 ドイツ家族法研究会编:「親としての配慮・補佐・後見(二):ドイツ家族法注解」、『民商法雑誌』2011 年 4~5 号。

〔2〕 FamRZ 2003, S. 1403f. ;FamRZ 2006, S. 142f.

〔3〕 FamRZ 2000, S. 501.

〔4〕 FamRZ 2004, S. 354ff.

和宽容的态度,这是确定是否实行单独监护的一个重要因素。例如,父母离婚或分居后,与子女共同生活的一方拒绝另一方探望子女,或者未经同意带子女迁居他处的,法院可以决定实行单独监护,或者将子女的居所指定权委托给一方行使。另外,父母一方告诫子女拒绝另一方的感情或者说对方的坏话,甚至让子女称呼新的伴侣或再婚的对象为"父亲"或"母亲"的,也可能被法院认定为缺乏宽容性而取消共同监护。因为法国《民法典》第1684条第2款规定,父母任何一方不得侵害子女与另一方父母的关系或者妨碍其抚养。拒绝一方探望子女当属直接侵害亲子关系的行为,而在子女面前贬低对方或破坏亲子感情的,则属于间接妨害行为。[1]

有2个女儿的夫妻1999年开始分居,2000年7月20日离婚。1999年分居时,2个女孩的父亲能够行使探望权看望子女,1999年末子女看望父亲时,父亲表示"想让子女与自己共同生活",并向少年局进行咨询,由此,父母之间围绕子女的监护权发生了争执,并向法院提起了诉讼。区法院判决由父亲单独行使监护权。母亲不服,提起上诉,主张自己单独行使监护权,布伦瑞克上诉法院认可了母亲一方的诉讼请求。在判决理由中,法官列明了父亲对母亲及子女的关系缺乏宽容性这一理由。上诉法院认为,区法院作出判决前,子女与母亲居住期间,尽管父母之间存在激烈的对立,但母亲认可子女与父亲定期见面。相反,区法院作出判决后,父亲一次也没有促使子女与母亲见面,并且次女住院时,父亲未能联络母亲,在母亲看望次女时无视母亲的存在,使次女内心产生明显动摇。父亲想要切断母子关系,还让次女称呼后妻为"妈妈"。

某夫妻于2008年3月分居,协商子女与母亲居住,双方共同行使监护权。但是,双方并未按照约定行使探望权。同年8月13日慕尼黑区法院确定父亲每个周末与子女见面并允许子女留宿。然而,同年10月17日母亲拒绝父亲探望子女,并且这一状态一直在持续。父亲一方向区法院提起诉讼,请求子女与自己共同生活(居所决定权),对子女的健康和学校的教育实行单独监护。法院认为,母亲对于子女与父亲的关系欠缺宽容性,致使在父亲行使探望权方面,在借助咨询、调解、选任交流保护人、间接强制等手段后仍未奏效。"在父母一方不容许和促进另一方与子女见面交流之场合,将居所指定权赋予另一方行使

〔1〕 佐々木健:「ドイツ親子法における子の意思の尊重」、『立命館法学』2008年317号。

符合子女的利益。”慕尼黑区法院基于上述判断，作出认可父亲一方诉讼请求的裁判。[1]

4. 子女生活环境的持续性

在父母一方多年单独行使监护权时，另一方请求变更监护权的，法官一般会考虑子女生活环境这一要素。考虑这一要素时，不仅要从时间方面考虑，还要注重子女与共同生活的父母一方以及兄弟姐妹之间的关系，如果已经形成了良好的关系，则很难变更监护权。子女生活环境的持续性还包括将子女带至国外生活的情形，带至国外生活将改变子女的生活环境，也给另一方探望子女造成困难。判例上要求迁居者说明到国外生活的理由，如工作需要、回到故乡父母身边、存在子女能够融入社会的基础等。[2] 2010 年德国一法院在某一案件中认为，母亲准备带子女回意大利生活，但是，当事人并没有就迁居国外列出家庭环境或经济方面的充分理由，而且其准备迁居的地方并不是其出生的街区，没有任何家族的、文化的牵连性，也不是出于职业上的需要。基于此，法院作出驳回母亲的单独监护的诉讼请求。在 2006 年的某一上诉案件中，针对母亲一方准备离婚后回斯洛伐克居住并请求自己对子女单独行使监护权的主张，科隆地方法院认为，父亲或者母亲带子女回自己出生的国家时，出生地国存在父母的亲戚（子女的祖父母）且住在附近，则拥有一般的社会关系，父母自身容易习惯，所以，子女在新移居的国家融入社会的希望比其他场合大得多。据此，法院同意了由母亲单独行使监护权的主张。在类似带子女回到出生地国生活的监护权纠纷中，法院特别注重考察在新的生活地，父母是否有亲属相助，子女是否能够在父母、祖父母等的帮助下融入当地生活，母亲在新的生活地是否有稳定的收入，子女是否能够在医疗和教育等方面获得同样的保障。

某夫妻在离婚诉讼中，区法院判决儿子由父亲单独监护，女儿由母亲单独监护，双方均提起上诉。上诉法院认为，父母离婚已经给子女造成重大心理负担，如果兄弟姐妹也分开将不利于子女的利益。上诉法院查明的事实是，父母双方不想分别对子女行使监护权，一致认为兄妹存在紧密的关系。兄妹所在的幼儿园老师也证明，兄妹关系良好，哥哥帮助妹妹习惯幼儿园生活。与父亲同

---

〔1〕 551 F 5932/09, juris.

〔2〕 FamRZ 2006, S. 1625f.

居的人也表明,兄妹存在很深的牵绊,区法院作出判决后,各自表现出悲伤的样子。少年局也在调查报告中表明,兄妹关系很好而反对分开。上诉法院基于上述事实,作出不允许对子女分别单独行使监护权的决定。

在以兄弟姐妹关系认定监护权归属时,法院一般不考虑父母离婚或分居后组成新的家庭时,子女与父母再婚或同居家庭的子女关系状况。某夫妻在离婚诉讼中,母亲主张 6 岁的男孩由其单独行使监护权,父亲一方的主请求是自己单独行使监护权,预备请求是该子女与自己共同生活或者实行共同监护。该案中的子女自从 1999 年父母分居以来,持续与母亲一起生活,少年局的报告和区法院的法官均确认母亲不存在问题,子女在母亲抚养下很健康。父亲一方则主张,儿子与自己与同居伴侣生育的女儿(1 岁)之间就像兄弟姐妹一样,到现在为止,每次与儿子见面时,他们之间不断产生新的牵绊关系。2004 年 3 月 12 日该案的上诉法院经审理认为,那样的关系不同于本来的兄弟姐妹关系,应当重视起诉前母亲一直联系监护子女的情况,由此,法院没有认可父亲一方的上诉请求。[1]

5. 子女的意思表示

(1)听取子女意见的立法及其理论观点

根据德国《民法典》以及德国《家事程序法》的规定,在涉及身份监护或照管财产的案件中,如果子女的意思对裁判作出非常重要,或者法院为了确认事实关系认为有必要直接从子女处获取信息的,则法院可以直接听取子女的意见,子女年满 14 岁且其不存在无行为能力的情形时,法院应当听取该子女意见。听取意见时,只要不会对子女的成长或教育上的利益造成不利益之危险,必须以确切之方法让子女获知诉讼程序的对象及其产生的结果,给子女表明意见的机会。德国立法上将听取子女意见确定为法院之义务,立法机关认为,在涉及父母亲权的案件中,法院直接询问子女,让子女通过语言表达其意思表示是极为重要的。对于亲权纠纷案件的裁判,要求法院强烈关注子女的意思以及与父母之间心理上的牵绊,使子女本身认识到成长过程中自我责任感的重要性。出于上述诸多因素的考量,立法机关确定了法院具有听取子女意见的义

〔1〕 FamRZ 2005, S. 52f.

务。[1] 为了保障案件所涉未成年子女参与诉讼程序，在听取意见的形式上，以法官本人直接听取为原则，要求法官与子女见面，通过口头询问方式了解子女的真实意思。这是因为如果允许实行书面听询，则存在容易受到父母影响的可能性。[2] 另外，直接听取子女意见原则上属于事实关系解明所必要的措施，书面听询方式则不利于事实关系的解明。[3] 德国联邦宪法法院于 1980 年 12 月 5 日作出的某一判决中表明，直接听取未成年人意见的法律规定是尊重子女主体地位的表现。听取子女意见的规定只要有助于子女的福祉，就都必须尊重子女的意思，这是宪法上的要求。[4]

听取子女意见有两个目的指向性：一是由于在亲权、探望权等身份关系诉讼中，法院作出的任何决定都以子女利益为指针，故而听取子女意见是为了获得支持符合子女利益裁判的基本判断资料。二是听取子女意见是确保案件所涉子女参加诉讼程序，保障基本的程序权利（如法的审问请求权等）得以实现的一个手段。法的审问请求权是德国民事诉讼法上规定的一项权利，是指作为一项原则，当事人有权在法院判决前就案件事实和法律观点发表见解，这一权利内容包括获得案件信息、发表意见、意见被法官考虑等。

在如何听取子女意见方面，德国学界以及司法实务界一直进行着不断探索。贝尔格曼（Bergmann）和福瑞克（Fricke）认为，听取子女意见时，必须考虑到子女受到的精神压力，创造能够使子女自然地表达意思的环境。贝尔格曼通过研究认为，听取子女意见时，应当特别注意考虑以下事项：①为了减轻对子女的精神压力，应尽量听询一次子女的意见。听询子女意见时，应当在其他当事人不介入的情形下进行；听取意见之前，让子女在家庭法院等候室等待，如果当事人之间的关系特别紧张，则在家庭法院设置的儿童室等待。②在幼儿园或学校听取子女意见，可能会在被询问的子女与其他同学之间引起一些问题，因此尽量回避使用这一方法。至于以家庭走访方式听询子女意见，应当由案件当事

[1] BT-Drucks. 7/2788 S. 34. 40. 41.

[2] BT-Drucks, 7/2060 S. 43.

[3] Brundermuller in: Dieter Henrich, a. a. O (67) S. 2286; KG FamRZ 1980 S. 1156; BGH FamRZ 1985, S. 169; BayObLG FamRZ 1988, S. 871; OLG Hamm FamRZ 1989, S. 203; OLG Zweibrucken FamRZ 1990, S. 544.

[4] BVerfG FamRZ1981, S. 124, 126.

人决定是否采用。③在任何情况下,都应当在其他程序当事人不在场的情形下听取意见,使子女能够很自然地发表意见。另外,法官的法服可能会给子女造成威迫感,故而法官应当根据子女的年龄状况确定是否穿法服。④听取年幼子女的意见时,使其形成安心感特别重要,因此,应当保障子女的空间距离上的接近性,但是对于年龄较大的子女,则有必要保持充分的空间上的距离。对情绪特别不稳定的幼儿,听取意见时,可以不受禁止第三人在场的限制,让与子女有密切关系的人参加听取意见程序,减缓子女的精神压力,例如,可以让子女的祖父母或外祖父母在场。[1] 福瑞克的研究同样表明为子女创造能够很自然地表达意思的环境尤为重要,是司法实务上必须注重的问题。福瑞克认为,即使听取意见所需要的时间很短,也不应当在法院的通常场所听取意见(法官办公室或者会议室),而是应当在令未成年子女感到舒适的空间场所(如法院的儿童室)进行,这是为了消除子女的恐惧心理,缓解其紧张情绪。听取意见时的室内装饰、色彩、物品的配置等都应当符合子女的喜好和需要,必要时,可以就室内布置情况委托专家进行协助。[2] 福瑞克还认为,听取子女意见时,有必要让教育学、心理学领域的专家参与程序,父母及其律师是否参加应当由法官进行裁量,但是,排除专家参加意见听取程序的,必须存在特别事由。

(2)听取子女意见的司法实务发展

德国家庭法院一般委托少年局或者其他儿童权益保护机构听询意见,必要时,还可以委托专家对子女的身心状况进行鉴定。在听取子女意见方面,很多法院并不是仅仅听询一次意见,而往往是相隔一段时间后再次听取甚至多次听取。对于子女的意见,应当考虑子女的年龄、发育程度以及其是否理解所陈述内容的意义,还要考察其发表的意见是否受到父母一方的不当影响,子女的意思表示必须是其真实意思的表达,如果是在父母一方的威吓、教示下陈述的,则法院将不考虑其意思表达。至于多大年龄子女的意见应当被尊重,并未形成一致的意见,在判例上,有的法院对于4~7岁的儿童意见给予尊重,但也有的法院对16岁子女的意见作出没有重要性的认定。针对子女的意思表示之所以难以形成统一认定标准,主要是因为各案中子女年龄、发育程度、是否受他人影响

---

〔1〕 Margarethe Bergmann, a. a. O(80), S. 78ff.

〔2〕 Astrid Fricke, a. a. O. (177) S. 191ff.

等情况不同,而且一些子女的意见表达还表现出不安定状态,例如,第一次的意思表达与其后的意思表达不一致,这就需要法官根据具体情况行使裁量权。目前,德国一些法院在考量子女意见时,开始重视 PAS(单亲疏远症候群症状)鉴定结论的运用。在生活中,可能存在父母一方经常在子女面前讲另一方坏话的现象,长此以往,子女在心理上会发生变化,对另一方便产生疏远或厌恶感,在此情形下,子女的意思表示将存在不真实情况。在听取子女意见时,有的法院委托专家对子女进行鉴定,以确定其是否具有"单亲疏远症候群症状"。"单亲疏远症候群症状"最早是由美国哥伦比亚大学教授 Richard A. Gardner 提出的,1998 年德国引入这一理论后,开始在离婚案件中利用其认定子女意见的真实性,但法官并不完全依照鉴定结论作出判决,法官对鉴定结论的采纳与否具有自由裁量权。

在某一案件中,法官判断子女的意思时,根据子女的年龄状况认定其陈述并非出于自己的真实意思,受父亲一方的影响较大,据此,判决驳回了父亲的单独监护请求。该案中离婚的父母有 2 名子女(女儿),离婚后,母亲再婚并与 2 名子女共同生活,父亲与一女性同居,该女性有一名 9 岁的女儿。在一审程序中,区法院判决由父亲一方单独行使监护权,母亲一方提起上诉。上诉法院经审理发现,13 岁的女儿陈述想与父亲共同生活,但是法院确认了在听取子女意见时其陈述内容在事前曾与父亲咨询过,而且从非难母亲的书信内容上来看,其用辞也不像 13 岁孩子所写,可以看出受到了父亲的影响。据此,上诉法院没有采纳该子女的意见。[1] 在另一案件中,法院依据鉴定机构的"单亲疏远症候群"结论,作出与子女意思表示相反的决定,赋予父亲单独监护权。该案中,10 岁的女儿表示希望和母亲生活,但根据专家的鉴定结论,子女的意思不具有持续性和独立性,故对其意思表示存有疑问。女儿的意思表示受到"操纵",女儿对于拒绝的父亲的良好记忆淡薄,明显看出条件反射般支持母亲,具有缺乏"负罪感"的 PAS(Parental Ailienation Syndrome, PAS)症状。[2] 本案并没有明确的证据表明母亲一方经常在女儿面前说父亲的坏话,只是根据专家对所涉子女的鉴定,认为其受到了母亲的影响,法院根据 PAS 鉴定结论,没有采纳该子

---

[1] FamRZ 2001, S. 1637f.

[2] UF 71/07, juris.

女的意见。不过,PAS 鉴定结论对法官并没有绝对约束力,是否采纳仍由法官裁量。在某一案件中,区法院委托的专家经鉴定案件所涉子女存在 PAS 症状,故而没有尊重该子女的意见,父亲对法院作出的子女与母亲共同生活的判决不服,提起上诉。上诉法院认为一审中专家鉴定的可靠性存有疑问,然后再次听取了子女的意见,确认无证据表明子女的意思受父亲影响,并结合其他的判断标准,改判子女与父亲共同生活。

对于子女意见的真实性,年龄不是认定的唯一标准。尽管年纪特别小的儿童陈述一般不被法官考虑,但一些案件中,对于 5 ~ 7 岁儿童的意见也会给予尊重。一名与母亲一起生活了大约 2 年的 5 岁女孩,在父母监护权纠纷中,表示希望在母亲身边生活。法院认为,根据子女的年龄,通常其表明的意思不具有决定性意义,但是该儿童处于能够自己作出决定的状态。法院在尊重子女意见的基础上,结合父母之间已经不存在协作抚养子女的可能性这一证据,作出了由母亲单独行使监护权的决定。[1] 在另一起离婚后的监护权纠纷中,案件所涉子女只有 7 岁,在事实调查时,其表示希望父母能够再次在一起生活,并且对调查人员陈述了希望在父亲身边生活。法院认为,在听取学校有关人员的意见后,可以确认子女的精神状态稳定;另外,该子女没有陷入忠诚纠葛之中,与父母存在同等程度的情感关系,所以对于子女想与父亲共同生活的意见,必须给予尊重。[2]

6. 子女陷入危险的可能性

在某些请求单独行使监护权的案件中,起诉人主张对方某一行为将使子女的身体、精神、教育等利益陷入危险之中。针对此类主张,法官不仅应当考虑父母是否在监护子女资格上存在问题,还应当注重审查某一行为是否有可能或已经损害了子女的利益,并对其可能或已经造成危险,如果存在此情形,则法官将对监护权进行限制。

例如,某夫妻有 4 名子女,其中包括 D 和 M。出于宗教信仰的原因,父母认为公立小学校教育与自己的信仰不一致,于是不让正在读小学的 D 上学,而是在家中由自己对 D 和 M 进行教育。区法院在作出正式判决前,以临时保全

---

[1] UF 71/09, juris.

[2] FamRZ 2000, S. 1039ff.

命令剥夺了父母关于入学上的监护权和居所决定权,委托选任的保护人行使监护权。在保护人的同意下,子女的住所地自 2005 年 7 月从德国变更为奥地利,D 和 M 被母亲带到奥地利居住,父亲与其他子女在德国生活,母亲每个周末带 D 和 M 回德国与子女的父亲见面。保护人依据奥地利《入学义务法》获得奥地利当局的许可,允许在家中对子女授课,D 和 M 的母亲使用并不熟悉的奥地利教材对子女进行家庭内教育。区法院之所以剥夺父母的部分监护权并委托保护人行使监护权,其理由是被监护的子女在奥地利接受教育,但回到德国时无法接受公立学校的教育,对子女的福祉会造成持续性危险。子女的保护人提起上诉,在上诉审中,高等法院驳回子女保护人上诉请求,认为区法院依据德国《民法典》第 1666 条剥夺监护人关于居所和就学问题决定权的裁判具有正当性,父母因拒绝子女接受国家的学校教育会对子女的智识以及精神福祉造成持续性危险,子女接受共同的教育并熟悉成长所需的共同生活是子女接触家庭以外生活的需要。高等法院还认为案件所涉子女与在德国的父亲具有共同的居所地,母亲在奥地利生活只是暂时的,并无在奥地利居住的意思。因此,子女们仍然应当接受德国居住地教育法规定的就学义务,而德国并不允许仅在家庭由父母对子女实施义务教育。因此,即使子女的保护人获得奥地利允许在家庭实施义务教育的许可,子女的福祉处于危险状态仍然没有改变。此外,本案中高等法院还认可了区法院的接受国家义务教育是子女的基本权利的判断。[1] 案件上诉到德国联邦最高法院后,德国联邦最高法院支持了高等法院的观点,并认为父母在家中对子女实施教育,拒绝接受公立学校或其他被承认的替代性学校教育,会使子女陷入持续的危险,家庭法院采取的措施是必要的,保护命令所附的剥夺居所决定权和教育决定权,原则上是为了避免这一危险。在该案件中,尽管区法院选任的子女保护人为了能够实施家庭内教育而带子女到奥地利居住这一行为存在保护人是否适格的问题,不过,德国联邦最高法院并没有因此否定区法院剥夺部分监护权决定的合法性。

某女性对甲、乙、丙 3 名未成年子女有单独监护权,该 3 名子女非其亲生。1999 年母亲一方带子女到子女的父亲家中生活,子女的父亲与其父母共同居

---

〔1〕 Bundesgerichtshof, Beschluss vom 17. 10. 2007 In Zeitschrift für Kindschaftsrecht und Jugendhilfe 4/2008, SS. 166 – 169.

住。子女与父亲共同生活后,子女的祖母照顾孙子女,但父母之间以及母亲与祖母之间经常发生矛盾。由于子女的母亲难以照护子女和做家务,2003 年 5 月郡少年局作出抚养援助的决定。2006 年年初,子女的祖母认为已经无法照护孙子女之际,恰逢孙子女甲因身体极度虚弱住院,2006 年 1 月 10 日负责抚养支援的少年局职员家访时,发现家中到处散落着玩具、衣物、纸箱以及药品,孩子没有活动的空间,于是,少年局将 3 名儿童带离母亲所在的家庭。同日,区法院作出决定,暂时剥夺母亲一方的居所决定权、健康照护权,让子女处于少年局保护之下。2006 年 1 月 27 日子女的父亲向法院提起诉讼,请求将子女的监护权委托给自己,认为自己此前虽然没有照护子女。区法院委托专家对子女的母亲进行鉴定,鉴定结论认为母亲缺乏管护子女的能力,几乎不能注意子女的需求。子女的母亲缺乏控制力,往往以自我为中心,优先考虑自己的欲求。父亲几乎对子女缺乏情感联系,一不高兴就发脾气,对子女漠不关心。专家意见还认为,子女的母亲抚养能力非常有限,不能确切进行照护,无法根据子女的年龄和发育状况采取令子女成长的措施,存在使子女的福祉处于危险状态的可能性,父亲在抚养行为上也缺乏认知和情感能力,子女由母亲或者父亲抚养将危及其福祉。少年局根据鉴定结论作出暂时由私人 P 对母亲的生活态度进行援助,3 名子女由子女的外祖母照护的决定。区法院在听取子女意见后于 2007 年 5 月 7 日作出判决,剥夺母亲的子女居所决定权、健康照护权,驳回父亲的诉讼请求,命令少年局对 3 名子女进行保护。母亲一方为了获得监护权,对判决提起上诉,上诉理由是,上诉前对子女在营养和保育状态方面父母没有忽视子女的存在,在照管人 P 的支援下住所状况获得改善,对少年局提出的家庭支援措能够接受。照管人 P 对自己的生活费进行了管理,在每周末与母亲照管的子女见面时,P 提供了援助。少年局也确认,母亲的住所内无乱放的物品,缺乏金钱管理的乱花钱购物现象已不存在。高等法院(上诉法院)在经过子女的程序保护人确认子女意思后,作出驳回母亲上诉请求的裁判,决定剥夺母亲对 3 名子女的监护权。高等法院认为,母亲缺乏控制的购物行为属行动障碍,并因此造成日常生活维持的困难。母亲未能意识到因不能关注子女的需求而引起了子女的学习障碍、逆行行为、摄食障碍、情绪障碍。对于母亲的抗告理由,法院认为虽然在 P 的支援下住所环境有所改善,生活费获得了 P 的管理,但实际上,母亲一方并不明确出于何种目的提供家庭支援。在私人 P 和少年局援助下,仍然没有改变这一状况,而且子女的父亲和母亲几乎完全没有接触,无法期待父亲一方进行援助。[1]

上述案件中,享有单独监护权的母亲具有完全民事行为能力,并不存在精神上的障碍,但是该母亲缺乏金钱管理能力,无节制购物,仅在物质方面满足子女需要,缺乏物质需求以外的需求意识且缺乏居住环境管理能力。法院认为,母亲缺乏应对子女需求的情绪上的能力,会使子女陷入持续的危险,因此剥夺了母亲一方的部分监护权。

某夫妻于2003年12月4日离婚,双方对子女共同行使监护权,子女与父亲共同生活(居所决定权),按照双方约定,母亲定期探望子女。但是,母亲一方担心由于子女的父亲属于信仰割礼的民族,父亲可能带女儿回国对女儿实施割礼(切除部分性器官)。母亲一方向父亲表明切除女性性器官是重度伤害,割礼是对子女福祉的重大危害。父亲一方向少年局作出书面保证,不会对女儿实施割礼。但是由于向少年局作出的保证没有法律约束力,少年局劝导母亲一方向家庭法院提起诉讼。母亲一方随后咨询律师,律师也建议提起诉讼,但母亲一方并未起诉。因担心父亲一方会对女儿实施割礼,为了保护未成年人利益,少年局向家庭法院提起了诉讼,请求限制父亲居所决定权(即禁止父亲与子女共同生活)。少年局认为,子女的父亲所属民族盛行割礼,而该案件的父亲所在家族并没有明确表示禁止切除性器官。[2] 区法院认为,切除女性性器官严重违反人类尊严,并且是对人身的重大侵害,其违反人类尊严和侵害人身不因任何宗教、习惯、风俗而获得正当化。从目前状况来看,子女被带入成为问题的文化圈或生活圈时,存在一定的性器官被切除的危险。基于上述判断,区法院为了防止紧迫的危险发生,认可了少年局的诉讼请求,剥夺了父亲的居所指定权,禁止其带子女一起或单独让子女离开德国。

(二)与监护权有关的其他争议审理方法

1. 对子女居所的决定方法

在德国,离婚或分居的夫妻在子女抚养方面一般使用子女与父母轮流居住

---

[1] OLG Brandenburg, Beschluss vom 22. 1. 2008 In Zeitschrift für Kindschaftsrecht und Jugendhilfe 5/2008, SS. 208 – 211.

[2] Amtsgericht Bonn, Beschluss vom 22. 2. 2008 In Zeitschrift für Kindschaftsrecht und Jugendhilfe 6/2008, SS. 256 – 257.

的方式,这一方式被称为“轮流模式”(Wechselmodell),例如,奇数月与母亲居住,偶数月与父亲居住,或者每周与父母分别轮流居住,或者每月中的多少日与父亲居住,其余时间与母亲居住。在轮流居住的过程中,可能会发生父母一方向家庭法院请求取消轮流居住方式或者请对此方式给予维持,法院需对请求做出判断。法院对请求进行审理时,应当听取子女意见,考虑目前的居住方式是否符合父母的意愿,父母是否能够为了子女的利益进行合作,一方迁居后与另一方的距离是否遥远等。另外,还可以考虑父母离婚后组成新家庭情况,例如,其组成新家庭后是否生育子女等。在德国,法院即使决定实行轮流居住,也不能自主决定轮流居住的样态,怎样轮流居住应当由父母协商一致。对于一方请求取消轮流居住的,法院很少作出继续维持轮流居住的决定,例如,在2011年的某一案件中,法院认为不得违反父母一方的意思命令实行轮流居住方式。[1]

2. 送交子女纠纷的审理

在法院判决实行单独监护或者虽然共同监护但子女居所指定权被委托给一方时,有可能发生父母一方将子女从监护权人处带走的情形。发生此情况后,可以依据德国《民法典》规定,向法院提起请求送交子女的诉讼。法院审理此类纠纷,必须认定请求人是否属于单独的居所指定权人或者享有监护权中的居所指定权。例如,夫妻离婚或分居后实行共同监护,后来法院将监护方式变更为单独监护,或者将子女居所指定权委托给一方行使的,监护权人或者居所指定权人才可以请求送交子女。子女送交程序不是此前法院关于监护权判决的履行程序,法官必须审查送交子女是否符合子女利益最大化原则。诉讼中,带走子女的一方可以主张将子女留在监护人身边会使子女陷入危险,但要对主张的事实进行证明。

3. 子女信息请求权的审理

根据德国《民法典》的规定,父母一方存在正当利益时,只要不违反子女的福祉,均可以向另一方请求提供有关子女的个人信息。发生争议时,由家庭法院裁判。信息请求权应当属于非与子女共同生活一方的权利,与子女共同生活者无权向非共同生活一方进行主张。同样,其不能向子女本人提出请求,也不可以向祖父母、外祖父母、主治医师、教员等第三人提出请求。在判断标准上,

---

〔1〕 ZKJ 7 · 2011, S. 256f.

所谓存在正当利益之场合,是指作为请求权人的父母一方,无法利用其他方法获得子女成长的信息,[1]例如,子女不愿意直接见面也不愿意通过诸如信件等方式交流;距离较远难以频繁与子女进行直接或间接交流;与子女长时间中断交流等。请求提供子女信息还需满足不违反子女福祉的要求,但是并不要求提供信息有利于增加子女的福祉。在请求内容方面,当属关涉子女健康和成长的基本信息,如学校通知书复印件、预防接种证明书复印件、子女的照片等。此外,子女心理状况咨询记录、政治活动情况、交友关系等也可以请求提供。法院可以决定提供信息的间隔时间,但要考虑子女的年龄和生活状况。有的法院曾决定从幼儿园到读高中期间,3 个月或半年提供一次信息。[2] 父母之间存在紧张关系的,可以延长提供信息的期间。

(三)家庭法院对未成年子女的暂时保护措施

监护权人的行为可能或已经使未成年子女利益受到重大损害的,家庭法院可以命令采取保护措施。未成年子女受到损害的利益包括"完全的利益"(ntegritätsinteresse)和"发展的利益"(Entfaltungsinteresse)完全的利益是指子女身体上、精神上、情绪上的健康的保持、衣食住行的照料以及子女获得最低限度的关爱等利益。子女发展利益是指通过获得抚养、确切的社会接触、学校教育及职业教育、知识以及文化兴趣等而促进发展的利益。子女利益受到损害的情形一般包括但不限于以下行为:非暴力抚养权利受到重大损害;子女在身体或精神上受虐待(遭受暴力或性虐待等);子女的精神遭受痛苦;拒绝子女接受必要的治疗;拒绝扶养子女或者存在抚养上的懈怠行为;拒绝提供子女生活上的必需品;在非卫生环境中抚养子女或者因使子女营养失调遭受健康损害;对子女以及亲属的生活环境进行不必要的经常性改变或者在其子女准备不足的情形下改变;强制子女接受有害的探视或者不当妨碍子女被探望;教唆子女犯罪或从事性活动;拒绝少年局的抚养援助等。

2008 年之前,立法上未规定子女利益遭受重大危险时家庭法院可以采取哪些具体措施,而是交由法院自由裁量。2008 年修改德国《家族法》时,明确规定了法院可以采取的具体措施。包括命令监护人接受儿童及青少年援助机构

---

〔1〕 Thomas Rauscher, "Das Umgangsrecht im Kindschaftsreformgesetz", FamRZ 1998, S. 329.

〔2〕 FamRZ 2011, S. 827f.

或者医疗福祉机构的援助；命令监护人让子女接受义务教育；一定期间内禁止使用家庭居所或者在一定范围内禁止接近居所或者禁止打听子女的居所；禁止请求与子女见面或接触；取消全部或部分监护权等。根据德国《家族法》的规定，家庭法院在介入子女权益遭受侵害的案件时，必须遵循“相当性原则”。根据这一原则，在介入程度上，要求必须与介入目的相适应，要求存在重大侵害行为。[1] 在介入的必要性上，要求采取强制力较大的措施时，必须在采取诸如将子女带离父母身边、全部或部分撤销监护权、接受公共机构援助等措施后仍然无法阻止子女面临的危险时方可适用。也就是说，依据相当性原则，要求家庭法院尽量采取介入度较低的措施，全部撤销监护权应当在其他措施无效或者无法阻止危险时方允许适用。特别需要注意的是，父母一方侵害子女利益致使其陷入危险状态，父母中的另一方申请将共同监护变更为单独监护时，无须依据相当性原则采取保护措施。同样，将单独监护变更为共同监护足以保护子女利益时，也无须撤销一方监护权，而是可以直接赋予另一方共同监护权。另外，监护人强制或拒绝探望子女致使子女福祉陷入状态的，法院一般考虑对探望权进行救济，当探望权救济不充分时，可以考虑适用保护措施。司法实务中，监护人侵害子女利益时，家庭法院首先对父母进行训诫，要求父母接受少年局的抚养援助，实施确切的抚养行为，让子女上学，带子女进行定期健康检查等。对子女实施暴力行为的，首先考虑禁止与子女同住，只有在替代性措施无法达到目的或者当事人不遵守法院命令时，家庭法院才对监护权行使进行变更。

家庭法院审理发出保护措施命令的案件时，实行不公开审理，应当对父母双方进行询问，法院所依据的证据资料除了父母的陈述外，还包括子女的意思表示以及少年局的事实和证据调查报告，必要时，法院应当为案件所涉子女选任程序保护人。程序保护人的职责是从保护子女利益角度向法院提供纠纷解决的意见，其可以询问子女，与父母见面了解纠纷信息，调查父母的生活状况等，子女的程序保护人不同于诉讼代理人，其不是子女与法院之间的“传话筒”，而是通过全程参与案件从有利益子女利益的角度发表意见，维护子女的利益，程序保护人一般由心理学家、教育学家、精神医学家、社会学家等担任。

---

[1] BVerfG vom 21. 6. 2002, FamRZ 2002, 1021, 1023; BVerfG vom 19. 12. 2007, FamRZ 2008, S. 492.

父母双方被取消监护权或者一方被取消监护权而不能令另一方行使监护权的，家庭法院应当为子女选任保护人，由保护人代行监护权。司法实务中，家庭法院一般选任少年局作为子女的保护人，少年局选择具体的抚养人或选择某一机关作为照护人。抚养人或照护人有权决定子女的日常生活事项，有权管理子女的财产，但是重要事项仍然需要由保护人作出决定。父母丧失监护权后，仍然对子女具有抚养义务，但丧失监护权的一方不能对另一方行使抚养请求权，但是丧失监护权的一方有权决定子女的送养问题，剥夺父母送养决定权需要通过单独的诉讼程序。家庭法院对子女保护人的身上监护权和财产管理权提供支援，监督保护人的权力行使。家庭法院有权要求保护人就保护事务及其与子女的关系进行说明，违反保护义务的，可以发出禁止令。

家庭法院决定采取长时间的保护措施后，应当依职权在一定期间内审查是否有必要变更保护措施，对此，家庭法院可以询问、听取父母以及子女的意见，也可以委托少年局进行调查。如果认为子女的危险状态已经消失，则应当决定不再适用保护措施，也可以根据情况改变此前的保护措施。立法上并未规定家庭法院在多长时间内重新审查保护措施，在司法实践中，有的法院在发出保护命令几周后就进行重新审查，有的法院几个月甚至1年后才进行审查。对于家庭法院作出的保护措施命令，14岁以上的子女本人、具有监护权的父母、子女的利益保护人、少年局等可以向州上诉法院提出不服申请，州上诉法院对事实问题进行审理，作出判决。上诉法院必须询问当事人，若无新的主张，可以不进行口头辩论。对州上诉法院的决定不服的，可以就法律问题继续向联邦最高法院提起上诉。

五、法国监护权归属之裁判与子女利益的保护

（一）监护权行使方式

根据法国《民法典》规定，监护权是有关子女利益的权利义务综合体，监护权制度是为了保护未成年子女的安全、健康、精神、教育、成长、人格等方面的利益。《民法典》规定，即使夫妻离婚，监护权也归属于父母双方，由父母共同行使监护权，但是作为例外，夫妻离婚后，为了保护子女的利益，法官也可作出父母一方单独行使监护权的决定。法国《民法典》未列举监护权的具体内容，但

学说及其相关判例确定了行使监护权的相关内容。学说及判例上将监护权内容分为与子女身份相关的日常行为和重要行为。日常行为一般指对子女未来不会带来重大影响的行为,[1]也有的学者将其定义为“无须对重要方针作出判断,对子女不存在重大危险场合时的民间设施或个人行为”。[2] 日常的行为多种多样,包括学习中的请假、身份证书的更新、在学校参加保险、加入社团或少年组织、参加露营活动、轻微的手术治疗等。行使监护权所照护的重要行为是指断绝过去而影响未来的行为或者有关子女基本权利的行为,[3]如向教育机关进行最初登记、长期间住院治疗、伴随最大风险的手术、子女的割礼行为等,重要的行为应当由父母双方作出决定。但是,在重大医疗方面,即使父母未能达成一致意见,如果不实施手术将造成子女人身重大损害的,医师也应当进行必要的治疗。法国《民法典》第 373 条中规定,法官有权根据未成年子女利益的需要,决定哪些行为属于日常的行为和重要的行为。[4]

法国《家族法》虽然规定了离婚夫妻对子女共同行使监护权,但也同时规定为了保护未成年子女的利益,可以命令单方行使监护权。例如,在父母一方存在酒精依赖症、家庭暴力、让子女参加可能带来危险结果的宗教团体等情形时,可以作出此决定。判例上还认为,当一方拒绝另一方行使探望权,或者违反法院命令将子女带至国外时,也可以决定单方行使监护权。在法国,个别法院还认为,当父母之间对立情绪异常激烈致使在某方面无法达成一致意见(如子女重大疾病的治疗)时,可以决定单方行使监护权。父母一方单独行使监护权,有关子女教育等重要事项可由一方作出决定,但需注意的是,实际上监护权仍然归属父母双方,另一方仍然享有探望子女、留子女住宿、监督另一方对子女的教育和抚养的权利。这就要求单独行使监护权的一方需要将与子女生活相关的重要信息(如子女的学习、健康等)向非共同生活的一方进行告知,父母之间对此发生争议的,不行使监护权的一方可以向法院提起诉讼。

---

〔1〕 Jean Hauser et Danièle Huet-Weiller, Traité de droit civil, La famille, Dissolution de la famille, 2e éd., Paris, 1991, p. 443; Malaurie et Fulchiron, op. cit., n°1602.

〔2〕 Gouttenoire et Fulchiron, op. cit., n°135.

〔3〕 Leonetti, op. cit., p. 55; Malaurie et Fulchiron, op. cit., n°1602.

〔4〕 Muriel Rebourg, La prise en charge de l' enfant par son beau-parent, Paris, 2003, p. 32, n° 44; Murat, op. cit., n°234. 39.

(二)监护权争议的审理方法

法国在1996年《民事诉讼法》中确立裁判上的调解制度,并在法国《民法典》中规定了家事调解制度,通过调解,听取双方陈述,了解各自意见,稳定双方情绪,为双方当事人能够达成可以接受的问题解决方案开启对话程序。法国的家事调解不属诉讼前置程序,然而,法官有权根据案件情况劝导当事人接受调解,若同意调解,则法院可以指定家事调解员实施调解,并可以命令父母与调解员见面,让调解员了解调解目的和当事人基本信息。经调解未能达成调解协议的,由法官作出裁判。法官在对监护权行使方式作出裁判时,需要考虑如下要素:(1)双亲此前的关系或者此前缔结的协定;(2)子女的意思表示;(3)父母双方各自履行义务、尊重他方权利的情况;(4)在考虑子女年龄的基础上的鉴定意见;(5)证据和事实调查员收集到的信息。根据法国《家族法》规定,在符合子女利益需要时,法官可以剥夺父母一方的监护权,将监护权的行使权委托给第三人,但应当优先考虑具有血缘关系的第三人。为了子女利益的需要,即使父母双方均生存或一方死亡,法官也可以作出将监护权暂时委托他人行使的决定。法官决定监护权行使方式或者向第三人委托监护权行使时,可以令具有相关资格的人进行社会调查,社会调查是为了收集家庭状况、子女的生活、抚养子女的条件等信息。一方对调查结论存在异议的,可以请求进行反调查,调查结果不得用于离婚事由的辩论资料。夫妻达成合意或者法院作出判决后,发生特别情况的,双方或一方或检察官可以请求变更、补充相关内容。

法院审理监护权纠纷时,应当听取具有一定判断能力的未成年子女的意见,除非听取意见有损子女的利益。未成年子女也有权要求法院听取其意见,此为其听闻权。未成年子女拒绝听询意见的,法院对其是否有正当理由进行审查。听取子女意见可以单独进行,也可以有律师或选任的其他人在场,法院必须告知未成年子女有接受律师援助的权利,听取意见可以由法官或者由法官选任的人进行。

父母离婚后子女如何与父母共同生活,即对于子女的居所问题,父母双方可以协商作出决定,父母双方无法达成一致意见的,可以请求法院作出裁判,立法上允许法官决定采用暂时交替居住方式,并确定暂时命令的期间。暂行期间结束后,法官可根据具体情况作出轮流居住或在父母一方的住所居住的最终裁判。判决与父母一方单独居住的,还应当同时确定另一方的探望权行使方法。

为了保护子女的利益,法官可以确定探望场所。根据有关研究表明,在与父母居住方面,法院较多使用轮流居住1周、2周、1个月的方法,基本上考虑父母与子女共同生活的时间平均分配,但即使作出不平均分配的决定,也不属违法。法官在考虑是否平均分配居住时间时,特别注意考察父母之间住所的距离,一般认为,父母双方住所未超过30公里的,比较适合使用平均分配的方法。[1]很多判例认为,轮流居住不适合3岁以下子女,但一些法院对3岁以下的儿童也确定其与父母轮流居住。此外,也有的法院认为,如果父母之间对抗情绪特别激烈,也不适合使用轮流居住方式。法国第戎上诉法院在2003年的某一判决中认为,父母未就轮流居住达成合意的,如果父母各自住所相距较远,子女年龄太小,则不应当使用轮流居住方式。[2] 法国司法部在2007年曾进行的一项调查结果显示,离婚案件中,有80.7%的父母共同申请使用子女与父母轮流居住的方式,在父母对监护权行使方法未达成合意的案件中,1/4同意使用轮流居住方式,3/4要求子女和父母的一方居住。2003年法国司法部对家事案件法官进行的一项调查显示,子女的年龄越大,则与父亲居住的越多,不满2岁的仅占3%,但14~18岁的占11%。

根据法国《家族法》的规定,父母无法就子女的居住方式达成合意的,法官可以作出暂时轮流居住命令,规定在一段时间内试行轮流居住方式,期间届满后,根据试行结果最终决定是与父母轮流居住还是与一方单独居住。法国《家族法》还规定,夫妻离婚后,与子女共同生活的一方迁居的,应当事前通知另一方,对迁居发生争议的,由法院根据有利于子女利益的原则作出裁判。[3] 之所以对带子女移居进行一定的限制,是为了维持父母双方与子女的身份关系,保障未成年人在双亲关爱下成长。法官审理移居纠纷时,主要考虑裁判是否符合子女最大利益,为了子女的利益作出允许移居裁判时,一般决定对子女抚养费以教育费用负担方式进行调整。未经同意私自带子女移居的,法官会作出不利于移居者的裁判。根据法国《民法典》规定,私自带子女移居行为是不尊重子女与另一方的关系的表现,作为父母是不合格的。对于私自带子女移居且1个

---

〔1〕 田中通裕:「フランス家族法(15)」、『法と政治』2015年4号。

〔2〕 Irène Carbonnier, "Autorité parentale, Exercice de l' autorité parentale", *Juris-classeur Civil Code*, 2004, n°81.

〔3〕 Civ. 1re, 25 avril 2007, Bull. civ. I, n 156.

月内未通知对方的，可给予 6 个月监禁刑或 7500 欧元的罚款处罚，对于拒绝将子女送还给另一方的行为，可判处 1 年监禁刑或 15,000 欧元的罚款。

(三)离婚后抚养扶助处分决定

在离婚时或离婚后，未成年子女在健康、安全、精神上陷入危险状态，或者未成年子女的教育受到重大侵害的，法院可以根据父母任何一方或子女本人或代行监护权者之申请，作出抚养扶助处分的决定。该决定是为了确保遭受某一危险或不利益的未成年人能够尽快摆脱危险，恢复正常生活。执行决定的方法有两种：一是不改变子女目前的生活场所，但是由法院选任有关人员或机构对有问题的家庭提供帮助或咨询，监督判决的履行情况，定期向法院报告。法院还可以命令监护权人向公共卫生机关或教育机关寻求帮助，如进行医学检查并服从检查结果等。二是将子女托付管理，即让子女脱离目前的生活环境，交给第三人托管。第三方为当事人其他亲属、可信赖的其他人、儿童权益保护机构或教育机构、社会援助机构等。法官必须在判决中确定抚养扶助处分的期间。根据法国《民法典》规定，该期间最长不超过 2 年，若有必要可由法官通过判决延长该期间。

向法院申请抚养扶助处分必须符合两个要件：一是未成年子女的健康、安全、精神处于危险状态；二是未成年子女教育条件处于危险状态。根据法国《民事诉讼法》第 1181 条的规定，申请抚养扶助处分，应当向申请人住所地法院提出申请，无住所地的可向未成年居住地法院提出申请，案件由少年案件法官负责审理。[1] 提出诉讼申请的人可以是子女的父母、照护未成年人的第三人、未成年本人。特别需要注意的是，申请人中包括未成年者本人这一规定是民事诉讼原则的一大例外，因为未成年人在诉讼上应当属于无诉讼行为能力者，但出于保护陷入危险之中的未成年人的利益的考虑，允许其起诉请求抚养扶助处分，这是为了能够确保其利益获得及时保护。

法院受理申请后，向检察官、未提出申请的父母、监护人、被委托监护子女

---

〔1〕 少年案件法官也称儿童法官，主要负责审理涉及少年儿童的刑事、民事、社会保障领域的案件。审理的刑事案件主要是未成年人的轻型犯罪或违警罪。审理的民事案件主要是未成年人在健康、安全、精神上陷入危险状态的案件以及明显损害未成年人成长条件的抚养扶助案件。审理的社会保障案件主要是未成年人未获得社会保障、法院选任社会保障给付照护人、照护人为了未成年利益接受社会保障给付的案件。

的人或者有关机构发出诉讼程序开始的通知。通知中应当告知诉讼理由、选任律师、律师有权阅览起诉记录等事项。如果申请人是未成年子女本人或其父母,其未聘请律师,则法院有为其指定律师的义务;其他主体提起诉讼的,法院无指定律师的义务,是否指定由法官裁量。案件由 1 名法官或 1 名法官加 2 名(一男一女)陪审员进行审理,法院应至少在开庭审理 8 日前,向子女的父母、照护子女的人、当事人的辅助人等发出开庭通知,必要时也可以向未成年子女本人进行开庭通知。在诉讼程序开始后,法官可依当事人申请或依职权或根据检察官的申请对未成年子女、父母的人格及其生活条件进行社会调查、医学检查、精神或心理鉴定等。[1] 负责社会调查的是专业机构(ASE)的人员,调查人员与未成年子女以及父母面谈,到有关教育机构或者其他机关了解事实。在司法实践中,若社会调查无法满足案件审理的需要,则可采取进一步的调查措施,即由医师、心理学家、精神医学家从多方面进行调查,对如何抚养子女提出调查结论和意见。法官拥有知道事实调查的权利,故而,法官认为有必要时,可命令暂时将子女送至未成年人收容或监督机构,或者命令让儿童暂时脱离目前的环境,但是,作出命令前,必须听取利害关系人的意见。

无论是由谁提起的诉讼,法官都必须对未成年人、父母、监护人、有关机构的代表人等进行询问,并听取律师意见,如有必要,还可决定对其他人进行询问。(法国《民事诉讼法》第 1182 条)利害关系人发表辩论意见后,检察官发表意见,在辩论较为激烈时,法官出于需要,可以让未成年子女退庭。经非公开式的评议案件后,作出最终判决。允许诉讼中的任何利害关系人阅览诉讼记录,并且还应将诉讼记录送交共和国检察官,检察官对诉讼结论发表意见后,返还给法官。如果法官作出的是托管命令,则一般首先选择由父母其中的一方、其他亲属或值得信赖的其他人进行托管,这是为了保障儿童能够在亲人的关爱下成长,尽快恢复家庭关系。但是,如果被委托托管的人有暴力倾向,则将难以适用这一方法,法官可以考虑由教育或保健等机构实施托管。抚养扶助处分本质上属于暂时处分措施,因此,期满时若危险事由消失,则法官应当依职权或依利害关系人申请解除命令。在期间内危险事由消失的,可以根据未成年子女、双

---

[1] Michel Huyette et al., Guide de la protection judiciaire de l'enfant, 4e édition, Paris: Dunod, 2009, pp. 30 – 31.

亲、检察官、有关机构的申请撤回命令。对法院判决不服的,可以向上级法院提起上诉,申请上诉者可以是父母、未成年人本人、照护子女的第三人、检察官。上诉期间为 15 日,从收到法院判决书之日起算,对上诉案件判决不服的,检察官还可以向最高法院提起上诉。

在诉讼程序中,法官认为有必要时,可以命令进行临时保全处分,让未成年子女暂时处于某一机关的看护之下,或者采取措施让未成年人脱离目前的危险环境。发出临时保全处分命令时,必须听取父母、子女的照护人、未成年人本人的辩论意见,如果法院未听取辩论意见就发出临时保全处分命令,则父母或其他人有权请求法院让子女回归身边。

(四)监护权委托或丧失的审理方法

在父母双方行使监护权时出现严重问题时,法院可以作出监护权委托或者丧失监护权的决定。监护权委托是双亲对子女明显不关心(持续 1 年以上),或者无法全部或部分行使监护权时,托管儿童的个人、机构或者儿童社会救助厅可以向家事案件的法官提出申请,请求将监护权的全部或者部分委托给申请人行使。此种形态的委托书属于强制委托,此外还有任意委托,即监护权人到外国出差、因病住院、疾病等原因,父母主动将子女托付给祖父母或外祖父母的制度。监护权委托属于暂时性措施,在委托期间父母不享有监护权,父母能够行使监护权后,可以请求法院恢复监护权。监护权的丧失分为刑事的监护权丧失和民事的监护权丧失。[1] 刑事的监护权丧失是指父母对子女的人身存在犯罪行为(重罪或轻罪),需受刑事处罚,同时刑事判决中宣告父母丧失监护权。民事的丧失监护权包括以下情形:(1)父母受到抚养扶助处分后,故意不行使监护权或不履行义务 2 年以上。例如,父母不行使探望权或者不给付生活费或教育费等。(2)父母因虐待、酒精或药物依赖、众所周知的品行不端、违法行为、怠于照管或指导等原因,致使子女在安全、健康、品行方面陷入危险状态。在父母丧失监护权情形消失后,父母可以向法院请求恢复监护权。

丧失监护权案件由被告住所地大审法院管辖,监护权委托案件由未成年人居住地的家事案件法官管辖。原告既可直接提起诉讼,也可向共和国检察官提

[1] Alain Bruel, "Entre innocence & malice: La justice des mineurs presentée et commentée par un juge des enfants", Association française des magistrats de la jeunesse et de la famille, 2005, pp. 62 – 63.

出诉讼申请书，检察官再送交于有管辖权的法院。法院或法官可依职权调查任何信息，或者委托有关机构（包括少年案件法官）进行事实调查，共和国检察官则有责任对未成年人家庭状况及双亲的人格等信息实施调查。法官可以为了适当处理问题，询问子女的父母、照护人、照管子女机关的负责人等。丧失监护权或委托监护权案件由合议庭审理，必须有检察官参与时才能进行口头辩论。大审法院法官审理丧失监护权或委托监护权案件时，可以行使少年案件法官的权限，包括为具有一定意思表示能力的子女、父母、照护人、监护子女机关负责人选任诉讼辅助人；允许律师阅览诉讼记录；传唤或通知诉讼当事人及参与人参加诉讼；向当事人、子女的辅助人送达判决书，向检察官通知判决结果等。

经审理，如果儿童已经没有可以行使监护权的人，则可以委托其他亲属（第三人）暂时作为照管人，也可以将监护权委托给儿童社会救助厅或其他儿童权利保护机构行使，并同时宣告父母丧失监护权。法官也可以判决父母或其中一方与第三人分担监护权的行使。对于监护权的行使发生困难情形的，可以请求法院作出判断。如果法官宣布父母一方或双方全部丧失监护权，则意味着对子女的人身和财产的照护和管理权利全部丧失，无权决定子女的教育、婚姻、医疗、送养、法律上的管理、财产管理等问题。对法院的判决不服，可提起上诉。父母、子女照护人、监管子女的机构负责人、子女本人、检察官均可提起上诉，上诉期间为 15 日。未成年子女本人从收到判决通知之日起，若未进行通知，则从知道存在判决之日起 15 日内提起上诉。

子女的父亲或母亲在符合恢复监护权条件时，可以向被委托行使监护权者住所地的大审法院提出书面申请，检察官也可以提出恢复监护权的请求，恢复监护权诉讼程序与监护权委托或丧失审理程序一致。丧失监护权的恢复申请必须在判决宣告后满 1 年才能提出，若申请被法院驳回，则必须再经过 1 年以后方可提出。

六、瑞典监护权纠纷审理方法

瑞典《婚姻法》未规定离婚事由，对离婚采取“积极的破裂主义原则”，可以基于配偶一方的意思表示离婚，但是，《婚姻法》规定，在配偶一方与未满 16 岁子女共同生活，夫妻之间就子女抚养问题不能达成合意时，应当实行 6 个月的思考期制度，法官可确定思考期内子女与谁居住、应给付的抚养费。思考期届满后,夫妻双方必须向法院请求离婚判决。如果夫妻之间分居 2 年以上,则不实行思考期制度。夫妻离婚的,只要未解除共同监护,未成年子女都将由父母双方进行共同监护,共同监护是瑞典《婚姻法》规定的监护权原则,有利于促进双亲与子女见面交流,确保未成年子女在父母共同关爱下成长,这实际上也构成了未成年子女的权利。共同监护意味着即使夫妻离婚,关涉子女成长的重要事项也应当由夫妻双方共同决定,如入学、迁居、手术等。夫妻离婚时,起诉前可对监护权行使方法进行协商,既可约定共同监护,也可约定单独监护,可以向社会福利委员会申请合意的认可。该委员会审查时,对于共同监护的约定可以推定为符合子女利益;对于单独监护的约定,则应当由夫妻证明共同监护违反子女最大利益。社会福利委员会可以为了促成夫妻之间达成合意的,命令夫妻接受专家的指导和咨询,经过社会福利委员会确认的合意书具有与判决同等的法律效力。夫妻之间无法就监护权行使方式达成合意的,可以在提起的离婚诉讼程序中,请求法院确定监护权行使方式,由法院基于子女最大利益原则确定共同监护还是单独监护。

(一)瑞典家事案件诉讼程序概览

离婚诉讼由夫妻任何一方住所地的地方法院管辖,诉讼当事人在瑞典国内无住所,应当向斯德哥尔摩地方法院提起诉讼。离婚案件由 1 名职业法官和 3 名陪审员组成合议庭审理,在陪审员无法参加审理时,法院可以决定由 1 名法官和 2 名陪审员进行审理。根据案件复杂程度情况,必要时,法院可决定审理组织中增加 1 名法官或陪审员。陪审员参与案件审理时,审判长必须对陪审员就案件概要及其法律适用进行说明,评议案件时,由审判长先发表意见,然后由陪审员发表意见。离婚案件上诉后,高等法院由 3 名法官和 2 名陪审员组成合议庭进行审理。不允许由 4 名以上法官或 3 名以上陪审员组成合议庭。然而,如果二审案件不涉及新的事实,也可以仅由法官进行审理。

无论是夫妻合意离婚还是一方申请离婚,均需要法院作出离婚判决。在作出离婚判决前,必须实行 6 个月的思考期,合意离婚的思考期从提出离婚申请之日起算;一方申请离婚的,从离婚申请送达于另一方当事人之日起算。6 个月过后,方可向法院请求作出离婚判决。但是,如果夫妻已经持续分居 2 年以上,则不需要实行思考期,而可以直接请求法院作出离婚判决。

提起离婚诉讼时,应当一并提出子女监护、子女居所、探望权的审理申请。

离婚诉讼中，经夫妻一方申请，法院可以决定离婚后至财产分割完毕前的住宅使用者（非使用者应当退出住宅），也可以决定一方向另一方支付抚养费。根据一方当事人申请，法院还可以命令在判决生效前，当事人之间禁止相互见面，违反该命令的，根据《禁止见面法》[lagen(1988:688) om besöksförbud]的规定进行处理。离婚诉讼中，通过判决解决相关问题之前，夫妻双方就相关问题达成和解契约的，该契约必须经过社会福利委员会的承认。获得承认前，法院就子女的监护、探望权、抚养费等问题命令采取合理措施。思考期过后提出离婚申请的，对当事人的特别主张，必须通知另一方当事人，且应当听取其意见陈述。夫妻共同申请离婚或者单方申请离婚且离婚申请送达对方当事人，如果申请离婚者撤回申请，但一方请求继续审理，则法院应当继续审理该离婚案件。

监护权纠纷、子女居所纠纷、探望权纠纷案件由子女住所地法院管辖，即使与离婚事件相关，也可以由该法院管辖。子女没有住所地的，可以向斯德哥尔摩法院起诉。诉讼中，法院可为了促进离婚夫妻共同协商解决子女监护、探望权、子女的居所等问题，委托社会福利委员会或其他机关为父母进行协商提供支援，法院对此提供协商场所和程序，并应当中止诉讼程序。父母关于监护、探望权以及子女居所问题缔结契约，应当由子女进行居民登记的社会福利委员会确认是否认可该契约。社会福利委员会审查契约时，应当特别留意对于相关问题是否进行了充分的事实调查，当事人对社会福利委员会的审查决定不能提出异议。

法院在就监护权、探望权、子女居所等问题作出裁判前，必须向社会福祉委员会了解相关信息，该委员会对于解决问题具有重要意义的信息必须向法院提供。法院可以委托社会福祉委员会或其他机构进行事实和证据调查，可以确定调查方法。事实调查时，应当听取 16 岁以上子女的意见，必要时也可以听取 16 岁以下子女的意见，但听取子女的意见有害于子女利益的除外。作出判决前，父母就监护权及探望权等问题达成合意，在该合意契约经过社会福祉委员会认可之前，法院可以就监护权、探望权、子女居所等作出特别决定，该决定必须符合子女最大利益。作出决定前应当听取对方当事人的意见，还应当向社会福祉委员会了解信息。在作出最终判决时，如果该决定仍然存在，还必须对该决定再次审理。家事案件诉讼费用由夫妻各自负担，在特别情形下，法院可以决定由一方负担全部或部分诉讼费用。

(二)监护权争议审理方法

为了获取准确的信息以解决监护权争议,法院有权依据《亲子法》的规定委托社会福利委员会进行调查,调查方式包括询问当事人和子女;了解家庭生活状况;走访子女就读的学校或幼儿园;向有关机构了解父母个人经历以及犯罪记录等。在向法院提交调查结论之前,如有必要,可以会见父母,确认他(她)们的意见,目的是尽量能够使法官在综合各种信息的基础上作出判决。

在判决方式上,即使夫妻一方向法院请求的是单独监护,法院也可以作出维持共同监护的决定。子女表示只服从一方的监护,但双亲希望共同监护的,只要共同监护有利于子女利益,法院就必须作出共同监护的决定。法院决定监护权行使方式时,应当重视父母之间合作进行监护的能力,夫妻之间反对共同监护的,法院一般不应当作出共同监护的决定。1998 年修改瑞典《亲子法》后,即使一方主张单独监护,法院也可以拒绝解除共同监护而命令实行共同监护,这一修改体现了共同监护符合子女最大利益的观念。父母一方存在暴力行为的,应当让另一方单独行使监护权,但是,在瑞典一些案件中,仍然有法院在父母存在严重对立情绪的情形下作出共同监护的判决。2006 年修改瑞典《亲子法》时,特别强调监护权纠纷的审理应当注重双亲关于子女的抚养能否相互协作,这表明如果没有特别理由,双亲存在严重的对立关系时就不能强制实行共同监护。子女遭受一方暴力行为的,法院也应当决定不实行共同监护。

从瑞典的司法实践来看,监护权归属纠纷中,很多女性主张单独监护的原因之一是配偶对其有家暴行为,双方无法协作监护子女;也有很多女性主张与配偶之间存在其他激烈的矛盾,无法通过合作抚养子女。再者,因父亲一方有酗酒、药物依赖症等倾向而主张单独监护的案件也为数不少。

以存在家暴行为为由主张单独监护的案件中,被告一方往往否认家暴行为。法院认定是否存在家暴行为时,首先考虑有无因家暴行为被判处刑罚的事实,其次审查是否有报警记录。在能够证明父亲一方实施家暴时,法官还将审查家庭暴力行为实施的时期、次数、对母亲的影响程度等。过去存在家暴行为但最近一段时期无此情形,或者偶尔实施家暴,或者对母亲的心理影响较为轻微的,法官一般不会认定夫妻之间已经不存在协作抚养子女的可能性。在某一案件中,法官表示,“暴力不属于一次性的突发的事情,母亲目前还对父亲感到恐惧,在家暴庇护所居住,作为地方法院的意见,应当关注母亲恐怖的严重程度”。该案判决中，法官并未直接表示父亲因为家暴而作为监护人不合格，而是表示“裁判中明显表现出的是，父母之间存在深刻的对立”。[1]

在主张因其他原因致使双方无法进行抚养子女的合作而请求单独监护子女的案件中，法院并不深入挖掘争议原因是什么，而是关注双方之间是否存在关系改善的预见性，若已没有改善关系之可能，则将决定实行单独监护。例如，在有些案件中，母亲一方主张另一方有新的恋人，进而主张单独监护，但法官并不探究父母之间的争议原因是否是因为父亲有新的恋人——这不是判决要解决的重要问题，而是考察父母间可否改善目前的矛盾关系。有些案件父母发生争议的原因是因为双方宗教信仰不同（例如，一方信仰基督教而另一方信仰伊斯兰教），对一方让子女加入某宗教或进入某宗教学校不满，因此主张单独监护子女或共同监护子女。法官对于类似主张基本上不予支持。某一案件中法官认为“他们的不同的文化背景和不同宗教信仰，不应当成为不实行共同监护的理由”。在另一案件中，法官表示，“未看出母亲能够了解儿子需要父亲，儿子在父亲处获得的文化的、宗教的知识与在母亲处获得的知识有差异，如果让母亲成为单独监护人，将存在儿子无法感受父亲的连带意识的风险”。该案中，法院依据上述判断，判决离婚后实行共同监护。法院在确定是否实行单独监护时，特别注重父母之间的矛盾对子女的影响。在某一离婚后请求变更监护权的诉讼中，尽管子女离开享有单独监护权的母亲到父亲住所居住，且子女的生活状况有显著改善，但是法院仍然决定由母亲单独监护子女，而没有支持父亲共同监护的主张。法官认为，“父亲威胁母亲和子女，使子女产生恐惧，有损其健康。从父亲的人格看，满足子女必要性的能力有限，驳回共同监护的主张是适当的”。[2]

法院作出共同监护时，还必须同时解决子女居所问题，即子女与谁共同生活的问题。解决这一问题时，必须考虑子女的最大利益是什么。近些年来，瑞典法官判决子女与父母轮流居住的越来越多，认为这一方式能够保障子女共享与父母的日常生活，能够与父母保持自然且非强制的接触，获得双亲的照护和

---

〔1〕 善積京子:「スウェーデンにおける離別後の養育・居所・面会(その3)——子どもの最善の利益をめぐる父母の対立」、『追手門学院大学社会学部紀要』2012 年 6 号。

〔2〕 善積京子:「スウェーデンにおける離別後の養育・居所・面会(その3)——子どもの最善の利益をめぐる父母の対立」、『追手門学院大学社会学部紀要』2012 年 6 号。

关爱。但是,实行这一方法,应当考虑父母居所的距离以及子女的年龄,若距离较远或子女年龄很小,则将给子女带来负担。一般认为,实行轮流居住应当符合以下条件:(1)父母双方对轮流居住达成合意,能够相互协作;(2)父母之间的住所距离较近,子女无论与谁居住都能够保证在同一学校或幼儿园接受教育,并且不会使朋友圈发生变化。在某一监护权纠纷案件中,法院判决2名子女在父母离婚后与父母轮流居住,每星期轮流一次。后母亲一方迁居,父亲主张子女无法忍受母亲一方新的居住环境,主张子女与自己共同生活。法院在审理时发现2名子女分别为15岁和12岁,二人不存在对于轮流居住感到辛苦的情况。社会福利委员会的调查报告显示,两名子女从小就是在双亲争吵中长大的,能够比较容易地把握自己的当今状况,并且长期以来,二人学会了以公平的姿态对待父母。二人希望继续每周轮流一次分别与父母居住。最后,法院根据审理情况,认为继续轮流居住符合子女最大利益,决定维持轮流居住的现状,驳回父亲的诉讼请求。[1]

居所确定后,与子女共同生活的人违法带走子女或者限制子女行动的,另一方可以根据法律规定请求交还子女。原则上,未经具有监护权的一方同意,另一方即使是共同监护权人,亦不得私自带子女迁居。当然,实际上,在国内迁居的并没有法定的处罚措施,但有的法院判决迁居者负担另一方探望子女的费用。法院审理监护权纠纷时,应当听取子女意见。1990年修改瑞典《亲子法》时,规定了"决定抚养、居所、探望问题,必须在注重儿童的年龄和发育程度情形下,考虑儿童的意思"。听取子女的意思,无须父母双方达成合意,在任何涉及未成年利益的家事案件中都应当重视子女意见,父母进行和解也应如此。对于子女表达的意见,应注意其年龄和发育程度,通常来说,与年纪较小的儿童相比,年纪较大子女的意见更能被法院重视。子女的发育程度不能单纯依据年龄判断,但实际上,由于年龄较小的子女基本上不能发表恰当意见,所以一些法院认为没有必要考虑其意见。对于听取未成年子女的意见,不能给其造成心理压力,特别是不能让子女在父母之间做出选择,不可以使子女

---

〔1〕 善積京子:「スウェーデンにおける離別後の養育・居所・面会(その2)——養育裁判における子どもの意思尊重」、『追手門学院大学社会学部紀要』2011年5号。

卷入父母纠纷之中。[1]

(三)子女的意思表示

未成年子女抚养裁判不但需要考虑子女的客观需求,还应当从子女的意思和希望这一主观状况把握相关问题。1983 年修改瑞典《亲子法》时,将与子女见面的父母权利规定为子女的权利,要求在行使探望权时,注重子女自身的立场和意向。当时的《亲子法》规定,子女年满 12 岁的,除非从子女的利益考量角度认为没有必要时,地方行政法院不得违反子女的意思执行判决或决定。子女未满 12 岁时,如果其具有相当的判断能力,也不能违反其意思执行判决或决定。为了贯彻 1989 年联合国《儿童权利公约》,瑞典于 1996 年修改《亲子法》,规定在决定子女的抚养、居所、探望权等问题时,应当注重子女的年龄和发育程度,并且必须考虑子女的意思。考虑子女意思的义务与父母是否存在合意无关,在任何涉及子女利益的案件中均应适用,即使社会委员会在审查父母离婚合意书时,也必须关注子女的意思。斟酌子女的意思表示需要考虑子女的年龄和发育程度,一般来说,年龄较大的子女的意见比年龄较小子女的意见易受尊重,虽然子女的发育程度不能完全以年龄考量,但基本上法官对于年龄很小子女的意见都无须考虑。在瑞典,对于家事案件听取子女意见存在两种不同观点,一种观点认为,让子女参与纠纷解决过程,对纠纷解决有影响力,但应当根据子女的年龄进行训练以便得出结论。另一种观点认为,不应当让子女卷入父母间的争议,子女易受纠纷的影响,可能因为大人的言语产生压力。

有的法院在判决中回避了说明是否尊重子女的意见,当然也未说明为何如此。在一起家事案件中,法院判决子女归母亲单独监护,子女 9 岁时,父亲起诉,请求判决共同监护,并要求偶数周的星期五放学后,奇数周的星期一开学前与子女见面。子女不希望父亲获得监护权,并表明担心父亲将其带回伊朗(父亲是伊朗人,该案中,母亲也反对共同监护)。法院审理后,以父母之间存在深刻对立,两者难以在子女抚养上进行合作以及子女担心父亲将其带回伊朗为由,判决继续由母亲单独监护,驳回了父亲的诉讼请求。法院在判决理由中虽然提到子女担心父亲将自己带回伊朗,该子女与父亲的关系存在不安因素,但

---

〔1〕　善積京子:「スウェーデンにおける離別後の養育・居所・面会(その2)——養育裁判における子どもの意思尊重」、『追手門学院大学社会学部紀要』2011 年 5 号。

是,法官并没有表明该案件中 9 岁的子女的意思表示是否符合其年龄和发育程度,法官回避了如何对待 9 岁的子女意思表示,是否对其予以考虑或给予尊重这一问题。

在另一案件中,法院明确表示子女发育程度已经能够作出相应的意思表示的,应当给予尊重。该案件的大致情况是,某夫妻离婚时有 3 个未成年子女,男孩 1 名,女孩 2 名。法院判决父母对 3 名子女实行共同监护,子女与母亲一起居住,父亲有探望子女的权利。离婚 5 年后,父亲起诉要求对儿子单独行使监护权(儿子 14 岁),永久与自己居住,母亲一方则主张共同行使监护权,子女永久与自己居住。在该案中,父亲对有关事实作了如下说明:自几年前父母之间就没有直接接触,无法协力抚养子女,已不存在共同监护的条件。母亲一方反对子女与父亲接触,儿子根据自己的意思住进父亲的居所,但母亲一方想带回儿子,并曾在儿子放学时强行带回儿子。儿子一直诉说想与父亲居住,儿子正在为将来如何是好而烦恼。2004 年 8 月 30 日儿子明确表明不想和母亲居住,想与父亲共同生活。儿子在父亲居所附近上学,学习成绩很好。市家庭福祉部门与 2004 年 9 月根据瑞典《社会服务法》第 11 条对事件进行调查,12 月得出调查结论,结论为子女是依据自己的意思选择与父亲居住的,该子女在决定在何处居住上具有充分的发育成熟程度。长期以来思考自己所处状况,充分理解自己所做的事情。法院经过审理认可了父亲一方的诉讼请求,判决该子女由父亲一方单独行使监护权,子女与父亲居住。法院认为,父母之间存在深刻矛盾,数年来在抚养子女方面无法协作。根据本案调查报告书,子女明确表明想与父亲居住,子女希望父亲获得单独监护权;母亲一方则主张,该子女无法正确区分单独监护权和共同监护权的不同。根据调查结果,该子女的发育程度能够决定住在何处,陈述自己的希望,给调查员的印象是其经过认真且充分思考后发言的。该子女表示,“母亲不理会他的话,母亲啰唆、唠叨,因此不想见母亲”。调查中,未判明父亲一方不适合获取监护权的情况。法院认为,该子女继续与父亲居住对其最好,因为父母之间长期矛盾激化,父母之间的争议对该子女有影响,该子女目前表明不想见母亲。所以,解除共同监护符合子女最大利益。

该案件中,在父母双方矛盾激化,父亲一方没有不适合单独监护子女的情形下,法院依据子女的意思表示作出判决,充分尊重了子女的意思表示。并且法院认为,根据子女的年龄和发育程度,子女的意思表示是其真实的表示。该子女不想见母亲,由父亲单独监护符合子女的最大利益。

(四)虐待未成年子女案件中法院对监护权的限制

无论夫妻是否离婚,当一方或双方对所监护或照管的子女存在虐待行为,或者使子女目睹家庭暴力行为时,社会委员会均可向法院提起请求保护儿童利益的诉讼,法院根据案件情况对虐待子女的父母作出限制监护权或探望权的决定。社会委员会接到有关虐待儿童报告后,有义务立即开展调查活动,且必须在4个月内调查结束。调查过程中,应当听取子女的意见。目前,瑞典一些地方建立了"子女之家","子女之家"设有专职的社会福祉员,在接受委托后,可听取子女意见。调查中发现需要对子女采取紧急保护措施的,可向法院请求采取紧急保护措施。如果时间紧迫,社会委员会可作出采取紧急措施的决定,但必须在作出决定之日起1周内向法院提起诉讼,没有特别事由的,法院应当在1周内作出紧急保护决定。紧急保护措施包括命令将子女交由第三人照管,或者将子女送到专门照护儿童的机构照管。

社会委员会经调查,认为确实存在虐待儿童情形的,必须向法院(地方行政法院)提起请求发出强制保护命令的诉讼,诉状中应当记载:未成年人状况;进行保护的理由;诉前采取过的措施;应当采取的具体保护措施;对未成年人提供了哪些信息;未成年人的意见等。法院审理后认为应当对受虐待未成年人给予强制保护的,应当作出支持社会委员会诉讼请求的判决。判决作出后,将受虐待子女带离监护人身边,交送第三人或者有关机构监护,实践中的做法是为子女选任寄养人,委托寄养人行使监护权。在法院决定的履行过程中,社会委员会应当定期进行确认,检查是否有必要继续履行法院的强制保护决定。如果儿童在寄养人家中居住3年以上,则社会委员会必须研讨是否有必要提起转移监护权的诉讼。

根据立法规定,即使被虐待儿童被采取了强制保护措施,也应当保障父母与子女见面交流的权利(探望权)。在履行法院决定的过程中,若社会委员会认为有必要时,可以决定父母的探望权行使方式,对见面的频度和方法进行限制,也可以决定不得让虐待子女者知晓子女住所。为了确保未成年子女的健康和发育不受到重大损害,社会委员会可向法院请求作出禁止父母将子女带出居住场所的决定,该决定可以附期限。法院一旦作出这样的决定,即表明父母虽然可以与被寄养或被其他机构照管的子女见面,但不被允许带子女外出。在被虐待子女寄养或由其他机构照管期间,法院有权决定对未成年人进行医学检查,若在被寄养或照管场所进行检查存在不适当情形,则可以决定在其他场所进行检查。社会委员会应当定期对是否有必要继续执行禁止带子女外出命令进行确认,如果认为有必要继续执行,则可以根据情况,确定未成年人与父母进行见面交流的方式,即使此前法院已经作出探望权行使方式的决定,社会委员会也可以进行变更。如果禁止带子女外出的事由消失,则社会委员会应当迅速作出废止决定命令,并向法院报告。

在诉讼程序方面,瑞典《未成年人保护特别规定法》规定,[1]虐待儿童案件必须迅速审理,保护决定诉讼以及禁止带子女外出诉讼必须在受理诉讼申请后2周内作出决定,法院认为需要进行必要的调查的,可以延长审理期限。审理案件应当进行口头辩论,除非法院认为无此必要。但是,如果当事人提出以口头辩论方式审理,则应当遵从之。案件所涉未成年子女年满15岁的,应当为其选任公选代理人。法院也有义务为监护人选任公选代理人。如果未成年人与作为父母的监护人之间不存在利害关系,可以选任共同的普通代理人。除了紧急保护以及暂时禁止带子女外出案件外,其他案件必须由陪审员参与案件的审理。

[1] Lag(1990:52)med särskilda bestämmelser om vård av unga.

第五章　探望权纠纷的解决及子女利益保护

探望权是指父母离婚或分居后,无论共同监护还是单独监护子女,不与子女共同居住的一方在不与子女共同居住期间,有与子女见面交流,即探视子女的权利。探望人与被探望人利用其自身的权利和资格通过探望权行使这一精神活动获取人格和精神利益,探望权的实现是探望人与被探望人面对面的情感交流的过程,可以满足探望人抚养、教育、保护、照顾子女的感情需要,加深与子女的感情,子女从中继续享受到父母双方给予的关爱和家庭的温暖。目前,德国等一些国家还在立法上明确规定被父母探视(与父母交往)亦属于子女权利,从中可以看出其对于探望权重要性的认识。

探望权纠纷为家事案件的一种类型,这一纠纷既可能发生于离婚或分居诉讼过程中,也可能发生于离婚或分居后探望权行使的过程中。离婚或分居诉讼过程中的探望权争议主要表现为当事人双方对探望权行使方式发生争执;而离婚或分居后探望权行使过程中的纠纷则表现为一方请求终止探望权或变更探望权行使方式。一些国家在家族法上规定了法官判断探望权行使方式及是否终止探望权的基本原则,基本原则要求保障子女与父母持续的联系,防止子女因虐待、暴力、被忽视等诸多情形致使其在生理、心理、精神、教育、经济等利益上受到损害。面对日益多样化的探望权纠纷案件,一些国家的法院在遵循法定基本原则的情形下,针对个案作出了符合子女利益保护的判决,这些判决构成了限制探望权行使方式的司法标准。与监护权诉讼案件一样,探望权纠纷案件中也必须听询案件所涉子女的意见。然而,如何对待子女的意见各国并未形成一个通用的标准,基本上由法官根据子女的年龄和发育程度,在保护子女利益的理念下,结合其他证据作出裁量。正因如此,考察各国法院如何在个案中限制探望权行使方式以及如何对待子女的意见才具有重要的理论研究意义。

一、美国探望权争议的处理及子女利益保护

(一)早期司法判例上有关探望权性质的讨论

探望权是父母离婚或分居后,不具有监护权的一方或者不与子女共同生活的一方与子女见面交流的权利,同时也是其对子女应当履行的义务。行使探望权有助于子女与父母及其他人维持家庭成员之间的情感关系,减缓具有移动经验(离婚或分居后与父母一方分离)的子女所持的被抛弃之感觉,还有利于增进子女的幸福感。[1]

在美国,夫妻离婚后未被赋予监护权的父母一方与子女见面交流被称为探望或访问(visitation),是通过对宪法上保障的父母的权利加以讨论而诞生的概念。[2] 联邦最高法院在1923年的某一判决中,第一次明确了父母的权利,认为父母的权利包括婚姻、组成家庭、抚养子女,承认父母的教育权为宪法上保障的权利。[3] 其后出现了限制国家介入父母对子女抚养的判例,认可了父母对子女的教育方法上的自主性。[4] 上述相关判例实际上对传统形态家庭中父母的权利保障提高到了宪法层面。到了20世纪70年代,美国联邦最高法院对不具法律上家庭形态的父母权利也做出宪法上的判断。在Stanley一案中,联邦最高法院针对伊利诺伊州法院未赋予未婚父亲对处于州监护下的子女任何权利(子女的母亲一方死亡)的决定,以及在诉讼中未听闻该父亲的意见的行为违反州的平等保护条款和正当程序条款。[5] 其后,联邦最高法院又先后针对不认可未婚父亲收养同意权的行为和决定作出违反正当程序和平等保护的多个判决,认为对于父亲的认定应当以过去在抚养上是否尽到了日常的责任为标

---

〔1〕 Blumenthal K. & Weinberg A. "Issues Concerning Parental Visiting of Children in Foster Care". In M. Hardin(Ed.), *Foster Children in the Courts*, 1983, pp. 372 – 398; Borgman R., "The Influence of Family Visiting upon Boys' Behavior in a Juvenile Correctional Institution", *Child Welfare*, Vol. 464, No. 6, 1985.

〔2〕 Canacakos Ellen. "Joint Custody As a Fundamental Right", *Arizona Law Review*, Vol. 23, 1981.

〔3〕 Meyer v. Nebraska, 262 U. S. 390(1923).

〔4〕 Pierce v. Society of Sisters, 268U. S. 510(1925).

〔5〕 Stanley v. Illinois, 405 U. S. 645(1972).

准。[1] 这些判例将未构成传统的法律家庭亲子关系纳入法律保护范围,亲子关系不仅仅从单纯的生物学的联系认定,还从是否存在精神的联系进行考量。尽管联邦最高法院未曾专门就探望权性质作出过判决,但从有关认可父母的权利为宪法上保障的权利的相关判例来看,离婚后非监护子女的父母一方享有探望权是父母当然具有的权利。受联邦最高法院判决影响,20 世纪 70 年代,美国一些州的最高法院也从宪法权利保障角度对父母的探望权作出判决。特别重要的是,这一时期州法院的判决开始注重探望权行使应当保护子女的利益,例如,在新泽西州 1974 年的某一案件中,州最高法院认为,判断探望权必须考虑赋予探望权是否有利于子女最大利益,考虑过各种要素之后,最高法院认为虽然可以行使探望权,但不得以让子女留宿方式行使探望权。[2] 佛罗里达州最高法院在一起探望权纠纷案件中表示,在决定子女最大利益时未听闻非监护权人的意见违反宪法保障的自由权。[3] 自 20 世纪 70 年代开始,美国学者进行离婚后子女的心理状态和离婚家庭的跟踪调查研究,并展开了离婚后子女利益保护的讨论。研究结果表明,夫妻离婚后子女接受父母双方的抚养可以缓和离婚对子女的冲击,符合子女的利益。相关研究对各州立法产生了重要影响,一些州通过制定或完善家族法对子女的利益作出宣告,将保护子女的利益作为州的政策。[4] 学说上,也出现了被探视亦为子女利益或权利的观点。受此观点影响,探望权的主体扩大到祖父母、外祖父母、兄弟姐妹、继父母等。[5]

(二)探望权的立法

各州在家族法上明确规定了探望权,但是有的州是在监护权之外单独规定探望权问题,而有的州则将监护权和探望权使用共同条款进行立法。[6] 加利

---

〔1〕 Quillion v. Walcott,434 U. S. 510(1925);Caban v. Mohammed,441 U. S. 380(1979);Lehr v. Robertson,463 U. S. 248(1983).

〔2〕 In re J. S. & C. ,324 A. 2d 90(N. J. 1974).

〔3〕 Lane v. Lane,599 So. 2d 218(Fla App. 4Dist. 1992).

〔4〕 山口亮子:「アメリカにおける共同監護法と子どもの利益(1)」、『上智法学論集』1996 年 3 号。

〔5〕 美国对继父母与继子女之间的探望权进行立法的共有 21 个。例如,根据加利福尼亚家族法第 3010 条的规定(Family Code 3101),决定继父母的探望时,如果符合未成年子女的最大利益,无论法律有其他何种规定,均可以承认继父母相当的探望权。

〔6〕 美国各州对于家族法一般实行单独立法,不采用家族法为民法之一部分的立法方式,这与欧洲很多大陆法系国家的立法存在差异。

福尼亚州《家族法》第3100(a)条规定，只要未表明见面交流有害于子女的利益，法院就应认可父母适当的见面交流权(reasonable visitation)。得克萨斯州《家族法》第153.001条(州的方针)规定，父母在婚姻外之场合，双方应当与子女频繁且持续地交流，双亲对子女共同享有权利和义务。该法第153条H节还规定，子女的祖父母可以提起见面交流之诉(suit for possessionor access by grandparent)。夏威夷《家族法》在关于离婚后的监护权立法方面规定，只要不能证明对子女的利益有害，法院就必须对父母、祖父母、兄弟姐妹以及与子女的福祉有关者赋予相当的见面交流权(《家族法》第571－46条7项)。科罗拉多州《家族法》中父母的亲权或监护权概念包括"父母的责任"和"抚养时间"两层含义，抚养时间可以解释为包括探望权。在家族法有关离婚制度中，规定法院必须最优先考虑子女安全的以及身体的、精神的、情绪的状况和子女的需要，在符合子女最大利益的前提下就抚养时间(探望权)及父母责任作出决定。在未明确于立法上写明探望权的州，仍然不会影响离婚或分居后父母一方请求与子女见面交流的权利，因为在判例上已确立了探望权是受宪法保护的父母权利，是父母在血缘关系、情感关系上当然存在的权利。因此，在未单独就探望权立法的州，一般使用父母对于子女具有同等的权利和义务来概括表示父母的权利和责任。

受判例和立法影响，各州在司法实务方面，基本上遵循与子女见面为父母之权利的原则，离婚或分居后的父母一方与子女见面，只要不严重影响子女利益，就应当允许行使探望权。加利福尼亚州法院在一起探望权上诉案件中表示，此类案件必须考虑子女的最大利益，父亲一方也应当遵从子女的最大利益，但是还要考虑到父亲拥有与子女见面交流的权利。出于亲子关系的重要性或者子女成长过程中与父亲接触获得的利益的考虑，只要不能证明与父亲接触对子女有害，就不应当完全剥夺父亲的见面权利。[1] 在探望权的行使上，即使非监护权人存在犯罪前科，或者子女已经与他人形成养子女关系，父母一方也同样拥有探望权。马里兰州法院在1960年审理的一起探望权纠纷案件中，父亲一方因盗窃罪逮捕后，夫妻离婚，离婚后各自再婚，子女的监护权归母亲一方行使。母亲一方再婚后所监护子女与再婚配偶形成养子女关系，亲生父亲一方请

〔1〕 Devine v. Devine, 213 Cal. App. 2d 549(1963).

求行使探望权。该案中,母亲一方以父亲一方离婚前存在不忠行为及犯罪前科为由,拒绝行使探望权。法院则认为,父亲与子女见面交流只要不会致使子女的最大利益陷入危险,那么,即使是坏父亲,法院也不应当否认父亲一方一定的见面交流权利。[1]

（三）纠纷解决程序中探望权行使计划与子女利益的考量

美国家事诉讼案件由各州法院管辖,涉及联邦宪法问题时,可以上诉到联邦最高法院。各州在处理探望权争议案件时,法院要求离婚或分居的夫妻必须向法院提交探望权行使计划,包括非监护权人与子女见面交流的日期、场所、时间、纠纷解决处理方法等。美国各州存在很多确立探望权行使计划的支援机构,包括律师事务所、社会团体或公共机构,离婚或分居的夫妻可以在提起离婚或分居诉讼前主动向这些机构进行咨询,以利于达成符合子女利益需要的探望权行使计划。在未经自主寻求有关机构帮助而直接提起诉讼的情形下,为了帮助当事人达成合理的探望权行使计划,各州法院在诉前调解程序中对当事人实施父母离婚教育,或者命令当事人接受专家的咨询指导,甚至命令进行心理评测。审理案件的法官对探望权行使计划谨慎审查,如果计划确实可行且有利于未成年子女的利益,则依据该计划作出判决。如果相关计划违背子女利益保护的要求或者夫妻之间无法自主达成计划,则由法官作出判决。法官的判决必须遵循各州议会制定的探望权指南,根据案件的具体情况作出决定。

各州为了保障夫妻之间制定合理的探望权行使计划,均出台了探望权指南。印第安纳州在其探望权指导方针中对见面交流的目的作出如下表述:父母探视子女是子女的基本权利,子女与父母构成的关系为依存、被抚养、必须保护子女精神幸福的所有关系。分居后,保证子女不持有被双亲和兄弟姐妹抛弃的感觉,保证双亲或兄弟姐妹不对该子女引发某些不好的事情是极为重要的。对于子女来说,见面交流是精神的再结合,是再构筑亲子关系的机会。而对有关部门来说,也是评价亲子关系的机会,通过见面交流,可以维持父母与子女的关系。缅因州在其探望权计划指南中除了明确见面交流的目的外,还明确了子女长期抚养的利益——帮助子女再构成与家族的关系,帮助其了解家庭存在的安全性和危险性,帮助其理解接受父母变化的能力及其界限;给予未成年子女对

[1] Radford v. Matczuk, 223 Md. 483(1960).

自己安全上的威胁进行觉悟技能的培养,并且培养其长大成人过程中的自我感知、反应和行动的自我观察和调节能力;帮助子女认识对于家庭的忠实情感和义务情感。

在有关部门帮助离婚夫妻制定探望权计划时,由该部门职员通知父母、有决定参加能力的子女、其他关系人(亲属、子女的兄弟姐妹、子女的程序代理人等)参加,向其发放探望权指南,通过当事人或参与人沟通和对话达成合意。在探望权行使计划方面,尽管各州规定的详细程度有别,但基本上都包括以下事项:(1)探视的次数、日期、时间、场所;(2)可以参加探视子女的其他人(祖父母、外祖父母、兄弟姐妹等);(3)可以设定监督下或监视下的探视;(4)发生紧急事态时的处理方法;(5)探视中发生纠纷时的处理程序等;(6)对探望权行使进行支援的方法等。在通过合意达成的探望权计划中,对于见面交流的频度进行明确约定的超过70%,学者们认为,见面交流的频度对于子女的幸福和家庭亲子关系的再结合具有重要意义,身体上的亲近对于幼儿的情感形成非常关键。[1] 基于探视频度的重要意义,各州均在探望指南中设定了希望采纳的探视频度,有的州鼓励每月见面一次,有的州鼓励最低每2周一次,也有的州规定必须定期进行探视。行使探望权时,被探望的子女可能受到伤害或者存在其他情况的,双方可以约定实行监督下的见面交流。缅因州探望权指南要求最初的探视必须实行监督下的探视,是为了获得评价家庭成员相互作用的最佳资料。爱达荷州法律也规定:“在所有的场合,必须确保探视中子女的安全,初次见面交流进行高层面的监视,其后有必要进行逐渐缓和监视的见面交流。”很多州对实行监督下的探视所考虑的因素进行了列举,主要包括以下几点:(1)子女的年龄;(2)虐待或暴力行为的严重程度和持续性;(3)子女被诱拐的可能性;(4)子女的精神反应;(5)父母新技术的习得程度等。还有的州为了对于探望权行使情况作出评价或者对父母进行教育,允许实行监督下的探视。在监督人员方面,各州的规定不尽一致,主要包括探望权行使支援机构的职员、地方的志愿者、子女的亲属、牧师、父母委托的人、大学实习生等。

---

[1] Kuehnle K., Ellis T., “The Importance of Parent-child Relationships: What Attorneys need to know about the Impact of Separation”, *Florida Bar Journal*, Vol. 76, No. 9, 2002.

（四）探望权的限制因素及子女利益的考量

1. 父母一方为同性恋时的探望权限制

非直接监护子女的父母一方具有同性恋倾向时，监护子女的一方在离婚、分居时或其后可能会向法院请求限制探望权的行使，此场合在考虑是否对探望权进行限制时，必须考虑子女的最大利益。实际上，美国各州对于探望权行使基本上遵循只要认为探视子女不会损害子女身体健康或者妨碍子女的精神发育，就应当赋予非监护人父母探望权的理念。而拒绝同性恋父母行使探望权也缺乏宪法上的规定，因此，法院不应当仅仅以同性恋为由限制父母一方的探望权，还必须考虑其他各种要素。密苏里州法院在某一案件中，虽然允许同性恋的父亲一方行使探望权，但设定了不允许让子女住宿、不得带子女参加同性恋集会或者同性恋教会等条件。[1] 南达科他州某法院在一案件中赋予了具有同性恋倾向的母亲一方无监督式的探望权，而该州最高法院则认为法官存在裁量权滥用的情形，因为该母亲一方在子女面前向同性恋人示爱，对子女的精神会有不利影响。[2] 佐治亚州最高法院也认为，父亲的同性恋行为会对子女产生不良影响，但是要求必须证明父亲具有同性恋行为以及该行为会对子女产生不良影响。[3] 在美国，类似于佐治亚州要求对同性恋行为和对子女的影响进行证明的州还有很多。

2. 子女遭受性虐待时的探望权限制

子女遭受父亲一方性虐待，将严重影响子女的身心健康，因此，如果非监护权人存在性虐待行为，则其探望权将受到限制。马里兰州《家族法》明确规定：(1)在任何探望权和监护权的申请中，存在被告对子女实施虐待或遗弃行为的合理根据，法院必须判断赋予其探望权或监护权时子女遭受虐待或遗弃之可能性。(2)法院只要不能认定当事人将来不会虐待或遗弃的，就必须禁止当事人的探望权和监护权，但是，允许法院决定使用保障子女安全的监督式探望。传统上，在子女利益保护名义下，由法官对探望权的限制进行裁量，但是，从20世纪80年代之后，在立法上明确设置探望权限制标准的州不断增加，很多学者认

---

〔1〕 J. L. P. (H.) v. D. J. P. ,643 S. W. 2d 865(Mo. App. 1982).

〔2〕 Chicoinen v. Chicoinen,479 N. W. 2d 891(S. D. 1992).

〔3〕 Inthe Interest of R. E. W. ,471 S. E. 2d 6(Ga. 1996).

为,在确保子女利益的同时,探望权并非法官的特权而是非监护权人之权利。[1] 特别重要的是,在立法上出现了新的特点,即并非在符合子女最大利益时方赋予探望权,而是只要不损害子女利益即赋予探望权,这也表明探望权为非监护权人所当然持有的权利,也正因如此,只有当监护权人证明赋予监护权对子女造成不良影响时才否定探望权。不过,马里兰州的立法存在一定的特殊性,即使证明了非监护权者的虐待或遗弃,法院仍然可以决定实行监督下的探望。在该州 1985 年的 Arnold v. Naughton 案中,一审法院在有证据证明父亲一方对子女存在性虐待行为的情形下,仍然赋予了父亲一方探望权。母亲一方不服判决提起上诉。上诉法院认为,探望权为父母重要且当然具有的权利,即使认定了虐待儿童,也并非不能行使全部的探望权,最终,该上诉法院判决父亲一方在受监督下行使探望权。[2] 阿拉巴马州某法院在某一案件中怀疑父亲一方对子女有性虐待行为,但仍然赋予了其完全的探望权。母亲一方上诉后,上诉法院确认了性虐待事实,撤销了一审法院的决定。但是,上诉法院在发回重审时要求禁止子女住宿式的见面交流,而且必须制订严格监督下的探望计划。[3] 从 20 世纪 90 年代之后,随着子女受虐待现象成为深刻的社会问题,传统上的司法实务也有所变化,在证明非监护权人明显存在性虐待行为时,法院会禁止其行使探望权。

3. 家庭暴力行为

除了性虐待行为外,家庭暴力行为也是限制探望权的一个要素,法院一旦认定存在家庭暴力行为,便可考虑是否有必要限制非监护人的探望权。然而,法院基本上不会仅仅以存在暴力行为为由对探望权加以限制,即使因为暴力行为会对子女发出保护命令,也需要考虑暴力行为的性质,判断暴力行为会对子女造成多大程度的危险,暴力行为今后的持续性和激化可能性等,进而决定是否需要限制探望权。司法实务中法院全面禁止探望权为例外情形,一般会决定在第三方监督下实行探望权,目的是尽最大努力维持亲子的联系。在第三方监督下探视子女开始于 1982 年。1991 年佛罗里达州设立监督下见面交流网络,

---

〔1〕 Margaret Tortorella, "When Supervised Visitation is in the Best Interests of the Child", 30 *FAM. L. Q*, 1996, pp. 199. 201.

〔2〕 Arnold v. Naughton, 486 A. 2d 1204 (Md. App. 1985).

〔3〕 Y. A. M. v. M. R. M., 600 SO. 2d 1035 (Ala. Civ. App. 1992).

1996年制定了实务指南,目前,该州已有400多个社团和个人注册,为监督探望权行使提供服务。监督者的作用不仅仅局限于保护子女的安全,还发挥着指导父母掌握养育和照护子女的方法以及认识未成年子女的生活方式的作用。洛杉矶郡法院也设立了"为了子女安全的见面交流和亲切的接触"项目,目的是保障监督式探视子女活动的顺利进行。该项目注重非营利社会福利机关与法院的合作,对探望权行使进行监督,确保子女的安全和利益,所需要的资金由加利福尼亚州法院事务总局负担,获得探望权监督支援的当事人应当支付相关服务费用,经济困难者可以获得免费服务。

除了因对子女实施家庭暴力行为限制探望权行使外,如果探望权人存在精神障碍、药物依赖、酒精依赖、诱拐子女等情形,则法院也会作出第三方监督下探视子女的决定。

4. 尊重子女的意思

探望权纠纷中询问子女的意思是各州立法上的共同特点。学说上认为,征询子女意见时让子女直接在父母中做出选择并不能把握子女的真实心情,不能以子女的意思作为唯一决定探望限制与否的标准。在内布拉斯加州某一案件中,母亲一方(监护人)根据15岁和10岁子女的意思请求法院终止父亲一方的探望权,子女在法庭上提供了拒绝探望权的证言,法官于法官室对子女进行了询问,但听闻的内容不明确。法官表示,只要不能确认对子女的利益有害就不能否定探望权,若无极端情况存在就不否认父母的探望权,将探望权标准设置为"父亲对子女的健全的交流希望"。并且法院认为,探望权赋予子女与父亲健全且适当关系形成的机会,这对于子女来说是最大利益。基于上述判断,法院未作出停止父亲一方探望子女的决定。[1] 佐治亚州《家族法》规定,14岁以上子女有选择与父母哪一方生活的权利,被选择的父母一方只要不存在不适合担任监护人的情形,就应当支持子女的选择。1984年在Prater v. wheeler案中,法官于判决中表示,尽管最终的判断由法院作出,但14岁以上子女有权拒绝与非监护人见面。在1990年该州的Worley案中,上诉法院也表示,为了不使子女丧失指导和关爱,不允许10岁左右子女随意终结父母的探望权。[2] 但

---

[1] E. g. ,Hagler,v. Hagler,460 So. 2d 187(Ala. Civ. App. 1984).

[2] Worley v. Whiddon,398 S. E. 2d 401(Ga. App. 1990).

是,该州最高法院表示,同监护权一样,14 岁以上子女有拒绝被探望的权利。探望权为监护权之一部分,应当服从于子女的选择权,并重视 14 岁以上子女的意思表示,子女拒绝非监护人的探望权也不存在例外。[1]

在 Shapiro v. Shapiro 案中,法官在未成年子女没有代理人的情况下,于法官室听询了子女的意见,该子女明确表示害怕和讨厌父亲,一点也不想见父亲,而且在上一次见面时,父亲对母亲实施了暴力。其后,法官向父母双方开示听询结果。双方代理人通过协商,让母亲一方行使监护权,父亲有一定的探望权,但是,应当接受双方共同选任的精神医学专家对子女进行鉴定,修复父亲与子女的关系,在精神医学专家表示父亲可以与子女见面时,父亲方可行使探望权。精神医学专家在法庭上表示,子女与父亲见面交流可能不符合子女的利益,但是,如果见面交流,也不是完全不行的。法官认为,任何父母都不应被永久停止探望权,让精神医学专家决定停止探望权是错误的。最后,法官基于各种因素的考量,决定父亲一方在监督下行使探望权。[2] 从本案中可以看出,美国法院的法官对于未成年子女的意见并非采用完全采纳的方法,而是将其作为是否限制探望权的一个参考要素,即使子女反对与父母见面的意见特别强烈,法官一般也不会完全剥夺父母的探望权,一方面是因为探望权是父母宪法保障的权利;另一方面也是为了尽力维持亲子联系。

二、澳大利亚探望权纠纷解决机制

澳大利亚于 1975 年修改《家族法》时改革了离婚制度,夫妻离婚时,法院不对感情是否破裂进行审查,只要夫妻主张无法维持婚姻或者实际上夫妻分居 12 个月以上即可判决离婚。但夫妻离婚上的便利性并不意味着可以忽视未成年子女的利益。对于探望权来说,立法上明确规定父母离婚的,子女具有获得父母任何一方抚养的权利以及定期与父母一方见面的权利,而父母具有维护子女成长的一切义务,在此意义上,离婚后的父母与子女见面交流不仅仅表现为父母的权利,更具有父母的义务的性质。在解决探望权纠纷方面,家庭法院优先考虑子女利益,拥有较大的自由裁量权。例如,法院斟酌探望权行使是否会

---

〔1〕 Prater v. Wheeler,253 Ga. 649,650,322 S. E. 2d 892(1984).

〔2〕 Shapiro v. Shapiro. 54 Md. App. 477(1983).

非诉讼方式化(ADR 方式)化解矛盾,法院努力向当事人告知"对子女最为有害的不是离婚本身,而是离婚中的争执",夫妻"友好离婚"(good divorce)现象逐渐增加,由此,离婚中的探望权争议很多是在当事人和解或调解情况下获得解决的。[1] 但是,遇到以下情形的,可以不经和解或调解程序而直接申请法院进行裁判:(1)父母一方有虐待子女情形;(2)父母一方实施家庭暴力行为;(3)一方不遵守此前12个月内法院作出的命令,且是在无视法院命令的情形下实施行为;(4)一方当事人事实上不能参与纠纷调解程序(例如,一方当事人住所或工作单位距调解机构较远)。另外,在纠纷调解员认为纠纷不适合调解时,也无须实施诉前调解。调解员在确定免除调解程序时考虑的主要要素包括:当事人之间家庭暴力情况;对当事人人身安全的考虑;当事人之间交涉能力状况;子女陷入虐待的危险程度;当事人之间情感的、心理的、肉体的健康因素以及认为适当的其他原因等。

澳大利亚家庭法院配有调解员,主要分为两类:一类是私人性质的调解员;另一类是由政府资助的登记官。登记官为专职律师,从事离婚、赡养等家事纠纷的调解。私人性质的调解员为社会工作者或心理学家,擅长调解有关未成年子女纠纷案件。澳大利亚2008年《家事法(家事纠纷解决从业者)条例》第5条、第6条修正了此前对家事调解员资格的规定。调解员任职资格为:(1)须已获得法律或社会科学等学科的学位(或曾修读1年以上的调解或纠纷解决全日制课程);(2)接受相关训练并考核合格(对调解员任职资格的评定机构为全国调解员资格评审机关);(3)已在家庭法院进行登记。此外,调解员还应未被州或地方法律禁止从事儿童工作;适合承担家事纠纷调解的责任;未曾被剥夺任命资格。

当事人可以直接申请纠纷由调解员调解,法院亦可将案件交给调解员处理。在调解程序中,调解员并不对案件结果提供和解方案或对纠纷进行评价,然而,单独会见当事人和私下交流时则允许使用这些方法。调解员的通常技巧是通过提问来使当事人考虑,如果问题不能和解而走向诉讼而由此带来的影响,如诉讼费用的负担、案件对个人生活以及对与对方当事人之间后续关系的

---

[1] Smart Caro, *Divorce in England* 1950 – 2000: *A Moral Tale*, Oxford: Oxford University Press, 2000, p. 383.

影响。调解员在不对当事人进行施压的情况下,促成当事人提出和解的方法。调解员在调解时,必须注重保护纠纷中子女的利益,为了避免纠纷对子女造成心理伤害,调解员可以充分运用其教育学、社会学、心理学知识,向父母阐明纠纷可能对子女人格发展、生活环境的影响,并建议父母及子女参加家事调解中心设立的分离咨询项目。该项目能够疏导子女的心理郁结,为父母提供个别辅助,引导其日后更加注重子女的利益需求。[1] 如调解达成协议,调解员提请法官批准双方的协议,即作出"同意裁决",该裁决与法院其他裁决具有同等效力。若调解未成功,则调解员无权对案件作出裁定,但应当出具调解不成功证书,当事人提起诉讼时,必须用该证书证明已经过了纠纷调解程序。在司法实践中,由调解员调解成功的案件比例很高(60%左右)。即使在那些调解未成功的案件中,调解一般也达到了减少案件争点的作用。

纠纷当事人除了可以运用上述法院附设调解解决探望权纠纷外,还可以选择法院之外的机构调解纠纷,其中被经常利用的是家族关系中心(Family Relationship Centre),该中心由政府出资设立,澳大利亚全国共设65个,形成了一个覆盖全国的家事纠纷咨询和调解网络。"家族关系中心"的主要功能是利用经验丰富的工作人员为已经分居、离婚,或者正处于纠纷中的夫妻提供免费咨询或指导服务,帮助家庭走出危机阴影,挽救夫妻的婚姻,避免双方出现对立情绪以及纠纷给子女带来更大伤害。[2] 在探望权纠纷的处理上,家族关系中心首先尽量促成父母之间和解,帮助制定探望权行使方案。例如,家族关系中心可以首先确定一个行使探望权的临时方案,避免一方因无法行使探望权而影响与子女的关系并对子女造成心理伤害,在确保探望权能够在短时间内顺利行使的情况下,再确定今后长期的探望权行使方法。家族关系中心对于调解协议或法院裁判生效后的探望权履行纠纷也给予调解,了解调解协议或法院裁判的内容难以履行的原因,或者是否发生了新的客观情况致使调解协议或裁决难以执行,若存在此情形,则家族关系中心可以对探望权行使方法做出调整。

---

〔1〕 参见林芳雅:《澳大利亚家事法院调解制度》,载中国法院网:http://www.chinacourt.org/article/detail/2013/07/id/1041735.shtml.,最后访问日期:2014年12月24日。

〔2〕 参见陈苇、胡苷用:《离婚诉讼前处理子女抚养纠纷的一种新机制——澳大利亚"家庭关系中心"评介及其启示》,载《吉林大学社会科学学报》2007年第4期。

(三)探望权纠纷的裁判

澳大利亚家事案件只有13%左右进入诉讼程序,其中6%最终通过判决获得解决,在探望权纠纷中,传统的对审结构发生了很大变化,诉讼程序呈现出了非对审样态(Less Adversarial Trial)。法官在审理的最初阶段,可以告知当事人在其后所陈述的内容将成为诉讼证据,并给予当事人充分表达意见的机会,当事人原则上应当亲自向法院陈述意见,但也允许通过诉讼代理人实施这些行为。为了收集与本案有关的基本资料,允许法官向当事人发出质询状(introductory questionnaires),当事人有进行回答的义务。家庭法院的审理不适用普通民事诉讼的当事人主义诉讼模式,"减弱式对抗制审判"为其程序的特点。第一,法官控制诉讼的进行,决定案件需要哪些证据,并明确纠纷的争点。第二,家庭顾问在专业性问题方面发挥重要作用,帮助法官明确争议焦点问题。第三,普通民事案件中的证据规则在家事诉讼中可以免除适用,重点集中于除专家证人之外的口头证据。此外,法院还可以依职权调查、搜集证据。

对于探望权纠纷,法官在作出判决前必须考虑判决内容是否符合子女最大利益。判断子女最大利益的两个参考要素:一是子女保持与双亲重要关系的利益;二是保护子女免受虐待、忽视、家庭暴力、肉体或精神危害等。[1] 为了确保子女利益获得最大保护,立法上规定法官可以裁量是否有必要为子女选任独立律师(利益代理人)。另外,子女本人、保护儿童利益团体以及其他有关人员也可以提出同样申请。1994年联邦家庭法院上诉法庭(大法庭)在某案件中提示,符合以下要件时,应当为子女选任独立的律师以最大限度地保护其利益:存在子女受虐待情形;父母之间对立激烈;需要将子女带离父母一方或双方;父母的宗教及文化差异对子女有影响;父母一方或双方性行为特点对子女有影响;父母一方或双方患有严重医学的、精神医学的、人格障碍等疾患;父母一方经常请求变更养育环境或者拒绝一方与子女接触;子女应接受治疗但未获得确切的治疗。子女的独立律师来自澳大利亚法律援助协会,这些律师经过专门的技能研修,经考核合格后进行登记,研修业务由律师协会家族法分会、律师协会、联

[1] P. Parkinson, J. Single, "The Need for Reality Testing in Relocation Cases", *Family Law Quarterly*, Vol. 44, No. 1, 2010.

邦家庭法院共同组织进行。[1] 子女独立律师不是子女的法定代理人，子女的意思表示对其没有必然约束力，也就是说，子女的独立律师不是完全按照子女的意思表示实施行为，而是为了确保诉讼中子女利益获得最大保护。

1995年之前，若父母一方存在暴力或虐待行为，法院一般会作出拒绝行使探望权的裁决，但是自从1995年之后，法院开始转变态度，即使存在暴力或者虐待行为，也会赋予行为人一定的探望权，但其必须在第三方监视下探视子女。造成司法实务上这一转变的原因如下：一是1995年修改《家族法》时规定，即使夫妻离婚，双方仍然有抚养子女的义务，被父母探视属于子女的权利；二是受到当时理论学说的影响。相关学说认为，父亲对于子女的福祉是不可或缺的存在，离婚后母子家庭中的子女容易在学业或生活环境上出现严重问题，而父亲的存在对于子女的福祉具有长期的有利影响。[2] 因此，司法实务界也认为，拒绝子女与父亲接触反而违背子女的利益要求。主张存在暴力或者虐待行为的一方必须承担证明责任的，为了调查相关事实，法院可以委托专家进行事实调查。如果父母一方（特别是母亲一方）虚构事实且对子女产生不利影响，则法院可能会对该行为人作出不利的裁判。在Re David一案中，夫妻离婚后，未成年子女的母亲一方以父亲一方对子女存在性虐待为由请求中止行使探望权。法院在审理过程中认定其陈述属于虚假陈述，母亲的行为对子女造成"情感的虐待"。即子女有关遭受父亲性虐待的证言，是因母亲的行为而坚信不疑，这对子女将来的成长造成了重大且危险的影响，是对父子关系的破坏，也侵害了子女知晓父亲的权利。基于上述判断，法院将子女的监护权变更为由父亲一方行使，母亲一方在第三人监督下行使探望权。[3]

探望权纠纷裁判程序中，出于保护子女利益的需要，法院应当征询子女的意见。子女的意见既可以通过子女利益代理人获得，也可以利用专家的事实调查报告获得。但是，子女的意见对法官没有绝对的约束力，即法官不能完全按照子女的意思作出裁判，而必须基于子女利益的保护要求，根据子女的年龄和发育状况，结合其他证据作出最终决定。在Cavanough一案中，3名子女的年

---

〔1〕 小川富之：「オーストラリアにおける子どもの手続上の代理人」、『法律時報』2009年2号。

〔2〕 Smart C. and Neale B., "Arguments Against Virtue-Must Contact Be Enforced?", *Family Law Quarberly*, Vol. 27, 1997.

〔3〕 Appeal No. NA 38 of 1997 No. BR 3849 of 1996 Number of pages20.

龄分别为 16 岁、15 岁和 12 岁，3 名子女明确表示拒绝与父亲见面，法院对 3 名子女的意见给予尊重，作出中止行使探望权的决定，法院的观点是，子女拒绝与父亲见面，则即使强行实行探望权，也无济于事。[1] 在听取子女意见方面，一些案件中会出现各方当事人分别聘请自己的专家，进而造成专家的意见存在矛盾的现象，这是因为在澳大利亚存在着专家总是提供有利于委托人证言的情形，据此，法院一方认为，这一情形使得子女利益代理人制度的运用也面临着难题。[2] 在相关判例中，对于拒绝与父母见面交流的子女意见使用父母离间综合征(parental alienation syndrome，PSP)理论进行认定的案件不断增加。该理论认为，监护权人特别是母亲一方反复地说对方的坏话，会因此对所监护的子女产生影响，使该子女在并不知晓真实的情形下对父母的另一方表现出疏远的态度。具有 PSP 症候群的子女在诉讼中所提供的证言往往不具真实性，相关专家通过事实调查报告会明确指出这一问题。但是，在澳大利亚，虽然司法判例上利用 PSP 理论的案件在逐年增加，但实际上，对于该理论的可信性仍然存在争论，其在理论学说上也尚未获得通说地位。

(四)确保探望权行使的措施

对妨碍履行探望权或不行使探望权的行为，法律规定了强制执行措施。法院在判断不履行判决是否有正当理由时，必须考虑子女的最大利益。(澳大利亚 1975 年《家族法》112AC 条)2000 年修改《家族法》时，进一步细化了探望权行使的保障措施，以预防和规制拒绝父母一方与子女交流的行为，也规制探望权人不行使探望权的现象。在子女利益优先的情形下，法院对于罚款或拘留措施尤为慎用，而是尽量通过当事人之间自行协商，或者通过变更探望权行使方式解决问题，将罚款或拘留作为最终手段加以利用。

1. 判决内容的告知

法院作出判决后应当告知当事人判决内容、履行义务的方式以及违反此义务产生的法律后果，阐明任何一方不得阻碍另一方行使探望权。然而，法院的告知措施有时可能难以发挥出较好的效果，因为某些有诉讼代理人代为诉讼的案件中，很多当事人并不亲自参与庭审，宣读判决时当事人并不在场。再就是

---

〔1〕 (1980)FLG 90 – 851.

〔2〕 Rand R. [2002]Fam CA 383.

大部分案件为调解结案,调解过程为书面审理,法院根据调解结果制作判决书,因而也很难对当事人当面进行判决内容的告知。在司法实践中,家庭法院有时将判决内容制作告知手册发送给当事人,但问题是澳大利亚具有文化及语言多样性的特点,一些当事人可能难以准确理解告知书的内容。可以说,具有教育父母遵守判决内容、确保探望权实现功能的这一告知制度,尽管出发点很好,但若要其发挥出预想效果,还需在司法实践中进行更多探索。

2. 实施分离咨询项目

若一方不履行判决书规定的义务,则法院应当考察其行为是否构成处罚要件。在澳大利亚,当事人若想免除处罚,就必须证明存在不履行判决义务的正当理由,例如,若能够证明未能理解判决书中的义务内容,或者拒绝对方行使探望权是出于保护子女健康和安全的需要,则可以免除处罚。若当事人有正当理由不履行判决,则法院作出认可的同时,还应以易于理解的语言阐明判决内容。若当事人无正当理由违反判决义务,则法院将指定分离咨询项目指导人员对当事人进行评估,评价其是否有必要参加分离咨询项目,通过参与该项目,在专业人员的指导和帮助下认识问题产生的原因以及有关问题对子女的不利影响,并促成当事人和解。参加分离咨询项目期间,法院可以作出停止违法行为的临时命令。在此期间,若当事人认为法院判决的内容存在难以履行的情形,则可以在审查后作出撤销、变更判决内容的命令,作出这一命令时,法院主要考虑原判决是否是在当事人同意下作出的;案件是否有诉讼代理人;拒绝履行判决的经过期间;其他应当考虑的事项等。对不履行判决者命令其参加分离咨询项目的目的是避免采取强制措施影响子女利益,尽量通过当事人的配合自愿履行判决,不过,这一方法目前也存在需要完善之处,例如,澳大利亚从事分离咨询项目的服务人员数量不足,相关设施短缺,缺乏运营资金等。再者,参加分离咨询项目的费用由当事人自行负担(交通费、住宿费等),而很多被命令参加该项目者为女性,一些女性经济收入有限,显然,参加该项目在无形中加重了这些女性的经济负担。

3. 强制制裁措施的实施

对于无正当事由拒不参与分离咨询项目,或者多次故意不履行判决义务的当事人,法院可以采取强制制裁措施。强制措施包括参加公益劳动、保证(bond)、罚金、监禁等。参加公益劳动主要是命令当事人参加社区劳动,但劳动时间最长不超过2年,时间上应低于500小时。法院必须向当事人说明参与社会劳动措施的目的、效果及违反该命令的法律后果。保证意指允许当事人以书面形式向法院保证履行判决义务,保证无须向法院交纳保证金或提供担保人。采取罚金措施时,罚金金额不超过66,000澳大利亚元。选择拘留措施时,法院应当说明拘留的理由,被拘留者在拘留期间履行判决义务或者法院允许其作出保证的,也可以释放被拘留者。[1]

三、加拿大探望权纠纷的解决及子女利益的保护

(一)不列颠哥伦比亚州

父母分居或离婚后,双亲相互对子女行使监护权,此为共同监护,但是,法院也可以根据实际情况决定一方不得行使监护权。共同监护表示监护人之间平等承担监护责任,平均分担抚养时间。夫妻双方可以就分居或离婚后如何行使探望权达成合意,法院在审查协议书时,认为合意内容不符合子女利益的,必须作出驳回全部会部分合意的决定。当事人之间无法达成合意的,法院可以就探望权行使条件和方式等发出命令,法院也可以对父母之外的人如祖父母、无监护权的人等发出行使探望权的命令。

在探望权争议解决的过程中,当事人可以自愿或者在法官要求下接受家庭司法顾问的支援,不列颠哥伦比亚州有一个由政府管理的家庭顾问网络,家庭顾问是由政府根据《公共服务法》从具有社会学、心理学、教育学知识者中聘用的,为当事人提供免费服务,其不具有律师身份,但他们接受过处理家庭问题的专门训练。家庭司法顾问调解时,通常会在两三个月内举行4~5次的会谈,但也可能费时更久,不过,也有很多案件可以在数小时内得以解决。通过辅导和调解,可以达成行使探望权方面的书面协议,或者由法庭签发同意令。哥伦比亚州政府认为调解是一种有效且负担得起的代替法院和政府解决家庭关系的方案,政府决定提供大量资金用于开展家庭司法顾问的家事诉讼调解工作,规定每一起案件前6小时调解服务费用由政府出资,6小时后基于当事人收入和资产比例收费,其中低收入人群有资格申请获取法律援助。家庭司法顾问通过向离婚家庭提供适当的服务,避免在法庭上解决离婚中存在的一些争议,确保

〔1〕 石堂典秀:「裁判所侮辱(Contempt)と面接交渉」、『法社会学』2006年65号。

子女的最佳利益得以实现。此外,对于某些探望权纠纷案件,法官认为有必要的,还可能会要求家庭顾问进行事实调查,拟写调查报告,这些报告会建议如何行使探望权才对孩子最有利,而报告的拟写可能会费时长达1年。[1]

加拿大《家族法》规定,在解决监护权、探望权纠纷的过程中,应当斟酌子女的利益,斟酌子女利益时,应当考虑以下要素:(1)子女的健康以及精神安定;(2)子女的意见,但是考虑其意见不适当时除外;(3)子女与子女人生中重要人物之间关系的本质及其强度;(4)照顾子女的经历;(5)子女的年龄及发育阶段上的子女安定的要求;(6)监护人或者请求监护子女者,或者请求父母责任、抚养时间或探望子女的个人承担责任的能力;(7)对子女或家庭成员实施的家庭暴力对子女安全、安心或福祉造成的影响;(8)应当承担家庭暴力责任者的行为,是否表示该人可能满足子女的要求和照顾子女的能力不足;(9)就对子女有影响的问题协作时对监护人要求措施的妥当性;(10)关于子女安心、安全或福祉的民事或刑事程序。当存在上述(7)或(8)的家庭暴力问题时,法院必须从子女最大利益角度斟酌如下因素:家庭暴力的性质和严重性;家庭暴力如何产生;家庭暴力的频度;是否为精神的或情感的虐待;是否为针对子女的家庭暴力;虽然非为针对子女自身的暴力,但子女是否陷入家庭暴力;家庭暴力对子女身体、精神及情感的安全、安心及福祉的损害。

一方拒绝另一方探望子女,法院可以根据申请作出如下决定:(1)要求当事人参加家事纠纷的解决。(2)在无须子女监护人达成合意的情形下,要求子女或者当事人接受相关法律咨询。(3)明确申请人能够进行探望子女的期间。(4)作为拒绝的结果,就申请人产生的合理且必然的旅费、工资损失、照顾子女的费用等命令监护人向申请人偿还。(5)根据一方当事人申请,命令另一当事人在指定的第三人监督下向申请人送交子女。(6)监护人不履行法院上述诸多命令时,可以命令监护人实施以下任何行为:第一,以法院指定的形式赋予安

---

〔1〕 在加拿大,家庭司法顾问还对离婚家庭提供咨询服务,夫妻决定离婚时,为了避免去法院,可以根据自愿原则与家庭司法顾问共同协商可接受的解决方案。在此过程中,司法顾问会依照夫妻和子女的需要,提供为期3小时无偿的教育课程,帮助离婚后的父母了解必要信息,详细解释家庭法中的离婚法术语,如何使用儿童和家庭发展计划或协议对子女达到最优照顾,不同类型的监护权托管和共享托管订单的优劣势。必要时,家庭司法顾问还帮助当事人申请保护令。在接受家庭司法顾问咨询后,离婚夫妻往往就监护权、探望权问题达成和解协议,家庭司法顾问监督和解协议的履行情况。

全性;第二,依据法院规定的时间和方法向法院或者法院指定的人报告。(7)向因拒绝探望子女而受到影响的申请人或子女支付不超过5000加元的金钱或者支付不超过5000加元的罚金。

加拿大《家族法》对于监护人不属于不当拒绝探望权行使的情形进行了规定,以下情形不属于不当拒绝:(1)监护人当然能够预料在与子见面交流时,子女苦于家庭暴力。(2)监护人当然能够预料与子女见面交流时,该申请人处于吸毒或酗酒导致的非正常状态。(3)有医师或护士诊断书表明,探望子女时,因子女患病不适合与子女见面交流。(4)监护人拒绝探望权人探望子女的前12个月期间,探望权人对于探望权的行使没有正当理由,或者反复通知不行使探望权。(5)探望权人事先告知不行使探望权,其最终产生探望子女的意思,然而其后未对监护人进行妥当的通知。(6)法院认为其他充分且适当的理由。

根据法院命令或当事人合意享有探望权者,如果就探望权反复不行使(无论是否存在妥当的通知),则审理探望权纠纷法院可以发出如下命令:一是要求探望权人参加家事纠纷解决,或者接受法律咨询,或者两种行为并行;二是作为不履行探望子女的结果,在有申请情形下,偿还其他人因此造成的包括旅费、工资损失、子女的照护费等合理且必然产生的相关费用。对于不履行法院上述两种命令的当事人,法院可以作出如下命令:以法院指定的形式赋予安全性;依据法院规定的时间和方法向法院或者法院指定的人报告;向因拒绝探望子女而受到影响的申请人或子女支付不超过5000加元的金钱或者支付不超过5000加元的罚金。

为了保障监护权和探望权的行使,法院可以基于申请,命令一方当事人不得将子女带离特定地域。如果一方欲将子女带离不列颠哥伦比亚州,并且确信返回该州的可能性低,则法院可以根据当事人申请对带走子女者发出如下命令:以法院指定方式赋予安全性;将子女或者预带走子女者的护照及其他旅行记录交给法院指定的人;将特定财产移交给被法院指定的受托人;若存在子女抚养费的法院命令或合意,向法院指定的受托人支付抚养费。监护子女的父母一方任意变更子女或监护人的居所地,可能会侵害另一方探望权的行使,因此,当变更子女或监护人或两者的居所地时,必须至少在60日内向其他有探望权的人通知移居时间或者新的居所地。通知后至移居前,监护人与探望权人必须与其他人共同协作,就提议(通知)的移居相关问题最大努力地加以解决。在接到移居通知之日起 30 日内,探望权人可以向法院请求禁止移居命令,如果未在 30 日内提出禁止移居的请求,则可以在通知及记载之日后移居。在收到通知的一方请求禁止移居后,准备移居的监护人应当证明移居为善意的提议,而且要证明为了维持子女与探望权人、其他监护人、对子女生活有重要影响的其他人的关系采取了合理且有效措施。另外,还要证明移居是为了子女的最大利益。即使移居是出于善意的决定,法院也应当考虑以下因素:移居的理由;移居是否能够提高移居的监护人以及子女人生诸多方面的质量,如增加精神的安定性或者经济、教育的机会等;书面协议或者法院命令对移居的限制。如果法院允许移居,那么应当命令变更、停止或终止子女抚养的命令或者当事人的合意。

达成探望权纠纷解决合意或者法院作出裁判后,当事人应当依照约定或命令行使探望权,在行使探望权的过程中发生争议,可以由法院指定或当事人选择的养育协调员(Parenting Coordinators)提供援助。[1] 养育协调员帮助解决当事人之间发生的分歧,避免因为小小的争议而走上法庭。协调员提供支援的期限为 2 年,可以通过追加的命令或合意延长期限,延长的期限为 2 年。

在协调程序中,父母双方有义务向协调员提交相关信息。协调员可以利用的协调方法包括:第一,促使当事人达成探望权纠纷解决的合意。为了达成合意,协调员可以制作合意或命令的履行方法指南;制作父母之间交流的指南;提供解决纠纷的策略以及父母可以利用的解决争议的资源。第二,对相关事项作出决定。根据规定,协调员不得对财产分割、财产所有权、家庭债务分割作出决定。协调员通过协调可以发出探望权行使方法的命令,或者协调后在当事人之间达成合意,协调员在作出探望权行使方法的决定时,必须考虑子女最大利益。协调员发出的命令对当事人有约束力,任何一方可以向法院提交协调员作出的决定,法院确认后即具有法律强制执行力。协调员仅能在此前法院发出的命令或当事人达成的合意范围内进行协调和作出决定,不能取代法院作出其他决

---

〔1〕 养育协调员的作用是帮助父母解决日常生活中抚养子女方面发生的分歧以及帮助处理履行法院有关监护权、探望权判决或当事人合意时发生的纠纷,养育协调员是经过特定培训且具有 10 年以上家庭领域工作经验的专业人士。培训内容包括调解知识、家族法、养育协调、决策、技能开发、家庭暴力应对等。加拿大不列颠哥伦比亚州建立了养育协调员协会,并建有专业网站,向社会公布养育协调员名单。该州也存在专业的养育协调组织,聘任合格的养育协调员开展工作,国家对养育协调员或者组织不提供资金上的支援,当事人选任这一服务时应当按照规定的标准支付报酬。

定。协调员的决定存在错误时,可以请求法院撤销或变更,相关错误包括协调员行使了职权范围以外的职权,以及协调员的决定存在法律或事实错误。法院认为协调员的决定存在错误时,可以为了解决探望权争议发出相关命令;如果法院认为协调员的决定不存在错误,则发出遵守该决定的相关命令。

(二)安大略州

根据安大略州《儿童法修正法》的规定,父母分居或离婚后实行共同监护,法官也可以根据情况作出由一方行使监护权的决定。不与子女共同生活的一方有探望未成年子女的权利,探望权包括访问子女或接受子女访问的权利;获知子女健康、教育及福祉信息的权利以及对此所具有的询问权利。就探望权发生争议的,可请求法院审理后作出裁定。安大略州民事法院包括州立法院、州高级法院、州上诉法院、联邦最高法院。州立法院和州高级法院均为一审法院。州立法院审理小额民事案件(1000 加元以下)和家事案件,州高级法院审理涉及大额财产的民事案件、离婚案件以及诸如涉及权利与自由宪章的宪法性问题的案件等。如果当事人不想离婚,只想解决子女探望权或监护权问题,则可以在州立法院进行审理,而离婚以及解决离婚附带的财产分割、监护权、探望权等问题,则应当在州高级法院进行审理。州立法院以及州高级法院设有审理家事案件的专门法庭,也称家庭法院。安大略州家庭法院设有家庭法律信息中心,为当事人提供广泛的信息和服务,内容包括提供与离婚法有关事宜的小册子及其书面材料、程序指南以及推荐接受社区内的服务(如咨询服务、有关法庭程序信息等)。

法院受理探望权纠纷案件,应当符合管辖的规定。符合以下情形的,法院拥有管辖权:(1)申请命令时,子女在安大略州有常居所。(2)子女在安大略州虽无常居所,但法院认为符合以下情形时也具有管辖权。第一,申请探望权命令时,子女在安大略州物理性地存在;第二,关系到子女最大利益的实质性证据在安大略州且能够利用;第三,子女常居所地的法院尚未受理探望权纠纷解决申请;第四,州外法院作出的探望权命令未被安大略州法院承认;第五,子女与安大略州有实质且重要关联;第六,从便利性考虑,安大略州法院行使司法管辖权是恰当的。

申请探望权命令必须按照规定的方式向法院提交宣誓供述书。宣誓供述书应当记载子女照护及抚养的提议计划,目前和将来参与家事纠纷解决程序的信息等事项。一般情况下,法院将安排一次案情会议(Case Conference)或者和解协调会议(Settlement Conference),这为当事人与法官会面并讨论案情提供了机会,法官可以建议当事人利用调解员进行调解,也可以就庭审中审理案件的法官可能作出的判决发表个人意见,法官的意见虽然不会影响案件中的问题,但也有助于当事人之间就纠纷达成合意。

探望权纠纷的处理必须考虑子女最大利益,法院应当考虑的子女利益包括:(1)案件所涉子女与行使探望权的人、提出解决探望权争议申请的人、与该子女共同生活的其他家庭成员、参与照护与抚养子女者之间的情感与情绪。(2)经合理确认的子女的意见和选择。(3)子女此前在安定的家庭环境中生活的期间。(4)监护子女者有关提供子女的指导和教育、生活必需品以及特别需要的物品的能力和积极性。(5)监护子女者及请求探视子女者关于子女照护和抚养提出的计划。(6)家庭的永续性和安定性。(7)监护子女者和请求探视子女者作为父母行动的能力。(8)子女与申请探望权命令者之间的血缘关系。法院解决探望权争议,可以根据加拿大《儿童法修改法》实施如下行为:第一,发出认可探视子女的命令。第二,作出探望权方面的附加决定。第三,对某些情况,可以发出必要且适当地追加命令,这些追加命令包括以下事项:限制探望的持续时间、频度、方法、场所等;除非有法院的命令或当事人合意,禁止当事人变更子女的居所、学校或者保育所;除非有法院命令或当事人的合意,禁止将子女带离安大略州;要求法院指定的机关或个人交付子女的护照、子女健康保险证或法院确定的有关子女的文书;要求当事人公开或提供子女健康、教育及福祉方面的信息;要求当事人以确切的方法促进子女与法院指定的人或其他当事人进行交流。

对于探望权纠纷应当注重调解,根据加拿大联邦《离婚法》的规定,离婚案件的代理律师有义务告知当事人调解的明智性及可采性。离婚律师呈交给法院启动诉讼程序的正式文件,必须保证其已经严格按照加拿大联邦《离婚法》的规定履行了告知义务。受理案件的法院可以根据当事人申请,命令由当事人选择的调解人进行调解,[1]在符合特定条件下,也可由法院指定调解人。[2]

---

〔1〕 在一方当事人存在家庭暴力或虐待情形时,另一方若惧怕遭受暴力或威胁的,可以不进行调解。

〔2〕 当事人选任调解人可通过安大略州家庭调解协会获得一份调解人名单,代理律师也通常知晓本地一些调解人信息。目前,安大略州尚不存在对调解人发放专门执照制度,这需要当事人自己了解一位调解人的经验和培训情况。

调解人为社会工作人员、律师、心理学者或其他专业人士。调解人应保持中立性，不站在任何一方的立场上，也不代替当事人作出任何决定，其作用在于通过努力帮助当事人之间达成一份探望权争议协议书。如果当事人已经聘请了律师，则在调解前最好咨询各自的律师，了解相关法律以及权利和义务，当事人的律师一般不与委托人一起共同出席调解程序。调解成功时，在协议上签字前，当事人一般会请律师审阅协议书的合理性，因为协议书一旦经法院确认便会对当事人产生约束力。调解结束后，调解人有义务向法院提交报告，如果当事人当初选择的是"开放式调解"（Open mediation），则调解人会就调解过程中发生的事情写一份完整的报告，并加入任何自己认为重要的情况。如果当事人选择的是"封闭式调解"，则调解人可以仅报告当事人达成了怎样的协议，或者未达成协议。

在解决探望权纠纷程序中，法院可以决定对子女的需求或当事人的能力和积极性进行评估，评估人由当事人协商选择，无法协商的可以由法院指定。评估员为社会工作者、心理学者、精神病学者等，评估员通常与每一位家庭成员会面，有时还会与其他人会面。评估程序中，法院有权要求当事人、子女及其他人出席评估员的评估程序，评估费用由法官命令当事人承担。评估结束后，向法院提交评估报告书，报告书中可以表明评估员对探望权或监护权问题的意见，该报告书可作为证据使用。

如果探望权争议的解决可能需要较长时间，当事人可以向法院申请临时令，由法院作出解决争议期间如何行使探望权的临时令，该临时令的效力将一直持续到法院作出最终决定。经审理，法院可以就如何行使探望权作出最终决定，法院认为一方存在伤害子女或对方当事人可能性的，可以作出拒绝行使探望权的决定，也可以决定其在第三人监督下探望子女。当事人双方可以共同指定一位朋友或亲属进行监督，也可以付报酬请专业人员监督。法院也有权指令某人或儿童保护机构对探望权命令的履行进行监督，[1]并做出恰当的判断，但是，如果被指定的人或机构不同意，则法院不得指定其为监督人。

---

[1] 安大略州有许多社区建有政府资助的监督探视中心，为当事人履行探望权判决或合意提供帮助。探视中心由经过培训的专业人员或者志愿者组成，经过该中心的安排，有探望子女需求的家庭可以通过该中心探视子女，该中心不但负责监督探视过程，还负责接送子女。

一方当事人妨碍另一方行使探望权的,法院可以以藐视法庭罪名义作出罚款或拘留处罚,也可以实行并罚。罚款额不超过5000加元,拘留不超过90日。就探望权争议获得有利于自己裁判的当事人,确信有人不向自己送交子女或者有合理且盖然性的理由确信不送交子女的,为了实现探望权,法院可以通过命令赋予申请人保护该子女的权限。父母一方出于妨碍另一方行使探望权之目的而拒绝送交子女,或者违背法院命令或合意而已经或准备将子女带离安大略州时,法院可以命令在警察参与下对子女采取保护措施,警察有权为了发现、保护、交送子女而采取合理的行为。出于保护子女的需要,警察在有合理理由的情形下可以进入任何场所进行搜查。在子女预被他人带离安大略州且不准备返回该州时,法院可以根据具有探望权者的申请,要求准备带离子女者将其护照、子女的护照以及其他有关旅行证明材料交给法院或法院指定的人保管。

四、德国探望权纠纷解决程序中未成年子女利益的保护

父母之间探望权纠纷是指夫妻离婚(包括离婚中)或分居后,与子女共同生活的一方拒绝对方探视子女或与子女交流,或者对探望方式达不成一致意见而引发的纠纷。1998年之后,德国立法规定离婚后的父母及非婚父母对子女具有共同照护权,不与子女共同生活的一方基于照护权有权以适当方式探望子女。德国历经多次法律修订,建立了较为完善的探望权纠纷裁判机制,这一机制以保护子女最大利益为核心。

(一)探望权立法演变与未成年子女利益保护的强化

德国1896年制定《民法典》,该法赋予离婚后非具亲权的父母一方探望子女的权利,但对非婚生子之父未规定探望权。1969年德国通过《非婚生子法律地位法》修改了《民法典》,首次明确规定非婚生子的父亲可以探望子女,但立法上并没有明确使用"权利"一词,并且规定了非婚生子的母亲作为亲权人可以决定是否允许父亲探望子女以及探望方式。但是,立法规定出于保护子女利益的需要,当法院认为非婚生子之父探望子女有利于子女福祉时,即使母亲一方不同意探望,法院亦可以作出允许父亲一方行使探望权的决定。

1979年德国通过《父母亲权新的调整法律》修改了《民法典》亲权制度,废除了此前亲权制度中的亲权概念,将亲权改为照护权(Elterliche Sorge),因为

"亲权"一词具有父母支配子女的性质,而照护权则具有父母为了子女利益有权利和义务照管子女的内涵。在探望权方面,德国《父母亲权新的调整法律》对婚生子之父与非婚生子之父仍然给予差别待遇,未从权利角度赋予非婚生子之父探望权,是否能够行使探望权仍由作为照护权人的母亲一方决定。对于离婚后的父亲一方,法律上尽管规定了探望权,但亦规定法院有权出于子女福祉之考虑,限制或者停止行使探望权。

1998年德国实施《亲子关系修改法》,该法废止了非婚生子与婚生子概念的使用,消除了两者在法律上的差异。[1] 该法规定无论婚生子还是非婚生子,父母对于子女都具有共同照护权;父母离婚后亦共同行使照护权,任何子女有权利由父母共同养育,而无论父母是否存在婚姻关系。在探望权方面,该法出现了新的变化,即父母双方探望子女以维护子女利益为原则,探望权规定的基础从此前探望权为"父母的权利"变更为"子女有被探望的权利"。德国这一立法变化深受联合国《儿童权利公约》的影响。该公约第9条第3款规定:"离开父母双方或一方的子女,有定期地维持与父母任何一方的人身关系或直接接触的权利。"德国为该公约缔约国,为了履行缔约义务,更好地保护儿童权益,对于探望权进行了上述新的立法。新的立法规定了与父母见面和交流是子女的权利,表明探望子女既是父母的权利,也是父母的义务。德国1998年《亲子关系修改法》修改了探望权制度,立法者认为可能此后探望权纠纷会不断增加,为了有效解决此类纠纷,立法上还建立了新的纠纷解决制度,例如,赋予家庭法院决定探望权行使方式、排除或限制探望权等权利;为了子女与父母之间顺利进行探望交流,还建立了"第三人协助交流制度"。德国《亲子关系修改法》尽管完善了探望权制度,但也存在一定的问题。根据该法的规定,如果非婚子女之父没有通过法律途径获得"父亲身份的承认",则其仅仅为生物学上的父亲,不能成为法律关系上的父亲,与子女之间不能构成法律上的父子关系,故仍然难以行使探望权。即使子女没有法律上的父亲,生物学上的父亲要想获得"父亲身份的承认",也要经过母亲一方的同意,如遭拒绝,则难以建立起法律上的父子关系。从这一意义上来讲,生物学上的父亲并不当然享有探望权,仅在司

---

〔1〕 参见陈玉玲:《德国亲子法视野下的婚生子女的否认——兼论对我国立法的启示》,载《时代法学》2011年第2期。

法实践中,法院认为探望子女有利于子女的利益时,才可判决婚外子之父行使探望权。[1]

对于这一问题,德国联邦宪法法院在 2003 年 4 月 9 日的某一判决中认为,生物学上的父亲与子女之间存在社会家庭关系,德国《民法典》第 1685 条第 2 款中未赋予生物学上的父亲探望权违反了德国《基本法》第 6 条第 1 款的规定(婚姻及家族特别保护条款的规定)。受此判决影响,联邦立法机关于当年出台德国《关于父性取消规定的变更法律》,修改了德国《民法典》第 1685 条第 2 款,对父母、祖父母、兄弟姐妹之外者的探望权范围进行了限定列举,规定"与子女有关联者,若负有事实上的责任或曾经负有此责任时,该人同样享有探望权",据此,生物学上的父亲即使未与子女建立法律上的父子关系也当然享有探望权。立法上之所以未将未婚子之父的探望权定位于"父母的探望权"而是归属于"父母之外者的探望权",原因在于德国法仍然规定,如果有其他男子被认定为法律上的父亲,那么生物学上的父亲依然不属父母权利的归属者。

德国 1998 年《亲子关系修改法》还在探望权纠纷等家事案件中建立了子女利益程序保护人(Verfahrenspfleger)制度,目的是防止父母之间的纠纷解决因欠缺子女福祉的保护而影响子女成长。立法上确定了在探望权纠纷中法院应作出选任程序保护人决定。程序保护人全程参与案件的审理,其主要任务是将子女意见反馈于法院;向子女阐明诉讼内容及预想的结果;对子女发表的意见是否具有适当性进行调查;为子女的利益申请鉴定;阅览诉讼记录;法院倾听子女意见时在场;获法院授权后对探望权纠纷进行斡旋;对不利于子女利益的诉讼判决提出不服申请等。子女利益程序保护人一般由法院从具有保护少年儿童福祉职责的行政机关及社会团体中选任,这些人具有丰富的教育学、社会学、心理学、医学甚至法学知识,具有较强的与儿童沟通的能力。

2009 年德国制定了《家事案件及非讼案件程序法》(FamFG),规定探望权纠纷及亲子关系案件实行迅速审理原则,原则上探望权纠纷应当在 1 个月内审结。此前,家庭法院对探望权案件的审理期间平均为 6.8 个月左右,[2] 立法者

---

[1] 高橋由紀子:「ドイツの婚外子の父の交流権」、『The Teikyo Law Review』2007 年 1 号。

[2] BDeutscher Bundestag,"Entwurf eines Gesetzes zur Reform des Verfahrens in Familiensachen und in den Angelegenheiten der freiwilligen Gerichtsbarkeit",Accessed June 20,2008. http://dip21. bundestag. de/dip21/btd/16/063/1606308. pdf.

认为探望权纠纷解决期限过长，可能会疏远探望权人与子女之间的关系，所以应确保此类纠纷得到迅速处理。[1] 立法上未明确规定探望权行使方式，由法院进行裁量。德国早在1998年修改《亲子关系法》时，立法机关就指出，由于探望权纠纷案件存在差异，法律很难制定统一的探望权行使方式作为裁判标准，故应当交由法院根据案件具体情况作出决定。[2] 德国2009年《家事案件及非讼案件程序法》还将子女利益程序保护人的名称修改为“程序辅助人”(Verfahrensbeistand)，并进一步明确了其在诉讼中的法律地位和任务。立法上还对选任程序辅助人的要件重新进行了表述。

(二)纠纷解决过程中法院对未成年子女利益的保护

1. 法院努力促成纠纷调解解决

家庭法院审理探望权纠纷，首先考虑的是能否促成当事人自主化解矛盾，这一义务来源于德国《家事案件及非讼案件程序法》的规定。该法第156条第1款第1项规定，只要不影响子女的利益，法院就应在审理程序进行的任何阶段努力促成当事人之间达成和解协议。法院有权根据纠纷情况在事前通知双方当事人的情形下，将案件交由作为行政机关的少年局或其他具有保护少年利益职责的民间机构进行斡旋，当事人不得拒绝。这些机构被法院指定为斡旋机构后，有权向纠纷当事人询问有关事项，努力促成当事人达成和解意向，若无法达成和解，则该机构应当将斡旋过程中获得的案件信息报告于法院，此报告将成为法院制作和解方案或判决的重要基础。当然，在适当的时机，法院也可以要求当事人利用其他裁判外纠纷解决方式化解纠纷。如果当事人之间自主达成和解协议，则法院应当审查和解协议内容是否违反子女的利益，一旦和解协议被法院认可，当事人就必须遵守协议内容；相反，若在规定期间内无法达成和解，则法院应当对纠纷进行裁判，对探望权行使方式作出决定。

2. 听取未成年子女的意见

对于探望权纠纷，在不影响子女成长、教育、身心健康的情况下，法院必须将诉讼情况及其预想的结果告知诉讼中的子女。为了保护纠纷中子女的利益，

---

〔1〕 高橋由紀子:「ドイツの交流保護制度——親子の面会交流実現のための親権制限」、『The Teikyo law review』2011年2号。

〔2〕 渡辺泰彦:「ドイツ親子法改正の政府草案について(二)」、『同志社法學』1998年2号。

法院应当确保子女的意见获得尊重,对此,法律规定法院应当听取14岁以上子女的意见,以使纠纷解决结果符合子女利益的需要。对于未满14岁的子女,也可以根据其心智成熟程度决定是否听取其意见,对于应当听取意见而未听取的情形下作出的判决,可以通过上诉方式撤销。一般来说,若子女同意见面,则法院便可推断探望权的行使有利于子女的福祉。若子女反对与父母一方见面,则法院应当根据子女年龄及其心智成熟程度进行判断,必有时可以进行调查。子女表达拒绝与父母一方见面的意思时,其意见有时并非出于其本意,可能受外界因素影响较大(例如,与子女共同生活的父母一方经常对另一方发表不满意见或进行人格攻击等),法院不能仅仅依据子女意见作出判决,而是应当进行事实调查。在1983年的德国联邦宪法法院一项判决中,宪法法院认为在子女拒绝父母一方探望时,法院应对拒绝理由进行调查,或者在裁判时考虑子女的想法,这是法院的责任。从司法实务来看,法院在调查时并不仅仅考虑子女的年龄,而是更加注重子女是否有合理的判断能力,探望权的行使是否会给子女带来不利影响。[1] 在1990年的OLG Hamburg案中,法官对10岁未成年子女的意思表现出尊重,根据拒绝被探视的意思表示,作出了排斥探望权的决定。[2] 该案法官认为,在判断探望权要素时,与子女的发育程度相比,更应当重视子女是否具有合理的判断能力。而在1987年的AG Bad Ibrug案中,法院尊重了5岁未成年子女拒绝被探视的意思表示,认可了拒绝行使探望权的诉讼请求。在该案判决中,法官认为,子女拒绝的意思没有年龄的区别。[3]

鉴于子女在纠纷中可能出于各种原因而难以充分或适当表达意见,立法上设立了子女利益代理人制度,即"程序辅助人"(Verfahrenbeistand)制度。程序辅助人由家庭法院选任,主要来自少年儿童保护和服务机构。程序辅助人不仅需要具备法律知识,更需要具备心理学、教育学、社会学、医学等专业知识,[4] 其作用主要是以适当方式听取子女意见并向法院提供听取意见结果。程序辅

〔1〕 佐々木健:「ドイツ法における親子の交流と子の意思:PAS(片親疎外症候群)と子の福祉の観点から」、『立命館法學』2009年5~6号。

〔2〕 OLG Hamburg FamRZ 1991,471.

〔3〕 AG Bad Ibrug FamRZ 1988,537.

〔4〕 Borth Helmut/Hahne Meo-Micaela/Maurer Hans-Ulrich/Schwab Dieter, *Handbuch des Scheidungsrechts*, München: Vahlen Franz Gmbh, 2004, S. 160.

助人除了亲自聆听子女意见外,还可以向幼儿园及学校老师、纠纷当事人的邻居、纠纷中子女的同学等了解有关情况。在选任程序辅助人的案件中,如果法院直接听取子女意见,则必须有程序辅助人在场时方可进行询问。

听取子女意见后,听闻子女意见的专家可能会在报告书中表明子女的意见受父母其中一方的影响,进而依据 PAS 理论(单亲疏远症候群)就子女的意见是否可以采纳向法院提出建议。自从 1998 年德国律师 Koeppel 将 PAS 理论介绍到德国后,学界和司法实务界对于 PAS 理论是否适用于家事案件中判断子女意见的真实性存在较大争议。[1] 支持该理论者认为,现实中确实存在子女顽固地拒绝与非监护权人见面的现象,一些案件中的儿童虽然为未入学儿童,但是受父母一方言行的影响,其意见与其年龄并不相当。[2] PAS 症状影响了子女本身健全人格的养成,使子女陷入精神上的福祉危险。

反对利用 PAS 理论对待子女意见者认为,该理论缺乏科学上的可信性,无助于解决有关监护权和探望权纠纷。在 2001 年 9 月召开的德国第十四届家庭法院会议上,专门就 PAS 理论是否有助于探望权问题的解决展开了讨论。有关报告指出,关于子女非理性拒绝与分居父母见面问题,由 PAS 模式导出的介入方法不具有理论的整合性。在 2004 年德国家族法杂志 50 周年纪念会议上,也有法官就 PAS 理论发表了见解,在指出判断子女意见困难性的基础上,认为 PAS 理论在现实上是否能有助于解决探望权纠纷尚存疑问。[3]

尽管德国学界对于 PAS 理论的探讨较为活跃,但是,借助 PAS 理论考察子女的意思表示的实际案例非常少见,甚至最近几年来尚未见到法院借助 PAS 理论进行司法认定的判例。较早利用 PAS 理论的司法判例是 1998 年 4 月 27 日的某一案件。在该案件中,9 岁的未成年子女强烈拒绝被父亲探视,鉴定专家的鉴定报告书指出该子女显示出 PAS 症状,其结果(意思表示)深受母亲的影响。法院基于鉴定结论认可了父亲的探望权请求,对母亲一方作出剥夺监护权的警告(androhen)。[4] 2002 年 4 月 25 日,某法院在探望权纠纷案件判决书

---

〔1〕 Michael Stadler, "Bericht des Arbeitskreises 9 des 14. Deutschen Familiengerichtstags: PAS-ein Beitrag zur Losung von Umgangsproblemen?", Fam R. Z. 2002, 1317.

〔2〕 Rauscher, in; Staudinger, a. a. O. (43), 35.

〔3〕 Luthin, a a. O. (50), 243, 249.

〔4〕 AG Rinteln ZfJ 1998, S. 344.

中指出,对于精神上非常顽固的11岁子女的意见,明显受到了作为监护人的父母一方影响,并且子女缺乏自我意识上判断能力,(其意思表示)不应当给予考虑。[1]

3. 探视保护制度

子女有与父母各方进行见面交流的权利,(德国《民法典》第1684条第1款)探望权行使原则上包含了子女的福祉,亲子之间的见面交流具有特别重要的意义。因此,在履行探望权判决时,有必要避免因无法行使探望权而对子女利益造成危险。[2] 履行探望权判决的过程中,如遇父母一方妨碍另一方行使探望权而可能使子女福祉陷入危险境地时,法院可决定部分或全部剥夺妨碍者的照护权而委任少年局作为探视保护人(Umgangsbegleiter)。在决定利用探望交流保护制度时,法院指定少年局作为探视保护人,少年局指派适当人员参与探望过程,由于实行探望交流保护制度的前提是在一定时期内部分或全部剥夺妨碍探望权实现一方的照护权,故而,探视保护人发挥着照护权人的作用。其有权请求一方交出子女;确定探望时间、地点和方式;决定子女住所;约定交还子女。在父母之间关于探视方式发生争执时,可以介入进行斡旋,也可以直接作出决定。探视保护人在探视过程中可以在场,并应当向法院报告相关情况,但是,探视保护人无权通过强制手段将子女从父母一方带走而交于另一方探视。法院交流保护命令为暂时性措施,目的是促成父母之间自主实行子女的探视。如果在规定的期间内未达到探视保护目的,或者法院根据具体情况认为将无法达成目的,则可以作出新的探视保护命令。

在1998年的某一案件中,科隆高等法院因母亲一方断然拒绝子女的父亲一方行使探望权而作出了探视保护命令。[3] 该案中的母亲一方在当初的离婚诉讼中获得监护权,父亲享有探望权,父子之间见面交流的方式为每月第2个星期日的14~18时在少年局斡旋下进行第三人在场监督式的探视。但是,在第一次行使探望权前,母亲一方以“儿子不愿意与父亲见面”为由拒绝让父子见面,父亲一方因此在4年间未能与子女见面。于是,父亲一方起诉请求由自

---

〔1〕 OLG Dresden FamRZ 2002,1588.

〔2〕 Vgl. BGH,NJW – RP 1986,1264. ;OLG Celle,JAmt 2004,150.

〔3〕 OLG Köln,FamRZ 1998,1463.

己单独行使照护权。法院根据专家的鉴定结论,认为父子之间具有见面交流的必要性,母亲一方拒绝父子见面对子女福祉造成了危险。最终,法院作出了探视保护命令,这一命令实际上剥夺了母亲一方有关父子见面的决定权,排除了母亲一方对于父亲的探望权的妨碍。2002 年法兰克福高等法院也在某一探望权纠纷中作出探视保护命令。该案中的母亲一方离婚后获得单独照护权,但是一直拒绝父亲一方与子女见面。父亲一方多次提起诉讼,尽管在诉讼中达成探望权行使方式的合意,但因为母亲一方的妨碍,父亲一方数年来未能实际行使探望权。父亲一方向家庭法院起诉请求发出探视保护命令,家庭法院驳回了其诉讼请求。父亲一方上诉至法兰克福高等法院。上诉法院作出了以下决定:(1)与子女共同生活的父母一方无正当理由且长期拒绝另一方与子女见面交流时,为了保证履行送交子女义务,对妨碍探望权父母一方考虑实行强制拘留和行使强制力;(2)在上述场合,命令实行探视保护,为了保证父子见面由补充的保护人(探视保护人)送交子女。[1]

(三)对不履行判决者的强制执行

通过强制执行实现探望权并不一定是最好的利用方法,有时反而不利于子女利益的保护,因此,强制执行总是最终利用的手段。对于此前未经历裁判外纠纷解决程序的案件,在一方不履行判决时,法院可根据当事人申请对新的纠纷进行仲裁,在仲裁程序中法院可传唤少年局出席程序,以听取少年局有关子女利益保护的意见。法院一般通过与父母进行沟通,阐明拒绝探望子女的法律后果、可能实施的制裁措施等,尽力促成当事人和解。在仲裁过程中,法院仍可要求当事人通过少年局等其他机构提供和解上的斡旋,当事人必须听从这一命令。若当事人未就探望规则达成和解,或者一方当事人不出席仲裁程序,则法院可决定是否变更此前裁判内容或是否启动强制执行措施。

对拒不履行法院判决或和解协议的父母,法院最终将通过强制执行程序促使其配合实现探望权,强制执行的手段首先考虑交付罚金,立法上规定罚金不超过 2.5 万欧元,司法实务中一般为 500 欧元以下。如果法院认为交付罚金也无法达到强制执行效果,则可对不履行判决者采取拘留措施。若法院认为无法行使探望权不利于子女的成长,则可决定在一定期间内剥夺妨碍探望权实现者

〔1〕 OLG Frankfurt/M, FamRZ 2002, 1586.

的照护权,而将照护权委任于另一方单独行使。[1]

五、日本探望权纠纷的审理及子女利益保护

(一)探望权纠纷处理程序特点

日本在2007年修改《民法典》之前,立法上不存在探望权的明确规定,有关夫妻离婚或分居后的探望权问题是由司法判例加以调整的。1964年东京家庭法院在某一离婚判决中表示,离婚后母亲有与子女见面交流的“权利”。自此判决之后,日本学界和实务界对探望权性质展开了热烈讨论。2007年修改后的日本《民法典》第766条对探望权进行了明确规定。父母协议离婚时,应当对于监护子女者、父亲或母亲与子女的见面或其他交流等必要事项作出约定,此场合必须优先考虑子女的利益。在无法达成上述协议时,由家庭法院决定有关事项。日本《民法典》还同时规定,在裁判离婚时,应当同样对于探望权事项作出判决,并且必须以保护子女最大利益为原则。

离婚案件实行调解前置原则,夫妻之间必须首先尝试通过调解解决探望权争议,任何一方均可向法院申请调解程序。调解组织分为两种:一种由1名法官与处于中立立场的调解委员2名(从社会上聘请的调解员)组成调解委员会实施调解;另一种为仅由法官实施调解。在调解程序中,法院命令家庭法院调查官进行事实调查,调查官通过与子女、父母见面或者走访相关机构了解事实问题,并向法院提交调查报告,报告中应当附具如何处理纠纷的意见。经调解达成合意的,将合意内容记入笔录后,产生与生效判决同等的效力。在征得父母同意后,法官可让案件所涉子女参与调解程序,与父母同席,通过当事人之间的对话推进调解程序。在一起探望权争议调解案件中,母亲一方认为,子女害怕父亲,不想与父亲见面,因此不愿意让父亲一方探望子女。在第二次调解时,法官在父母同意下将子女带入调解室,该子女一见到父亲,飞奔着扑向父亲的怀抱,喜笑颜开。经过调解,母亲一方允许父子见面交流。而在另一案件中,法官让案件所涉子女参与调解,但发现该子女见到父亲后躲到房间一角,不理会父亲,对父亲的招呼置之不理,基于这一情形,父亲一方及其代理律师认可了母

---

〔1〕 棚村政行:「諸外国における面会交流支援活動の実情と課題」、http://www.moj.go.jp/content/000076567.pdf.,2014,2,12。

亲一方的主张,同意不与子女见面。[1] 从日本司法实务来看,让子女与父母同席参加调解程序,可以直接了解子女对于父母的态度,促使夫妻双方重新思考问题,尊重子女的意思,有利于调解协议的迅速达成。

调解不成的,进入审判程序。由于探望权纠纷涉及未成年子女利益,因此,按照日本《家事诉讼法》的规定,法院可依职权或依申请为案件所涉子女选任程序代理人,程序代理人不是诉讼代理人,而是子女的利益代理人,通过全程参与诉讼程序了解子女对于纠纷的意见,并向法院进行报告。当然,由于其并不是未成年子女的诉讼代理人,因此,当其认为子女的意见并不适当时,可以向法院提出与子女意见不同的更符合子女利益的意见。根据日本《家事诉讼法》的规定,家庭法院认为有必要时,可以指定参与员参与程序,参与员通过参与事实调查程序、和解程序、庭审程序等,向法官发表如何处理探望权纠纷的意见。[2] 在必要时,审理案件的法官委托法院技术官(医师)对案件所涉子女、纠纷当事人的身心状况进行鉴定,技术官在获得法官允许后,可以出席庭审陈述意见。技术官在心理评价方面具有专业知识,其鉴定意见对法官的决定具有重要参考意义。在某一探望权纠纷的上诉案件中,大阪高等法院认为,家庭法院调查官不是心理学、精神医学方面的权威人士,审理法官对此也是外行,该案一审没有充分利用医务技术官,仅凭30分钟程度的试行见面交流的观察就断定子女的意向和心理状态的做法是对"科学的亵渎",属于审理不尽(审理不充分)。[3] 从本案件中可以看出,日本法院对于医师鉴定意见较为重视。

一些法院在作出正式判决前,决定试行探望权,即法院作出暂时如何行使探望权的决定,在一段时间内试行该决定,根据试行结果最终确定如何作出探望权判决。试行探望权大致分为两种方法:一种是法院委托社会上具有探望权判决履行支援功能的机构负责实施,并定期向法院汇报实施情况,特别是探望

---

〔1〕 井上治典、佐藤彰一編:『現代調停の技法~司法の未来』、判例タイムズ社、1999年、121~30頁。

〔2〕 家庭法院参与员是法院从社会上聘请的,立法规定参与员应当从德高望重者中选任,对于年龄、职业等未作出限制。但是,被选任为参与员的人不得存在判处刑罚、免职处分(公务员、法官)、惩戒处分(律师)等情况。通过参与员参与家事诉讼程序,是为了让判决结果反映民意,避免法官僵化地适用法律。

〔3〕 大阪高等裁判所第9民事部、平成22年(ラ)第196号、子の監護に関する処分(面接交渉等)申立てについてした審判に対する抗告事件。

权行使中子女、父母以及相关人员的表现情况。另一种方法是在法院试行探望权的行使，法院专门配置父母与子女见面交流的房间，有关人员对探望过程进行观察。父母离婚或分居后，让子女与父母见面交流对于子女的健康成长具有重要意义，出于这一重要性，日本法院在对探望权争议作出判决时，只要没有违反子女福祉的特别情况，一般都会作出让子女与父母一方见面的判决。在司法实务中，法院判决不允许与子女见面交流的理由主要是父母一方对子女存在虐待行为、子女明确表示不愿意见面等。

无论是通过调解还是判决确定探望权行使方式，均可以对探望权行使附加一定的条件，这是为了确保探望权行使的顺利进行，避免子女的利益受到损害。对于探望权行使的方法，一般要作出详细的约定或判决，例如，对于探望的日期、次数、时间、场所、联系方法等作出具体的约定或判决。在探望日期方面，一般每月与子女见面1～2次者居多；在时间方面，子女进入小学前每次2小时、进入小学后每次半日或1日者居多。

判决生效后，如果父母一方妨碍另一方行使探望权（不让其与子女见面），则可以申请强制执行，但是，如果子女本身不愿意见面，就不能启动强制执行程序。强制执行时，不得对子女的人身进行执行，即不允许强行将子女带走交给探望权人，而只能申请间接强制执行，即对违反义务的人命令支付罚金，罚金额度最高为5万日元。

（二）探望权的判例生成及学说上的观点

日本最早有关探望权的判例形成于1964年，该案件对于日本理论和实务界产生了重大影响。该案的纠纷事实如下：育有一子的夫妻离婚后，男方获得监护权，并与另一女性再婚。未获得监护权的母亲一方因监护权人的阻碍无法与子女见面，监护权人对该子女实施欺骗行为，谎称其亲生母亲为某女（再婚的女性）。女方于是向家庭法院提出调解申请，请求法院就与子女见面交流问题进行调解。对方当事人在规定的调解期日未出席调解程序，案件进入审判程序，但是，在法院发出开庭通知的情形下，对方当事人仍然不出席庭审，法院最终作出了缺席判决。判决内容为：(1)对方当事人每个月一次在本法院指定的时间和场所，让事件本人（子女）与诉讼申请人见面；(2)诉讼申请人以及对方当事人就前项见面的实施，应当听从家庭法院调查官西田博的指示。在判决理由中，法院认为，本案的问题在于离婚后无亲权或监护权的父母对未成年子女是否有见面或交流的权利,假设有这一权利,父母为了行使见面或交流权,就必要的事项与另一方或者具有监护权者之间协商不畅或者不能协商时,家庭法院能否进行审判。但是,日本民法不同于很多国家的立法,不存在非监护权人对未成年子女有见面或交流权利的明文规定。但是,该法院认为,对于未成年子女的见面或交流权是不具亲权或监护权者作为父母的最低限度之要求,因父母离婚这一不幸状况造成事实上父母不能共同行使亲权或者监护权,指定父母的一方作为亲权人或监护人,单独监护和抚养未成年子女。即便如此,不具有亲权或监护权的另一方仍然拥有与未成年子女见面或交流的权利,只要这一权利不损害未成年子女的福祉,就不应当进行限制或剥夺。另外,这一权利虽然不属于监护权本身,但应属于与监护权相关的权利。因此,离婚时具有亲权或监护权的父母,就与未成年子女见面交流权行使的必要事项,可以与具有亲权或监护权的父母进行协商,协商不成或无法协商时,应当由家庭法院作出决定。另外,家庭法院为了子女的利益,必要时可以就与未成年子女见面交流权行使的必要事项发出相应命令。本案的重要意义不仅在于第一次就探望权作出判决,而且还在司法实务界产生了以下影响:(1)即使离婚调解笔录中未写入见面交流的条款,也可以就探望权申请调解。(2)案件所涉子女即使被亲权人或监护人"洗脑"而不愿意与另一方见面,法院也可以出于子女利益的需要而让子女与另一方见面。(3)无论子女是否表示想与父母一方见面,探望权都是非监护人的一项权利,通过与子女见面交流,对子女的福祉有利。(4)即使监护权人再婚,非监护权人也可以请求行使探望权。(5)当事人之间就探望权无法或不能达成一致意见的,法院可以就与子女见面交流的具体次数、时期、场所,见面时间等作出指示或决定。(6)妨碍探望权行使时,非监护权人可以请求通过调解变更监护人。

1964 年之后,日本法院对探望权作出的判决不断增加,从这些判例中可以看出,日本法院的态度是,对探望权的行使只要不损害子女利益即被允许,存在以下情形时可能被禁止行使探望权:(1)子女与监护父母的再婚对象形成养子女关系,现实上在养父或养母共同监护下,过着安定的生活。(2)亲生父母离婚后子女与第三人夫妇形成养子女关系,过着安定的生活。(3)子女经过与父母见面交流后出现情绪不稳定等不良影响,子女表示出拒绝见面交流。(4)非监护人一方存在行为上或者生活态度上的较大问题,无法与子女进行顺利且平稳的见面交流。[1]

1964年诞生探望权判例后,学界对探望权的性质也进行了研究,总体来看,就探望权性质存在以下不同观点:(1)探望权是父母的自然权利乃至固有权利,是基于亲子关系当然存在的权利;(2)探望权是父母抽象的自然权利,具体内容上作为与监护相关的权利,通过父母之间协商、法院调解或审判而确定;(3)探望权是与监护关联的权利;(4)探望权是亲权、监护权的一部分;(5)探望权是子女的权利;(6)探望权权利性的否定说。[2] 持"探望权是子女的权利"者认为,通过父母与子女见面交流,使子女发育成长步入社会当属子女的权利,因此,与子女见面也就成为父母的义务,这一义务不因非监护人身份而改变。探望权权利性的否定说认为,见面交流让子女对父母产生忠诚心上的冲突(loyalty conflict),有可能损害监护人与子女安定的亲子关系之形成和维持,增加子女的负担,所以不应当作为权利来强制行使。[3] 探望权性质否定说尽管否定关于探望权法律性质,但是其学说仍然以子女的利益保护为视角,认为探望权性质说在结果上可能影响子女与监护人的安定生活。最近,法官若林昌子对探望权性质重新进行了阐释,认为对于见面交流的性质是无法从传统上固定的绝对的概念角度准确把握的,探视子女是出于子女成长和人格形成的必要,具有亲子关系的价值,是一种应受保护的法益。见面交流的权利性具有复合的、相对的性质。其特性为:(1)对见面交流的主体关系,应当从父母、子女、国家三者关系来进行把握。将子女的权利主体性作为前提,见面交流是子女的权利而不是其义务。作为监护人的父母具有义务,非监护人的父母对监护人享有权利,对子女负有义务。国家应当保护子女这一权利,构筑与父母见面交流的保障法制。(2)探望子女的权利不是绝对的权利,在违反子女利益原则时受到限制。(3)探望子女的具体权利通过当事人合意或者法院审判形成,非监护人并非在一开始(即未达成合意或获得判决前)就当然享有请求另一方见面交流

---

〔1〕 門脇稔:「離婚後の面接交渉権とその在り方について」、『基礎科学論集:教養課程紀要』1990年8号。

〔2〕 木幡文徳:「面接交渉権追論」、『専修大学法学研究所紀要(民事法の諸問題Ⅷ)』1992年7号。

〔3〕 梶村太市:「子のための面接交渉」、『ケース研究』1976年153号。

的权利。[1]

司法实务者中从子女利益的角度把握探望权性质者较多,认为与子女见面不仅仅是为了父母一方,而是通过子女与非监护权人的父母见面,接受双方父母良好的影响,有助于其形成健全的人格。[2] 不过,认为探望权是父母的自然权利的这一观点也颇为盛行。1999 年 12 月静冈地方法院滨松分部基于这一权利理念对妨碍探望权实现的监护权人作出了向探望权人支付损害赔偿金 500 万日元的判决。法院认为,原配偶(妻子)拒绝原丈夫与子女见面交流,可以说停止了原丈夫的亲权,妨害了原丈夫作为父亲的基于情感的自然行为,属于违法行为。

1984 年在某一上诉到日本最高法院的探望权纠纷案件中,当事人以日本宪法上的公民有追求幸福的权利为由主张探望权,(该案中,一审法院和二审法院均拒绝其行使探望权)认为作为非监护人的父母一方与子女见面的权利,是亲子这一身份关系中当然承认的自然权利,包含了维护个人尊严的《日本国宪法》第 13 条的幸福追求权。对于这一重要的基本人权,不允许以公共福祉为由全面给予否定。见面交流权的限制应当仅可以设定见面的时期、场所、在场人员等。日本最高法院针对当事人的这一主张,采取了回避态度,没有明确对下级法院拒绝行使探望权是否违反宪法进行判断,而是认为"未认可见面交流的原判决违反《日本国宪法》第 13 条的主张,实质上是家庭法院就日本《民法典》第 766 条第 1 款、第 2 款的解释适用错误"。当时的日本《民法典》第 766 条第 1 款和第 2 款是关于夫妻离婚或分居后监护权的规定,最高法院认为有关探望权问题的处理,应当准用有关监护权的规定。日本最高法院的判决理由实际上包含了两个重要信息:一是不让父母与子女见面不产生宪法上的问题;二是非监护权人的父母一方享有探望权。这是日本最高法院受理的第一例有关探望权争议的案件,该案中最高法院的非监护人有探望权这一观点,对司法实务界影响较大,可以说终结了非监护人是否有探望权在司法实务上的争论。

学说上对探望权法律性质存在不同观点,但司法实务上在未成年利益保护上存在共性,即解决探望权争议必须考虑子女利益的需要,在明显违反子女利

---

〔1〕 若林昌子:「面会交流事件裁判例の動向と課題」、『法律論叢』2012 年 85 卷 2 ~ 3 号。

〔2〕 FPかしわ:「面接交渉権とは」、http://www.fp-kashiwa.com/mensetu/j2.htm#topic1.,2016,1,1。

益时,禁止行使探望权或者附条件行使探望权。[1] 法院这一司法实务的做法也是贯彻日本《民法典》基本要求的表现,日本《民法典》第766条规定了判断探望权时,必须以子女利益为最大原则。司法实践中,拒绝诉讼申请人探望权的认定标准主要包括以下几方面:见面交流对子女成长存在负面影响,妨碍子女与监护权人的稳定关系;见面交流将使得监护人和非监护权人之间重新引发争议,对子女产生不好的影响;子女本身拒绝见面;非监护权人有经济能力,但无正当理由拒绝支付抚养费。[2]

(三)认可探望权但对探望方法进行限制的判例

2010年东京家庭法院在某一探望权纠纷案件中,虽然允许诉讼申请人与子女见面交流(子女4岁),但对行使探望权附加了具体条件。该案中的夫妻已分居2年,子女与母亲一方生活,在女方拒绝父亲一方与子女见面后,男方请求法院对探望权争议进行调解,调解未成,案件转入审判程序。男方主张要求每月与子女见面2次以上,每次实行2宿3日的见面交流(即让子女与自己居住2晚3日);如果不实行住宿时见面交流,即使利用第三方机构,也不使用监督式,而应当使用交送式见面交流。[3] 对方当事人(女方)主张,认可诉讼申请人与子女见面交流,但是实行由第三方机构监督下的探望,费用由双方各自承担一半。

法院首先承认诉讼申请人有与子女见面交流的权利,在此基础上认为,见面交流的可否以及方法、内容,应当基于子女福祉的立场及监护子女的必要性做出适当的考虑。法院针对诉讼申请人的主张,认为根据有关记录,未成年子女才4岁,可以预想申请人的主张会对该未成年子女带来环境上的巨大变化。该未成年子女对家庭法院调查官表示,在没有对方当事人(母亲)及其外祖父母在场状态下住宿感到不安。因此,直接实施住宿式见面交流会给未成年子女

---

[1] 磯谷文明:「児童虐待ケースにおける面会交流」、『子どもの虹情報研修センター紀要』2009年7号。

[2] 榮春彦、綿貫義昌:「面接交渉の具体的形成と執行」、『新家族法実務体系②』2008年。

[3] 在日本,法院作出判决时,可以决定行使探望权时由第三方机构实行探望权行使(判决履行)的支援,以确保探望权顺利实现,保护子女在探望过程中免受伤害。第三方支援机构定期向法院汇报探望权性行使情况,这些信息对于法院今后变更监护权或探望权行使方式非常重要。第三方机构提供支援时提供与子女见面的场所,如果派出人员对探望权行使过程进行监督(在场监督、通过录像或其他设施监督),此为监督下的探望,如果第三方支援机构仅仅提供场所和负责接送子女,此为交送式探望。

造成巨大负担。基于此,就诉讼申请人与未成年子女的见面交流问题,于现时点上认可诉讼申请人主张的每月见面2次以上,每次2宿3日的探望方式并不适当。针对对方当事人的主张,法院认为,为了顺利进行见面交流,利用第三方机构,由其职员进行监督下的见面交流是适当的。最后,法院作出包括2项判项的探望权行使决定:(1)对方当事人必须允许诉讼申请人在本判决生效后允许诉讼申请人每月与子女见面2次。(2)双方当事人就探望权必须遵循以下事项:第一,利用第三方机构监督下的探望权行使方式;第二,实施见面交流时必须遵从第三方机构的指导;第三,利用第三方机构时的费用各自负担一半。[1]

2010年7月5日,大阪高等法院在审理某一探望权纠纷上诉案件时,赋予了诉讼申请人(上诉人)探望子女的权利,但根据子女利益保护的要求,对探望权附加了一定条件。该案大致情形是,夫妻离婚后母亲一方享有子女监护权,父亲一方有探望权。开始时,母亲一方允许使用在与子女见面时子女在父亲处居住2晚的方式进行探视(每个月见面1次,1年可以2次在父亲处居住2晚)。后来,因子女的接送问题双方发生争执,中断了探望权行使。父亲一方提起诉讼,请求再次允许住宿式见面交流(母亲一方反对),并请求对见面交流的频度、日期、时间作出详细决定。除此之外,还请求按照子女的希望进行见面交流(子女希望见面时有对方当事人既母亲一方在场)、请求其参与子女在学校的相关活动。上诉法院针对诉讼申请人(上诉人)的探望权,表示子女与非监护权人见面交流,是子女感知非监护权人情感的机会,对于子女健康成长具有重要意义。限制见面交流只限于见面交流有害于子女的福祉这一例外情形。并且具体的见面交流的实施在日期、频度、时间、方法上要符合子女的福祉。针对诉讼申请人住宿式见面交流的主张,法院认为,在当初1年半时间内,即使对方当事人(母亲一方)未同伴,未成年子女也与诉讼申请人进行了见面交流。在试行见面交流时,虽然该子女对与诉讼申请人同住持消极态度,但对方当事人(母亲一方)在退出会见室后,该子女与诉讼申请人很融洽地顺利进行了交流,因此,不能认为未成年子女对诉讼申请人见面交流存在消极态度,认可诉讼申请人与未成年子女住宿式见面交流是适当的。不过,未成年子女目前是小学

---

〔1〕 東京家庭裁判所家事第2部平成二十二年(2010年)(家)1907号。

三年级学生,当下,在暑假和寒假期间各1次,每次2宿3日较为适当。针对诉讼申请人(抗告人)平时日归式见面交流的(即见面后返回母亲处)请求,法院认为,未成年子女当下是小学三年级学生,是学习时间和校内外活动不断增加的时期,加之此前实行过每月1次日归式见面交流,实行每月1次、每次8小时的见面交流是适当的。针对诉讼申请人参与子女学校活动的请求,法院认为非监护权人直接参与未成年子女学校活动,不存在招致学校对应上的混乱、产生新的纠纷危险之情形。另外,作为父母参加子女学校的运动会、音乐会、演讲会等活动是很自然的事情,参加时当然要考虑子女的情绪,除非存在限制参与的特别情况,否则不应限制其参与。现时点上,对方当事人不存在妨碍诉讼申请人参与子女学校活动的情况,没有必要对参与学校活动作出特别决定。大阪高等法院基于上述判断,变更了原审法院判决,作出如下决定:抗告人遵循以下事项进行与子女见面交流:第一,未成年子女在学校放寒暑假期间,分别与子女见面1次,每次子女居住2晚3日;第二,除上述见面交流的月份外,每个月见面1次,每次8小时;第三,对方当事人可以在子女与父亲见面时同伴;第四,见面交流的具体日期、场所、方法,应尊重未成年子女的福祉,由当事人进行协商。[1]

(四)出于子女利益的考量拒绝行使探望权的判例

2002年横滨家庭法院在一起探望权纠纷案件中,以诉讼申请人存在暴力行为为由驳回了探视子女的请求。该案中的夫妻于2001年离婚,女方获得子女监护权,离婚时子女仅7岁。在离婚前,男方经常对女方实施家庭暴力,并致使其骨折。针对男方行使探望权的主张,女方表示对诉讼申请人抱有强烈的恐怖感,由于知晓其所在,担心再次遭受暴力行为。诉讼申请人主张,即使存在暴力行为,也可以通过反省,缓和对方的恐怖感。横滨家庭法院经审理认为,对方和未成年子女现在未遭受暴力,过着安定的生活,暴力行为是过去的事情,未成年子女未积极地要求与诉讼申请人接触。综合所有情况来看,现时点上,申请人事实上虽然对未成年子女怀有情感,但认可其与子女见面交流不符合子女最大利益,如果认可其请求,则存在子女再次卷入双亲的争执、其福祉受到危害的

---

〔1〕 大阪高等裁判所平成二十二年(2010年)七月五日决定、平成二十二年(2010年)(ラ)196号、子の監護に関する処分申立てについてした審判に対する抗告事件。

危险。[1]

上述案件属于非监护权人对监护人存在暴力行为，为了保护子女利益，拒绝非监护权人行使探望权的案件。在日本，非监护权人对监护人存在家庭暴力行为的，法院一般会拒绝其行使探望权。但是，在某一案件中，虽然父亲一方曾对母亲一方存在暴力行为，但出于维护子女福祉的需要，法院决定利用间接方式行使探望权。该案判决是由东京高等法院于2015年6月12作出的。该案件的事实是，某夫妻在婚姻存续期间，父亲一方对母亲一方实施家庭暴力，暴力行为不但使母亲一方受伤，还使长子的身体受到伤害。母亲一方提起离婚诉讼。在探望权方面，母亲一方提出书面意见，要求实行间接的见面交流。在探望权纠纷调解时，家庭法院调查官的调查报告认为，"尽管认为属于需要第三方支援的必要案件""但是，未有迹象表明存在必须控制见面交流的未成年子女的状况"。3名精神科医生先后对案件所涉子女进行了会面诊断，2名医师的结论是子女具有心因性反应（不安、抑郁状态），原因是父亲的言行无法保证安定的生活和母亲一方的情绪稳定，希望控制见面交流；一名医师的结论为2名子女存在情绪障碍，需要门诊治疗。东京高等法院认为，应当从子女的福祉观点决定见面交流问题，存在违反子女福祉特别场合的不应当予以认可。上述特别情况的有无，不是法官主观的判断，而必须作出客观合理的认定。即使是共同亲权人，从子女福祉的观点也不能限制见面交流，何况，在作出决定时，父母裁判离婚，母亲为单独监护权人。东京高等法院在陈述了父亲一方可以行使探望权的理由的基础上，认为根据对方当事人（母亲一方）和未成年子女的状况以及为了将来构筑良好的父子关系，在增加对方当事人（母亲一方）负担状况下进行直接见面交流，反而会可能使未成年子女对抗告人（父亲一方）的印象恶化，所以是不适当的。基于上述判断，法院决定实行间接探望方式并作出如下决定：母亲迅速将父亲每2个月写给子女的信件转交给子女；每4个月1次将子女的照片2张（脸部及全身照各1张）送交给父亲一方。[2]

在某一案件中，父母离婚后2名子女由母亲一方监护和抚养，父亲一方在2005年提起行使探望权之诉，一审法院认可了其诉讼请求，母亲一方提起上

---

〔1〕 横浜家裁2002（平成十四年）年1月16日審判（家月54卷8号48頁）。
〔2〕 東京高裁2015（平成二十七年）年6月12日決定（判時2266号54頁）。

诉。东京高等法院(上诉法院)经审理,认定了如下事实:目前2名子女明确陈述不想与父亲见面;父亲一方送给子女装有追踪位置信息的电子玩具,诉讼申请人对女方的亲属和老师使用威胁性的语言,并且女方担心子女的父亲可能带走2个子女。基于上述事实,法院认为,见面交流会使子女产生对父不信任感这一紧张情绪,陷入父母之间复杂的忠诚纠葛之中,其结果有害于情绪的稳定,很大程度上会损害子女的福祉,承认其请求是不适当的。[1]

如果子女的父母之间矛盾异常激烈且无法缓和,则出于保护未成年子女利益的需要,法院也可能作出拒绝行使探望权的判决。某一对夫妻离婚后,子女由母亲单独监护,母亲一方拒绝男方行使探望权,原因是离婚前双方就存在特别强烈的对立情绪,父亲一方为了监护子女曾经到子女就读的学校从母亲处强行夺走子女,后经警察处理交还了子女。为了躲避男方的追踪,女方不得不带子女辗转于不同的福祉机构居住,双方矛盾特别激烈。审理该案的法院在认定双方矛盾已经不可融合的基础上作出了如下判断:是否认可见面交流,应当综合考虑未成年子女的生活关系及意思表示以及对监护人监护子女的影响等各种情况加以考虑,依据是否符合未成年子女福祉作出决定。根据家庭法院调查官与未成年子女的会面和调查结果,未成年子女均处于健康、稳定的生活状态,与母亲具有亲和性。未成年子女表示满足现在的生活状况,害怕目前生活的安定和平被打乱,明确表示出对诉讼申请人的厌恶感。未成年子女深感父母之间的对立,诉讼申请人在学校抢夺子女的行为使未成年子女因父母之间的紧张关系而受到强力刺激。基于上述判断,法院认为现时点上诉讼申请人的见面交流只能给未成年子女带来弊害,不符合其福祉。据此,法院作出诉讼申请人的请求没有理由,驳回其请求的裁判。[2]

子女的意见也是影响法官是否作出拒绝探望权裁判的重要因素,但司法实务中仅仅根据子女意思作出决定的案件极为少见,法官对将子女意见作为唯一证据方面较为谨慎,通常的做法是在考虑子女意见的基础上结合其他证据,在保护子女利益的理念下作出决定。在某一探望权纠纷案件中,家庭法院调查官先后两次就子女的意见向法院提出报告(两次报告间隔2年,第一次调查时子

---

〔1〕 東京高裁2007(平成十九年)年8月22日決定(家月60卷2号137頁)。

〔2〕 京家裁平成十三年(2001年)六月五日審判。

女5岁,第二次时7岁),报告书中对子女的意见进行了详细的描述。报告书中表示,案件所涉子女强烈拒绝与母亲见面,使用了“从早到晚遭受妈妈不停的训斥”“一想到见妈妈前天晚上就睡不着觉”等用语,并且该子女在家中对母亲使用“那个家伙”“混蛋”等称呼。即使父亲表示如果想见母亲也可以见面,该子女也仍然摇头表示反对。在调查意见中,家庭法院调查官表示,基于子女强烈的不想见母亲的意思表示,可以说很难实施见面交流,强行让其见面,只能给其带来相当大的心理负担。审理该案的法官根据法院调查官的报告和意见,作出了拒绝母亲一方行使探望权的决定。[1] 在大阪高等法院审理的一上诉案件中,7岁的未成年子女也表示讨厌母亲,希望与父亲共同生活。法院未遵从子女的意思,认为子女对母亲的感情是表面的,考虑其年龄,如果尊重其意见反而违反其福祉。[2]

六、法国探望权纠纷解决制度

在法国,“探望权”一词一般用“droit de visite”表示,意指父母离婚或分居后,未与未成年子女共同生活的父母、祖父母、法律规定的第三人有权探望该子女,如果与子女共同生活的父母一方拒绝权利人行使探望权,则形成家事案件中的探望权纠纷。本书仅以父母之间的探望权纠纷为考察视角,并不论及祖父母、第三人的探望权。并且本书将着重研究法国的法院在处理探望权纠纷过程中,如何关注子女利益的最大化。法国对探望权的立法开始于1970年代,通过修改法国《民法典》明确确立了探望权制度,而此前由于缺乏实定法上的探望权规定,有关探望权纠纷则由相关判例调整。1989年联合国颁布了《儿童权利公约》,该公约对签约国法国的探望权制度的发展产生了深远影响,有关探望权的立法及其司法实践愈加关注子利益的实现,并且逐步强化了探望权行使的保障措施。

(一)法国探望权司法判例的发展

1804年法国制定《民法典》时,对探望权未作明确规定,探望权制度是由判

---

〔1〕 棚瀬孝雄:「両親の離婚と子どもの最善の利益」、『自由と正義』2009年12号。

〔2〕 山田法律事務所:「面会交流の際に言われる子の意思とは監護親の意思か? 2つの先例」、http://yama-da.jp/? p=632.,2016,1,21。

例以及相关学说建立和发展起来的。19世纪中期出现了父母、祖父母探望权的司法判例,20世纪中期诞生了第三人探望权的判例。早起的司法判例着重于探望权根据的讨论,在父母的探望权方面,法官通过对当时法国《民法典》中"父母的监督权"进行司法解释后,认定离婚后不具监护权的一方拥有探望权。法国1804年《民法典》第302条规定,父母离婚后,未成年子女的监护权归离婚诉讼胜诉者即无过失配有者所有。第303条规定,无论子女的监督权托付给哪一方,父母对子女拥有养育和抚养方面的监督权利。该法条赋予了未有监护权的父母一方有监督权,当时的学界普遍认为,监督权的形态之一为探望权,即离婚后非监护子女的一方有与子女见面的权利。[1]

1787年的Mapas案是法国最早就父母探望权作出认定的案件。该案件为夫妻分居诉讼,法院在未明确赋予父亲与子女见面的权利的情形下,判决子女由母亲一方监护。对此,父亲一方认为,分居中将子女监护权赋予母亲一方,违反了法国《民法典》第302条离婚时监护权的赋予以及第373条父权的单独行使的规定。而且在未明确赋予父亲与子女见面的权利的情形下让母亲一方行使监护权,违反法国《民法典》第303条离婚后监督权的规定。该案上诉到法国最高法院后,最高法院作出支持原审法院观点的判决,认为法国《民法典》第302条同样适用于分居诉讼,并且此场合法国《民法典》第373条的适用必然除外。基于此,对父亲一方宣告事实审法官在子女最大利益上,根据子女的性别和年龄,对母亲一方赋予监护权不违反任何法律,可以命令由母亲监护子女。在作出上述判断的基础上,法国最高法院进一步认为,"事实审法官未明确规定让父亲在一定条件下与子女见面,将共同的子女监护权赋予给母亲一方,这一做法未排除父亲的监督权,并未违反相关法律规定"。本案判决最大特点是,法国最高法院明确表示与离婚后未获监护权的一方自动获得监督权一样,根据法国《民法典》第303条,分居诉讼后,未被赋予监护权的一方自动获得监督权,而监督权本身包括与子女以一定方式见面的权利。[2] 自此判决后,1888年的Laurens诉LeSidaner案件以及1938年的Marin诉Latour D amico案件中,法国最高法院作出了同样的判断。Marin诉Latour D amico案件为离婚后就探

---

〔1〕 Marty et Raynaud, Droit Cass. civil, Les per sonnes, 3e éd., Paris, 1976, n°238.

〔2〕 Cass. req. 24juillet 1878, DP. 1878. 1. 471.

望权行使发生争议的案件。离婚时未获得监护权的母亲一方认为,法官未赋予其在一定条件下与子女见面的权利,剥夺了母亲一方对子女养育和培养上的监督权。法国最高法院法官认为,原审判决并未违反法律,其判决并不排斥法国《民法典》第303条规定的母亲一方享有的监督权。[1] 从上述判决内容来看,法国早期有关探望权的判决中,法官对探望权未使用现代立法上的"探望权"(droit de visite)概念,而是使用"与子女见面的权利"(faculté de voir),并且与子女见面的权利和民法典上的监督权并非等值概念,而是监督权行使的一个样态。

法院对探望权加以限制的要素之一是子女的利益。在Chambe一案中,离婚后被赋予探望权的母亲一方因自己再婚到远方生活,认为无法按照此前确定的条件行使探望权,对此提起诉讼请求变更探望权行使方式,以让子女与自己居住的方式进行探视。本案上诉法院在判决中表示,根据新状况的必要性,可以变更探望权行使方式,但是,相关决定仅依据子女的利益确定。基于这一理由,法院认为当事人以因再婚发生居所变更且距离遥远为唯一理由请求变更探望权行使方式(该案件中当事人主张一年中让子女与自己共同居住一段时间)违反子女的利益,所以不得进行探望权行使方式的变更。[2] 在Mussard诉Reinhart案中,离婚时父亲一方获得子女监护权,母亲可在年中休假期间探望子女。后来,母亲一方与离婚前与其具有通奸行为的男子结婚(夫妻离婚的理由即为女方有通奸行为,也因此使无过错的男方获得监护权),再婚后监护子女的父亲一方提起诉讼要求变更探望权行使方式,要求母亲一方探视子女时,必须在第三人家中且必须在再婚配偶不在场的情形下与子女见面,一审法院和二审法院出于保护子女利益之需要作出了支持男方诉讼请求的判决,女方向法国最高法院提起上诉。最高法院支持了原审法院的判决。在判决理由中认为,子女与母亲再婚对象的任何接触都将产生使子女在父亲间亲密情感方面发生动摇的直接影响力,虽然是暂时的存在,但是让子女远离这样的接触还是很重要的。在1934年的DuBoys诉DuBoys夫人分居诉讼案中,[3]子女的父亲一方

〔1〕 Cass. req. 14mars1938, DH. 1938. 243.
〔2〕 Chambery18 fevrier1908, D. 1908. 5. 19.
〔3〕 Cass. req. 23juillet 1934, DH. 1934. 508; S. 1934. 1. 381.

因过错未被法院赋予探望权,该案最终上诉到法国最高法院。最高法院虽然未在判决中表明探望权限制的具体标准,但是明确表示法官必须依据子女利益对探望权纠纷作出判决。这对司法实务产生的影响是,尽管在个案中法官可以斟酌限制探望权的具体要素,但是必须遵循保护子女利益的原则。

(二)探望权立法的沿革

1970 年之前,根据法国《民法典》的规定,父母离婚或分居时,原则上未成年子女的监护权归属于离婚诉讼的无责任的胜诉一方,但同时规定,无监护权的一方有权监督监护人的抚养子女行为(监督权,droit de surveillance),并且有义务在其能力范围内,分担养育子女的责任。该规定为法院认定非监护人享有探望权提供了可能性,因为通过解释可以认为探望权属于监督权的一种样态。[1] 然而需要特别提及的是,在 1970 年之前,判例上对于奸生子之父的探望权存在更多限制,法院认为只有当奸生子之父支付抚养费的,才认可其享有探望权。[2]

1970 年法国修改《民法典》,在侵权制度方面发生了很大变化,明确规定了非监护人一方的探望权。1970 年的法国《民法典》第 373 – 2 条规定,父母离婚或者分居时,监护权(亲权)由法院判决父母中的一方行使,但另一方有探望及监督权利。1975 年修改法国《民法典》时,对探望权制度进行了再次改革,进一步扩充了探望权的内容,根据 1975 年法国《民法典》第 288 条的规定,探望权不但包括与子女交流的权利,还包括让子女与探望权人共同居住一段时间的权利,而且若无重大事由,不得拒绝行使探望权。1987 年修改《民法典》时,监护制度出现重大变化,立法规定离婚后的监护权可由法院判决父母双方共同行使,[3] 也可判决单方行使(而此前仅判决无过错的胜诉方行使),共同行使之场合,应当确定子女日常与谁共同生活,若父母双方不存在协议或协议明显违反子女利益,则法院应当指定与子女共同生活的父母一方。

1993 年法国再次修改《民法典》,规定离婚后监护权共同行使,仅在共同行

---

[1] L. Garola-Giuglaris, *Le fondement du droit de visiter et d' héberger l' enfant*, D., 1965, I, p. 1.

[2] A. Rouast, note sous Paris 9 oct. 19 58, D., 1959, II, p. 9.; A. Rouast, note sous Civ. 29 mars 19 66, D., 1966, II, pp. 369, 370.

[3] 共同行使监护权意味着有关子女重要利益的决定应当由父母双方共同作出,如子女教育、宗教、医疗、送养等,如无法达成一致意见,可请求法院作出裁决。

使可能影响子女利益这一特别情形下，才允许法院判决单方行使监护权，对于监护权行使方式可由当事人双方协商，亦可由法院裁决。1993 年确立的共同监护原则深受联合国《儿童权利公约》影响。该公约第 9 条规定，缔约国应确保不违背儿童父母的意愿使儿童和父母分离，除非主管当局按照适用的法律和程序，经法院的审查，判定这样的分离符合儿童的最大利益而确有必要。共同监护原则意味着即使父母离婚，双方也应当共同负责照料未成年子女，确保其健康成长。1993 年的立法尽管确立了"父母共同监护"原则，但对子女利益的保护理念仍显不足，造成司法实践中父母探望权的行使存在诸多问题，例如，根据 1996 年法国司法部调查，在判决子女和母亲共同生活的案件中，每周与父亲见面的子女仅占 10%，两周见面一次的为 20%，有近 1/3 的子女与父亲根本未曾见面。[1] 基于此，有关修改民法典，强化子女权利的呼声不断高涨。

2002 年法国对《民法典》再次进行修改，此次修改在亲权制度方面更加注重子女利益的保护，贯彻了尊重子女人格的理念，婚生子和非婚生子之父的探望权的差别被取消。[2] 根据法国 2002 年的《民法典》，离婚后的监护权由夫妻共同行使，只有在出于保护子女利益之需要时，法官方可判决由父母一方单独行使，应当说这一规定与 1993 年的立法没有区别，但 2002 年的立法进一步规定："非具监护权的父母具有监督子女抚养和成长的权利与义务，该父母必须告知子女关于生活的重要选择。""子女任何一方必须维护与子女的人格关系，必须尊重子女与父母一方的联系。"这一立法内容显示，自 2002 年开始，共同监护子女的父母当然具有探望权，但法官判决父母一方单独行使监护权时，另一方也享有探望权，并且可以推导出探望子女既是父母的权利也是父母的义务，同时，子女也具有接受父母探望的权利。至此，探望权的立法更加关注子女利益的强化。

（三）探望权纠纷的处理程序

父母离婚后应确保非与子女共同生活的一方保持与子女的亲情关系，保持此种关系的重要标志之一就是探望权。一般来说，如何行使探望权最好由父母

---

〔1〕 中村紘一、色穿豪一：「フランス親権法の改正」、『比較法学』2003 年 1 号。

〔2〕 粟林佳代：「フランスの訪問権に関する法改正についての考察」、『佐賀大学経済論集』2007 年 6 号。

双方协商确定,在无法协商或协商内容不利于子女利益保护时,法院才作出裁决,但裁判解决探望权纠纷毕竟不是最佳方案,因此,法院一般努力劝解当事人通过和解解决纠纷。在司法实务中,如果当事人同意法官的和解劝告,则法官应当指定家事调解人(médiateur familial)进行调解。探望交流中心这一社会团体在调解方面发挥着重要作用,并受到了当事人的信赖。当然,法院也可从调解员名册中指定调解员进行调解,这些调解员是经过国家认可的调解组织进行统一培训和资格认证后,由法院审查任命的,他们具备良好的法律、心理学、精神医学、社会学等专业知识。调解员调解非公开进行,努力促成当事人之间达成和解,对此,调解员在听取父母双方有关纠纷的意见后,敦促当事人进行对话和沟通,表明合理的探望权行使方式对于子女健康成长的意义,告诫父母不应在纠纷中仅仅关注自己的利益,子女的利益尤为重要。调解员调解成功后,法院应对调解协议内容进行确认,主要审查调解协议内容是否符合子女利益以及是否违反公序良俗。若获得法官的确认,则调解协议与判决具有同等的法律效力。

当然,即使当事人之间达成合意,或者法院作出了裁决,法院仍然可以根据情势变化变更、补充探望权行使方式,例如,如果通过探望交流中心调解就探望权行使方式达成协议,而其后发现调解方案并不适当,则法院可以改变探望权的方式和条件,甚至决定中止探望权。对于探望权行使方式,法官可以裁决子女与父母轮流居住,至于多长时间轮流一次由法官确定。在 20 世纪 80 年代初,法国法院为缓和离婚后单方行使监护权,曾判决父母双方轮流照护子女,但这一判决被最高法院否决,原因在于立法上规定必须由法官确定子女的长期共同生活者(父亲或者母亲),轮流照护子女违反法律基本规定。自 2002 年之后,立法上规定了法院可决定子女与父母轮流居住,也可确定与一方居住。与子女共同生活的一方若携带子女移居他处,应在适当时期内事前通知另一方,如果另一方不同意移居而发生纠纷,则应请求法官进行裁判,法官审查的唯一标准就是移居是否有利于子女利益的保护。

法官可以依据法律规定,为了保护子女利益判决父母一方行使监护权,但在此情形下,另一方的探望权仍然获得法律保护,只有存在重大事由时,方可剥夺其探望权,重大事由一般包括对子女有暴力或性虐待行为、遗弃行为、吸毒或酗酒不良习惯等,一般不允许仅以父母双方对立情绪严重为由拒绝一方行使探望权。在探望权诉讼中,法院应当听取子女的意见,一般由法官亲自聆听子女的陈述,也允许向法官提交意见书,法官应将子女的意见反馈于父母,让父母了解子女对探望权纠纷的真实想法。子女的意见对法官并没有绝对的约束力,法官主要以保护子女利益为核心考察如何作出裁判。

如果案件复杂,法官可以委托专业人员对父母、子女的精神、心理等状况进行鉴定,法院有权直接选任鉴定人。法院也可委托有关调查人员进行调查(主要委托社会调查师)。委托社会调查师调查的,社会调查师还可请求律师进行协助,调查内容主要是诉讼中的子女所处的各种环境。调查方式主要是走访家庭与父母面谈,了解父母教育子女的方式及其与子女的情感状况。其后,与子女单独交谈,了解子女的真实想法和心理情况。也有的调查师采用"组合方式"或"家庭会议方式"进行调查。组合方式是指子女和父亲以及子女和母亲与调查师交流,调查师在交流时,观察子女的表现和反应。必要时,社会调查师还可走访子女的其他亲属、学校、警察局、医院,尽量掌握子女所处的真实环境,了解子女的真实意思。调查结束后,应向法院提交调查报告,该报告成为法官裁决的重要基础。[1]

一般来说,探望权能否顺利实现与一方是否经常变换住所存在一定关系,对此,法国立法规定,只要与子女共同生活的一方变更住所会影响另一方探望权的实现样态,即应在适当时期内(一般为 1 个月)事前通知变更住所情况。即使移居他处存在合理性,法院也可判决变换住所者承担另一方探望子女的交通费用。当然,法官如果不对交通费进行裁决,也可裁决对抚养费用进行调整。与子女共同生活的一方若将子女带离国外生活,应征得另一方的同意,这显然与在法国国内变换住所的要求有所不同,即在法国国内变更住所应当履行通知义务,而带子女移居国外需要另一方同意。

为了确保探望权实现,法国通过修改《刑法典》规定了处罚措施。例如,法国《刑法典》规定了"拒绝交出子女罪",如果与子女一起生活的父母,拒绝另一方的探望请求,或者一方行使探望权后不交送子女,则构成"拒绝交出子女罪"。刑事法院可对被告人判处 1 年有期徒刑并处以 15,000 欧元刑事罚金。

---

〔1〕 山田摄子、中村多美子:《对法国图卢兹市及巴黎市的访问》、http://www.jlf.or.jp/jlfnews/vol38_4.shtml.,2016,10,20。

如果父母一方隐瞒子女住所且隐瞒期间超过 5 日,则可加倍处罚。若未经另一方同意而将子女送至法国领土之外滞留,可判处 3 年有期徒刑并给予 45,000 欧元刑事罚金处罚。其次,法国《刑法典》还规定了“妨害罪”,根据规定如果变更子女的住所,父母一方有义务提前 1 个月告知另一方住所变更情况,否则构成“妨害罪”,违法者将被判处 6 个月有期徒刑并处以 7500 欧元刑事罚金。上述处罚方法有时并不一定符合子女利益,因此,法院对于这些处罚方式的运用较为谨慎,更多的是使用剥夺一方监护权或停止共同监护的方式实现探望权。

第六章　探望权判决履行的支援制度

国外家事案件的解决注重借助社会力量，这不仅表现在有关监护权、探望权、抚养费纠纷案件中社会团体、政府机构为当事人提供法律咨询、提供调解等服务，还表现在对法院判决的履行进行支援方面。在探望权行使方面，虽然法院作出了如何行使探望权的决定，但是如果仅仅依靠当事人双方很难确保按照法院确定的方式行使探望权。例如，是否有适当的探视场所，如何接领和送交子女，探视过程中发生争议如何解决。特别是如果法院作出的决定是在第三人监督下探视子女，那么由谁监督、监督者的权限、如何向法院反馈信息、纠纷的处理等问题则至关重要。鉴于法院探望权决定的履行关涉子女的利益，欧美以及亚洲一些国家建立了探望权判决履行的社会支援制度，韩国则在家庭法院建立了探望交流中心，不同国家在支援主体、支援方式、费用负担、支援机构的权限方面存在一定差异。

一、英国探望权判决履行的社会支援

在英国，父母离婚时必须附带解决未成年子女的监护和探望权行使问题，法院首先让父母双方进行协商，若达成合意，向法院提交合意陈述书，法院对陈述书进行司法确认，并判决离婚。合意陈述书中必须记载如下事项：子女在哪里和谁居住；非与子女同住的一方如何探望子女；离婚后的日常生活中由谁监护子女。另外，还要说明子女的健康状态、就学情况以及抚养费问题等。尽管监护和探望权合意陈述书是在律师参与下达成的，但是法官仍然要对合意内容是否符合子女最大利益进行审查。必要时,可以命令夫妻提交有关子女福祉的资料和信息,也可以命令夫妻出庭说明情况,亦可命令儿童和家庭法院咨询与支援服务机构(Children and Family Court Advisory and Support Service, CAFCASS)的家事案件调查官进行调查并提交报告。离婚夫妻之间无法就子女监护和探望权问题达成一致意见,或者法院认为合意陈述书内容严重违背未成年子女福祉的,任何一方均可申请法院发出命令,由法院确定探望权行使方式。法院发出探望命令时,必须考虑确定的探望权行使方式是否能够保护未成年子女的利益。此时法院主要依据英国《儿童法》第 8 条的规定考虑如下要素:子女的希望和心情;子女身体的、情绪的、教育的需求;变更现状对子女造成的影响;子女的年龄、性别、出生情况;子女受到或可能受到的伤害;父母抚养子女的能力。当事人若不遵守法院有关探望权命令,拒绝一方行使探望权,则法院会对其作出在社区无偿劳动,赔偿探望权人经济损失(主要是因未能行使探望权而浪费的住宿费、交通费等)等命令。对严重违反法院命令者,以藐视法庭罪判处罚金或者拘役(最长 2 个月),甚至可以利用刑事诉讼程序进行处罚。

父母离婚后往往存在对立情绪,这将影响探望权的有效实现,为了确保探望权人及时和顺利探望子女,当事人一方或双方可申请法院发出家庭支援命令(family assistance order),由各地设立的儿童探望中心(Child Contact Centres)提供支援活动。法院可以直接委托儿童探望中心,也可以首先命令儿童和家庭法院咨询与支援服务机构进行支援,其后再由该机构委托儿童探望中心实施支援措施。支援时间最短为 6 个月,最长为 12 个月。

儿童探望中心是成立于英国各地的民间性机构,目前其数量已超过 360 个,英国全国建有儿童探望中心协会。儿童探望中心的职员中,有 800 多人为正式职员,5660 多人为志愿者。儿童探望支援中心与儿童和家庭法院咨询与支援服务机构、法院保持着密切的合作关系,其运营资金主要来自政府补贴、捐款、会费等。在对离婚的父母进行探望支援活动时,儿童探望支援中心应当遵循如下原则:确保子女的安全;子女利益第一;父母地位平等和接受人的多样性;提供支援的工作人员独立开展工作且保持中立性;维护当事人的尊严;保守秘密;共享带来好结果的探望支援技巧和经验;重视和保护志愿服务等。

一些儿童探望中心规定了探望支援事前访问程序,在进行支援活动前,由支援人员通过访问父母和子女的方式,确认有关支援事项,向子女的父母传递相关信息。应当确认的事项如下信息：非与子女同住的一方最后与子女见面的时间；亲子关系是否良好；使用的语言（主要考虑是否属于跨国婚姻或是否属于少数民族）；存在诱拐子女的危险性程度；父母双方进行探望子女时担心的事项；家庭暴力、精神障碍、药物或酒精依赖等；探望权人有无犯罪记录；地方当局或者法院是否参与；是否存在法院的命令；双亲是否具有在探望支援中心会面的心理准备；被探望的子女如何称呼探望权人；子女是否知晓父亲或母亲的新伴侣；探望子女时是否有人陪同；有关照片或礼物等。在事前访问过程中，还要向当事人告知有关探望权行使方式的信息，包括儿童探望支援中心基本情况；儿童探望支援中心支援活动基本规则；来所和退所时间；探望时间；是否允许探望权人独自带子女进入卫生间；是否允许拍照或者带礼物；子女的健康或其他治疗信息；儿童探望支援中心火灾时的逃生路径；签署不违反探望支援中心规则的文书等。

在开展具体支援活动时，针对当事人情况采取不同的支援方法。如果父母或亲属之间的对立情绪微弱，则采用“接受支援的探望”（supported contact）方式。在此场合下，儿童探望支援中心仅提供符合子女利益要求的探望子女的场所，支援人员保持中立立场，只要不出现子女遭受危险的情形，支援人员就不对亲子间会话内容进行观察和评价，也不向法院提交报告。利用此方法时，可在同一房间让多名探望权人与未成年子女进行交流。

如果因探望权的行使会使未成年子女面临危险，则利用“监督下的探望”（supervised contact）方式进行支援。这一支援方法有助于确保被探望的子女的人身安全和情绪稳定，维持探望权人和子女之间的良好关系。监督下的探望具有如下特点：监督者具有专业知识，具备能够确切介入探望活动的能力；可以实施让子女不脱离监督视野的个别监督措施；在准确理解法院制作的关于探望的司法文书的基础上进行监督；详细观察探望活动状况并作出记录；保护未成年子女及其家庭的隐私；可以制定详细的交流计划、对交流时间做出限制；可以经专家评价后变更探望权行使方法和内容。

父母之间行使探望权发生争议的，利用“监督下的探望和评价”（supervised contact and assessment）方式进行支援。利用这一支援方法时，应当限制探望时间，尽量在短时间完成探望活动。支援人员可以直接与探望权人同处探望的房间，在一旁监督探望活动，推进探望权顺利实现。必要时，支援人员可向其他亲属、子女就读学校的老师、保健师、医师等搜集相关信息，制订探望活动计划。

行使探望权可能因探望权人的暴力行为致使子女陷入危险的，此场合利用“间接探望”(indirect contact)方式进行支援，禁止探望权人直接接触子女。间接支援一般采用亲子间通过信件、邮件、礼物等方式进行交流。不过，这一支援方法利用较少。

出于交通方式或子女安全及福祉的考虑，可以利用“同行探望”(escorted contact)方式进行支援。这一方式主要适用于探望权人在公园、餐厅等场所和子女交流之场合，支援人员与探望权人同行，观察对子女的探望是否有损于子女的利益。支援人员应当向法院或地方当局报告探望场所、子女的反应、探望权人对探望活动的理解能力等信息。

直接监护子女的一方不想和探望权人见面时，可使用“交付探望”(handover)方式进行支援。在父母一致同意下，儿童探望支援中心支援人员可将被探望的子女交给探望权人，并对探望活动进行观察。目前，交付探望是较多采用的一种方法，虽然理论上要求探望权人和直接监护人共同处在探望场所，避免探望权的行使侵害子女的利益，但实际上，由于直接监护子女的一方可能因为地理位置、工作状况、经济条件等原因无法直接参与探望活动，因此，直接监护子女的一方更愿意将子女交付给支援人员，在支援人员的协助下保护子女最大利益。

二、美国探望权判决履行的社会支援制度

法院解决探望权纠纷时，为了避免今后履行法院判决时发生争议，一般会为当事人双方制订详细的探望权行使计划，例如，法院可以确定探望子女的时间、场所甚至双方如何交接子女(例如，规定接取子女的一方必须提前15分钟到达某场所，交送子女的一方只能送子女到场所的入口，然后迅速离开等)。当然，无论探望权行使计划规定得多么详细，都可能会在行使探望权过程中发生争议。为了保障探望权的顺利行使，维护未成年子女的权益，法院可以命令有关社团组织协助探望权计划的实施，当事人也可以选择某一社团机构。社会团体进行协助时，一般收取一定的费用。当事人双方对抗情绪较强烈的，相关团体可以采取监督下的探望交流方式进行协助，即在一方探望子女时，社团组织将派出具有心理学、社会学、精神医学教育背景的专家共同到场，协助和监督

探望权的行使。如果父母双方对抗情绪特别强烈，有的协助机构还选派退休警察进行协助。当然，也有一些社团组织选派并不具有特别身份而仅仅是当事人一方的朋友的人协助探望权的行使。

各个社团提供的支援服务在费用标准方面存在很大差异，当事人可以通过"监督下探视网"（Supervised Visitation Network）这一专门提供探望权行使支援机构的网站进行查询，选择适当的机构并与之签约。另外，当事人还可以利用"请拨打211"电话服务，该电话服务可以为当事人介绍服务价格低廉的探望权行使支援机构。

法院命令社团组织协助探望权行使的，一般应当存在其必要性，例如，一方当事人对子女有虐待倾向或者存在药物或酒精依赖症，可能使子女陷入危险之中。法官认为父母一方存在诱拐（将子女带走）子女的可能性的，也可以命令实行监督下的探望。法院直接指定特定的社会团体或者个人负责探视活动的监督。当然，也允许命令父母双方共同选择某一机构。命令利用专业的机构进行支援时，法官同时决定父母应负担的费用。监督下的探望交流这一方式具有暂时性，根据父母之间问题的改善程度以及实施状况，可变更为无监督的探望交流，如果存在一方多次诱拐子女等特别严重的问题，则应尽量避免使用无监督的探望交流支援方式。父母双方达成必须实行监督下的探望或法院命令实行这一方式，父母因经济贫困难以支付专业机构支援服务费用的，允许利用朋友或亲属承担监督职责，但实际上，很多当事人很难找到能够有时间和精力承担这一监督职责的熟人。鉴于此，洛杉矶郡的法院为当事人提供专业性的探望交流支援服务，这一服务被称为"儿童安全探望和亲密交流"项目（Safe Access and Friendly Exchanges for Kids），该项目由美国联邦政府提供运营资助金。

儿童安全探望和亲密交流项目为当事人提供监督下的探望权行使以及中立的交送子女服务，并提供免费服务，但最长服务期间为4个月，每周一次2个小时。该支援项目是由法院与郡内4个社会团体联合实施的，法官根据当事人的住所地等情况选择由哪一个机构提供支援服务。提供服务时，负责监督的职员不但与探望权人和被探视子女同处一室，而且还尽量不让父母直接见面，告知父母在不同的时间到探望场所，于场所入口处做好探望权人安全检查工作，为了防止探望权人带走子女，支援服务机构还与当地警察建立起了协作机制。法官将监督下的探望命令书交给支援机构后，该社会团体可以为了解法院为何命令实行监督下探望进行更详细的信息收集,对此,可以与父母交谈,了解探望权形式中存在侵害子女利益的可能性,并向父母双方告知该机构制定的探望规则,规劝父母双方遵守。

无论是依据法院命令实行收取服务费用的专业探望权行使支援,还是实行由熟人(朋友或亲属)负责监督探望权行使,均应当依据加利福尼亚州司法行政标准规定的实务基准(Standard 5.20)提供支援服务。该实务基准的目标是确保未成年子女、父母的安全及其福祉,在探望权行使的任何阶段,特别是监督方法的选择方面,应当首先考虑未成年人的最大利益。由社会团体提供支援时,派出的专业人员不得有猥亵或虐待儿童经历,并且制定确保被探视子女安全的规程,还需要与警察建立协作机制。探望权人有性虐待倾向的,必须采取禁止探望权人和子女有身体接触行为的措施。提供探望支援的机构对支援人员进行应对虐待儿童防范技能训练,并防止探望权行使过程中父母双方发生冲突。负责监督探望权行使的专业支援人员有义务对探望过程进行记录,主要记录每次探望时的事实经过、观察到的情况以及当事人谈话内容。法院、父母双方或其代理人、未成年子女或其代理人有权要求公开记录内容。然而,有关住所、电话号码、工作单位、就读学校等能够确定当事人居住场所的信息不得开示。

在非专业性的支援制度中(由朋友或亲属进行探望权行使的监督),也要求监督者不得存在猥亵或虐待儿童的行为,并且应当在父母之间确保具有中立性。加利福尼亚州法院为非专业性监督者专门制定了有关监督职责的说明手册,法院在命令当事人的朋友或亲属负责探望监督职责时,会向其发送说明手册,在阅读手册的基础上,签署同意作为监督者的意向书。根据加利福尼亚州的实务基准,探望权行使的监督者必须依据法院的命令行使职权,如果监督者破坏探望规则或者使未成年子女遭受痛苦,或者子女因探望权行使而陷入危险状态,则法院有权命令暂时中止探望并修改探望权行使计划。

三、德国的探望权判决履行的社会支援

(一)关于探望权行使支援的立法

德国对于探望权判决履行支援制度的立法始于1967年。当时的德国《亲子法》规定,在未有第三人参与的探望交流中,如果可能使子女因探望权行使

陷入危险之中,例如,探望权人有酒精依赖症或患有传染病,或因探望权人人格及探望时对子女的态度致使在没有监督人的情形下无法对探望过程进行保护的,法院可以委托少年局派出监督保护人监督探望过程。从当时的立法来看,探望权的监督目的主要是专门对探望权人的言行进行监视。

德国1997年修改《亲子法》时,规定照管式探望支援在两种情形下可以利用:一是探望权人具有性虐待可能性,在此场合下,派出人员对探望活动进行照管是为了在探明虐待行为真伪前加强对子女的保护,维持探望权人与子女的关系。二是探望权人有诱拐子女可能性,此场合下的照管目的是创造子女不被诱拐的探望环境。1997年修改《亲子法》时还规定,家庭法院可以命令只有第三人在场时才可以探望子女,儿童支援机构和社会团体可以成为支援的第三人,由第三人确定具体负担支援任务的工作人员。

(二)探望权判决履行支援类型

为了保障探望权行使支援在实务上顺利展开,联邦家庭事务、老年、妇女及青年部委托大学中的儿童问题开展"离婚案件中的介入发展:监督下的探望与照管下的探望"课题研究,力图通过研究,明确在对探望权行使进行照管或监督时,应当注意什么问题,并确定基本的准则。经过大约7年的研究和讨论,2007年7月德国联邦家庭事务、老年、妇女及青年部审议通过了"照管探望的德国标准"。该标准共分为四章:第一章为标准的基本问题;第二章为给付的说明;第三章为决定过程的说明;第四章为补充规则。

照管探望的德国标准中确立了3种照管探望支援类型,区分标准为第三方介入的强弱。具体使用哪种照管方法,将根据具体案件的情况确定。

第一种照管探望支援的形态为"附援助的探望"(unterstützer umgang),该支援形态一般适用于被探望的未成年子女无严重心理负担以及遭受暴力危险之场合。另外,在从监督下的探望向自主探望转移的过程中,也可利用这一支援方式。例如,夫妻离婚后,非与子女共同生活的一方长时间不探望子女的,即可使用这一支援方式,目的是恢复和改善未成年子女与父母之间的关系。在实行这一支援方式时,支援人员主要负责交送子女或者对父母进行探望权行使的教育,有时也提供探望权行使方面的法律咨询。此种支援的期间一般在3~6个月,由专职人员和志愿者联合实施探望权行使的照管,一般来说,专职人员负责全部的过程监督和协调业务,志愿者负责对探望过程进行具体的照管。

第二种类型是狭义的照管探望(begleiteter Umgangim engeren Sinn)。此类型的探望支援适用于在探望子女过程中子女有可能陷入间接的危险之场合,支援目的是排除此种危险。例如,在行使探望权时,父母之间难以建立起协作和配合机制,在交送子女发生激烈口角时,就有必要使用此种支援方式,通过支援活动改善父母之间的关系,提供相关咨询。其支援期间为6~12个月,由专职人员和志愿者共同实施支援。

第三种类型的探望照管方式为监督下的探望(beaufsichtigter Umgang),这一方式的介入程度最强,适用于未成年子女可能陷入直接的危险之场合,例如,探望权人有暴力行为、精神障碍、酒精依赖症,或者存在有可能诱拐子女等情形进而可能对见面的子女造成伤害。探望监督人可以通过监控设备或者在场监督的方式监视探望过程,支援期间一般为12个月以上,负责监督的人为支援机构中的专职人员。

20世纪80年代中期之后,作为行政机关的少年局以及其他民间团体逐渐强化了探望权行使支援作用,其中德国儿童保护联盟功不可没。该机构成立于1953年,在德国全国16个州有430多个分部,是德国目前最大的儿童保护团体,兼职工作人员超过1万人,专职人员5千多人。该机构除了根据法院委托对探望权行使提供支援外,还从事以下活动:培育从暴力环境下解救出来的儿童;对预防亲子关系恶化提供建议;参与少年儿童自身计划的决定事项;创造有利于儿童健康成长的教育和培养活动;致力于维护亲子之间的和谐关系等。少年局、德国儿童保护联盟以及具有支援资格的民间团体中,工作人员或志愿者多具有心理学、教育学、精神医学、社会学等教育背景,经过专业培训,掌握良好的探望权行使支援的技能和素养。对工作人员进行的业务培训,分为基础教育和继续教育,基础教育包括与专职人员的协作、与其他机关的写作、交流训练、个人信息保护教育、危机管理教育等。继续教育包括各种法律知识的学习(亲权法、儿童援助法、家事案件程序法、个人信息保护法等)以及心理学知识教育。此外,还进行处理相关问题的训练,如应对家庭暴力、虐待儿童行为以及如何维持亲子关系等的训练。

(三)支援措施

对探望权行使进行支援时,工作人员与父母双方进行交流,提供相关指导或调整相关行为。与父母双方交流后制定探望权行使计划,促成他(她)们接受探望权行使的支援,并劝诫父母双方在支援期结束后能够自主地行使探望权,相互配合探望权的实现。在父母之间无法达成探望权照管支援合意时,支援人员有时会决定使用通过信件、照片等间接方式行使探望权。即使在探望权行使支援过程中,支援人员也可以不定期地与父母双方进行交谈,了解探望中出现的问题,促成其尽快达成自主的探望权行使合意,尽早结束探望权行使支援。

在探望权行使方式上,较多采用探望权人每 14 日与子女见面一次,每次 2 小时这一方式,如果被探望的子女为幼儿,有时会确定每周探望 1 小时。探望场所基本上是在支援机构内,以确保场所上的中立性,而且也便于在探望活动结束后与父母双方进行交谈。不过,随着探望支援案件的增加,支援机构的场所不足,因此,在一些情况下,也允许到屋外某场所探视子女,如动物园、博物馆等,一些支援机构还在工作场所近旁建立可供儿童游玩的游戏场所,甚至有的机构还在机构近旁建有公园。

无论使用支援人员进行现场照管,还是使用监控录像看视探望场所,事后都必须由负责照管的人员与父母进行交流,就探望权行使照管的对策交换意见,分析探望过程中父母双方存在的问题,对父母进行相关教育。事后交流时间一般为 15 ~ 30 分钟。在探望支援的最后阶段,如果父母双方已经能够自主进行探望,不存在对抗情绪,则支援机构可以不使用监督式的探望支援,仅仅在探望子女时负责接送子女即可。在探望支援期间届满后,还需要在 3 个月内进行 2 ~ 3 次的回访咨询,了解探望权支援结束后的情况。

(四)家庭法院的作用

当事人行使探望权的过程中,如果探望权人和被探望子女之间存在较大问题,子女陷入危险性的可能极高,则家庭法院可以作出暂时停止探望或附期限监督下探望的命令。[1] 发出暂时停止探望命令的条件是被探望的子女拒绝被探视,或者因探视使子女受到极大伤害。探望权停止期间一般为 3 个月,在无法院停止探望的命令、子女的利益将遭受重大损害的情形下,允许将停止期间

---

〔1〕 Bundesministerium für Familie, Senioren, Frauen, und Jugend (Hrsg.), a. a. O. (Fn. 28), S. 51f., 66f., 104f.; Mechtild Gödde, Indikationsspezifische Strategien, in: W. E. Fthenakis (Hrsg.), a. a. O. (Fn. 28), S. 244ff.

延长至6个月。在停止探望期间,探望权行使支援机构可与父母双方进行交流,令有问题的一方接受心理治疗,恢复亲子之间的关系。附期限的监督下探望命令是为了令探望权人停止暴力、虐待等行为,命令支援机构派出人员对探望活动进行监督,以判断有关问题是否解决。所附期限通常为3个月,在期间内,支援机关可以请求其他机构合作,对具有暴力倾向的探望权人进行心理咨询,有的法院在发出的命令中直接命令探望权人接受心理治疗方面的帮助。附期限监督下探望结束后,支援机关应当向家庭法院提交报告,向法院报告期间内探望权人是否遵守约定的相关事项,并且也要报告被探望子女的情况。法院根据探望权行使过程中出现的情况,确定将采取何种措施。例如,决定实行一般的探望照管支援、停止探望权行使等。

(五)费用负担

支援机构在开展支援活动的过程中发生的费用由地方政府负担,民间社团接受法院委托的,地方政府从其向少年局分配的探望支援经费中划拨出一部分给该社团。在接受委托后,民间社团可与少年局签订契约,就每年度的支援费用支付方式进行约定,少年局对支援活动进行检查,以确保相关费用得到恰当利用。确定费用额的要素主要包括探望权行使支援方式、业务开展的总时间、支援人员资格和人数等。社会团体每年应当将受支援案件的当事人姓名、住所、每个案件的支援时间、支援内容等制作书面资料交送少年局。[1]

地方政府只负担探望支援所需要的资金,社会团体内部的运营资金不属于补贴的对象,德国具有探望权行使支援的社团的运营资金主要来自会员的会费以及企业捐助。目前,德国对于探望权支援活动中父母双方的费用负担方式未作法律规定,由父母双方自主解决。

四、法国探望交流中心对法院的支援

法国自20世纪80年代末开始出现探望权行使支援的民间组织,这些组织大多由律师、社会福利学家、心理学家共同设立,至1999年左右,此类社会团体已经超过80个。1994年法国成立探望交流中心联合会(Féderation française

---

〔1〕 稲垣朋子:「面会交流援助の意義と発展的課題:ドイツ法の運用を視座として(2)」、『国際公共政策研究』2012年1号。

des espaces de rencontre pour le maintien des relations enfants-parents，FFER），至2009年，加盟社团共有79个，有几个社会团体还被政府纳入当地基层社区的公共组织框架内开展活动。[1] 在法国，从事探望权判决履行支援事务的组织大多还同时从事其他活动，如家事纠纷调解、家族法律咨询、心理医疗等。

2002年修改法国《民法典》之前，尽管探望权行使支援机构受理的事件主要来自于法院的委托，然而，作为民间机构，其与法院之间的关系尚缺乏立法上的规定。司法实务中，越来越多的法官将难以调解的探望权纠纷案件交付给探望权支援中心，但是，这一委托行为明显缺乏法律根据。2002年法国修改《民法典》后，在第373-2-6条中规定："法官可以采取能够确保维持子女与双亲持续的联系以及实效性的措施。"这一措施中包括了委托探望权支援中心实施支援的可能性。2007年修改法国《民法典》时，进一步对探望权行使支援制度作出了规定，修改后的法国《民法典》第373-2-1条规定，根据子女的利益，出于无权行使监护权的父母与子女联系的持续性及实效性之必要，家事案件法官可以为此指定行使探望权的探望交流中心。第373-2-9条规定，子女的居所被规定为父母一方的住所之场合，家事案件法官裁判另一方父母的探望权行使样态。该探望权出于子女利益需要时，可以在法官指定的探望交流中心行使。法国《民法典》上述条款虽然仅为对过去司法实务的追认，但是，相关立法仍然具有重要意义。因为立法上明确了法院与探望权支援机构之间的关系，就为法院对探望权行使进行委托提供了法律上的正当性。

FFER是法国全国性社会团组织。目前，法国基层的街道或社区都存在探望交流中心这样的服务机构，该机构不但为父母行使探望权提供咨询服务或场所，还对家事纠纷进行调解。此外，也解决家庭暴力、少年保护等问题。但各地的探望交流中心所擅长的业务不尽一致，有的擅长调解家事纠纷，有的擅长儿童权益保护。探望交流中心的运营资金来源于地方政府、司法部以及家族津贴金库（Caisses d'allocations familiales，CAF），但总的看来，该机构在仍然存在运营资金不足问题。该机构在很多情况下提供探望权行使支援的免费服务，即使收费，其标准也较低，例如，巴黎18区的探望交流中心"CERAF Solidarités"接收案件时，收费20欧元，若案件处理持续半年，则根据当事人收入情况再收费

〔1〕 FFER，Les Espaces de Rencontre en 2009，un état des lieux，p. 15.

5～15欧元。在探望交流中心从业的人员多为心理咨询师、法律家、心理医学家、社会学等领域专家，这些工作人员很多为兼职，还有众多志愿者。

根据法国《民法典》规定，处理探望权纠纷的法官可以出于保护子女利益的需要，在作出探望权判决时，规定探望地点为探望交流中心，但可以将探望权的具体行使方法交由该中心解决。另外，如果法院对某一案件判决了探望权行使方式，也可命令行使探望权的地点在探望交流中心。根据资料显示，探望权交流中心接收的案件有80%左右是法院交送的，当事人自主选择该机构提供服务的仅占4.4%。[1] 一般来说，探望交流中心在确定探望行使方式时，一般能做到关注子女利益的实现。在处理有关问题时，该中心无须征求法院的意见，可以作出认为合理的探望权行使方案。从有关资料来看，每个月探望子女2次的事例占2/3，探望1次的为24%，每月探望3次的占7.1%。有人认为，这一结果多少受到了法院判决的影响，因为在探望权纠纷中，为数不少的法官判决探望权人每周探望1次子女或者长期休假时假期的1/2与子女共同生活。[2] 从探望交流支援服务的对象来看，探望权人中76.9%为父亲一方，母亲一方占17.2%，其他为祖父母或者第三人。案件中的子女未满3岁的占15%，3岁以上不满10岁的占54.8%，10岁以上的占30.2%。探望权人行使探望权时，基本上以在探望交流中心与子女见面这一方式为主，一般不允许带子女外出，除非判决书中有明确表示。

法国各地探望交流中心规定，在提供探望交流支援过程中获得的探望权人以及被探望的子女的个人信息应当保密，不允许随意提供给法院或行政机关。但是有关当事人是否配合探望权行使、探望交流的中止和中断以及探望权行使时间等信息不属于保密范围。不过，法官对于交付给探望交流中心处理的案件是否应遵守保密规则存在不同见解。有的法官认为，应当理解探望交流中心保密原则的规定，法官不可以向探望交流中心请求开示任何信息；也有法官认为，出于解决探望权纠纷的必要性，法院可以利用社会调查师向探望交流中心寻求有关信息；[3] 还有法官认为，探望交流中心无须法院提出明确要求即应向法院

---

[1] FFER, Les Espaces de Rencontre en 2009, un état des lieux, p. 33.

[2] Idem, p. 38.

[3] Dominique LALLEMAND et Isabelle SAYN, op. cit., p. 48.

提出报告书。

五、日本探望权行使中社会机构的支援

日本对探望权判决履行的支援机构主要有社团法人——家庭问题信息中心(Family Problems Information Center,FPIC)和特定非营利活动法人——创造安心联系的共同体。家庭问题信息中心总部设在东京,在大阪、名古屋等8个地区设置咨询室,该机构是由退休的家庭法院调查官于1993年设立的,除了为离婚夫妻在探望权判决履行方面提供支援服务外,还提供其他法律咨询服务,如离婚法律咨询、未成年人遭遇欺凌、抚养子女遇到烦恼、老年人护理和财产管理问题等。创造安心联系的共同体成立于1990年,业务范围除了提供探望权判决履行的支援服务外,还包括预防儿童虐待和暴力、受害儿童及其家庭的心理抚慰等。

(一)家庭问题信息中心的探望权行使支援

夫妻离婚时,若达成探望权行使调解协议或由法院作出判决,家事案件调解委员或家庭法院调查官就会告知离婚夫妻利用家庭问题信息中心提供探望权行使支援服务。有时,当事人的律师也会劝诫当事人利用这一服务方式。现以家庭问题信息中心的大阪家庭咨询室为例,考察探望权判决或调解协议的履行支援制度。

1. 援助的受理

在有关探望权争议达成合意或法院作出判决后,经过家庭法院或律师的劝诫,当事人可通过电话与大阪家庭咨询室取得联系,该机构从上午10时到下午4时均有值班人员接听电话。值班人员会告知当事人应当接受咨询室的事前面谈,并确定面谈日期。之后,值班员与负责事前面谈的工作人员进行联系,告知面谈日期。

2. 事前面谈

负责事前面谈工作的共有8名工作人员,由于初期的面谈对其后的探望权行使支援内容具有很大影响,故而限定了负责事前面谈的工作人员数量,目的是保障事前面谈的质量。事前面谈时,工作人员首先进行自我介绍,然后倾听当事人对探望权行使支援的希望,当事人陈述发生探望权纠纷的经过,工作人

员确认和整理纠纷未解决的问题，了解对方当事人的意向，向当事人说明探望权行使支援的收费情况，最后确定是否属于可以提供支援的事例。一旦确定可以提供支援，则将签署探望权支援确认书。事前面谈时，了解父母双方是否具有为了实现探望权而作出努力或协作的表示至关重要，父母一方对探望权行使支援的态度不积极的，可以在试行探望权支援的基础上再次确认其意思表示。事前面谈一般每次进行60分钟，收费标准为父母双方各自5000日元，签订探望权支援确认书后还应缴纳申请费10,000日元，基本上由父母各自负担，实践中也有由探望权人全部负担的情形。对于离婚后的母子家庭，若经济困难，可以请求费用的减交或免交。

在探望权支援类型方面，大阪家庭咨询室提供监督下的持续支援、交送型的持续支援、试行的支援、场所提供支援4种支援服务。

第一，监督下的持续支援。监督下的持续支援是指在父母一方探望未成年子女时，支援机构派出人员对探望过程进行监督，避免子女权利受到侵害。在行使探望权时，工作人员首先与父母双方商议好探望时间，探望时由与子女共同生活的一方领子女来到会见室，支援人员接着进入会见室，在子女情绪稳定下来后，让带子女来会见室者退场，请探望权人进入会见室。大阪家庭咨询室的会见室根据未成年子的年龄状况有不同的装修风格，例如，对于年龄较小者，可以选在玩具比较多的房间会面。在2008年11月之前，大阪家庭咨询室规定支援人员应当与探望人和子女共处一室，或者支援人员在隔壁监督探望权的行使。2008年11月之后，会见室内安装了监控设备，如果当事人同意，可以使用监控设备监督探望权的行使，这样可以避免支援人员在场影响探望权人的情绪。探望结束后，由支援人员将未成年子女带到休息室交给与子女共同生活的父母一方。在收费方面，每次10,000日元，如果借用外部机构的设施进行探望，则当事人应当负担支援人员的交通费、设施入场费等。

第二，交送型的持续支援。在经过多次监督下的持续支援后，如果当事人之间能够自动配合探望权的行使，则可以实行交送型的持续支援。这一方式的最大特点是，探望权支援机构只负责未成年子女的接送，不对探望过程进行监督。行使探望权时，与子女共同生活的一方首先按照约定时间带子女来大阪家庭咨询室，支援人员将子女交给探望权人，在会见室探望权人和子女会见大约30分钟后，待子女情绪稳定下来后，可由探望权人带子女到市区内的公园、游乐场等场所游玩，但不允许将子女带到家中或者祖父母或外祖父母家中。与子女会见结束后，探望权人将子女带到大阪家庭咨询室，由支援人员将子女交给与子女给共同生活的父母一方。在收费标准方面，交送型的持续支援每次收费5000日元。

第三，试行的支援。试行的支援是一种例外的支援措施，是指在法院审理离婚案件程序中，法院无法试行的探望权时，委托大阪家庭咨询室实施监督下的探望支援。本来试行探望权行使是家庭法院实行的一种制度，但是近几年来，家庭法院委托大阪家庭咨询室代替实施，不过，大阪家庭咨询室对一个离婚案件只提供两次试行的探望权支援，并且只试行在会见室探望，不允许将子女带出会见室。在试行探望权支援过程中，发现不适合提供支援的，一般立即终止支援活动。但是，如果试行的探望支援比较顺利，也可能继续进行试行的探望支援，最后决定是否提供正式的支援服务。

第四，场所提供支援。此支援方式为非正式支援，只提供支援场所。也就是说，大阪家庭咨询室既不派出人员进行探望权行使的监督，也不负责交送未成年子女，仅仅提供探望子女的场所而已，探望场所注重与被探望儿童年龄的协调性，比如配备不同功能的玩具。此种支援方式每小时收费5000日元。

(二)创造安心联系的共同体的探望权行使支援制度

创造安心联系的共同体为社团组织，其成员主要为临床心理学家，该机构主要对那些已经存在离婚中的和解协议或者法院判决的探望权行使提供支援服务。在进行事前咨询时，该机构将分别于离婚后的父母进行大约60分钟的咨询，咨询既可在该机构进行，也可在其他场所进行。咨询时，工作人员首先了解离婚的经过及父母目前状况，然后确认父母双方希望进行怎样的支援，并了解未成年子女情况。如果父母一致同意，工作人员可与未成年子女见面询问一些事项，了解子女的心理状态。在事前咨询中，有时与子女共同生活的父母一方表示虽然离婚调解协议或判决解决了探望权问题，但实际上自己并不想让另一方与子女见面，此种情况下，工作人员将向其说明离婚后一方探望子女对子女成长至关重要，尽量让当事人理解探望行使的意义。在取得父母一致同意后，工作人员向父母双方介绍探望权行使规则，需要遵守的事项，然后签署探望权支援同意书。探望权行使支援费用每年为10,000日元，由父母协商负担方式，也可由该机构确定负担方法。

创造安心联系的共同体提供的支援方式主要为交送子女式支援。首先,该机构工作人员分别与父母双方通过电话或电子邮件取得联系,由父母双方提出探望子女的时间和场所,工作人员经过调整后确定具体的日期和时间,通知当事人双方。探望时间基本上以每天上午 10 时至下午 6 时为主,如果早晨或夜间探望,应当增加相关费用。送交子女的费用每个往返 5000 日元,还需另行缴纳往返交通费用。提供支援的人员一般为 2 人一组,如果子女的年龄较大,也可以由一名人员提供支援。工作人员首先在规定的场所与子女共同生活的父母一方见面,接领未成年子女,在接领未成年子女时,向带来子女的一方提出"当日联络用纸",让当事人记载探望权人探望子女时应当注意的重要事项,例如,未成年子女在何时应当用药等。然后,工作人员将未成年子女交到探望权身边,当面向其宣读"当如用纸记载的重要事项",并让探望权人签字,探望权人与子女见面交流后,工作人员再将未成年子女送交给与子女共同生活的父母一方。

提供支援的工作人员应当对接领和送交子女的过程进行记录,例如,到规定场所接领未成年子女时,与子女共同生活的父母一方及其子女的状况,带该未成年子女到探望场所过程中该子女的状态,子女与工作人员的会话内容,见到探望权人时的状况,探望权人见到子女时的状态以及送还子女时未成年子女和共同生活的父母一方的状态等。在提供支援工作后,工作人员要求父母双方通过电子邮件或其他方式向该机构提交《探望报告书》,很多离婚后的父母均能认真制作报告书并提交。

特别情况下,探望权人行使探望权时,与子女共同生活的父母一方可能有所担心,特别是子女年龄很小时尤其如此,对此,创造安心联系的共同体还提供特别支援措施,确定探望场所为某律师事务所,探望权人探望子女时,允许父母另一方在隔壁房间等待,探望结束后带走子女。

六、韩国探望权判决履行支援制度

2014 年 11 月 10 日韩国首尔家庭法院率先在韩国建立探望交流中心,为那些在法院作出探望权判决后缺乏适当探视子女场所,或者探视环境上存在难题的家庭提供具有安全性和中立性的支援服务,这有利于避免探望子女时父母之间发生争执,缓解子女心理压力,进一步促进亲子之间维持稳定的关系。[1] 目前,韩国各地家庭法院已陆续建立这一机构。探望交流中心的建立与2013年11月成立的家事案件管理模式开发委员会有着重要关系,该委员会针对韩国家事诉讼存在的问题,推出以减少争执及维护子女利益为目标的家事案件管理模式,在众多措施中就包括建立探望交流中心这一计划。[2] 在建立探望交流中心前,其在妥当性方面存在一些争议。有观点认为,对探望权判决的履行提供支援,与司法相比更应当是行政机关的工作,让韩国女性家族部等行政机关承担此职责较为适当。[3] 然而,出于法院直接面临探望权方面的争执,也具有处理相关问题的技能之考虑,最终还是决定在法院设置探望交流中心。探望交流中心在结构设计和环境方面,强调以儿童为中心及安全、中立性,配置的两个探望交流室根据儿童年龄和发育状况进行装饰和摆放物品(房间内有适合不同年龄段儿童的玩具、图书、漫画及其他娱乐用品)。除了两个探望交流室外,该中心还配置了观察室(位于2间探望交流室之间),主要用于管理和监督探望过程,室内安装了单向镜、录音及录像设备。探望交流室的对面,分别配置了监护人休息室、探望权人休息室。在监护人休息室与探望权人休息室之间设置咨询室,用于为当事人解决相关问题,提供咨询服务。

在组织结构上,探望交流中心有负责人1名,由首尔家庭法院院长担任;负责该中心运营事务的委员2名,分别由1名法官和1名专职家事调查官担任,负责辅助中心负责人的工作;担任探视交流支援服务工作的咨询委员(探望交

---

〔1〕 연합뉴스,“서울가정법원,이혼부부‘중립지대’면접교섭센터 열어”, http://www. yonhapnews. co. kr/bulletin/2014/11/10/0200000000AKR20141110026800004. HTML. ,2016,11,15。

〔2〕 首尔家事案件管理模式开发委员会针对家事诉讼存在的问题推出的新举措除了建立探望交流中心外,还包括完善诉状格式;完善子女抚养指南;实现调解前置和早期介入等。完善诉状格式主要改变传统起诉状和答辩状的提出方式和式样,诉状的式样从过去的表述式改变为项目确认式,避免在一开始起诉时,双方就进入强烈的对抗状态。完善子女抚养指南主要是在申请离婚后的尽早阶段当事人就能收到子女抚养指南,抚养指南中添加了家事案件程序说明,在法院网站上公开子女抚养指南DVD和《父母》指南书,提起诉讼前接受父母教育等。实现调解前置改革方面,要求提出离婚申请后直接将案件交付家事调解程序。

〔3〕 女性家族部成立于2010年3月19日,其宗旨是建立一个家庭人人幸福、一律平等的社会。目标是创建工作与生活相协调,女性、青少年、家庭健康发展的社会。十大主要任务是通过加强女性政策提高国际形象;创造女性就业岗位,促进女性参与经济活动;加强未来主人——青少年的参与力量;强化青少年应对社会的能力;强化家庭职能,支持多样化家庭;支援多文化家庭的社会统合;构筑女性工作与家庭和谐的社会基础;创造女性、儿童、青少年安全生活的环境;创建青少年成长为先进国民的健康家庭文化;加强促进政策实施的基础建设。

流咨询委员)若干名,这些咨询委员具体开展支援服务活动。另外,该中心还配置业务辅助人员,主要是值班保安以及其他人员。探望交流咨询委员在该中心发挥着重要作用,因为这些人直接面对的是需要提供服务的离婚父母和被探视的子女,因此,需要这些委员具备一定的资格。首尔法院主要从以下两类人员中选任探望交流咨询委员:一是具有心理学、家庭治疗学、家庭关系学、教育学、儿童心理治疗学等相关专业硕士以上学历者;二是具有韩国家庭治疗学会、韩国游戏治疗学会、韩国发展心理学会、韩国咨询心理学会颁发的资格证书或者具有同等资格者。首尔家庭法院一般每年招募1次探望交流咨询委员,在法院发出选任公告后,符合条件者可提交申请书,对申请书审查合格者进行面试,最终确定选任结果。被选为探望交流中心咨询委员者必须确保每个月不低于2次来探望交流中心提供支援服务。

申请利用探望交流中心必须满足的条件是:住在首尔的子女未满13岁的离婚父母;双方事前达成利用探望交流中心的合意;向探望交流中心提出申请。如果父母存在因家庭暴力或虐待儿童受到刑事处罚或者存在酒精依赖症、药物乱用或精神疾患情形,则将限制其利用探望交流中心,这是因为在该机构建立初期,法院选任的外部专家尚缺乏探望交流支援服务的经验,出于安全问题的考虑限制了利用者范围。父母双方达成利用探望交流中心合意后,向该中心提出书面申请,探望交流咨询委员与父母进行事前面谈,了解是否适合利用探望交流中心,对符合条件的决定提供支援服务。在离婚诉讼解决程序中,于终结诉讼前,未与子女共同生活的一方要想探视子女,也可以申请利用探望交流中心与子女见面,但是,需要获得法院的“利用探望交流中心事前处分申请决定”,法院对申请审查后若同意的制作决定书,决定书中规定父母必须向探望交流中心提出利用该中心支援服务的申请时限。

探望交流中心提供两种支援服务:(1)为探望权人于该中心与子女见面提供支援服务。在探望交流咨询委员的指导下,改善父母与子女的关系,让子女与探望权人共度一段安全和幸福的时间。提供这一服务的程序是,监护权人按照约定时间来到探望交流中心的探望权人休息室,监护权人和子女来到监护权人休息室。探望权人进入探望交流室,探望交流咨询委员介绍室内情况。然后,将子女带入探望交流室与探望权人见面,探望权人可以借助室内的玩具、图书、漫画等物品与子女进行交流,此时,监护人在监护权人休息室等待。在监护权人探望子女的过程中,一名探望交流咨询员在观察室观察探望交流情况,另一名咨询员在监护权人休息室陪同监护人,并解答监护人提出的问题。探视时间结束后,咨询员将子女交给监护人。(2)提供交送子女的服务。这一服务主要是帮助那些虽然不需要在探望交流中心探视子女,但需要该中心帮助交送子女的离婚家庭,一般来说,需要提供这一服务的家庭主要是缺乏行使探望权时交送子女的适当场所。探望交流咨询委员首先分别向监护人和探望权人介绍交送子女支援服务同意书的内容,其后分别引导双方进入探望交流室,监护人向探望权人告知照护子女的注意事项,并将子女需要的物品交给探望权人。探望交流咨询委员告知探望权人应遵守时间规定,按时交送子女。在子女和探望权人离开探望交流中心后,监护人也可退场。探望权人结束探视后,与子女共同回到探望交流中心,在该中心探望交流咨询委员的帮助下,将子女送交给监护人。

每个家庭每个月可利用探望交流中心 2 次,最长提供 6 个月的支援服务,但是,如果再次申请,还可延长 6 个月。如果 2 回以上未按约定来探望交流中心或者不遵守该中心的规则,则可以终止支援服务。支援中心每次提供的支援服务不超过 2 个小时,包括程序准备和探视交流时间,所有的支援服务均为免费服务。探望交流中心运营时间为周一至周五上午 10 ~ 12 时,下午 1 ~ 6 时。在探望过程中遇到以下情形之一,探望交流咨询委员应当介入:探望权人求教与子女互动的方法;发现父母或子女的身体或心理不适;认为探视交流方式不恰当;被探望的子女上卫生间;监护人想进入探望交流室。当发生以下情形之一时,应当暂时禁止探视子女:探视子女前饮酒、服用药物等而不适合与子女见面;在探望交流室发生摩擦而致使当日无法探视;子女因身体或心理不适而介入后,子女的状态仍然未见好转;子女强烈表示不想与探望权人见面。发生如下情形的,可以决定终止利用探望交流中心:在探望交流中心发生暴力或者谩骂行为;威胁探望交流咨询委员;具有夺取子女的意图;子女持续地表示不想与探望权人见面;继续探望子女给子女造成身体和心理上的痛苦;探视子女过程中给子女造成伤害;探望权人与监护人之间发生强烈对立情形等。

首尔家庭法院曾对 2014 年 11 月 10 日至 2015 年 1 月 18 日期间的探望交流中心运营情况进行了调查,结果显示,在该中心运营初期,离婚的夫妻自愿选择利用该中心的事例很少,大多为依据法院的事前处分利用探望交流中心,但是,到了 2014 年 12 月末,自愿选择利用该中心的人数持续增加。首尔家庭法院还对处在离婚中以及已经离婚的父母实施了问卷调查(共调查 141 人),结果表明有 53.9% 的人(76 人)表示有利用探望交流中心的意愿,不想利用的为 36.9%(52 人),未做回答的为 9.2%(13 人)。在不想利用探望交流中心者中,主要理由是担心子女不方便、子女不愿意、害怕见到探望权人引起混乱、探望权人对子女有暴力行为、法院这一场所具有特殊性等。在希望通过探望交流中心获得哪些服务方面,有 36.8% 的人希望是父母教育和父母咨询,27.8% 希望获得探望支援服务,21.2% 希望是子女咨询,14.2% 希望是交送子女服务。在利用探望交流中心目的方面,有 40.6% 的人回答是获得安全的场所,28.3% 回答是为了子女情绪稳定,13.8% 回答是为了履行法院的决定或劝告,13.8% 回答是为了获得抚养子女的信息,其他为 3.6%。[1]

韩国探望交流中心成立时间较短,尚存在一些需要继续完善的问题,今后韩国政府仍有必要在如下方面作出努力:强化人力和财力的保障;提高探望交流咨询委员的专业性;持续开展探望交流中心实效性研究;探讨探望交流中心今后的发展方向;强化对探望交流中心的宣传等。

〔1〕 대법원,"면접교섭센터의 설치 및 운영방안에 관한 연구", http://www. scourt. go. kr/portal/policy_service/manage/ManageViewAction. work? seqnum = 161. ,2016,11,15。

第七章　离婚后子女抚养费的司法认定

父母离婚或分居后,子女获得父母任何一方的抚养为其权利,子女有权在经济上获得父母双方的支持。父母离婚后,不直接监护未成年子女的一方有给付抚养费的义务,目前,有关夫妻离婚时如何确定抚养费问题大致存在3种处理方式:一是抚养费的计算及其收取不属于法院的权限,而是由国家专门设立的机构负责处理。二是国家制定统一的抚养费给付标准,法院以及国家设立的抚养费收取机关均有权对抚养费支付额进行认定,抚养费收取则由专门设立的机构负责。三是抚养费的计算和支付方式只能由法院作出决定,抚养费收取也由法院负责,属于抚养费判决执行事务。实行第三种方式的国家越来越少,更多的国家为了保护未成年子女利益,设置国家的抚养费支付法定标准,允许法院在特别情况下做出调整,而且在抚养费收取方面,一些国家专门设置政府机关负责此事务,并且将抚养费问题纳入社会保障范围。在抚养费义务人未支付抚养费时,由国家首先垫付,国家对此享有追偿权。法院在子女抚养费保障方面所作的贡献在于,通过诉讼针对个案认定或变更抚养费给付标准,使得抚养费给付标准更加符合个案中夫妻的具体情况及子女的利益保护。除了澳大利亚、新西兰、瑞典等一些国家外,抚养费判决的强制执行仍然属于法院的权限,抚养费给付义务人不履行义务时,由法院采取不同的执行措施强制实现判决内容。

一、美国夫妻离婚案件的未成年子女抚养费制度

美国各州基本上实行离婚申请制度，只要一方提出离婚申请，法院都将依照法定程序审理离婚案件，并不考察夫妻之间是否存在离婚事由，但必须审查未成年子女抚养费的合理性，以确保子女的利益得到最大保护。司法实践中，法院判决由母亲直接行使监护权的情形最多，超过70%，法院认为由母亲行使直接监护权更有利于子女的健康成长。目前，各州对离婚时的抚养费收取方式和标准制定了适用指南，无论是夫妻协商还是法院作出判决，均需遵照指南确定抚养费标准。离婚后一方逃避抚养费给付义务的，另一方可持法院判决向州抚养费收取机关申请执行。美国将未成年子女抚养费问题作为一项公共政策来对待，国家行政力量在保障抚养费的给付方面发挥着重要作用，而最终目的是为了保障未成年子女的健康成长。

（一）抚养费计算和收取方式

1. 抚养费金额的确定方式

传统上，抚养费的计算由法院根据具体案件进行裁量，这一方式容易造成抚养费额度较低、相同情况下抚养费不同以及案件审理时间较长等问题。为了避免这些现象，1984 年美国联邦政府出台了抚养费计算指南，规定各州抚养费计算方式，各州抚养费收取机关必须按照指南的标准确定抚养费金额，只有在特别情况下，法院才能以书面方式变更相关标准。为了准确确定抚养费数额，夫妻双方应当向法院提交各自资产、收入、负债等证明资料。法院有权向有关机关发出协助命令，对当事人收入情况进行调查。

抚养费金额认定方式分为两种：一是分担制；二是比例制。分担制根据父母的收入比率确定抚养费额度，确保子女能够达到与父母共同生活时的生活标准，这一方式考虑了直接监护人一方的收入情况，但计算方法较为复杂。比例制是指不考虑直接监护人的收入，仅命令非直接监护人一方按照收入的一定比例支付抚养费。使用比例制的州主要有阿拉斯加、阿拉巴马、伊利诺伊、密西西比、纽约、威斯康星等 10 个州和哥伦比亚特别区。不同的计算方式会产生不同的效果，例如，监护子女的一方月收入为 1000 美元，非监护人一方为 500 美元，若子女为 10 周岁，在加利福尼亚州采取分担制则抚养费每月 47 美元，而在纽

约州采取收入比例制则为每月 78 美元。[1] 抚养费额度与未成年子女数量亦有关联。例如，在威斯康星州(比例制)，有 1 名子女的抚养费为月收入的 17%，2 名子女的为 25%，3 名子女的为 29%，4 名以上为 31%。而在伊利诺伊州，有 1 名子女的，抚养费为收入的 20%，2 名子女的为 28%，3 名子女的为 32%。除判决每月支付一定比例抚养费外，法院还可以命令义务人支付子女监护人从事工作或寻找工作时的子女入托费用、子女加入健康保险费用、子女升入大学的学费以及支出的医疗费等。

在离婚程序中，夫妻双方可以通过协商确定抚养费负担额，但不能低于州设定的最低标准。在纽约州，对于抚养费的协商还需满足以下要件：(1)合意书中必须表明双方了解州的抚养费收取指南设定的标准；(2)必须表明是如何根据抚养费收取指南计算抚养费金额的；(3)若合意达成的金额不同于依据抚养费收取指南确定的金额，必须说明原因。当符合以上若干条件时，法院才会对合意书进行司法确认。缅因州法院在 Hamilton v. Hamilton 案中表示，母亲一方获得州的公共扶助及生活保护费后，将子女抚养费的请求权让渡给了州的保健福利机构(Department of Health and Human Services，DHHS)，即使父母之间达成不支付抚养费的合意，该合意也无效，作为州的保健福利机构仍然有权请求父亲一方向该机构支付子女抚养费。内华达州法院在 Rivero 案中表示，在抚养费负担方面虽然应尊重父母双方的意思表示，但未成年子女获得抚养费用亦是子女固有的权利，不能因父母的情况而随意处分子女的权利。

2. 计算抚养费时关于义务人收入的认定

法院确定抚养费金额时，命令夫妻双方向法院提交各自的收入证明，法院也有权对当事人收入情况进行调查。美国子女抚养费通过州抚养费收取机关的网络自动计算，只要把准确的收入填入公式中，网络软件便会计算出某一方应负担的抚养费。除非有特殊情况，法官不会采纳别的数据进行认定，但问题是，确定当事人的准确收入仍较为困难。在司法实践中，形成了一些关于认定收入额的判例。

纽约州法院在 Kasabian v. Chichester 一案的判决中认为，认定当事人总收

---

[1] I. M. Ellman，T. Ellman，"The Theory of Child Support"，*Harvard Journal on Legislation*，Vol. 45，No. 1，2008.

入时,不但可以考虑其目前所得,还可以基于过去雇佣状况或未来的工作盖然性推算总收入。该案中当事人主张其正处于失业状态,但法院认为当事人拥有大小卡车驾驶执照,年龄和健康状态适合从事工作,最终法院以当时大型卡车司机的平均工资 38,690 美元作为抚养费计算基础。[1] 在 Berozav. Hendler 一案中,法院拒绝使用当事人提出的财产报告书及所得税申报书为基础计算抚养费,而是根据当事人的实际事业收入在考虑生活支出等因素后确定基础收入,结果基础收入额度比纳税申报书多出 25 万多美元。[2] 路易斯安那州法院表明,当事人收入大幅度超过计算指南最高额时,法院可以行使裁量权,在斟酌子女最大利益、当事人各自情况等的基础上确定抚养费金额。[3] 在马萨诸塞州 J. S. v. C. C. 一案中,法院认为,公司为了持续经营确实有必要将收入的一部分作为内部保留,但是为了规制逃避抚养费义务履行行为,不允许经营者滥用公司制度。[4] 俄勒冈州法院还将不属于联邦所得税对象的军人津贴(住宅基本津贴和抚恤金本津贴)也纳入总收入。[5] 佐治亚州法院在 Larizza 一案中表示,虽然就业困难者以公共救助金为唯一收入来源,但如果存在其能够做钟点工或因其他家庭成员的援助而获得金钱的可能性,可以此为基础推算收入情况。[6]

3. 抚养费金额的变更

美国一些州实行离婚后共同亲权制度,这意味着非直接监护子女的一方有权在 1 年内与子女共同生活一段时间,法院在计算抚养费数额时往往考虑这一情况,可能会因此减少抚养费数额,这是因为在与子女共同生活期间将支出生活费用,减少抚养费金额存在一定合理性。当出现重大情势变更如收入降低等情况时,可以请求减少抚养费数额。抚养费计算指南规定,请求减少抚养费金额应当满足如下条件:第一,此前确定的数额比按照目前收入计算出的数额高出 20%;第二,这一状况已持续至少 12 个月。离婚案件审理期间可能较长,因

---

[1] Kasabian v. Chichester, 898 N. Y. S. 2d 293 (N. Y. App. Div. 2010).

[2] Beroza v. Hendler, 896 N. Y. S. 2d 144 (N. Y. App. Div. 2010).

[3] LA. REV. STAT. § 9.315 - 13(B) (2000 & Supp. 2010).

[4] J. S. v. C. C. 912 N. E. 2d 933 (Mass. 2009).

[5] In re Marriage of Stokes, 228 P. 3d 701 (Or. App. Ct. 2010).

[6] Larizza v. Larizza, 689 S. E. 2d 306 (Ga. 2010).

此,原告一方可以向法院申请先予执行命令,一般来说,先予执行命令确定的负担金额往往低于最终判决确定的金额。[1] 在纽约州 Friedman v. Friedman 一案中,法院认为,只有在发生当初无法预测的重大情势变更,抚养费无法充分满足抚养子女的需要时,法院方对离婚时确定的子女抚养费金额给予变更,若无此情况发生,则必须尊重离婚时的合意。基于此,当子女的父亲一方收入增加时,母亲一方请求增加抚养费金额,该请求不应被支持,因为仅仅存在收入增加之事实,尚无法满足发生重大情势变更之要件。[2] 得克萨斯州法院在 A. M. W 案中表明,如果子女抚养费金额低于抚养费计算指南确定的标准,变更抚养费金额有利于子女最大利益时,应当允许适当增加抚养费金额。[3]

4. 抚养费收取方式

抚养费从义务人工资中预先扣除,由于雇主雇用劳动者时必须在 20 日内将劳动者情况向州政府登记,这些信息还需登录到联邦信息系统,因此,能够较为容易确定非监护人一方收入情况。扣除的抚养费由雇主直接交给州的抚养费收取机关,该机关再转交给直接监护人,监护人使用抚养费时,无义务向抚养费负担人说明用途。雇主若拒绝协助扣除抚养费,则由雇主承担支付义务。1988 年之前,立法上允许义务人延迟 1 个月给付抚养费。1988 年废除了允许滞纳制度,只有存在法院的正当说明时,才允许推迟给付。这是因为哪怕是短时间的推迟给付,也可能给直接监护人和子女造成较大生活影响,并且还可能在滞纳期内为逃避义务而下落不明。从工资中预先扣除抚养费不适用于自由业者以及失业人员,为了避免这类人员逃避义务的履行,各州从所得税返还金中扣除抚养费,或者从失业保险金中予以扣除。各州还规定,对于抚养费实行优先受偿制度。

(二)抚养费收取机关的查找义务人制度

美国 1975 年创设了抚养费强制收取制度,专门设立抚养费强制收取机构。在联邦层面,由卫生及人类服务部(U. S. Department of Health and Human Services)负责该项工作的监督和指导,具体业务的实施由各州政府设立的机构

---

〔1〕 Florida Seikatsu:「ニューヨーク州における子供の養育費を得るための基本」、http://www.floridaseikatsu.com/resource/family/divorce/.,2015,8,5。

〔2〕 Friedman v. Friedman,885 N. Y. S. 720(App. Div. 2009).

〔3〕 Friedman v. Friedman,885 N. Y. S. 720(App. Div. 2009).

负责。美国之所以设立专门的抚养费执行机构，原因在于如果由法院负责执行，就会因程序的烦琐和拖延而不利于子女利益的维护，甚至出现当事人逃避履行义务的现象。此外，子女抚养费问题非属家庭成员间私人事务，而属于社会公共问题，给付抚养费当属离婚父母的法定义务，给予国家方面的支援实属必要。各州负责强制收取抚养费的机关名称不甚一致，有些州称为儿童抚养局，有些州称为抚养费履行局，也有的州由司法部门管辖。当初设置这一制度时，曾经招致了较多反对意见，认为这不利于保护家庭隐私。随着时间的推移，持支持态度的人越来越多，认为这一制度能够实现父母平等承担抚养义务，有利于防止未成年子女陷入贫困。《抚养费强制收取法》制历经1984年、1988年、1996年3次修改，逐步将子女抚养费强制执行制度纳入公共扶助体系。当父母一方不依照法院判决给付抚养费致使子女生活困难时，可向抚养费强制收取机构申请公共扶助金，一旦获得公共扶助，则自动将抚养费请求权让渡给抚养费强制收取机构，并且有义务为该机构追索抚养费提供帮助，否则将减少扶助额25%，甚至可以全额取消公共扶助。即使未接受公共扶助，在义务人不给付抚养费时，直接监护人亦有权向抚养费收取机关请求强制执行法院的抚养费支付命令。在非接受公共扶助的情况下申请强制收取抚养费的，抚养费全额交付给申请人；在接受了公共扶助之场合，收取的抚养费用于偿还公共扶助金的支付，然后再将收取的抚养费按照法定比例分配给州和联邦。也有一些州将追索的抚养费的一定比例支付给直接监护子女者，此为对其履行协助义务的奖励。1996年之前，各州将收取的抚养费每月支付给直接监护人50美元，为了缓解联邦政府财政压力，1996年废除这一做法，在国民的强烈反对下，2005年一些州又恢复了这一制度，但支付额度各州不甚一致。

如果负担抚养费义务的一方下落不明，抚养费收取机构将启动查找义务人程序。州政府首先通过义务人社会保险号码追踪下落。社会保险号码不仅用于社会保障事务，在提出某些申请或就业时，也需要进行社会保险号码登记，如申请职业资格、申请驾驶执照、领取结婚证、死亡登记、被用人单位雇用等。利用社会保险号码是一种较为容易确定义务人下落的方式，如果用此方式未达效果，则抚养费收取机关可通过机动车登记簿、州税及个人财产记录、劳动行政机关或社会福利机关的记录等信息查找义务人。此外，还可利用民间个人信用信息机构及金融机构的信息进行查找。州抚养费收取机关无法查到义务人下落时,可以利用联邦的"父母搜寻服务",由联邦父母搜寻机构利用社会保障机构、税务机关、征兵机构、国防部、退役军人机关、国立人事记录中心以及各州雇用保障机关的信息进行查找。国家税务机关不仅拥有所得税返还申报信息,还拥有工资、有价证券利益、资产收入、利息收入、失业给付等各种信息,对于查找义务人发挥着重要作用。各州处理的抚养费收取案件有 1/3 为父母居住在不同的州的案件,这些案件往往需要利用联邦的父母搜寻服务,但联邦父母搜寻服务不接受个人申请,只能由州或郡的抚养费收取机关提出请求。

自 1996 年开始,美国联邦政府强化了抚养费收取措施,建立了联邦抚养费命令登记和联邦最新雇用登记制度。抚养费命令登记制度是指将当事人应负担抚养费义务事项在各州和联邦进行登记,由联邦政府一体化管理。有关命令一旦在某一州进行了登记,相关信息自动存入联邦系统,各州登录的信息实行联网。联邦最新雇用者登录是指各企业招录新的劳动者时,应在 20 日内向州进行登记,州政府在 3 日内向联邦政府登记,因此,无论是新雇用劳动者还是劳动者转职,所有信息均在 3 日内进入联邦信息管理系统。联邦政府的抚养费命令登记信息与最新雇用者登录信息存在自动核对功能。当拒绝履行抚养费义务者作为新雇员登记社会保险号码时,信息系统自动识别该号码,一旦发现该劳动者已被列入抚养费给付义务人,联邦政府将及时通知州的抚养费收取机关,义务人的新住所和工资情况将被及时掌握。[1]

(三)对不履行义务者的制裁措施

法院依据法律规定确定抚养费支付数额后,由各州抚养费收取机关负责收取,义务人拒不履行义务的,将受到相关制裁。以德克萨斯州为例,该州负责收取抚养费的机构是司法部,拥有专门的检察官和警察负责此项业务。司法部的检察官负责抚养费的变更和执行事务,也直接受理未婚女性申请未成年子女的父亲支付抚养费的案件,并为确定父子关系提供鉴定服务。该州各郡都设有抚养费法庭,检察官可以直接申请法庭变更和执行抚养费,此时,检察官为州的代理人,而不是直接监护人的代理人。义务人不履行法院判决的,可被判处藐视法庭罪。在美国,藐视法庭罪包括民事藐视法庭罪和刑事藐视法庭罪。前者在

---

〔1〕 下夷美幸:「アメリカにおける養育費政策の現状とその作用」、『大原社会問題研究所雑誌』2008 年 594 号。

遵守命令之前即可被判决支付罚金或者拘役,遵守命令后可解除拘禁。刑事藐视法庭罪,尽管处罚方法也包括罚金和拘禁,但为事后处罚。在得克萨斯州,立法上仅规定民事藐视法庭罪,处罚决定以拘禁为主。有法官认为,对拒绝履行法院判决者给予刑事上的制裁是有必要的,因为有些义务人不履行义务并非因为经济困难,而是出于讨厌原配偶或者对子女漠不关心。一旦决定实施拘禁,一些义务人一两日内便履行了义务。[1]

在认定藐视法庭罪程序中,曾经对被告是否必须由律师代理才符合正当程序进行过争论,联邦最高法院在2011年Turner案中认为,对可能被判处民事藐视法庭罪的抚养费给付义务人,不一定要求州必须为其指定律师,但必须对被告是否有支付能力进行充分审理,保障被告的诉讼权利。[2] 美国宪法上仅有关于刑事藐视法庭罪的规定,在定罪程序中被告都有律师为之辩护的权利,由于宪法未规定民事藐视法庭罪,即使未有律师代理也不违反宪法。但是,佐治亚等一些州规定因藐视法庭罪被问责的父母一方,必须确保其由律师代理,若缺乏聘请律师的经济能力,法院应当为其指定公共律师。而在南卡罗来纳州,对于民事藐视法庭罪仍然规定无须对其提供律师服务。

义务人要想避免被判处藐视法庭罪,就必须提交有关经济状况、职业、财产、借款、必要的生活费、失业状态和理由、工作的意向等书面证明资料,对于未接受过足够教育的贫困者来说,承担这样的证明责任并非易事。[3] 在Michael Turner拒绝缴纳抚养费一案中,美国联邦最高法院甚至认为,被判处民事藐视法庭罪者中的很多人确实为低收入者,这些人可能真的交不起抚养费,但司法机关并不"网开一面",毕竟支付抚养费属于法定义务。有资料显示,在南卡罗来纳州的监狱中,有13%的被监禁者是因为拒绝缴纳抚养费被判处刑罚,其中90%为贫困者。在美国,对藐视法庭罪这一间接强制执行方法存在一定的批判意见。不过,这一方法确实能够提高判决履行率。[4] 对拒绝履行抚养费给付

---

〔1〕 山口亮子:「アメリカの養育費制度についての一考察」、『産大法学』2012年3号。

〔2〕 Turner v. Rogers, 131S. Ct. 2507(2011).

〔3〕 Elizabeth G. Patterson, "Civil Contempt and the Indigent Child Support Obligor: The Silent Return of Debtor's Prison", *Cornell journal of law and Public Policy*, Vol. 18, 2008.

〔4〕 参见徐贲:《美国宪法和儿童抚养费》,载腾讯评论:http://view. news. qq. com/a/20110408/000025. htm.,最后访问日期:2015年7月5日。

义务者除处以藐视法庭罪外,各州还利用其他有效措施促使义务人履行判决,例如,可以对义务人采取注销护照、禁止申请或更新职业资格证或经营资格证、吊销驾驶执照、扣押财产、冻结账户、在财产上设定优先受偿权、禁止从事某些活动(如狩猎或垂钓等)、停止支付失业保险金、通知信用调查机关等措施,甚至可以将义务人的照片、姓名、人种、身高、体重、发色、子女人数、不履行义务情况利用海报张贴于公共场合或在网上公布,促使义务人及时履行义务,并发挥查找义务人的功能。

二、加拿大子女抚养费纠纷案件的审理

加拿大有关离婚法律分为州法和联邦法,而离婚案件由各州高等法院管辖。法官审理离婚案件,若遇上联邦法与州法相抵触,则必须优先适用联邦法。夫妻离婚的条件为夫妻分居1年以上,双方共同向法院提交分居同意书,分居1年后可以向法院获得离婚判决。[1] 符合以下特别情况的,允许不实行分居1年的规定:(1)一方有不忠行为;(2)一方存在家庭暴力或虐待行为。然而,以此两种理由申请离婚存在证明上的困难,因而实际上绝大多数案件实行的是分居1年后离婚。在分居或者离婚时,可以请求法院解决监护权以及子女抚养费问题。法院审理案件时不过问对于离婚谁有过错,但必须关注离婚后子女利益的保护事项,因此,法官应当审查子女抚养费协议的合理性;在由法官通过判决确定抚养费时,同样需要考虑子女的需要。法官审理监护权争议时,按照个别案件去衡量如何判决监护权,以儿童利益为最大原则。孩子的身体和心理健康、孩子个人的意愿、与其他亲友间建立的感情关系、在教育和辅导上的需要以及父母各自不同的能力等,都是判决监护权应该考虑的因素。监护权行使包括

---

〔1〕 分居的定义,除了实际的分开居所之外,还需要存在脱离夫妻关系的意图。在分居期间,若双方复合超过90日,分居便算终止而要重新计算。分居可以是双方同意之下的决定,亦可以是出于单方面的行动。

3 种形式,即共同监护权、分割监护权、单独监护权。[1] 无论实行何种监护权,父母任何一方都必须负担子女的抚养费,因为加拿大立法上规定,即使夫妻离婚也应当共同抚养子女,接受父母的共同抚养是子女的权利。

(一)抚养费纠纷的审理及判决履行

1996 年之前,夫妻离婚或分居后的未成年子女抚养费支付标准由当事人协商或由法院作出决定,司法上形成了此方面的若干判例。然而,由于缺乏立法上的统一标准,难以保证所有的案件中均能作出符合子女利益的抚养费裁判,而且离婚或分居的夫妻也很难对抚养费支付做出事先的预测,致使抚养费纠纷的解决存在很大困难。另外,由于缺乏统一的立法标准,也造成了审理此类纠纷效率较低的问题。自 1990 年 6 月开始,加拿大联邦和各州司法部门呼吁制定儿童抚养费指南,联邦、州和地方家族法调查委员会启动相关调研工作,至 1995 年 1 月,该委员会先后公布 3 份报告书,在最终报告书中提出了详细的抚养费指南包括的内容。根据该委员会的调查,如果按照子女抚养费指南确定抚养费,则子女获得的抚养费将比目前体系下增加 30%。[2] 在联邦、州和地方家族法调查委员的倡导下,加拿大联邦政府最终于 1996 年 3 月 6 日公布了子女抚养费指南,其后各州陆续出台了相关指南。[3] 无论夫妻达成抚养费协议还是由法官作出决定,都应当参考抚养费指南确定抚养费金额,具体使用哪种指南根据父母的具体情况决定,[4] 然而,有 3 个州只能使用本州的抚养费指南,此 3 个州分别为马尼托巴州、新不伦瑞克州和魁北克州。而在其他州,可在

[1] 在共同监护子女这样的安排下,子女同父母双方生活 40% 或以上的时间,另外,父母双方共同参与子女生活中重大事项的决定。父母能够很好地沟通和合作时,共同监护能够达到满足子女利益的最佳效果。分离监护权是指当有两名以上子女时,允许分别对不同的子女各自行使监护权。即父母分别对 1 名或多名子女各自行使监护权,此种方式意味着一些子女大部分时间与父母之一生活,而其他子女大部分时间与另一方生活。单独监护权是指在父母间不能进行抚养子女上的合作或者存在其他特别情况时,法院可以赋予一方父母拥有监护权。在独立监护权的形式下,孩子大部分时间都与父母中的一方在一起生活,行使监护权的父母照顾子女、为子女生活中的重大事项作出决定。不过,另一位父母有权获得子女的重要信息,如医疗信息等。

[2] Ross Finnie, "Child Support Guidelines: An Analysis of Current Government Proposals", C. F. L. Q. Vol. 13, 1995.

[3] Child Support Guidelines.

[4] Divorce-canada. ca, "Child Support in Canada", Accessed November 29, 2015. http://divorce-canada. ca/child-support-in-canada.

适用州指南还是联邦指南方面做出选择。[1] 联邦子女抚养费指南中明确表明,制定指南的目标是:(1)建立一个公平的子女抚养费支付标准,确保未成年子女在父母离婚或分居后继续获得父母经济上的支持;(2)使子女抚养费计算标准更加客观,减少夫妻之间的冲突和矛盾;(3)提高司法程序的效率;(4)确保在类似情况下子女获得相同的待遇。

子女抚养费指南属于离婚法下订立的细则,指南中提供了父母离婚时应当支付的子女抚养费标准和计算表格,它是按照当事人的收入、生活费用、所得税、需要抚养的子女人数而确定的。同时,在计算中,亦预算了持有抚养费的一方所应该付出同样的用来抚养子女的支出。再者,子女抚养费指南按照不同州的生活指数而定,各州标准存在不同。夫妻对抚养费金额达成协议的,其金额不得低于抚养费指南确定的标准,法院对协议的合理性进行审查。当事人对抚养费进行协商时,可以通过联邦司法部网站了解法定的抚养费标准(指南确定的标准),通过该网站的自动计算器可以大致计算出各自应当支付的金额,但是,通过咨询律师、家族法咨询机构或者申请法院调解达成抚养费协议更为适当,其内容可能更有利于保障子女最大利益。抚养费计算表格明确列明了不同收入的人在抚养不同数量的子女时,应当支付的抚养费数额。利用该表时,只要知晓自己准确的年收入和应当抚养的子女数量,便可立刻在表格中查找到应当支付的抚养费数额。抚养费计算表将收入分为76个区段,如0~6754美元、6755~7000美元等,每个阶段对应的抚养的子女数量为1~6人及6人以上,并分别列明各收入段的人群在抚养不同数量子女时每个月应当支付的抚养费数额。表1为加拿大安大略州子女抚养费简易计算表部分内容,通过该表可以对加拿大子女抚养费计算表有基本了解。

[1] 如果男女双方并未结婚或者虽然结婚但只是分居(不想离婚),抚养费将使用州的子女抚养费准则,大多数州的子女抚养费准则同联邦子女抚养费的准则相似。

表 1 加拿大安大略州子女抚养费简易计算(部分) 单位:加元

年收入	子女 1 人的抚养费(每月)	子女 2 人的抚养费(每月)	子女 3 人的抚养费(每月)
10,820	0	0	0
12,500	49	112	121
18,000	142	277	317
30,000	245	438	591
40,000	360	579	764
50,000	450	743	959

对于子女抚养费金额,离婚夫妻可以在不低于指南标准的基础上通过协商确定,无法协商或协商不成,请求法院作出裁判,以法院判决方式确定抚养费时,也必须按照指南认定子女赡养费标准,但是允许在特别情况下,对抚养费标准做出上下调整,例如,支付义务人年收入超过 15 万美元;子女为残疾人需要较多赡养费;支付赡养费一方生活负担沉重等。变更抚养费给付标准,必须以符合子女利益需要为条件,因为抚养费支付的唯一目的是保障子女健康成长。抚养费指南确定的为子女基本抚养费,如果子女有其他教育或活动费用(如幼儿园费用、大中小学教育费用、学钢琴、学游泳等课外活动费用)以及医疗费用等特殊费用,也可由法官决定由抚养费支付人负担一部分。法官在认定特殊费用负担标准时,应当按照父母各自年收入占双方总收入的比例计算,例如,子女某项教育费用为 3000 美元,母亲年收入 6 万美元,父亲 4 万美元,父亲一方负担的子女教育费用为 1200 美元。在加拿大,子女抚养费支付到子女 18 岁或 19 岁(各州不一致),子女在 18 岁或 19 岁以上,如果其仍以全日制形式上学,父母还应当支付抚养费。抚养费的支付与监护权行使方式有关,如果对全部子女实行单独监护,不与子女共同生活或者共同生活时间不足 40%,则需要按照抚养费指南确定的标准支付抚养费;如果实行共同监护子女,双亲与子女共同生活的时间分别为 40% 以上,则双亲各自以指南上的标准确定抚养费,允许法官根据各自具体情况增减抚养费金额。如果实行分割监护权,那么双亲向对方监护的子女支付的抚养费可以在同等额度内抵消,只支付差额部分。

加拿大存在较严重的拒付抚养费问题,拒付抚养费的主要是离婚后子女的父亲一方,加拿大全国有近2/3抚养费存在拖欠问题,而在安大略州尤为严重,达到80%以上。拖欠抚养费受到损害的为未成年子女,他们本应获得像其他同龄孩子一样的快乐和幸福,但由于无法获得抚养费而致使其利益遭受损害。法院作出子女抚养费裁定,对方拒不履行义务,另一方可以向法院申请强制执行。强制执行措施包括吊销支付方的驾驶执照;注销护照;冻结其银行账户;冻结其注册美元储蓄计划(Registered Retirement Saving Plan,RRSP)账户;强令其雇主代为支付,如果雇主不代为支付,可以将雇主传唤到法庭;将不履行义务者的信息和照片向社会公布。执行机构有权从销售佣金、就业保险、劳工赔偿、所得税退税、遣散费、养老金等款项中自动扣除,拒付抚养费情况特别严重的,法院可以以蔑视法庭罪作出监禁决定。

由于通过强制执行程序实现抚养费给付存在成本高、效率低等问题,为了解决这一现象,加拿大安大略州专门设置了一个收取和执行抚养费的机构——家庭事务办公室(Family Reponsibility Office)。法院作出抚养费支付判决后,向家庭事务办公室送交判决书,由该机构负责收取抚养费,收取后转交给监护子女的父母一方。当然,离婚夫妻可以共同约定通过这一机构收取和强制执行抚养费。该机构可以通过以下方式收取抚养费:(1)从义务人工资、退休金、返还的所得、保险金等收入中自动扣除抚养费;(2)将个人财产(包括不动产)设定抵押;(3)从银行存款中支取;(4)向协助义务人隐匿财产和收入者收取。在义务人拒绝支付抚养费时,该机构有足够的权力强制义务人支付,包括冻结银行账户、吊销驾驶执照、注销护照等。

(二)法院对抚养费支付标准的变更

根据加拿大子女抚养费指南的规定,允许法官根据父母面临的具体情况变更法定的抚养费标准,但是,必须以子女利益保护为最大原则。然而,子女抚养费指南中并未列明在何种情况下法官可以变更指南中的标准,实际上,这需要由法官进行自由裁量。在司法实践中,从20世纪70~90年代,加拿大已经形成此方面较为丰富的司法判例,即使在目前,这些司法判例对于法院仍然具有指导价值。

1973年安大略州的Gelbloom v. Gelbloom案中,[1]法院就抚养费支付与所

---

〔1〕 R. F. L. Vol. 10 p. 274.

得税关系进行了判断,认为应当在收入总额中首先扣除抚养费,以扣除抚养费后的残额为计算所得税的基础,法院的这一司法判例观点已经在司法实务中获得认可,成为法院变更抚养费标准的一个指引。[1] 在加拿大,一些特殊家庭(贫困家庭或单亲母子家庭等)会获得政府的各种补助金,那么,在监护人的家庭获得这一补贴后,另一方是否可以要求在计算抚养费金额时考虑这一要素进而减少抚养费支付额呢? 在1986年安大略州 Smith v. Smith 一案中,法院认为监护人获得的政府家庭津贴补助(Family allowance cheque)不仅仅属于父母获得的收入,还有必要视为子女的生活费用,在计算当事人的资产时,应当扣除。由于在加拿大,父母离婚后,双方共同负担子女的抚养费,抚养费计算与父母的收入密切相关,所以如果一方的收入较高,就意味着另一方支付的抚养费比例降低。根据法院的认定标准,监护人获得的政府有关家庭生活的补助或津贴也视为与子女有关的收入,因而,另一方可以主张减少抚养费支付额,这是为了求得父母抚养费支付上的平衡。1985年安大略州法院在 Hutton v. Hutton 一案中认为,在计算抚养费金额时应当考虑父母维持生活的费用(最低生活费用),在扣除这部分费用后计算抚养费金额。[2] 子女特别费用的支出或者生活费用的增加也是提高抚养费标准的考虑要素,在1990年的 Mosa v. Mosa 案中,上诉法院认为子女需要矫正牙齿,而且子女在衣物、饮食、教育、娱乐方面也增了费用,这些属于充分证实可以增加抚养费的证据事实。[3]

在1995年阿尔伯塔州的 Levesque v. Levesque 案中,法院提出了子女的生活水准不能因为父母分居而受影响的原则。法院认为,抚养子女是父母的义务。父母分居会引起生活费用增加,即使必须降低生活水平的话,也应当仅指父母的生活,而不应降低子女的生活水准。分居的结果如果导致父母生活费用增加的话,那么在降低子女的生活费用之前,首先应当降低父母自身的生活水准。[4] 在1994年萨斯喀彻温州的 Willick v. Willick 案件中,子女的母亲一方以子女的需求和父亲一方收入增加为由请求提高抚养费金额。一审法院认可

---

〔1〕 A. A. Mamo, "Apportinment of Child Care Cost: The Emergence of Judicial Guidelines", C. F. L. Q. Vol. 13, 1995.

〔2〕 R. F. L. 2d. Vol. 48 p. 451.

〔3〕 R. F. L. 3d. Vol. 26 p. 107.

〔4〕 R. F. L. 4th. Vol. 4. p. 375.

了母亲一方的请求,父亲一方上诉后,二审法院以不能仅以父亲一方收入增加为由提高抚养费给付金额,认可了父亲一方的上诉请求。案件上诉到加拿大最高法院,最高法院认为,如果父亲一方的收入大幅度增加的话,子女的需求中应当包括此前无法享用的利益。当然,也存在一定界限。法院应当以负有支付义务的父亲的收入增加为基础,根据子女合理的需求,计算应当增加的抚养费。[1] 本案中,加拿大最高法院实际上确定了一条是否变更抚养费的标准,即抚养费支付人如果收入大幅度增加,则可以考虑提高抚养费给付额。Willick v. Willick 案的重要意义不仅在于明确表明义务人的收入增加与抚养费金额的关系,而且加拿大最高法院的法官在该案中还对如何合理认定抚养费标准提出了若干项参考指标:(1)考虑父母双方各自收入,在收入显著不均衡或者一方的收入接近最低生活水准时,不应当严格适用衡平方式。(2)法院应当从各支付义务人的全部收入中,扣除维持最低生活所必要的费用。(3)在认定抚养费时,子女的利益优先于父母的利益。用于照护子女的费用中优先考虑购买车辆费用、支付高额抵押债务的费用、返还借款的费用。(4)评价父母双方子女抚养费贡献能力时,在考虑各自资产的同时,还应当考虑监护子女的一方(与子女共同生活的一方)非财政上的贡献价值。(5)夫妻一方对新家庭的义务,不能说严正于最初的家庭的任何义务。(6)对于子女的利益,在能够实行限度内,应当反映出双亲同居时所维持的生活水平。如果抚养计划不可能实行,那么子女的生活水平不能显著低于非监护人享受的水准。(7)照护子女的费用包括以下费用:第一,直接费用(居住、饮食、合理的衣物、衣物干洗、娱乐、临时照看等费用);第二,附加的家事、购物以及监护人抚养子女工作所需费用;第三,获得机会的费用;第四,用于行使探望权的费用。(8)计算子女抚养费时,应当决定照护子女需要的全部费用。法院根据当事人的资产,合理确定抚养费,根据双亲的相对能力,在他(她)们之间分配费用。

三、新西兰父母离婚时子女抚养费认定标准及其收取方法

(一)新西兰的离婚诉讼

在新西兰,父母离婚后仍然由父母共同行使监护权,法院只有在符合法律

---

[1] R. F. L. 4th. Vol. 6. p. 161.

规定的特别情况下,才允许决定由母亲一方单独行使监护权。监护人的监护义务包括:(1)子女的日常抚养,例如,确保子女在家庭中的安全、对子女施以经常性的慈爱关注而不忽视子女的存在,不为其创造接受教育的环境等。(2)对子女的健康成长提供支援。例如,根据子女成长的不同阶段,为促进子女的独立而进行必要的世界及文化方面的教养教育,对子女达成人生目标提供帮助等。(3)决定子女生活中的重要事项,如子女的姓名、住所的变更、手术医疗、接受教育的场所和方法、文化、语言及宗教方面的事项等。离婚时法院还应当就父母如何行使探望权作出详细的决定,包括直接探望还是间接探望(电话、信件或 email 方式的探望);探望期间和时间;促使探望权行使顺利进行的必要措施等。

离婚案件由家庭法院专属管辖,家庭法院为地方法院,设立于 1982 年,其属于独立设置的特别民事法院。[1] 家庭法院的主要特点是:第一,法官具有解决家事案件的丰富经验和知识,具备高尚的人格,拥有法律咨询和调解技能;第二,重视通过当事人合意解决纠纷;第三,家庭法院的环境比普通民事法院感到舒畅,尽量减少对立情绪,程序进行也相对简化;第四,非公开审理案件,判决公布方面受到一定限制。由于家庭法院注重和解与调解,因此,法院首先要求当事人接受专家的法律咨询,此为当事人之义务,接受咨询包括当事人自愿参加和法院指令参加两种方式。接受法律咨询的目的是促使当事人之间达成有利于子女利益保护的合意,如果未能达成合意,则将案件转入调解程序,调解由专门的儿童福祉保护机构"家庭会议"(Family Group Conference, FGC)负责实施。当事人的律师出席调解程序,对委托人提出建议。调解不成的,进入诉讼程序,诉讼解决家事纠纷不仅持续时间长,还存在增加当事人的痛苦,难以消除当事人之间对立情绪的弊端。

新西兰的离婚诉讼程序包括分居(separation)和离婚两个阶段。第一阶段

---

〔1〕 新西兰的民事法院包括地方法院、高等法院、上诉法院、最高法院等四级法院。地方法院中除了家庭法院这一特别法院外,还有专门处理争议标的额低于 7500 新西兰元(当事人双方同意的可以为 12,000 新西兰元)的纠纷审判所。其他地方法院审理标的额在 7500 ~ 200,000 新西兰元的案件,目前新西兰共有 60 多所地方法院。高等法院仅有一所,负责审理地方法院管辖之外的民事一审案件。上诉法院审理来自地方法院和高等法院的上诉案件,不审理一审案件。最高法院设立于 2004 年 1 月 1 日,是新西兰国内最高级别的法院,负责审理对上诉法院不服的上诉案件,为法律审。2004 年之前,新西兰民事案件最高审级的法院为英国枢密院,最高法院设立后废除了向英国枢密院上诉制度。

的分居程序是为了获得法院分居命令后,夫妻双方于正式离婚前实施分居,为离婚做心理上的准备。当然,夫妻分居也可在协商基础上自愿实行,无须获得法院命令。夫妻任何一方均可向家庭法院申请分居命令,法院通知双方当事人接受父母教育和离婚指导,离婚指导后确认双方当事人确实无法共同生活的,将认可分居申请,发出分居命令。分居命令的效果是免除同居义务,但并不改变存在婚姻的事实。分居命令作出后,夫妻双方还可以合意后同居,法院也可以根据情况的变化撤销分居命令,但是,已经进入离婚诉讼程序则不得撤销。如果当事人是在合意下进行分居,则必须制定分居的书面协议,协议书中记载未成年子女的监护、教育、探望权行使、抚养等事项,且符合子女的最大利益要求,若违背子女利益的要求,法院得以变更相关内容。根据新西兰《儿童抚养法》第 5 条的规定,法院考虑的子女利益包括子女与父母的关系;子女的需求,包含身体的、情绪的、教育的、精神的、道德的需求;子女的情感和意见等。第二阶段的离婚诉讼既可单独提出申请,也可共同申请。由双方共同提出申请,表明双方对于离婚没有争议,但需要解决未成年子女抚养问题,即使达成了合意,法院也应当进行实质性审查。一方申请离婚,表明另一方当事人不认可离婚。新西兰《家族法》上规定离婚仅需满足不存在恢复婚姻的可能性这一婚姻破裂条件即可,而认可是否破裂的条件为是否持续分居 2 年以上,需要向法院提出材料证明,当事人无须证明其他事实。相关的证明材料有法院的分居命令、分居合意书等。共同申请离婚的,法院的判决从作出之日起生效,不得提起上诉。一方申请离婚的,可在法院作出判决后 1 个月内上诉,判决未生效期间或者上诉期间,当事人不得结婚。法院审理离婚诉讼,应当针对未成年子女的监护、教育、抚养费用等尽量促成当事人之间达成符合子女最大利益的合意,法院对合意内容进行实质审查。离婚时涉及监护权和探望权行使问题,法院应当为案件所涉未成年子女选任程序上的利益代理人,除非选任利益代理人有害于子女的利益。子女的程序代理人全程参与诉讼,倾听子女的意见并反馈给法院,参与庭审或调解,对纠纷解决发表自己的意见。

夫妻离婚后,当事人不履行探望权方面的法院命令时构成犯罪,法院可以对其作出不超过 3 个月的刑罚处罚,或者罚款 2500 以下新西兰元。监护子女的父母在未获得家庭法院许可的情况下将子女带离新西兰,也可以作出同样处罚,亦可以两种处罚措施并用。

(二)抚养费认定标准

离婚后,夫妻均应当向直接监护人支付未成年子女抚养费,此为法定义务。当事人可向设置于税务署的抚养费审查局(Child Support Agency)提出申请,请求确定另一方应支付的抚养费金额并负责收取抚养费。[1] 如果当事人之间达成抚养费支付契约,应当将契约提交给抚养费审查局审查。当事人也可以向法院提出确定抚养费的申请,法院依据法定标准计算抚养费金额,作出支付抚养费裁判后,将该支付命令副本送交抚养费审查局,抚养费审查局对法院的命令进行登记,其后由该机构负责子女抚养费的收取并交给直接监护人。

新西兰政府制定了统一的抚养费计算标准,法院应当依据该标准确定支付额。子女在19岁之前单身且没有独立经济来源的,有权获得抚养费。如果子女以全职方式被雇用或自主营业且工作时间每周最低30小时,或者以与此类似情况被雇用,则视为有独立经济来源。学生未获得社会保障给付或学生津贴,或者有学业贷款的,视为经济未独立。

法院计算抚养费给付额,首先确定义务人的收入,其收入以上一年度或者前2年度的纳税计算标准为准,如果义务人收入仅为工资(salary/wages)、津贴、新西兰国内利益分配,则使用上年度的纳税计算标准计算抚养费。例如,计算2012年4月至2013年3月的抚养费,则以2011年4月至2012年3月的纳税计算标准为收入额。义务人上年度收入包含上述之外的收入时,按照其2年前年度的纳税计算标准作为收入额,例如,如果义务人为自主营业者或者上年度收入中有新西兰国外利益分配,则2011年4月至2012年3月的抚养费基于2009年4月至2010年3月的纳税计算标准计算,然后再利用通货膨胀系数调整(通货膨胀系数根据每个季度的消费指标确定)。无论哪种方式确定收入,最高额都不得超过新西兰人均年收入的2.5倍,超过此标准的按照人均收入2.5倍计算收入额。

确定年总收入后,将从总收入中扣除义务人的生活费,扣除的生活费数额与义务人是否单身以及是否与他人共同生活有很大关系,共同生活的人数越多扣除的生活费数额越大。不过,立法上规定共同生活者最多考虑4人,当事人

---

[1] 直接向抚养费审查局申请计算和收取抚养费的,如果对该机构计算的抚养费金额不服,可以向法院提出不服申请,由法院作出决定,法院也有权认定当事人之间达成的抚养费契约无效。

或法院可以从税务署网站上获得各年度扣除生活费的具体数额,该标准根据国民生活情况每年有所变动。[1]

扣除生活费后,法院根据抚养子女的人数,义务人和权利人监护子女的形态确定抚养费支付比例。标准的支付比例为子女1人的为18%,2人24%,3人27%,4人以上为30%。义务人分担监护的,监护1名子女的支付比例是12%,2人18%,3人21%,4人以上30%。分担监护是指父母平等分担监护,父母一方至少每年有40%的时间(146日)监护子女。以下情形也符合父母分担监护:(1)夜间不能照护子女,但每天白天照护;(2)虽然比分担监护的日数(146日)稍少一些,但是除了夜间照护外,还进行了日中的照管以及特别给付(例如,承担子女的授课费、校服费等);(3)周二或者周三夜间照护,周四至周六与子女一起吃晚饭,将子女从学校带回用完晚餐后交送给另一方之前照护子女。

在确定义务人抚养费支付比例后,最终确定应当支付的每月抚养费数额。义务人无收入的,也应当按照年度支付最低数额的抚养费,最低数额的抚养费由抚养费审查局定期公布。义务人符合以下情形时,可以申请暂时免除支付义务:(1)持续13周以上在监狱服刑;(2)持续13周以上在医院治疗;(3)不满16岁。申请暂缓免除义务时,对于上述(1)的情形,应当在被释放前提出申请;对于第(2)种情形应在出院后3个月内提出;对第(3)种情形需要在满16岁后3个月内提出。法院对具有上述3种情形者,若其有一定收入,也可以决定不暂缓免除抚养费支付义务,权利人也可以向法院提出此申请。如果未成年子女的出生是性犯罪的结果,则在行为人被认定有罪后,该子女母亲可以永久被免除支付抚养费义务;同样,如果女性对未成年男性实施性犯罪生下子女,则该女性被认定有罪后,该男子可以被永久免除支付抚养费义务。

(三)抚养费的收取

法院确定抚养费数额后,将抚养费支付命令送交抚养费审查局。该机构对法院的命令进行登记,然后向义务人发出支付通知,收到通知后的30日内必须

---

〔1〕 例如,2012年4月1日至2013年3月31日期间的生活费扣除额如下:义务人单身且未有同住的子女的扣除14,679新西兰元;义务人结婚但没有同住子女的扣除19,969新西兰元;义务人单身有1名同住子女或者结婚且有1名同住子女的扣除28,240新西兰元。

支付,其后必须在每个月的20日前履行支付义务。支付方法可以选择从社会保险金中扣除;从银行户头中支付;网络支付;向税务署交付支票;利用银行各分店支付;在工资或收入中扣除等。利用在工资中扣除这一方法,需要义务人与抚养费审查局联系,抚养费审查局委托雇主,雇主对此不得拒绝。

抚养费审查局收到义务人支付的抚养费后,将金钱交付给另一方当事人,如果该当事人按照规定获得了“单亲津贴”,该抚养费不再向其交付,而是交付给政府。义务人如有正当理由无法及时支付抚养费,应事先向抚养费审查局进行说明。无正当理由迟延支付的,审查局可以作出处罚决定,处罚金额为5新西兰元或者抚养费数额的10%,两者选择金额最高者适用。数个月未支付抚养费时,按照其后各月余额的2%进行处罚。义务人在规定的期日未支付抚养费的,抚养费审查局可以从义务人的工资、人身伤害补偿或赔偿金、银行存款、信托账户、老年年金账户中扣除。履行抚养费给付命令过程中,义务人经济收入明显减少的,可申请抚养费审查局重新计算抚养费给付额,但应当提交收入减少的相应证据,未有确切证据或者年收入较之此前减少未超过15%的,不支持其申请。如果抚养费支付义务人的收入高出当初计算抚养费时收入的20%,但仍然按照此前金额支付抚养费的,将给予处罚,处罚金额为应当支付的金额与实际支付额差额的10%。在计算抚养费时义务人隐瞒收入,而其后出现此种情况时同样处理。被监护的子女中有人因全职劳动而不符合抚养费受领条件,但监护人仍然获得抚养费的,属于抚养费的过度支付,抚养费审查局通知受领人返还多支付的抚养费并说明理由,返还的抚养费一般用于其后的抚养费给付。

四、日本子女抚养费审理及其强制执行

(一)抚养费的审理及计算

在日本夫妻离婚后,对未成年子女实行单独亲权制,离婚时由夫妻协商或由法院裁判未成年子女的直接监护人,非监护子女的一方履行给付抚养费义务。2003年日本修改《母子、父子及寡妇福利法》时,对未成年子女的抚养费问题作出了规定。母子家庭的儿童双亲,应当负担抚养儿童所必要的费用以及履行其他义务;为了儿童身心健康成长,未直接监护儿童的父母应当努力确保履

行对儿童的抚养费义务。2011 年修改的日本《民法典》第 766 条规定,父母协议离婚时,应在协议中规定子女的监护人、父亲或母亲的探望权行使方式、监护子女的费用分担、其他监护子女的必要事项,此场合应最优先考虑子女的利益。无法达成协议时,由家庭法院确定这些事项。家庭法院认为有必要时,可以对作出的决定进行变更。日本《民法典》修改后,家庭法院在诉讼实务上进行改革,要求离婚申请书中列入是否给付抚养费等回答事项,用以提示给付抚养费的重要性。[1] 但是,给付抚养费并非离婚的必要条件,即使未约定抚养费事项,法院也可作出离婚判决。而且只要当事人未申请解决抚养费问题,法院就不得对此作出判决。离婚时未主张抚养费的,可于离婚后向法院提起给付抚养费的诉讼请求,即使当事人当初表示放弃抚养费,但若发生情势变更,仍然可以请求抚养费的给付。子女抚养费一般给付到子女 20 岁,但在调解或裁判时,调解员或法官也可根据个案情况,对抚养费作出特别决定。

日本立法和司法实务中未将抚养费的约定作为离婚必要条件,因此,需要当事人向家庭法院提出给付抚养费的请求时,法院才会处理这一问题。法院一般敦促夫妻之间自主和解,不愿和解时由法院调解,若调解成功,法院将调解协议内容记入笔录,产生强制执行效力;若调解不成,法院将根据当事人提交的诉讼资料和证据作出裁判。在 2003 年 3 月由东京和大阪抚养费研究会发布抚养费计算表之前,家庭法院使用法院内部制定的抚养费概算表确定抚养费,但该概算表并未成为公开发布的抚养费计算标准。因此,在调解时,调解员可建议父母双方对抚养费给付额作出合理约定,若双方无法达成一致意见,则调解员可以以法院内部的概算表作为参照标准,再根据案件中出现的证据资料、当事人的意见、其他特别情况等自由确定抚养费数额。例如,调解员可以考虑子女的学费、其他支出、义务人的奖金情况等确认抚养费金额。利用判决方式解决抚养费问题时,抚养费计算基础为双方的基本收入。基本收入一般为总收入扣除公租公课(各种税金和社会保险金),特别经费(住房租金、医疗费等),职业费(服装费、交通费、通信费、书籍费、交际费、其他杂费等)后的剩余收入。对于职业费,一些法院按照收入的 10% ~20% 扣除,公租公课和特别经费按照实

---

〔1〕 日本弁護士連合会:「養育費・婚姻費用の簡易算定方式・簡易算定表に対する意見書」、『LIBRA』2013 年 11 号。

际支出额认定。这一抚养费确定方式增加了法院证据调查上的负担，调查需要付出较长时间，很难迅速解决抚养费争议。[1]

2002年3月日本厚生劳动省发布《母子家庭自立支援纲要》，该纲要表明为了确保儿童幸福成长，厚生劳动省将研究制作抚养费计算指南，明确抚养费金额的计算方法。其后，日本修改《母子及寡妇福祉法》，将给付抚养费确定为父母的义务，并规定非监护子女一方的父母应确保给付抚养费。在这一背景下，东京和大阪抚养费研究会于2003年3月在《判例时报》第1111期上公布抚养费计算表，声明制作该计算表是为了简便和迅速计算抚养费，改变此前家庭法院计算抚养费的繁杂性。[2] 司法实务界将该表称为"简易计算表"。简易计算表公布后，日本家庭法院一改此前的做法，将东京和大阪抚养费研究会公布的计算表作为调解和裁判抚养费时的计算依据。厚生劳动省也向各地公共团体发出指示，要求各地抚养费咨询机构有效利用该计算表为母子家庭提供咨询。在编制简易计算表时，研究人员利用的基本数据来自总务省统计局1998～2002年《家计调查年报》，计算抚养费时考虑的要素包括父母的各自总收入、公租公课费用、职业费、特别经费、父母的基础收入、子女生活指数、子女的生活费等。从简易计算表制作过程来看，研究人员首先确定离婚者的基础收入，在对总收入进行分级的基础上，确定了基础收入计算公式，即基础收入＝总收入×0.34～0.42（工薪阶层）或总收入×0.47～0.52（自营业者）。第二步确定未成年子女生活费，子女生活费＝基础收入×55（或90）（子女不满15岁为55，15岁以上为90）÷100＋55（或90）。最后研究人员确定义务人应当负担的子女抚养费，子女抚养费＝子女的生活费×［义务人的基础收入÷（义务人的基础收入＋监护子女一方的基础收入）］。

在实际运用时，只要能够明确父母双方年收入总额、是工薪阶层还是自营业者以及子女人数、子女年龄等，便可在计算表中找到对应的抚养费给付金额范围，无须再利用公式另行计算，使用方法非常简便。例如，监护子女的母亲一方年收入125万日元，给付抚养费一方（未再婚）年收入500万日元，子女的年

---

［1］ 紙子達子等：「養育費・婚姻費用簡易算定方式の諸問題」、『The Tokyo Bar Association journal』2013年11号。

［2］ 東京・大阪養育費等研究会：「簡易迅速な養育費等の算定を目指して一養育費・婚姻費用の算定方式と算定表の提案」、『判例タイムズ』2003年1111号。

龄2岁(子女1人),通过计算表即可看出义务人应当给付的抚养费当在4万~5万日元。

东京和大阪抚养费研究会制定的抚养费计算表不具有强制遵守的效力,在调解抚养费问题时,当事人可以约定高于或者低于计算表的给付额;即使法院在裁判确定给付金额时,也可以根据个案情况作出适当的决定。但实际运用情况是,法院判决离婚的案件,若未遇特别情况,法官几乎都会完全根据简易计算表认定给付额,这不仅是因为利用简易计算表更为方便和迅速,还在于计算表也被较多普通民众认可。[1] 在调解或通过裁判对抚养费给付额进行认定后,即使义务人再婚也不免除给付义务,如果因再婚影响给付能力,可以申请法院减少给付额。一些离婚案件中,夫妻双方约定抚养费给付方式和金额,只要求法院裁判离婚,对于此种情况,由于约定的抚养费非为法院调解或裁判的结果,因此,在义务人不履行义务时,不可以直接申请强制执行,还需申请法院进行调解或裁判。[2]

(二)抚养费的强制执行

1.2003年前的强制执行措施

抚养费义务人不履行义务的现象较为常见,其中一些义务人虽然有履行能力但拒绝履行,也有部分义务人是出于特别原因不履行义务,如经济收入确实不高、因事故或疾病收入减少、因再婚而较难履行义务等。[3] 直接监护子女的一方对不履行义务者可申请法院采取执行措施,但必须持有法院判决书、调解协议或公证书之一,仅仅口头约定抚养费的不符合申请执行的条件。传统上,日本对于抚养费的执行主要有履行劝告、履行命令、直接强制执行等几种方式。[4] 债权人一方可首先考虑使用请求法院向义务人发出履行劝告这一方式,法院经调查确认确未履行的,劝告义务人履行义务。劝告义务人履行义务

---

〔1〕 嶋貫真人:「児童扶養手当制度改革に向けた提言—子どもの“養育費を受ける権利”を基底に置いた考察」、『沖縄大学人文学部紀要』2005年6号。

〔2〕 二宮周平:「離婚請求を認容するに際し別居後離婚までの間の子の監護費用の支払を命ずることの可否」、『判例時報』1998年1637号。

〔3〕 石橋恵:「わが国における養育費履行に関する諸問題」、http://www.zeikei.co.jp/syouhi_g/PDF.,2015,9,5。

〔4〕 五十嵐詠夢:「離別母子家庭の養育費受給をめぐる現状と課題」、『北海道医療大学看護福祉学部学会誌』2015年1号。

可使用传唤、电话、上门告知、书面告知等方式，目前，法院使用书面方式进行劝告的情形越来越多。这一执行方法主要是促使义务人自动履行义务，尽量避免采取直接的强制措施，但问题是，即使义务人不遵守法院劝告，也不能对其实施处罚。法院可对抚养费给付人发出多次履行劝告。从统计资料来看，对于每个当事人的申请，法院平均发出3次劝告，义务人履行法院劝告的比率在七成左右。义务人不履行法院劝告时，权利人可请求法院发出履行命令，不遵守该命令者可被处以不超过10万日元的罚金。债权人对拒不履行抚养费义务者，还可申请法院采取直接强制性措施，采取这一措施时，法院可对义务人采取查封、扣押动产或不动产及其他财产方式实现债权。但实际上，对不动产或动产采取查封、扣押方式实现债权往往存在不利之处。在拍卖有关财产时，权利人一方需要交纳一笔不小的拍卖费用，这很可能带来得不偿失的后果；而且对于以分期付款方式购买的车辆，若未清偿贷款，则不允许扣押和拍卖，对以贷款方式购买的房屋，在拍卖时应当首先实现银行的债权。

2.2003年后的执行措施改革

为了强化抚养费执行措施力度，提升抚养费给付比例，日本通过司法改革完善了抚养费强制执行制度，2003年的日本《完善担保物权及民事执行制度的民法等部分修改法》对定期金钱债权的执行进行了改革，允许在执行定期金钱债权时对未来的债权进行执行。例如，抚养费债权人在请求法院执行此前的抚养费时，允许申请对未来应当给付的抚养费进行执行。传统上，只要离婚夫妻之间没有特别约定，抚养费一律为每月给付一定金额。如果只允许对已经到期的抚养费强制执行，则权利人可能会不断地向法院申请执行，程序上的经济负担与获得的抚养费金额不协调。抚养费关涉未成年子女生活维持问题，必须在制度上保障能够减轻申请执行人的负担，基于此，日本通过修改法律建立对未到期抚养费的强制执行制度，[1]但需注意的是，申请执行未到期抚养费，必须以债务人对已经到期的抚养费部分或全部不履行义务为前提条件，并且，在执行中只能针对义务人工资或者其他持续性债权（如租金收入等）采取执行措施。执行工资收入时，只能扣除义务人税后工资的1/2以下，如果扣除后余额仍然超过66万日元的，则抚养费一律按33万日元执行。

---

〔1〕 棚村政行、小川富之：『家族法の理論と実務』、日本加除出版株式会社2011年、500頁。

2005 年日本进一步修改《民事执行法》,确立了民事判决间接强制执行制度。间接强制执行是指对不履行抚养费给付义务者,法院可经债权人申请向义务人发出履行义务的警告,若经过一定期间后仍然不履行义务,法院可对其科以向债权人给付间接强制金的处罚,这一制度的目的仍然在于敦促债务人自觉履行义务。对于抚养费判决的执行来说,法院针对未到期抚养费作出履行决定后,若拒绝履行,可依据日本《民事执行法》命令债权人交纳间接强制金,在此情形下,只允许针对 6 个月内的未到期抚养费采取这一措施。[1] 根据日本《民事执行法》的规定,义务人无给付抚养费能力,或者给付抚养费后将造成生活显著困难的,法院可拒绝发出间接强制执行令。建立间接强制执行措施制度实有必要,因为冻结、划拨工资等直接强制执行既存在确定义务人工作单位较为困难情形,也可能存在因工作不稳定而难以适用的问题。因此,适用间接执行措施给义务人形成心理压力,促使其自动履行债务会起到一定效果。在确定间接强制金数额时,法院应当考虑的要素包括不履行义务给债权人造成的不利影响、债务人财力状况、从前的义务履行情况等。法院作出给付间接强制金决定后,若遇有情势变更情形,可作出减少金额的决定。[2]

2009 年日本再次修改《民事执行法》,规定不履行抚养费给付义务超过 2 次,法院可依债权人申请直接执行义务人的工资,命令用人单位按月从工资中扣除抚养费,并直接打入债权人账户。这一执行方式,有利于及时实现抚养费债权,减少查封、冻结不动产或动产这一效率慢且成本高的执行措施的利用。[3] 但是,如果债权人无法知晓义务人就业单位,该方法也将难以适用,而且如果义务人非为工资收入者,也难以利用这一方法实现债权。

(三)未成年子女抚养费制度运行效果及其问题

1. 抚养费制度运行效果

日本每年离婚件数超过 23 万件,未成年子女归母亲监护的占 80% 左

---

[1] 松下淳一:「扶養義務等に係る金銭債権についての間接強制」、『家庭裁判月報』2005 年 11 号。

[2] 小野瀬厚:「扶養義務等に係る金銭債権についての間接強制の制度を導入する民事執行法の改正」、『家庭裁判月報』2005 年 11 号。

[3] 村野裕二、野上奈生:「国際家族法学会第 14 回世界大会に参加して」、『家庭裁判月報』2012 年 6 号。

右。[1] 日本法务省2013年针对2012年4月至2013年4月期间协议离婚案件进行调查,结果显示,协议离婚案件中对子女抚养费问题进行约定的仅为56%。[2] 由于夫妻离婚后未成年子女归母亲监护的情形占多数,因此,日本社会对母子家庭生活状况颇为关注。日本厚生劳动省于2011年以全日本母子家庭为对象进行未成年子女抚养费制度运行效果调查,调查结果显示,有6成离婚夫妻在离婚时未申请或协商解决抚养费问题。协议离婚占总离婚件数的90%,但协议离婚中对子女抚养费作出约定的仅占30.1%,在法院调解或判决离婚案件中,解决抚养费问题的比例高于协议离婚,为74.8%。离婚者中女性一方的最终学历对抚养费问题有较大影响,高中学历离婚者中仅有20.7%解决抚养费问题,短期大学学历者为58%,大学以及研究生学历者为51.8%。在获得抚养费方面,至调查时处于受领中的占五成,且协议离婚和裁判离婚未见差别。但是,针对"过是否去获得过"的提问,协议离婚者回答是的比例占26.4%,裁判和调解离婚的为33.1%。在离婚案件中,约定给付抚养费但实际上未曾获得过的比例高达21.4%,裁判或调解离婚者中占13.4%。这一结果表明,拒绝履行抚养费义务的情况较为严重,抚养费履行确保制度存在进一步完善的余地。离婚时未解决抚养费的女性中,48.6%是因为推测男方没有给付抚养费的意思或能力,23.1%是出于不想和男方再发生联系,4.6%是因为觉得交涉抚养费问题非常麻烦。从相关数据可以看出,夫妻离婚时较多女性主要考虑如何尽快离婚,而忽视了未成年子女利益的保护。[3] 从抚养费给付额分析,总体上处于较低水平,母子家庭中有1名未成年子女的,近七成抚养费每月未超过4万日元;2名子女的,8成抚养费未超过6万日元;3名子女的,有七成未超过8万日元,总体平均每名子女获得的抚养费每月为3万日元。[4] 较低的抚养费金额非常不利于未成年子女的福祉发展,容易造成青少年贫困现象。

---

〔1〕 小川富之:「日本における離婚後の子どもの養育費について」、『법학논고』2012年39号。

〔2〕 読売新聞社:"離婚時に養育費合意56%・「親子面会」55%"、『読売新聞』2013年8月19日。

〔3〕 五十嵐詠夢:「離別母子家庭の養育費受給をめぐる現状と課題」、『北海道医療大学看護福祉学部学会誌』2015年1号 。

〔4〕 宮坂順子:「離婚における養育費の現状と問題点_簡易算定方式の検討」、『昭和女子大学女性文化研究所紀要』2015年42号。

2. 抚养费制度存在的问题

为了进一步完善未成年子女抚养费制度，提高抚养费给付率，维护未成年子女的福祉，日本学者一直以来都在关注抚养费制度改革问题。相关研究认为，抚养费简易计算方法需要改革，制定简易计算表所依据的基本数据是十多年前的调查结果，随着社会经济的发展，生活方式、消费构造、收入状况都发生了变化，因此，计算抚养费的基础数据如工资或营业收入、最低生活费、职业费、特别经费等有所变动，需要重新审视简易计算表的适当性。有学者利用新的调查统计数据计算子女抚养费并与简易计算表的计算结果进行对比，认为在计算父母的基础收入时，应当降低职业费、特别经费、公租公课的扣除比例，基础收入占总收入的比例自然亦应当提高。当初制定简易计算表时，基础收入占总收入的比例为34% ~42%，应当提高到69.99% ~76.26%。[1] 日本律师联合会则认为，简易计算分方式除了公租公课、特别经费、职业费、生活费指数的计算方法存在一定问题外，还存在缺乏公共机关的验证、与日本《生活保护法》脱节等问题。东京和大阪抚养费研究会公布抚养费简易计算表后，日本并未组织相关机构对计算表内容妥当性进行检验而直接被司法机关适用，而学界对于简易计算表合理性一直存在不少的争议。另外，从日本《生活保护法》角度分析，该法确定了私人抚养优先原则，规定对于要保护的对象，根据其年龄、性别、家庭构造、所在地域和保护范围等，确保其实现最低限度的生活需要，并且不超过这一标准。而根据简易计算方法，则会出现子女监护人的总收入扣除各种规定费用后，其基础收入已经难以满足生活保护法上的最低生活标准，但义务人一方可能会在总收入中扣除规定费用后，仍然远远超过最低生活费标准的现象，这不符合权利人和义务人获得同等程度生活保护的原则。[2] 也有研究认为，日本民众对抚养费咨询支援中心的认知度有待提高，目前，在母子家庭就业、福利提供、抚养费等咨询方面，抚养费咨询件数仅占2%左右。咨询员的素质亦有待提高，应当进一步强化咨询员业务技能的培训。[3]

---

〔1〕 竹下博將:「簡易算定方式・表の基本的問題とその修正」、『LIBRA』2013年11号。

〔2〕 日本弁護士連合会:「"養育費・婚姻費用の簡易算定方式・簡易算定表"に対する意見書」、『LIBRA』2013年11号。

〔3〕 養育費相談支援センター:『子どもたちの未来を育てよう』、養育費相談支援センター2014年、22頁。

针对抚养费履行保障制度存在的弊端，社会民众特别是离婚后的子女监护人认为，抚养费的强制执行制度存在诸多问题，影响了抚养费给付率：第一，缺乏收入信息共享机制。咨询者表示，计算抚养费需要准确把握双方收入情况，但实际情况是当义务人为自营业者时，其往往隐瞒收入，权利人很难掌握真实收入状况，所以有必要建立双方收入共享机制。第二，缺乏债务人信息开示和行踪查询系统。当抚养费给付义务人的住所、工作单位、职业不明时，就难以申请抚养费的强制执行。根据现行制度，权利人必须自己查找义务人下落，由于查找存在很大困难，一些直接监护人不得不放弃抚养费的执行。基于这一现实，应当建立能够查找义务人的支援系统，及时把握义务人的住所、工作地点、资产等信息。第三，强化执行措施的力度不足。很多离婚夫妻认为，抚养费强制执行措施力度不足，造成离婚案件调解协议或判决内容无法实现。履行劝告、间接强制、财产开示等制度有时很难发挥应有效果，特别是履行劝告制度，由于没有强制法律效力，仅起到敦促履行义务的作用。因此，有必要进一步强化执行措施力度。第四，缺乏对义务人的处罚机制。从现实情况来看，行使监护权的母亲一方无法获得抚养费给付的情形较多，法院应当在离婚时向父母双方说明给付抚养费的意义，特别是应当构筑对不履行义务者的社会制裁措施，强化义务人履行义务的意识和积极性。第五，缺乏综合性的支援措施。抚养费给付问题与离婚后的探望权密切相关，一些离婚的夫妻因阻碍另一方行使探望权，致使义务人停止抚养费的给付。由此看来，日本非常有必要建立包括探望权在内的综合性的抚养费支援制度。〔1〕与欧美发达国家相比，日本抚养费的履行制度尚存在诸多需要完善之处，日本学者通过研究，从以下几方面提出了若干完善建议：〔2〕

一是灵活利用简易计算表。编制简易计算表时，未关注父母收入、未成年子女的年龄和人数之外的诸多特别情况，这就很难保证计算结果能够满足未成年子女的生活需要。因此，应当注重个别案件个别对待，由法官、调解员根据实

〔1〕 片山登志子：「子どもの養育支援の輪を広げよう」、http://www.youikuhi-soudan.jp/pdf/newsletter10.pdf.，2015，8，29。

〔2〕 養育費相談支援センター：『養育費確保の推進に関する制度的諸問題』、養育費相談支援センター、2012年、76頁。

际需要灵活使用简易计算表，不应将简易计算表视为金科玉律。[1] 二是对当事人进行强制执行程序的理解教育。日本《民事执行法》强化了执行措施，对此，应当在法院调解或裁判程序、抚养费给付公证书制作程序中向当事人说明强制执行措施，帮助当事人理解执行程序的特点，让当事人认识到强制性措施的风险和不利点，启发当事人在强制执行程序开始前尽量通过适当方式解决问题。三是在利用间接强制措施时，应当促成当事人和解。间接强制措施的适用需要确保进行询问当事人，在询问当事人过程中，应当为双方创造和解的机会。法院应当说明强制性措施对双方造成的不利影响，促成双方自主解决问题。四是对不履行义务者强化处罚措施力度。从比较法角度来看，日本应当借鉴海外经验，扩大执行措施，建立限制出境、吊销驾驶执照等制度。五是建立无法执行后的国家援助机制。一些案件因义务人出现特殊情况，法院确实无法强制执行，为了确保未成年子女的福祉发展，必须建立国家援助措施，由社会保障机构对不能获得抚养费给付的子女提供援助津贴。

五、韩国子女抚养费的裁判及国家援助制度

韩国《民法典》对有未成年子女的离婚父母设置了 3 个月的“思考期”（没有子女的为 1 个月），在此期间内，父母应慎重考虑离婚对子女成长可能带来的不利影响，是否具有继续维持婚姻的可能性。只有在经过 3 个月后，方可向法院提交离婚协议书，并且必须在协议书中记载监护人、[2] 抚养费负担方法（给付额和给付方法）、探望权行使方式（如探望方式、交接子女的场所和时间等）。若协议书中未涉及子女探望权行使方式以及子女抚养费支付方法、金额、支付账户等内容，则法院将不同意协议离婚申请。如果协议中出现约定不支付抚养费、不行使探望权等极端情况，则法院会告知支付抚养费和行使探望权对子女的重要意义，命令当事人修改协议内容。夫妻之间无法就子女抚养计划达成合意的，可以申请法院作出判决，法院也可以依职权作出裁判。裁判离婚案件在法院作出判决前，对于有未成年子女的案件将通过“子女问题解决会议”以及“父母教育”程序确保离婚后子女利益获得最大保护，质言之，在裁判

---

〔1〕 竹下博將:「簡易算定方式・表の基本的問題とその修正」、『LIBRA』2013 年 11 号。

〔2〕 韩国未实行父母离婚后父母共同监护子女的制度。协议离婚时，由父母协商子女的监护人；裁判离婚时，由法院裁判由谁监护子女，也可判决共同监护。

离婚时,法院关注的焦点并非是应否离婚,而是离婚后子女利益的福祉如何得到确切保护。

韩国在监护权行使的方式上,既可实行共同监护,也可实行单独监护,法律未规定共同监护为基本原则,至于实行哪种方法由当事人协商或法院作出决定。在确定监护权的同时,还应当确定抚养权人,实践中存在以下几种选择方法:父母一方既是监护人,又是抚养权人(直接抚养子女);父母一方为监护人,另一方为抚养权人;父母共同为监护人和抚养权人;父母为共同监护人,但其中一方为抚养权人。非直接抚养子女的一方,必须按照约定或判决履行给付抚养费的义务。

(一)抚养费的计算及其强制执行

2012 年 5 月 31 日首尔家庭法院发布抚养费计算表,2014 年 6 月进行修改。计算表中包括平均抚养费以及抚养费额度范围,平均抚养费是指有 2 名未成年子女的 4 人家庭中,每名子女应当获得的抚养费。法院计算抚养费时参照计算表,根据当地情况(城市还是农村,城市加算,农村减算)、子女的数量(有 1 名子女的加算,3 名以上的减算)、是否需要高额医疗费、教育费用、父母财产情况等进行计算。以下是韩国法院抚养费计算标准。利用表 2 时,即使父母合计收入不足 199 万韩元,也应当支付最低程度的抚养费。

表 2 抚养费月给付标准

子女的年龄(岁)	父母月合计收入[单位万元(韩元)]						
	0 ~ 199	200 ~ 299	300 ~ 399	400 ~ 499	500 ~ 599	600 ~ 699	700 以上
	平均抚养费	平均抚养费	平均抚养费	平均抚养费	平均抚养费	平均抚养费	平均抚养费
	抚养费范围	抚养费范围	抚养费范围	抚养费范围	抚养费范围	抚养费范围	抚养费范围
0 ~ 2	52.6	65.3	76.1	90.6	101.2	110.5	152.6
	20 ~ 58.9	59 ~ 70.7	70.8 ~ 83.3	83.4 ~ 95.8	95.9 ~ 105.9	106 ~ 131.5	131.6
3 ~ 5	49	70.5	87.8	100.8	123.8	133.4	175.9
	23.9 ~ 59.7	59.8 ~ 79.1	79.2 ~ 94.2	94.3 ~ 112.3	112.4 ~ 128.5	128.6 ~ 154.6	154,7

续表

子女的年龄（岁）	父母月合计收入［单位万元（韩元）］						
	0～199	200～299	300～399	400～499	500～599	600～699	700以上
	平均抚养费	平均抚养费	平均抚养费	平均抚养费	平均抚养费	平均抚养费	平均抚养费
	抚养费范围	抚养费范围	抚养费范围	抚养费范围	抚养费范围	抚养费范围	抚养费范围
6～11	53.3	70.8	90.2	105.9	120.2	137.1	190.6
	18.5～62	62.1～80.4	80.5～98	98.1～113	113.1～128.6	128.7～163.8	163.9
12～14	60.4	75.5	94.7	109.5	130.5	152	204.6
	31.3～67.9	68～85.1	85.2～102.1	102.2～120	120.1～141.2	141.3～178.2	178.3
15～17	60.8	84.4	111.5	120.4	142.4	166.8	227
	34.3～72.5	72.6～97.9	98～115.9	116～131.4	131.5～154.6	154.7～196.8	196.9
18～20	95.9	118.5	130.3	136.1	172.8	197.4	222.1
	31.4～107.2	107.3～124.4	124.5～133.1	133.2～154.4	154.5～185.1	185.2～209.7	209.8

根据上述标准表，假设夫妻离婚后，2名子女由母亲一方抚养，子女分别为6岁和11岁，父母的月合计收入为400万韩元，那么离婚后子女的父亲一方每月应支付的抚养费最低为每名子女105.9万韩元。根据当地情况及子女的生活需要，每名子女月抚养费最高额可达113万韩元。

2009年韩国修改《民法典》时，改革了此前子女抚养费的强制执行方法。2009年之前，尽管规定了协议离婚时必须对子女抚养问题达成一致意见，但并未规定一方不履行协议约定的抚养义务时可由法院强制执行。2009年修改韩国《民法典》时则规定，夫妻协议离婚的，法院书记官应将协议书中有关子女抚养费内容制作成笔录，该笔录具有判决效力，一方不履行抚养义务，另一方可依据笔录申请强制执行。为了确保子女抚养费的合理性，在离婚诉讼中，法院可命令负有支付抚养费义务的一方提交财产报告书，必要时可对其财产进行调查，有关部门有义务配合法院的调查。义务人提交的财产报告书以及其他机关提供的义务人财产信息,不得泄露于社会。判决生效后,若3次以上未按规定履行支付抚养费义务,则法院可命令税款代扣代缴人或单位定期从义务人账户扣除抚养费并直接交付给另一方当事人。另外,法院命令义务人定期支付抚养费的,还可命令义务人提供担保,也可命令预付一定的金额。对拒绝履行义务者,可处以罚款,目前立法规定的罚款金额为1000万韩元以下;对拒绝法院预付一定金额的命令者,可处以最高30日的拘留处罚。

(二)抚养费给付的国家援助制度

在抚养费强制执行制度方面,以子女利益优先为原则,以保障离婚后的未成年子女健康成长具备一定的经济基础。也有观点认为,尽管立法上为了子女利益强化了判决强制执行措施,但问题是,如果抚养费负担者缺乏经济能力,则仍难以实现判决内容。对此,有必要通过立法建立一种制度,当抚养费负担者确实无能力支付抚养费时,可先由国家代为支付,其后由国家行使代位求偿权向义务人追偿。为了确保离婚后的未成年子女及时获得抚养费,韩国于2014年3月公布了《抚养费履行保障及支援法》,通过强化国家支援手段,让离婚家庭中的未成年子女及时获得抚养费。根据该法第3条和第4条的规定,离婚后非抚养子女的父母必须诚实地履行协议或判决中确认的抚养费义务。国家及地方政府必须对未成年子女能够在最佳环境中成长提供支援,应当设立专门的机构,在保障抚养子女的父母能够获得抚养费方面提供支援,并应当对此制定有效的支援方案(行政的及财政上的支援方案),国家及地方政府还应当向离婚后的父母双方进行抚养费履行方面的宣传和教育,公共机关及有关法人或团体应当协助国家或地方政府的相关活动。

韩国《抚养费履行保障及支援法》公布后,依据该法的要求,韩国在妇女家庭部设置抚养费履行审议委员会。该委员会职责如下:(1)制定及完善抚养费履行确保制度;(2)规定对不履行抚养费给付义务者的制裁措施;(3)负责与公共机关或行政机关协调事务;(4)制定抚养费指南;(5)审议和许可有关扶养费确保政策的其他事项。为了保障具体支援制度的实施,韩国在"健康家庭振兴院"中设置抚养费履行管理院,其职责包括:(1)为抚养权人或非抚养子女的父母提供咨询;(2)对抚养费请求或履行提供支援;(3)对抚养费提供现实性的紧急支援;(4)依据协议或法院判决托收抚养费并向对方交付;(5)对不履行抚养费给付义务者实施制裁措施;(6)对抚养费履行确保的实效性进行研讨;(7)对子女抚养费事务进行宣传；(8)其他确保履行抚养费义务的事项。

2015年3月，根据韩国《抚养费履行保障及支援法》的要求，韩国成立了抚养费履行管理院，属于特殊法人组织，隶属于韩国健康家庭振兴院。抚养费履行管理院负责人由女性家庭部的部长任命，任期3年。抚养费履行管理院内设抚养费咨询总部与抚养费履行支援总部两个部，抚养费咨询总部下设抚养费履行改善小组、抚养费咨询小组、协议成立支援小组；抚养费履行支援总部下设法律支援小组、抚养费代收小组、信息调查小组3个部门。截至2015年5月14日，抚养费履行管理院共有专职咨询员65人，其中有20名律师和2名司法书士。该机构预计到2017年对6万个家庭提供抚养费履行支援，申请支援的家庭中将有25%以上实现抚养费的给付。此外，抚养费履行管理院还与家庭法院、韩国法律救助公团、韩国法律咨询所等机构签订业务协作协议，以利于提升业务开展的实效性。

离婚时，直接抚养子女和非直接抚养子女的父母无法达成抚养费协议的，可以请求抚养费履行管理院提供法律咨询或者就达成合意进行支援，当事人之间达成合意的，抚养费履行管理院负责人可以为协议内容的履行提供支援。在义务人不履行协议或判决确定的义务时，抚养子女的父母一方可以请求抚养费履行管理院对其抚养费执行请求权提供支援；在无法从义务人处获得抚养费时，有权向抚养费履行管理院请求向义务人发出支付命令或履行命令，还可以请求该委员会催收抚养费，相关程序费用和催收费用均由政府负担。在抚养子女者请求义务人履行抚养费义务时，抚养费履行管理院必须听取对方当事人的陈述。妇女家庭部部长为了确保抚养费义务的履行，有权向相关机构请求阅览义务人的居民登录信息，也可命令该机构提交此信息的复制件，若无正当理由，相关机构不得拒绝提供。

在抚养子女的一方无法获得对方抚养费给付且严重影响或有可能严重影响子女生活时，其可以请求抚养费履行管理院进行紧急支援，由抚养费履行管理院先行支付抚养费。抚养费履行管理院收到紧急支援申请后，交由抚养费履行改善小组对有关文书和支援条件的确切性进行确认，由“临时抚养费支付审议委员会”进行审查并作出决定。对于符合支援标准的抚养费债权人,[1]抚养费履行管理院负责人根据抚养费债权人及家人是否有精神或身体上的障碍、生活水准、其他事由等各种情况决定是否提供支援,支援金额由女性家庭部负责人进行公告。抚养子女的父母依据韩国《国民基本生活保障法》或《紧急福祉法》的规定获得国家同类救助的,抚养费履行管理院只能就救助之外的部分进行支援。紧急支援的期间为6个月,如有必要,可以延长3个月,但在提供支援期间,如果义务人给付抚养费,则应当停止提供紧急支援。抚养费履行管理院先行代付抚养费后(提供紧急支援措施后),有权向抚养费义务人进行追偿,追偿权行使方式和程序由法律另行规定。

抚养费履行管理院收到抚养子女的父母依据该法第11条第2款规定提交的托收抚养费申请后,应当及时向债务人送达抚养费给付催告书面通知,通知书中记载获得抚养费债权人委托的事实情况。发出抚养费履行书后1个月内,若义务人不履行义务,抚养费履行管理院有权对义务人支付能力(财产、收入等)进行调查,对此可以经法官许可,阅览诉讼记录。妇女家庭部负责人为了调查义务人财产情况,经本人同意后,可以请求税务、不动产管理、健康保险、国民年金、出入境管理等机关提供相关资料。可以要求金融机构提供义务人金融信息、信用信息、保险信息等,金融机构不得以韩国《金融实名交易及保密法》《信用信息利用及保护法》为由拒绝提供信息。抚养费履行管理院为了提供抚养费履行支援,有权依据韩国《家事诉讼法》《民事诉讼法》的规定实施如下行为:(1)命令义务人报告财产或财产照会;(2)请求直接给付抚养费;(3)命令义务人提供担保;(4)申请扣押财产;(5)请求托收或转付抚养费;(6)请求拘留义务人。抚养费履行管理院除了直接请求义务人给付抚养费外,还可以代收抚养费,并应当及时将收取的抚养费及其他财产转交给抚养子女者。妇女家庭部负责人可以向个人信息管理机构提供义务人不履行义务的信息资料,但需要向义务人告知提供资料情况。妇女家庭部负责人在采取相关措施后仍然未能获得完全的抚养给付的,有权向税务机关或地方政府申请扣押义务人的退税金额,

---

[1] 进行紧急支援的条件为抚养费债权人所属的家庭收入低于韩国《国民基本生活保障法》第2条第6款规定的最低生活费的120%,或者抚养费债权人符合韩国《单亲家庭支援法》第5条规定的支援对象应具备的标准。

还可以采取现场催促履行措施等。[1] 此外,根据立法上的规定,抚养费履行管理院直接代收抚养费存在较大困难的,可以委托专业债权回收公司负责代收抚养费。

〔1〕 现场催促履行是指对于故意隐匿、转移财产的义务人,可以由债权回收公司中的专家、法律家、警察、检察官等组成的班底走访抚养费义务人的家庭,并允许利用一切可以利用的合法手段强制履行义务。

第八章 跨国诱拐子女案件的审理及子女利益的保护

在跨国婚姻中,一旦夫妻离婚,往往面临父母一方将子女带离国外留置于某一国家,致使另一方无法监护或照护子女的现象,一般把此类现象称为跨国诱拐子女。与传统的第三方绑架儿童并不相同,诱拐子女是儿童的一方父母(也包括其他近亲属)未经过监护权人的同意或认可,单方移居或者留置儿童的现象,各国一般不作为刑事问题来处理,而是纳入家事法领域并通过私法方式加以解决。父母诱拐子女可能产生严重的消极后果,一方面,会对享有监护权的一方父母的监护权带来严重伤害;另一方面,也会影响到子女的利益。子女将可能处于一个陌生环境,从而面临社会或语言方面的困难,甚至可能会影响到子女的受教育权,最终对子女生存权与发展权带来不利后果。跨国儿童诱拐问题日益受到国际社会的关注,要求采取有效措施予以防止并能够及时送还子女。为此,1980年10月海牙国际私法会议通过了《跨国诱拐儿童民事方面的公约》(以下简称《海牙诱拐公约》)。[1] 该公约是为了确保被诱拐的子女及时送还,并保障缔约国法律所规定的监护权和探望权在其他缔约国获得有效尊

〔1〕《跨国诱拐儿童民事方面的公约》的英文名称为"Hague Convention on the Civil Aspects of International Child Abduction"。

重。[1] 因此，在跨国送交子女家事案件中，子女被及时送还至惯常居所地国即为子女的最大利益。《海牙诱拐公约》要求缔约国确定一个中央机关负责本公约规定的任务，并且对送交子女的诉讼程序作出了规定，其中明确要求缔约国法院必须遵循诉讼程序的迅速性原则。[2] 该公约第 13 条规定了诉讼中的抗辩事由，即可以主张拒绝送交子女的理由。根据第 13 条的规定，诉讼中反对送交子女者能够证实下列情况时，被请求国司法或行政机关无义务命令返还该子女：(1) 在带走或留置儿童时，应当照护该儿童的个人、机构或其他团体实际上并未行使监护权，或对其带走或留置已经事先同意或事后默认；(2) 其送交会使儿童在身体上或心灵上存在遭受伤害的重大危险或会使儿童处于不能忍受的境地。另外，该公约在第 13 条中还规定，司法或行政机关如发现该儿童拒绝送交，并已达到适宜考虑其观点的年龄及成熟程度时，也得拒绝命令送交该儿童。在考虑本条所规定的情况时，司法及行政机关应重视儿童惯常居所地中央机关或其他主管机关所提供关于该儿童社会背景的材料。

加入《海牙诱拐公约》的国家为了使该公约国内法化，纷纷修改家族法及家事诉讼程序法，以确保跨国送交子女案件得到及时和公正审理。[3] 需要注意的是，《海牙诱拐公约》仅规定了跨国送交子女程序的原则性事项以及最低遵循标准，具体的程序则由缔约国进行规定。然而，由于各国的家事诉讼程序存在较大差异，因此，跨国送交子女家事案件的审理程序也存在一定不同的特点。从各国司法实务来看，法院审理跨国送交子女案件时，当事人往往根据《海牙诱拐公约》第 13 条提出拒绝送交子女的抗辩理由，这实际上构成了此类案件审理中的焦点问题。虽然《海牙诱拐公约》规定了可以拒绝送交子女的基本事项，但实际上，需要各国法院在面临具体案件时作出符合子女利益的裁量。因此，在理解和把握《海牙诱拐公约》第 13 条的抗辩事由时，了解各国法院历

---

〔1〕《海牙诱拐公约》第 15 条规定，缔约国的司法或行政机关，在作出返回该儿童的命令前，得要求申请人取得儿童惯常居所地国主管机关按照公约第 3 条意义上该儿童确是非法带走或扣留的判决或其他决定，如果此种判决或决定在该国是可以取得的。缔约国的中央主管机关应尽可能协助申请人取得此种判决或决定。

〔2〕《海牙诱拐公约》第 11 条规定：缔约国的司法或行政机关对于返还儿童的诉讼程序应予迅速进行。如果有关的司法或行政机关自诉讼程序开始之日起 6 个星期内未作出判决时，申请人或被请求国家的中央主管机关有权主动或应请求国中央主管机关的请求要求说明拖延理由，被请求国中央主管机关接到答复后，应将答复转达请求国中央主管机关，或有必要时，转达申请人。

〔3〕截至 2016 年 1 月，共有 93 个国家加入《海牙诱拐公约》。

史上形成的司法判例就显得尤为重要。

一、英国跨国送交子女案件民事司法程序

20 世纪 50 年代之后,随着跨国婚姻的增加,因离婚、分居或其他争议而在未经对方同意的情形下违法将未成年子女带至他国的事件频发。为了有效解决跨国交还子女纠纷,迅速将子女交还给惯常居所地国,[1]维护一方当事人的监护权,海牙国际私法会议自 20 世纪 70 年代开始探索相关立法工作。[2] 1980 年 10 月 25 日在海牙国际私法会议上通过了《跨国诱拐儿童民事方面的公约》。该公约第 3 条规定,在侵害其他人、机构或团体的单独或共同监护权情形下带走或留滞儿童应视为非法。该公约还规定,各缔约国应指定一个中央机关,负责本公约所规定的任务,(第 6 条)缔约国的司法或行政机关对于交还儿童的诉讼程序应予迅速进行。(第 11 条)英国 1984 年 11 月 19 日签署《海牙诱拐公约》,1986 年 8 月 1 日批准该公约,属于较早签署和批准《海牙诱拐公约》的国家之一。最初英国政府仅代表威尔士、苏格兰、北爱尔兰批准加入该公约,至 1994 年之后才逐渐扩大到其他行政区域。[3] 目前,各行政区域均依据《海牙诱拐公约》指定了中央机关,英格兰及威尔士的中央机关为大法官(Lord Chancellor),苏格兰的中央机关是司法部长。在适用法规方面,除了直接适用《海牙诱拐公约》外,作为国内法的英国《诱拐子女及监护法》《家事诉讼程序规则》《法律援助法》《(普通)民事法律援助规则》等也成为重要的适用法规。根据有关研究,英国法院在跨国交还子女纠纷方面积累了相当的审理经验,较成功地处理了一些纠纷,基本上实现了《海牙诱拐公约》快速审理的理念。[4]

---

〔1〕 英国对居住时间的解释较为宽松,V. v. B. (A. Minor)(Abduction)案的法院认为,在 2 个月后,由于父亲已找到工作,该家庭已经建立了具有足够持续性的居所,因此该居所为惯常居所。Re F. (Minors)(Abduction:Habitual Residence)案法官认为,3 个月时间足够确定惯常居所。Re B. (Minors)(Abduction)(No. 2)案法官则指出,若存在潜在的居住意图,实际的居住期限并不需要很长。

〔2〕 参见汪金兰:《1980 年海牙国际诱拐儿童民事方面的公约及其实施机制评析》,载《安徽大学法律评论》2008 年第 2 期。

〔3〕 Nigel V. Lowe, "The 1980 Hague Convention on the Civil Aspects of International Child Abduction: An English Viewpoint", 33 N. Y. U. J. INT'L L. & POL. Vol. 179, 2000.

〔4〕 参见杜焕芳:《英国处理儿童诱拐案件的若干司法问题》,载《青少年犯罪问题》2004 年第 5 期。

（一）诉讼程序的启动

当一方当事人发现子女被配偶诱拐或留滞于英国时，可向中央机关的代表机构“儿童诱拐委员会”申请救济，该委员会审查申请是否符合《海牙诱拐公约》设定的申请条件，一旦符合标准，将从中央机关确定的律师名单中指定一名律师代理申请人提起诉讼，[1]并在24小时内将有关资料交到律师手中，律师可直接向法律援助委员会申请法律援助。对于此类案件，无论当事人（申请人）经济状况如何，案件是否能够胜诉，均应给予诉讼费用上的法律援助，也就是说即使申请人身为富翁，只要其提出法律援助申请即应满足其要求。对于中央机关来说，仅在有明显证据表明当事人的申请无理由时，方可拒绝其救济申请，否则不应作出拒绝受理的决定。在英格兰及威尔士，2003年共受理了142件申请，其中只有9件作出不受理的决定，以子女被带至其他非缔约国为理由拒绝的有2件，子女下落不明的1件，申请人非为监护人的2件，与其请求国之间的公约尚未生效的1件，其他理由3件。[2] 根据《海牙诱拐公约》第9条的规定，如果受理了申请的中央机关有充分理由相信子女在其他缔约国，则中央机关必须直接将申请立即转达给该国中央机关，并有义务将转达情况告知申请人。

被指定代理起诉事务的律师应及时向法院提起诉讼，律师是代表一方父母起诉的，而不是代表中央机关，诉讼必须向有管辖权的法院提起，因为并非每一法院都能行使审判权。英格兰及威尔士对跨国交还子女案件实行专属管辖，案件由高等法院家事部审理，[3]对跨国交还子女案件实行集中管辖或专属管辖是世界各国通行做法，目的是确保高质量地解决争议。在英格兰和威尔士，法院专门确定了负责审理此类案件的法官名单，目前，英格兰高等法院有资格审理此类案件的法官有19名，被指定专门审理此类案件的法官具有很高的国际

---

〔1〕 在英格兰和威尔士，不是任何律师事务所都能接手跨国交还子女案，中央机关选择了若干能够较好处理国际私法业务的律师事务所作为备选所，并将这些律师所的律师制作一份名单，一旦需要指定律师代理，将从该律师名单中指定。

〔2〕 Lowe, Statistics 2003 - National Reports, p. 463.

〔3〕 在英格兰和威尔士，普通家事案件的一审法院有治安法院、郡法院和高等法院。治安法院处理涉及儿童的大多数家事案件，但是不能做出离婚或解除婚姻的判决，或者就婚姻财产做出法令；郡法院审理离婚，家庭财产以及儿童案件；高等法院家事部处理非常复杂的家事案件以及具有涉外因素的家事案件。

私法知识和审判经验,审判质量可谓有充分保障。[1]

法院受理起诉后应向有关人员发出传唤状,以下人员将被法院依法传唤:(1)依据《海牙诱拐公约》被请求返还子女的人;(2)和子女共同滞留的人;(3)子女在英国的亲属或监护人;(4)法院认为应当被传唤的其他人员。诉讼申请人在申请法院传唤状时,还应向法院提交宣誓供述书,宣誓供述书可与传唤状一起共同送达对方当事人。在司法上实务上,宣誓供述书由代理律师制作,内容包括事实概要(含诉讼申请人监护权的依据)、子女被带走的陈述、与带走子女者的关系、所在国中央机关的参与等内容。如果申请人寻求暂时的救济措施,还应提交法院应发出暂时救济措施的理由及相关证据。

法院受理案件后,认为案件涉及重要或复杂的法律问题时,可以选任法庭法律顾问(advocate to the court)为法院提供法律咨询。法律顾问是在儿童权益保护和家事领域具有丰富知识和实务经验的社会工作者,关注儿童福利是其工作的重要内容。法庭法律顾问不属于任何一方的代理人,其不参与证据收集、询问证人、认定事实等诉讼活动,其作用仅在于利用专业知识为法官提供法律咨询方面的服务。

(二)子女下落搜寻程序

法院受理案件后,在知晓诱拐子女者的住所仍在英国之场合,可发出保全命令。保全命令的内容一般为禁止将子女带出英国,对此,法院有权命令诱拐子女者交出护照、身份证明、机票、旅行保险以及出国需要的任何文书及证件。如果尚不知晓诱拐子女者及子女的下落,律师可申请"确定下落命令"(location order)、"交出子女命令"(collection order)或者"搜索命令"。

"确定下落命令"是指在子女下落不明但知晓诱拐子女者或其他亲属的下落时,可向这些人送达法院的通知,令其告知子女的下落或能够知晓子女下落的任何信息。在法院作出其他命令前,有权令这些人员交出护照、身份证明等出国所需的任何文件或证件,并禁止他们在国内变更住所。必要时,法院可批准执行官进入有关人员的住所对不遵守法院命令的人实施拘留措施,但执行官也有义务妥善保管获得的任何文书。在搜索子女方式方面,子女被带走的父母

[1] 日本外務省:「ハーグ条約シンポジウム一国際家事調停の在り方を巡って」、http://www.mofa.go.jp/mofaj/gaiko/hague/pdfs/gijiroku.pdf.,2015,7,28。

一方可利用警察、国际刑警组织进行搜索，也可利用海报、广告、新闻媒体等渠道。

“交出子女命令”适用于子女被带离主要监护人或者诱拐子女者反复实施此类行为，有迹象表明子女可能被隐藏或者被带走之场合。法院发出交出子女命令的目的是在下一个审理期日到来前（若诉讼申请人开始监护子女，必须在3日内开庭），让子女暂时处于诉讼申请人监护之下，对此，收到法院命令的当事人或者其他亲属，应将子女直接交给执行官，如果不能马上交出子女，则必须告知子女下落，在此情形下，法院命令这些当事人将出国所需要的任何证件和资料交给执行官保管。在送达法院有关命令时，只要执行官实施了直接送达行为，即使受送达人拒绝领受或故意回避，仍视为送达。[1] 同样，如果受送达人拒绝执行法院交出子女命令，法院也可发出命令，允许执行官进入受送达人住所对受送达人采取拘留措施。如果诉讼申请人暂时未在英国，在其到达英国之前，或者诉讼申请人为公共机关，则可以在对子女采取措施前，将子女置于当地行政机关保护之下。[2]

“搜索命令”是指通过法院命令寻找子女的下落，在执行官实时搜索行为后仍无法知晓其下落，诉讼申请人的代理律师可向法院请求信息开示命令。根据1985年《儿童诱拐及监护法律》第24条的规定，法院可向任何可能知晓子女下落者发出信息公示命令，如子女或带走子女者的亲属、朋友等。法院可命令这些人员到法院直接陈述知晓的信息，但向律师发出信息开示命令时，应注意遵守律师的保密义务。法院还可命令有关机关根据某些记录提供子女下落的信息，如劳动年金部、车辆运管机构、移民局、全国统计局、教育机构等。

（三）利用调解方法促成自愿送交子女

通过和解方法解决纠纷是《海牙诱拐公约》倡导的理念之一，[3] 由于《海牙诱拐公约》同时还确立了纠纷快速处理原则，因此，中央机关受理申请后自己实施调解的事例占据少数，更多的是向法院提起诉讼后由法院组织调解。为

---

〔1〕 Lowe/Everall QC/Nicholls, op. cit., para. 21. 47.

〔2〕 Lowe/Everall QC/Nicholls, op. cit., para. 21. 50.

〔3〕 《海牙诱拐公约》第10条规定，儿童所在国的中央机关应采取或设法采取一切适当措施以达到自愿返还该儿童。该条款隐含了努力促使当事人和解解决纠纷的理念，法院的调解是对这一条款的充分尊重。

了避免调解影响诉讼效率,法院一般采取调解程序与诉讼程序并行的做法,这一方式明显区别于国内家事诉讼。在国内家事案件审理过程中,若法官认为存在调解的必要性和可能性,则经当事人双方同意调解后案件进入调解程序,但必须中止本案的诉讼审理。

法院可以委托英国民间组织"团聚国际儿童诱拐中心"(Reunite International)进行调解,该组织在跨国交还子女案件调解方面积累了成熟的经验。接受法院委托后,调解人首先与双方当事人进行联系,了解初步的纠纷事实,告知调解解决纠纷的优点,敦促当事人进行和解。[1] 在获得当事人双方同意后,子女被带走的父母一方(即诉讼申请者)到英国参加调解程序,[2] 差旅费、食宿费以及调解费用等可向英国法律援助机构申请法律援助。调解程序由2名调解员负责主持,调解时出于保密性需要,各自的诉讼代理人一般不与当事人一起进入调解室,而是留在其他房间等待委托人通过电话等方式咨询法律问题。[3] 调解连续进行2天,2天内共召开3次调解会议,每次不超过3个小时,这主要是防止调解期间过长而影响诉讼进程。[4] 可调解的事项包括确认子女的居住地;确定父母双方对子女的亲权内容;不与子女共同生活的一方如何行使探望权;如何交换有关子女教育及成长的信息等。调解时子女不直接参与调解程序,出于保护子女利益的需要,在认为听取子女意见更为适当时,调解员可委托"儿童及家事法院咨询和服务组织"听取子女的意见,了解子女的真实意思表示。[5] 经调解后当事人双方达成和解协议的,双方律师对协议内容进行审阅,若无问题则将协议提交给高等法院,由高等法院发出具有法律效力的和解令。

英国上诉法院(Court of Appeal)也配置了独自的家事纠纷调解组织,在征得当事人双方同意后,可以对跨国交还子女纠纷进行调解,调解人由上诉法院

---

〔1〕 Reunite International, "Research into the use of mediation in cases of international parental child abduction", Accessed March 28, 2016. http://www.reunite.org/pages/mediation_pilot_scheme.asp.

〔2〕 在个别案件中,还利用电话方式进行调解,这可以避免一方难以到英国进行调解这一问题,但利用电话调解的案件仅占少数。

〔3〕 樋爪誠:「国際的な子の引渡し(2)」、『立命館法學』2008年4号。

〔4〕 Response to the 2006 Questionnaire(UK), No. 21.

〔5〕 "儿童及家事法院咨询和支援组织"英语名称为"the Children and Family Court Advisory and Support Service"(CAFCASS),其主要职责为在有关家事纠纷中,受委托对有关纠纷事实进行调查,以便法院作出的判决更能够符合子女利益。

在调解人名单中指定，这些被法院聘请的调解人具有良好的国际家事纠纷调解经验。为了保障调解程序影响快速审理的实现，法院可命令调解与诉讼程序并行。应当特别提及的是，调解组织不但对发生于英国（子女被带至英国，诉讼在英国进行）的案件进行调解，还对诉讼程序于国外进行但带走子女者及子女在英国的案件实施调解，例如，在一件于澳大利亚起诉的跨国交还子女案件中，澳大利亚法官委托英国法院进行调解，发生于马来西亚的一个案件中也曾出现过这样的事例。

（四）审理程序

法院收到诉讼申请后，令对方当事人在 7 日内提交答辩书，在 14 日内准备宣誓供述书。法院收到答辩书后给予诉讼申请人反驳答辩书中论点的机会，并指定最终审理期日（最终的开庭审理日期），诉讼申请人进行反驳所需要的证据一般包括诉讼申请人惯常居所地国的权利证据、对方当事人违法的证据、对对方当事人基于《海牙诱拐公约》第 13 条的抗辩进行反驳的证据。[1] 根据 1991 年《家事诉讼法》的规定，首次的当事人双方审理期日距最终审理期日不超过 21 天，这是为了保障案件能够得到迅速审理。在首次当事人双方审理程序结束时，法院应命令当事人提出文书证据、记载有关案件事实及其当事人主张的陈述书等，为确保在最终审理期日到来前子女保持目前的住所，法院可以发出保全命令。如果诉讼申请人已前来英国，还可请求法院发出允许探望子女的保全命令，目的是能够与子女见面。

诉讼的对方当事人在收到法院的答辩命令后，有权申请法律援助，但需要满足经济困难及诉讼具有明显胜诉可能性之要件。子女的非监护亲属（未在子女的惯常居所地国与该子女共同生活的其他亲属）为对方当事人时，其获得法律援助的条件尤为严格，只有在《海牙诱拐公约》第 13 条抗辩理由成立时，

[1] 《海牙诱拐公约》第 13 条规定：尽管有前条的规定，如果反对返还的人、机构或其他团体能证实下列情况时，被请求国的司法或行政机关就无义务命令返还该儿童：(1)在带走或扣留儿童时，应当照顾该儿童的个人、机构或其他团体实际上并未行使监护权，或对其带走或留住已经事先同意或事后默认；或者；(2)其返回会使儿童在身体上或心灵上遭受伤害的重大危险，或会使儿童置于不能忍受的境地。司法或行政机关如发现该儿童拒绝返回，并已达到适宜考虑其观点的年龄及成熟程度时，也得拒绝命令返还该儿童。在考虑本条所规定的情况时，司法及行政机关应重视儿童惯常居所地中央机关或其他主管机关所提供关于该儿童社会背景的材料。

方可获得法律援助。[1] 对方当事人的代理律师必须在答辩书中概括诉讼防御内容,确切表述案件事实。从诉讼策略上讲,对诉讼申请人的权利内容及监护权进行证明并非易事,最好等待由诉讼申请人进行证明。对方当事人的律师对带走子女的理由进行说明的,可以借助宣誓供述书方式进行,但问题是,口头证据被排除的可能性较大,只有书证才容易使法官获得内心确信。从国外搜集证据时,可依据宣誓供述书申请延长审理期限;诉讼中如果有必要听取子女的意见,法院可以委托有关机关实施听取程序并将结果反馈于法院。法院鼓励当事人通过和解交还子女,在此情形下,诉讼代理律师应考虑如何在最终审理期日前,在子女获得最大保护的情况下交还子女,对此,可以要求诉讼申请人提出承诺书或者交还子女条件的清单。

最终审理期日为《海牙诱拐公约》设定的固有程序,该程序原则上非为对审式,[2] 而是实行书面式审理,即法官仅根据当事人提交的书面证据和资料进行审查。当事人首先提交子女被带走或滞留的主要事实书证,在该书证中陈述诉讼请求的主要内容;对方当事人具有防御机会,阐述起诉人主张的事实为假。诉讼中需要哪些证据主要由法官给予提示,法官可以限制证据的数量,特别是口头证据一般不被采用,因为这不利于迅速处理案件,违背《海牙诱拐公约》之目的。因此,尽管当事人可以提出宣誓供述书,但其并不具有提出口头证据的当然权利。判例上则认为,如果当事人提出使用口头证据,可由法官裁量是否允许,[3]

在证明责任分配方面,诉讼申请人需要证明的事实包括纠纷事实应适用《海牙诱拐公约》、子女被带走或滞留前在其他缔约国拥有惯常居所地、诉讼申请人具有《海牙诱拐公约》第 3 条和第 5 条意义上的监护权、带走子女侵害了自己的监护权等,诉讼的对方当事人应证明带走子女经过对方同意或者存在拒绝交还子女的事由。如果诉讼中有关本案争点已被其他法院(包括外国法院)在诉讼中认定,那么本案中不得就该争点再次进行争执,此为"争点禁反言原则"(Issue Estoppel)。诉讼中当事人对宣誓供述书或其他书证存在争议时,法

〔1〕 Lowe/Everall QC/Nicholls, op. cit, para. 21. 63.

〔2〕 对审是指在法院开庭时,原被告双方到法院在公开审理的法庭上进行辩论,各自提出自己的主张,反驳对方的主张。

〔3〕 Re F. (A Minor) (Child Abduction) [1992] 1 FLR 548, INCADAT HC/E/UKe 40.

院需给予解决，审查哪一方当事人从证据补强角度提出了独立的外在证据。对当事人来说，要想攻击另一方的宣誓供述书，就必须提交具有充分说服力的其他证据。如果法院认为宣誓供述书中包含的证据违反真实的盖然性较高，应判断是否存在足以拒绝采纳的可能性，当事人对于书证缺乏拒绝采纳的理由时，意味着对有关争点的证明失败。

英国对外国法采事实说，只要对方当事人未作出自认，就必须对外国法进行证明，当事人仅在宣誓供述书或其他书面资料中对享有监护权或带走子女侵害了监护权作抽象的陈述并不充分。《海牙诱拐公约》规定中央当局的任务之一是提供本国国内法的信息资料，据此，当事人可向中央机关申请提供这些信息。更为重要的是，根据《海牙诱拐公约》第 14 条的规定，被请求国司法或行政机关在判断带走子女是否违法时，得以直接援引儿童惯常居所地国的法律和经正式或非正式承认的司法或行政判决，而不必采取特定程序来证实其法律，也不必对外国判决经过认可和承认程序。根据《海牙诱拐公约》第 15 条的规定，缔约国司法机关在作出交还儿童的命令之前，可以要求申请人取得儿童惯常居所地国中央机关有关该儿童确实非法带走或留滞的判决或其他决定，缔约国的中央机关应尽可能协助申请人取得此种判决或决定。在英格兰和威尔士，对这一条的运用较为鲜见，其原因在于：第一，获得此类侵权证明书会延迟子女交还程序的进行；第二，请求这样的侵权证明书，通常外国法院会请求回答基于本国法律被带走子女的父母是否具有监护权以及是否行使了监护权，由于在子女返还程序中重要的问题是《海牙诱拐公约》第 3 条的解释和适用，[1]因此，几乎很难对外国法院提出的上述要求进行回答。

（五）重大危险抗辩条款的司法审查标准

英国对于《海牙诱拐公约》第 13 条拒绝送交子女的"重大危险"抗辩事由在适用上较为严格，司法实务中认可存在重大危险事由的判例不多，这是因为英国更加注重海牙公约目的的直接实现，即迅速将子女送还惯常居所地国即为

---

〔1〕《海牙诱拐公约》第 3 条规定：带走或扣留儿童，应视为非法的，如果：(1)根据儿童被带走或被扣留前当时的惯常居所地国家的法律规定，如有侵犯属于个人、机构或任何其他团体的共同或单独监护权；而且(2)在带走或扣留的当时，实际上业已共同或单独行使上述监护权，或者如无带走或扣留情事，则将行使此项权利。特别是上述第 1 项述及的监护权，可因法律的规定或因司法判决或行政决定，或因依该国法律具有法律效力的某项协定而产生。

子女最大利益,法官针对个案情况认定是否存在重大危险状况较为消极。在N. V. N. 一案中,母亲一方带8岁女儿从澳大利亚到英国旅行并留居英国,父亲一方向英国法院起诉请求送交子女。本案中,母亲一方主张父亲一方对女儿有性虐待嫌疑,母亲在英国让女儿接受社会福利机构的咨询,接受咨询时从女儿的言语中也可知晓父亲一方存在性虐待可能性。但是,本案法官认为强行送交子女后对子女采取保护措施,让父亲一方作出保证,不让子女与父亲住在一起等可以消除子女危险。因此,即使母亲一方能够证明成功送交子女的命令会使子女陷入精神上重大危险,法院也不应该行使拒绝送交子女的裁量权。最终,法院没有认可母亲一方拒绝送交子女请求。[1] 在 Klentzeris v. Klen Tzeris 一案中,法院认可了拒绝送交子女的抗辩事由(重大危险事由)。该案中,社会福利机构的职员在听取子女意见后,在向法院提交的调查报告书中表示,2名子女在年龄和智识方面能够陈述意见,均目睹了父亲的暴力行为,回想起遭受到的身体和心理上的虐待,对送交回国表示强烈反对,其中一人甚至表示一旦送交回国就自杀。父亲一方则认为,子女的异议受其母亲一方和其姐姐(20岁)的影响,实际上家庭关系很好,并拿出最近的家族照片作为证据。法院则认为,一旦送交子女将对子女造成身心上的重大损害,据此,作出了拒绝送交子女的决定。[2]

Re E. 案件中,英国最高法院对于"重大的危险"的适用进行了4个方面的解释:[3]一是关于证据规则上的解释:(1)对于送交子女致使子女陷入重大危险境地的证明责任由主张拒绝送交子女的个人、机构承担,证明标准适用民事诉讼法上的盖然性标准(balance of probabilities);(2)法官在对证据进行讨论时,留意《海牙诱拐公约》程序中的迅速性要求;(3)对于"重大的危险"之抗辩,虽然个别情况下可以采用口头证据,但是不得进行反询问。二是关于"重大的危险"定义的界定:(1)所谓"重大的危险",必须是"重大"且"现实"(real)的;(2)"重大"不是修饰"危害"(harm),而是修饰"危险"的用词,根据通常的语感,"危害"和"危险"应当联系在一起进行理解(例如,不是比较严重的危害

[1] N. v. N. (Abduction: Article 13 Defence) [1995] 1 FLR 107, [1995] Fam Law 116.

[2] Klentzeris v. Klen Tzeris [2007] EWCA Civ 533.

[3] Re E. (Children) [2011] UKSC 27, [2012] 1 AC 144.

但是具有高度危险)。三是对“身体或精神的危害”“难以忍受的状况”的意思进行解释:(1)需要子女被置于任何某种程度的困难且不快的状况,成为子女成长的一个过程。对子女自身的身体上、精神上虐待或疏忽照顾,不能说是子女能够忍耐的事情。(2)子女耳闻目睹父母一方遭受身体或者精神虐待产生的有害性,最高法院已经有所认识,在发生此种危险性时,其危险产生的原因不具有相关性。四是对保护措施的重要性进行阐释。(3)子女被送交后的遭遇状况与保护措施有关。在子女的危险性严重时,有必要持续进行实效性的保护,法院仅将焦点集中于子女不远的将来(the child' simmediate future)是不充分的。

司法实践中诱拐子女者往往以不能获得签证、经济困难、担心对方实施暴力等为由,表示送交子女时不能与子女共同返回,让子女一个人返回将使子女存在重大危险情形,从而拒绝送交子女。在 Re L. 一案中,诱拐子女的母亲一方担心即使送还子女,在美国(惯常居所地国)进行监护权本案诉讼时,也会被拒绝签证。法院认为,根据 2 名精神鉴定专家的宣誓供述书,即使母亲一方不能获得签证,也很难说子女会置于《海牙诱拐公约》第 13 条第 1 款 b 项要求的难以忍受的精神危险之中。本案法院基于这一判断,在要求父亲一方在作出保证的前提下,作出交换子女的裁判。[1] Re M. and J 一案中,两名子女(1 名 7 岁,1 名 1 岁)被母亲从美国带到英国,母亲违反了美国法院作出的保护观察规定。后来,在 2 名子女的曾祖母和外曾祖母在美国法院被指定为子女的共同监护人的情况下,其向英国法院起诉诉要求送交子女。本案中,子女的母亲一方主张担心回国会被追究刑事责任,不能与子女一起回英国,法院认为,担心归国后被逮捕其本身作为《海牙诱拐公约》第 13 条第 1 款 b 项的送交子女的例外事由不充分,母亲对于到达英国可能会被逮捕这一严重的心态搅扰而担心和不安实则无关子女利益。本案的法官与美国法官进行了沟通,在当事人双方作出保证的前提下,命令母亲一方送交子女。[2] 在 Re K. 一案中,母亲一方主张拒绝送交子女的理由是,返回美国后没有住所,并且存在监护权诉讼费用上的困难。法院认为,母亲一方能够获得进入美国的签证,子女的父亲一方表示可以提供

---

[1] Re L. (Child Abduction) (Psychological Harm) [1993] 2 FLR 401.
[2] Re M. and J. (Abduction) (International Judicial Collaboration) [1999] 3 FCR 721.

其祖母或兄弟的住宅居住,并约定提供食物。另外,在带走子女之前,母子曾暂时入住家庭虐待中心,诉讼代理人可以委托公益律师。在作出上述认定的基础上,法院认为母亲一方主张的事由未达到对子女造成重大危险的程度。[1]

(六)子女的意思表示

英国跨国送交子女家事案件中,被诱拐的子女具有当事人地位,法院就送交子女问题听取子女本人的意见,并为其选任利益代理人。不过,英国并未专门针对跨国送交子女诉讼程序制定特别的程序规则。法院一般委托作为行政机关的"儿童及其家庭法院助言及支援服务"这一机构(CAFCASS)听取子女意见。CAFCASS这一机构的主要任务之一是为法院在探望权行使、居所指定以及其他关涉儿童福祉事项方面提供支援。在接到法院委托命令后,该机构工作人员与案件所涉子女会面,了解子女关于跨国送交子女的意思表示,在听取子女意见的基础上,根据子女发育程度、子女的希望和情感等,利用口头或书面方式向法院报告听取意见的结果,报告中应当就如何处理争议提供相关意见。对于该机构的关于子女意见的评价结论,双方律师可以进行交叉询问。在听取子女意见方面,也允许法院命令儿童心理专家听取意见,但这一方法很少得到利用。

法官并不为了了解子女的意见直接对子女进行询问,这是因为私自对子女询问时的程序和内容是否合适不会成为法庭审查对象,有损害正当程序之虞,法官也极力避免将子女卷入父母之间争议或者诉讼程序。不过,根据英国《家事诉讼程序规则》Rule 6.5,法官可以依据裁量权让案件所涉未成年子女作为第三人参与程序,其参与程序可以获得独立代理人的帮助。特别是当CAFCASS这一机构在未能确切进行听闻子女意见时,或者根据父母任何一方提出的证据证明子女的意见无法确切传递给法院时,作为例外,法院会让子女作为当事人参与诉讼程序,并为其选任代理人。子女的代理人可以是纯粹的诉讼代理人,但实际上通常法院为其选任诉讼监护人(guardian ad litem)及事务律师双重代理人,[2]诉讼监护人不仅进行事实调查,必要时还对子女的医疗、教育或者儿童心理事项做出判断。事务律师代理诉讼时,由国家支付代理费

[1] Re K. (Abduction:Psychological harm)[1995]2 FLR 550.

[2] Lowe/Everall QC/Nicholls, op. cit., para. 21.85; Response to the 2006 Questionnaire(UK), No. 9.

用,子女无须亲自出席法庭或者提交证据,由事务律师进行适当的主张。在Re M. 案件中,13岁的某爱尔兰人之子受到与母亲同居的男性虐待,8次离家出走。后来,居住在英格兰的父亲将其领回英格兰,但是,该子女的父亲不能实行监护,法院作出向爱尔兰送交子女的命令。该子女再次离家出走,法院中止送交子女命令。在该案件中,法院为该子女选任了独立的事务律师,并认可了律师的上诉权。[1]

对于子女关于拒绝送交的意思表示,法院依据裁量权判断提出的证据是否充分,是否有必要进一步审理。不过,在理论上,法院对于该争论焦点问题不存在必须审查的义务。对于子女的意思表示是否给予尊重,由法官根据子女的年龄、发育程度、意见形成的状况等进行判断。与其他国家相比,英国的法院对于子女意见非常重视,即使子女年龄较小,法院也往往尊重其意思表示。司法实务中,有的法院对于只有七八岁的子女意见也给予采纳,根据子女的意思表示作出拒绝送交子女的判决。[2] 当然,如果子女拒绝送交的意思表示是在受到父母一方影响下作出的,则法院几乎不会考虑该子女意见。CAFCASS 机构的职员具有较高的处理此类问题的经验,通过接触子女,听取其意思表示,能够对子女意思表示是否受父母一方影响想作出鉴别,并反馈给法院。当事人可以请求法院听取子女意见,一般应当在第一次当事人双方审理程序中提出,紧急场合,可以在审理当日直接听取子女意见。

英国国内法上并未规定听取子女意见为法院义务,传统上,即使发育成熟的子女作出拒绝送交的意思表示,法院也可能会在不考虑子女意见的情形下作出送交子女命令。但是,2003年欧盟出台了《婚姻及亲子事件裁判管辖及判决承认 EU 规则》,该规则第12条第2款规定,在适用《海牙诱拐公约》第12条和第13条时,只有当依据子女的年龄或发育状况不适合进行询问时,才可以不听取子女意见。至此,听取子女意见成为法院义务,不过,也仅仅在欧盟领域内的跨国送交子女案件中法院负有这一义务。2007年英国最高法院在 Re M. 一案判决中表明在涉及海牙诱拐子女案件中,应当积极地让案件所涉子女作为当事

〔1〕 Lowe/Everall QC/Nicholls, op. cit., para. 21.83.

〔2〕 Lowe, op. cit., NYU Int'l L./Pol., p. 190.

人参加诉讼程序。[1] 2008 年的 Re C. 案中,法院表明家事案件以子女最大利益为原则,听取子女意见为法院义务,基于此判断,该案件中所涉 4 名子女均作为当事人参与了诉讼程序。[2] 上述两个判决改变了英国法院在跨国送交子女案件中消极对待听取子女意见的做法,子女在诉讼中的当事人地位获得强化。

在 Re T. 一案中,上诉法院对考虑子女意见时如何作出适当判断,表示应当从以下 3 个方面进行研讨:(1)子女是否对送交至惯常居所地国陈述了异议。但是,有时对送交于惯常居所地国的异议与和子女被诱拐者(惯常居所国的父母一方)一起生活的异议有很深刻的联系,因此,这两种异议有时不可分。(2)子女的年龄和发育程度。子女未达到在完全脱离父母的情形下主张自己的决定发育的程度,但是,有时也会存在根据其发育程度考虑其意思表示是否适当的情况。(3)考虑子女的意思是否妥当。在以这一要素判断是否尊重子女意见时,该上诉法院认为主要研讨以下问题:第一,子女对于自身的短期、中期、长期利益的自我见解;第二,异议理由具有多大程度现实性,是否是受教唆形成的;第三,子女的意思表示受到何种程度的不当影响;第四,子女的异议在送交子女后或者与诱拐子女者分离后能够解消的程度。[3] 在 Re J. 案件中,子女的意见是否适当成为焦点问题,一审法院认为子女(11 岁)的想接受母亲的监护不是出于真心的异议,因此,未认可其异议并作出向克罗地亚送交子女的决定。上诉法院认为,[4]该案子女理解向克罗地亚送交子女接受父亲监护及其支配的意思,同时也相信送交后会处于父亲对于母亲及子女继续实行虐待和暴力行为。该子女达到了思考意见的适当年龄和发育程度,其陈述明确且前后一贯,具有合理的根据,未受到母亲一方不当影响。基于上述判断,法院认可了子女的异议,作出拒绝送交子女的决定。[5]

在 Re M. 一案中,法院明确表明,《布鲁塞尔规则Ⅱ》规定了对于达到充分发育程度年龄的子女,必须确认其意思表示这一义务,这一义务不应当仅限定

---

〔1〕 Re M. (Abduction:Zimbabwe) [2007] UKHL55, [2008] 1 FLR 251.

〔2〕 Re C. (Abduction:Separate Representation of Children) [2008] EWHC 517 (Fam), [2008] 2 FLR 6.

〔3〕 Re T. (Abduction:Child's Objections to Return) [2000] 2 FCR 159.

〔4〕 该案件一审法院作出判决后,母亲一方不服提起上诉,该案 11 岁的子女也另行委托代理人提起上诉。

〔5〕 Re J. (Children) (Abduction:Child's Objections to Return) [2004] EWCA CIV 428.

于欧盟国之间诱拐子女案件程序，而是一项普遍适用的原则。[1] Re W.(Minors)案中，法院对于子女的年龄与其意见的关系进行了表述，认为对于特别年幼的子女意见，尽管不一定要遵从其意思，但是有必要作出决定时考虑其意见。本案中，法院认可了8岁和6岁两名子女的异议，作出拒绝送交的决定，同时对于案件中另一个3岁的子女，法院认为仅送交一名子女将使其在精神上遭受重大的精神危害或者处于难以忍受的状况，据此，也拒绝了送交3岁的子女。

(七)探望权的实现

《海牙诱拐公约》的目的不但要实现迅速送交子女，还注重对于探望权的保护。请求与子女见面，不需要证明存在《海牙诱拐公约》第3条上的违法带走或留置子女，在相关判例中也确认了这一立场。理由是，如果需要证明存在这一要件，实际上将几乎很难实现与子女见面的机会。但是，请求与子女见面而援用《海牙诱拐公约》的，申请人需要证明自己的探望权受到侵害，还需要证明子女未满16岁，探望权受侵害前子女在缔约国拥有惯常居所地。[2] 对于“探望权受侵害前子女在缔约国拥有惯常居所地”这一要件，起初，判例上的解释是，要求在探望权最初成立的国家拥有惯常居所，后来这一观点被其他判例加以修正，子女在任何缔约国拥有惯常居所地即可。[3] 在B. v. B.一案件中，法院认为，虽然审理案件的法官应当留意国外法院是否作出过探望权行使命令，但是却并不受此约束。法官依据最高位原则即子女的利益对本案进行独立的判断，[4]在C. v. C.案件中，一对美国人夫妻在美国离婚，母亲一方获得单独监护权，父亲一方获得探望权。后来，母亲一方未经父亲一方的同意带子女到美国生活，父亲基于《海牙诱拐公约》请求与子女见面，该案中的法官明确表示，英国法院的法官对于请求行使探望权的本案拥有独立判断权。最终，法院作出在监督之下行使探望权并定期向法院报告的命令。

在Re G.一案中，上诉法院对《海牙诱拐公约》探望权性质适用方法进行了

---

〔1〕《布鲁塞尔规则Ⅱ》的英文为“Council Regulation(EC)No 2201/2003 of 27 November 2003”。

〔2〕 Lowe/Everall QC/Nicholls, op. cit. para. 25. 10.

〔3〕 Re G. (A Minor)(Enforcement of Access Abroad), [1993] Fam 216, [1993] 2 WLR 824, [1993] 1 FLR 669.

〔4〕 [1988] 1 WLR 526, sub nom Re B(Minors)(Access: Jurisdiction) [1988] 2 FLR 6.

解释。该案件中的父亲一方为肯尼亚人,母亲一方为英国人,两人移居加拿大后生有一子。母亲一方以家庭暴力为由未经父亲一方同意带子女逃至英格兰。该子女的父亲依据《海牙诱拐公约》提出送交子女的请求,子女被送交至加拿大。加拿大法院通过诉讼程序将监护权赋予给母亲,允许在英格兰居住,并对父亲一方探望权行使方式作出判决。母亲一方带子女到英格兰定居,但拒绝父亲一方行使探望权。父亲一方向英国法院起诉,要求基于《海牙诱拐公约》按照加拿大法院规定的探望权行使方式行使探望权。[1] 父亲一方的探望权在遭受侵害之前,子女在《海牙诱拐公约》缔约国(英国)拥有惯常居所,满足该公约第 4 条的要件。但问题是,如何适用该公约,如何适用外国法院关于探望权的判决。对此,本案的上诉法院认为,与《海牙诱拐公约》第 12 条的规定不同,第 21 条有关探望权的规定未构成可以直接对子女行使的私法上的权利。[2] 第 21 条仅仅课以中央机关法定义务,而未对司法机关赋予这样的义务,正因如此,《海牙诱拐公约》第 21 条,并未就探望权规定独立的管辖权规则。因此,英国的法院对于探望权请求,根据子女最大利益原则,在斟酌国外法院探望权命令的基础上,对探望权请求做出独立判断,外国法院的判决对英国法官没有绝对约束力。根据子女的利益要求,法院赋予加拿大法院探望命令的法律效力但延期实行其命令的,不构成裁量权滥用。

(八)交还子女命令的作出及其执行

1. 法院的交还子女命令

对未达成和解的案件法院应作出判决,判决内容为命令迅速交还子女。法院可在判决书中详细确定交还子女的旅程表、航班时刻等旅行计划,并可以提出如下要求:(1)子女及带走子女者的护照由诉讼申请人的律师保管,至出发前方交给带走子女者;(2)带走子女者在交还子女行为完成前定期与警察或执行官联系;(3)在出发前,延长禁止带走子女的临时禁令适用期限或者发出新

---

〔1〕 Lowe/Everall QC/Nicholls, op. cit., para. 25. 19.

〔2〕《海牙诱拐公约》第 21 条规定,为安排或保证探望权得到有效行使而作出措施的申请书,得按申请返还儿童的同样方式送交缔约国中央主管机关。中央主管机关负有第 7 条所规定的合作义务,以促进和平享有探望权,完成行使此种权利的条件。中央机关应尽可能采取步骤排除行使此种权利的各种障碍。中央主管机关得直接或通过中间渠道提起或协助提起诉讼,以便安排或保护这些权利,并使行使此种权利的条件得到完成。

的临时禁令。[1]

在母亲为带走子女者的案件中，一些当事人援用《海牙诱拐公约》第13条第1款b项的规定，主张父亲一方存在家庭暴力倾向或虐待儿童行为，如果请求国法院能够认定父亲一方确实存在这些行为，可以同意拒绝交还子女的请求。在Re D.（Children）案件中，申请人（父）在惯常居所地国曾明目张胆且有计划地用手枪枪击子女的母亲并致其重伤，法院认为，鉴于父亲一方此前的暴力行为，可能会使子女陷入危险境地，子女亦会担心自己和母亲的人身安全。基于此，法院拒绝了交还子女的要求。如果惯常居所地国不能采取措施确保子女安全，被请求国也有权拒绝交还子女，惯常居所地国能够证明采取了必要保护措施，法院不得驳回交还子女的请求，有关证明责任则由提出诉讼申请的父或母亲一方承担。对于交还子女案件，法院在作出判决时原则上不对诉讼费用作出裁判，作为例外，只有在一方当事人作出非合理的程序行为或一方当事人明显经济困难时，才判断诉讼费用的负担者。当然，带走子女一方承担诉讼费用将造成其经济生活困难的，法院也会考虑免除其诉讼费用的承担责任。

2. 确保判决履行的保证命令

英国法院在作出命令交还子女判决时，可以根据案件情况同时向诉讼申请人发出“保证命令”（undertakings），要求其在委托国法院就监护权本案做出判断前，为确保子女利益不受侵害，不实施有关行为或应当实施某行为。具体内容可包括：（1）作为诉讼申请人的一方，在委托国法院就监护权作出判决前，不得使子女脱离交还子女的父母一方的监护或支配；（2）作为诉讼申请人的一方不得对交还子女的父母一方及子女实施暴力或进行威胁；（3）诉讼申请人在委托国法院作出判决前支付子女抚养费，提供住所；（4）诉讼申请人负担交还子女所需费用；（5）不支持对诱拐子女的一方进行刑事追诉，即不向检察机关告发而启动刑事诉讼程序；（6）允许交还子女的一方及子女独自使用住宅；（7）诱拐子女者及子女返回惯常居所地国后，父母任何一方应立即启动诉讼程序，向法院寻求有关监护权、保护诱拐子女的父母及子女以及其他争议的判决。在司

---

〔1〕 Lowe/Everall QC/Nicholls, op. cit., para. 21. 88.

法实务中,保证命令较少使用,[1]特别是很少运用于委托国为大陆法系国家的案件,这是因为在诱拐子女者及子女离开英国回到惯常居所地国为大陆法系的国家,由于英国法院裁判权不及于该国,故而,即使诉讼申请人事后完全无视"保证命令",法院也无法采取对应措施,但在英美法系国家,这一问题却能够获得解决。英国法院对外国法院作出的保证命令与国内法院判决同等对待,可以在英国被承认和执行,即使是依据当事人合意达成的保证也可获得执行。

3. 判决的执行

判决生效后还存在以何种方式实现法院判决中的命令问题,即以何种方式交还子女。在英格兰和威尔士,首先考虑由带走子女的一方亲自将子女送交至子女惯常居所地国,如果拒绝带子女到惯常居所地国,要考虑子女是否属于可以单独旅行者,如属不可以单独旅行的未成年人,可由诉讼申请人亲自前来接领子女,也可委托其他人将子女从英国带回。诱拐子女者或诉讼申请人因财力困难无法交还或接领子女(如难以支付机票款或住宿费)的,可向慈善机构、民间团体寻求援助以解决费用问题,对这些费用尚无法在英国申请法律援助。这一点与澳大利亚不同。在澳大利亚,交还子女时所需要的交通费和住宿费用均由政府提供资助,即使是从另外一个国家将子女交还于澳大利亚,也可获得政府资金援助。

在执行判决过程中可能会发生带走子女的父母一方隐藏子女或不遵守法院保全禁令之情况,在此情形下,另一方当事人可请求判决执行官帮助搜索子女或执行交还命令。执行官有权前往带走子女者或子女的住所,将子女直接带离住所,在为子女办理完毕出境手续后,委托空乘人员将子女带至惯常居所地国,在办理出境手续期间,可将子女暂时托管于有关机构。但实际上,在英格兰和威尔士,执行官数量不足,因此,执行官往往借助行政机关的帮助完成执行任务(如办理出境手续等)。带走子女一方的父母拒不交还子女的,将构成侮辱法庭罪,可给予拘留处罚,但考虑到拘留措施反而会影响交还子女,故而法院很少利用这一方法。带走子女一方的父母在法院发出交还命令后,又将子女带至

---

[1] Reunite International, "The Outcomes For Children Returned Following An Abduction", Accessed June 19, 2015. http://www. reunite. org/edit/files/Library% 20 – % 20reunite% 20Publications/Outcomes% 20Report. pdf.

另一个《海牙诱拐公约》缔约国的,英国法院作出的交还子女判决不能在这个国家直接执行,只能在该国重新申请诉讼程序。

法院的判决还可能出现不能执行或不适合执行的情况,例如,取得子女交还命令的诉讼申请人不遵守"保证措施"命令;子女强烈反对交还,致使无法实现法院的命令;诉讼申请人与子女关系破裂;发生其他情势变更情形等。若遇此类情况,由于法院判决中的命令为终局命令,故而高等法院不具有再次决定的权限,当事人只能对此向上诉法院提出上诉,请求撤销一审法院命令。

二、加拿大跨国交送子女家事案件的审理

加拿大是最早批准《海牙诱拐公约》的国家之一,各州分别于1983年12月1日至1988年4月1日将该公约国内法化。联邦层面确立的中央机关是司法部,业务代理为外交与国际贸易部司法科。各州也同样设置中央机关,有的州为检察厅,有的州则为司法部。[1] 为了促进法官之间交流处理诱拐公约案件的信息,加拿大成立了"国际的父母诱拐子女特别委员会"。

(一)诉讼申请及子女下落的搜寻

夫妻离婚或分居后,一方将子女带离加拿大或由另一国带至加拿大的,另一方可向加拿大中央机关提出诉讼申请。在由加拿大诱拐至其他公约缔约国事件中,申请人提出诉讼申请时应当提交以下资料:一是申请人身份证明、子女的身份以及出生年月证明、子女被谁带走;二是子女的所在地以及共同生活者的任何信息;三是申请人拥有请求交还子女的权利根据(例如,证明子女被违法带走或留置,在子女被带走或留置时申请人有监护权);四是申请人取得监护权或者探望权的判决书或调解书副本;五是外国的中央机关同意加拿大中央机关作为申请人的代理人开展活动。在子女由国外带至加拿大的事件中,如果知晓子女在加拿大的住所,则应当向该住所所在的州中央机关提出申请;子女下落不明确的,可以向联邦中央机关提出申请。

由于子女下落不明将影响诉讼程序的开始,对此,中央机关可以通过与警

[1] Consular Services of Foreign Affairs and International Trade Canada (ed.), "International Child Abduction-A Manual for Parents (2009)", Accessed October 21, 2015. http://www.voyage.gc.ca/publications/pdf/int_child_abduct-en.pdf.

察合作搜寻被诱拐子女的下落。在搜寻子女下落方面,一些州要求必须经过检察官的许可,有的州仅凭警察的判断即可开始程序。当子女被带至加拿大之外的国家时,申请人可以直接向警察提交调查申请,也可以请求将信息输入加拿大警察网络系统或美国犯罪信息网络系统。除通报警察机构外,当事人还可以采取以下措施:向子女就读学校报告被诱拐事实;联系诱拐子女者使用的信用卡公司以了解信用卡使用情况进而确定行踪;查询诱拐子女者出国前长途电话记录。若子女患有疾病可与有关医院进行联系,通过查询子女就医信息了解其下落。子女被带至国外,如果该国与加拿大缔结了犯罪人引渡公约,则可以通过该国警察机构将诱拐子女的父母一方引渡到加拿大。加拿大政府建立了联邦警察局、加拿大国境警备厅、外交与国际贸易部、司法部等机构协作体制,通过"下落不明子女"项目("Our Missing Children" Program)实施下落搜寻。当子女被带至国外时,通过与当地警察进行联系,可以由国际关税同盟加盟国在其国境对子女及其父母一方采取相关措施。另外,加拿大联邦警察局还与国际刑警组织进行合作搜寻被诱拐子女下落,配合加拿大警察在国外进行搜寻。对于没有经济财力将子女送交加拿大的父母一方,联邦警察机构还提供相应的资金支援,如旅费或住宿费等。

对于跨国交送子女案件的管辖,加拿大各州规定得不甚一致,有的州实行集中管辖,但也有的州由普通法院管辖。[1] 马尼托巴州对于此类案件一律由王座法院的家事部管辖一审案件,该家事部法官均熟知家族法,并具有高度的审理《海牙诱拐公约》家事案件的技能。新斯科舍州对跨国交送子女案件既可由作为统一家事法院的最高法院家事部审理,也可由跨全州的家庭法院受理,

---

〔1〕 加拿大是一个实行"三权分立"的联邦制国家,实行双重政体体制,即联邦政府和州政府。与此相适应,加拿大法院分为联邦法院和州法院两大系统,各成体系。加拿大联邦法院是加拿大联邦的司法机构,它同联邦的立法、行政机构是相互平等、各自独立的。联邦法院负责实施联邦法律,它的司法管辖权受宪法赋予的由国家立法规定的联邦司法权力的限制。按照法律的规定,联邦法院除有权审判涉及外国使领馆人员、海事或者海商案件之外,对两个或两个以上的州之间、联邦政府与州之间的争执也有管辖权。现行的加拿大联邦法院体系实行三级制,即联邦最高法院、联邦法院(上诉级)和联邦法院(审判级)。按照加拿大《宪法》的规定,各州或区均有独立的立法权,因而各州和区都有自己独立的法律制度。例如,魁北克州是法语区,属于大陆法系,有自己的民法和民诉法。不列颠哥伦比亚州等其余4个州区同属英美法系,在传统上都是沿袭英国的法律。与此相适应,加拿大各州(或区)都设有独立于州(或区)政府之外的州法院。尽管各州法院的叫法不尽相同,但大都分为三级,即州法院、州高等(审判)法院(或王座法院)和州上诉法院。

司法实务上基本由最高法院家事部审理，因此，从司法实务方面来看，对于此类案件基本上实行集中管辖。在萨斯喀彻温州，跨国交送子女案件属于家事诉讼案件，由州王座法院家事部专属管辖，家事部有 13 名法官。在魁北克州，高等法院对跨国交送子女案件具有专属管辖权，该州有 43 个高等法院，法院的所有法官都有权审理此类案件。上诉案件则由魁北克市和蒙特利尔市的上诉法院管辖，两所法院共有上诉法官 20 名。

(二)自愿送交子女程序

当知晓子女下落时，各州设置的中央机关首先使用促进当事人主动送交子女的方法，尽量避免适用诉讼程序。中央机关向诱拐子女者发出信件或者通过调解程序实现主动送交。中央机关一般直接与对方当事人或其代理律师进行交涉，敦促当事人送交子女。不过，促成当事人主动送交子女一般需要存在对话基础。为了防止在国外的诱拐子女的父母逃匿，中央当局一般在征得诉讼申请人同意后才向对方当事人通过信件或电话进行联系。诱拐子女的父亲或母亲不回应中央当局主动送交子女的劝告的，中央机关可以请求所在国的加拿大领事馆提供相应斡旋支援，还可以请求国外其他机关或社会学专家提供帮助。在敦促当事人主动送交子女的过程中，中央机关还同时进行提起诉讼的准备工作，如果子女被诱拐期间满 1 年，应当首先提起诉讼，但诉讼过程中仍然可以敦促当事人主动送交子女或者进行诉讼和解。

在诉前调解方面，加拿大中央机关本身并未设置调解程序，在一些州可以借助不同的调解机制进行调解。萨斯喀彻温州设有纠纷调解局，当事人可以利用私人身份的调解人进行调解，调解人处于中立立场开展调解，并不提供法律上的意见。如果当事人希望能够进行具有约束力的和解，才可以提供法律意见上的帮助。新不伦瑞克州建有法律调解协会，当事人可以在调解开始前缔结调解契约，约定和解协议的效力。该州各个司法管辖区均配置调解员，调解员以律师为主，调解协会建有调解员名册。魁北克州于 2003 年 6 月建立“离别家庭调解法语圈国际协会”，该协会主要调解涉及魁北克州与比利时、法国、波兰之间的跨国家事纠纷。不过，该组织并不对送交子女进行调解，而仅对探望子女问题实施调解，目的是促成诉讼申请人与被诱拐的子女见面。该机构之所以不对送交子女问题进行调解，原因在于不存在迅速实施调解的程序，可能影响送交子女诉讼程序迅速进行。魁北克州法院也注重调解解决诱拐子女家事案件，法官有权向双方当事人提出调解方案;魁北克州上诉法院也实施调解,调解法官接受过专门的调解技能培训。马尼托巴州的"州家庭调解服务中心"对家事案件实行免费调解,该机构在不影响送交子女诉讼程序效率的前提下,对纠纷进行调解。在子女被诱拐的父母一方并不以监护权为最大追求目的而是特别想与子女见面的情况下,该机构的调解往往会取得较为理想的效果。

(三)听取子女意见

家事案件中听取子女的意见是一项基本原则,目的是确保子女意见获得尊重。因此,在诱拐子女的父母拒绝送交子女时,法官利用不同的方式听取子女意见。在萨斯喀彻温州,法官根据审理案件的需要可以委托专家听取子女意见,并提交《听取子女意见报告书》。法官将向专家进行相关提示和指导,说明评价对象并非子女对监护权行使的想法,而是应当重点了解拒绝交送子女的性质。在新不伦瑞克州,依据《家事诉讼法》的规定,法官可以向州王座法院家事部请求为子女选任子女意见代辩人,代辩人通常为律师,有时也会指定心理学专家担任此职。子女意见代辩人在征询子女意见时,必须让其理解选择的意义,陈述自己的希望,在向法官提交的报告书中,应当提示法官子女的意见是否为确切的判断。魁北克州在《国际及洲际诱拐子女民事上的法律》中,没有设置专门的听取子女意见规则。在相关案件中,一些案件的诉讼代理人往往表示子女拒绝送交至惯常居所地,但实际上,子女的意见受到了诱拐子女父母一方的影响。司法实务中,如果子女在法庭之上表示拒绝送交至惯常居所地,法官将为子女指定律师(主要为法律援助律师),由该律师听取子女的意见,这一方法对于恰当判断子女真实意思具有较好的效果。根据魁北克州《民法典》第34条的规定,在有关人员向法院提出听取子女意见申请时,只要子女的年龄和判断力相当,法院必须给予听取子女意见的机会,该法的规定同样适用于跨国诱拐子女案件。[1] 司法实务上的做法是,对于14岁以上的子女必须听取其意见,如果子女只有四五岁,则一般很少听取其意见。在法庭上听取子女意见时,法官命令父母退出法庭,仅允许其代理律师在场(有时也会让律师退庭)。律师和法官脱掉法服,以和蔼的口吻与子女对话,了解子女的真实意思。也有些

[1] Marie-Christine Laberge, "The Child's Voice in Quebec", *Judges' Newsletter*, 2003 Autumn, p. 27.

案件的法官，不在法庭之上而是在法官办公室询问子女，并且仅允许法院事务官或者执行官在场，有些案件父母也要求法官在法官办公室进行询问。法官亲自对子女实施询问，律师可以向法官指定某些需要提问的问题，但不允许双方律师进行交叉询问。魁北克州法官对子女意见的重视程度根据不同案件而有所不同。法官根据子女的证言、发育程度、拒绝送交意思表示的深刻程度等进行判断，法官一般不会仅依据子女意见作出驳回诉讼申请人诉讼请求的判决。魁北克州高等法院的法官对于12岁以上子女的意见极为重视，对于5～12岁子女的意见虽然给予考虑，但不会成为作出判决的决定性要素。[1]

新斯科舍州也未对跨国诱拐子女家事案件制定专门的子女意见听取规则，司法实务中，法官一般对14岁以上子女听取意见，而14岁以下的，则基本上不考虑该子女的意见。在听取子女意见时，法官为其选任诉讼代理人，由代理人听取意见。法官也可以委托专家进行鉴定，向法院提交鉴定报告书。安大略州对于达到一定年龄或发育程度的子女是否听取其意见由法官作出裁量，法官委托儿童援助机构（Children's Aid Society）或者儿童律师事务所律师进行询问。为了保护儿童精神上的福祉，也会委托儿童心理专家进行鉴定。同样，在不列颠哥伦比亚州，法官也不亲自对子女进行询问，而是委托专家进行鉴定后提交鉴定报告书，在报告书中应当根据询问子女意见情况向法院提出相关建议。

（四）拒绝送交子女理由的审查认定

根据《海牙诱拐公约》的规定，拒绝送交子女者所主张的事由必须是出于维护子女的利益，即只有当送交子女使子女遭受暴力或虐待时，方可主张拒绝送交子女。在安大略州，法院对诱拐子女父母一方提出的送交子女将使子女遭受暴力或虐待的抗辩主张，会要求该方当事人承担举证责任，而且在证明标准上适用达到内心确信的标准。在证据利用上，允许使用精神鉴定书、家庭风险评估报告、犯罪报告书等证据。在不列颠哥伦比亚州，一些案件的当事人往往以申请人存在虐待子女行为为由拒绝送交子女，对此，提出该抗辩事由的一方负有举证责任，法院有权要求父母一方或双方提交精神鉴定报告书；不列颠哥伦比亚州中央机关为获得相关鉴定报告提供帮助。此外，州政府也为诱拐子女

---

〔1〕 Robyn Moglove Diamond, "Ascertaining a Child's Voice in Inter-Jurisdictional Cases of Parental Abduction", *Judges' Newsletter*, 2003 Autumn, p. 23.

的父亲或母亲提供精神鉴定方面的援助。州儿童保护机构可以与警察合作,在法院审理相关案件之前,对子女采取暂时保护措施(主要措施是为子女选任寄养人)。在诉讼申请人一方存在监护资格问题时,将子女送交子女惯常居所地国的儿童保护机构,送交后子女或父母存在安全问题时,通知该国警察或者儿童保护机构,以便该国相关机构采取相应措施。

在萨斯喀彻温州,受理跨国送交子女申请后,若发现诱拐子女的父亲或母亲可能存在虐待子女的情形,则将对保护子女的必要性进行审查,并与有关机构进行联系。在新不伦瑞克州,诱拐子女者提出诉讼申请人存在虐待子女行为主张时,法院可以命令采取暂时处分措施,保障子女的安全和健康成长。在魁北克州,很多案件中的诱拐子女者为母亲一方,并且主张自己遭受另一方的虐待行为,因而拒绝送交子女。不过,魁北克州法院并未对《海牙诱拐公约》中拒绝送交子女的抗辩条款(第13条第1款b项)进行扩张性解释,只有证明子女遭受虐待行为时才符合拒绝送交子女的条件。安大略州法院也对仅父母之间存在暴力行为而主张拒绝送交子女的主张采取消极对待的态度。在 Pollastro v. Pollastro 一案中,安大略上诉法院认为,尽管儿童的父亲在过去从未虐待过该儿童,但是,父亲一方在该儿童面前虐待过其母亲,这一过程也可看作对孩子的身心伤害。法院基于各种要素,最终裁定存在《海牙诱拐公约》第13条第2款的危险,不应该送还该子女。[1] 不过,在该案作出判决5个月后,安大略州上诉法院在 Finizio v. Scoppio 案件中表示,Pollastro 案件是一个例外,因为存在父亲一方实施暴力行为给子女带来重大伤害的事实,但是,该案的做法并不会改变已有的法律。针对 Finizio 一案,安大略州上诉法院认为,应当对《海牙诱拐公约》第13条第2款做出限制解释,推定另一成员国的法院已经或将对该儿童作出合理的安排。[2]

有些案件中当事人以对方和自己经济能力有限为由主张拒绝送交子女,对此问题,加拿大魁北克州法院在 Y. D. v. J. B. 一案中认为,经济能力问题不应

---

〔1〕 Pollastro v. Pollastro[1999]43 o. r. 3d 485(Can.).
〔2〕 Finizio[1999]46 o. r. 3d at 234 – 237.

当成为拒绝送交子女的有效理由。[1] 不过,在. S. S. v. P. R. S. 一案中,[2]法院认为归国后父母面临的状况应当给予考虑,但是,本案中的母亲一方在带走子女离开美国前,母亲和子女没有达到难以忍受的状况,母亲对送交子女的担心可以通过适当的保证进行应对。基于上述判断,法院排斥了母亲一方的主张,命令送交子女。不过,为了方便母亲一方与子女回国(美国),法院要求父亲一方作出保证,包括在美国法院作出监护权决定前由母亲一方监护子女、父亲让出在美国的住宅让子女和其母亲居住。[3]

对于诱拐子女者以对方存在暴力行为、经济困难、担心刑事追诉、无法获得签证、诉讼费用等理由主张无法与子女共同返回子女惯常居所地国,子女一个人回国将使子女陷入重大危险境地这些抗辩理由,加拿大法院在 Mahler v. Mahler(1999)一案中认为,[4]如果将母亲与子女之间的羁绊分割会成为危险理由,这一危险可以通过回国后将子女置于母亲监护下获得解决;母亲一方拒绝回国没有合理理由,作为监护子女的母亲有义务保护子女免受危险,不与子女共同归国本身就是一个不合理的危险。法院进一步认为,母亲具有将子女或许经历的危险最小化的义务,根据相关证据,母亲一方不合理拒绝回国与《海牙诱拐公约》政策目的相比,不能认可其主张。[5]

在跨国送交子女案件中,一些当事人援引《海牙诱拐公约》第 20 条,认为送交子女违反加拿大权利及自由宪章中的加拿大国民入国、滞留、出国等权利。对此问题,Parsons v. Styger 一案中的法官认为,尽管本案子女具有双重国籍,但是作为加拿大国民不具有违反《海牙诱拐公约》滞留加拿大的权利,因此,无须再对送交子女会否会对其造成危险进行审理。基于这一判断,法院没有认可拒绝返还的理由。[6] 在 Y. D. v. J. B. 一案中,法院表明虽然违反加拿大国民意志强行其离开加拿大违反加拿大《权利与自由宪章》的规定,但是该规定适用

[1] Y. D. v. J. B. ,[1996]R. D. F. 753(Que. C. A.).

[2] 该案中诱拐子女的母亲一方主张,自己回到美国不能工作,将子女置于母亲无法劳动、缺乏社会支援、不能获得法律扶助和医疗保障的境地,将使得子女陷入难以忍受的状况。

[3] J. S. S. v. P. R. S. ,[2001]9 W. W. R. 581(Sask. Q. B.).

[4] 在该案中,诱拐子女的母亲一方主张,子女的父亲一方因有酒精依赖症而缺乏经济能力,存在对立的暴力态度等,拒绝送交子女。本案法官表示,即使母亲一方证明了父亲一方因酗酒而经济苦难以及存在暴力性的态度,也不符合使子女陷入重大危险的标准。

[5] Mahler v. Mahler(1999)3 R. F. L. (5th)428(Man. Q. B.).

[6] Parsons v. Styger(1989),67 O. R. (2d)1(L. J. S. C.),aff' d(1989)67 O. R. (2d)11(C. A.).

于引渡罪犯。在国内法及国际法下,送交违法带走的子女不等于引渡罪犯。法院基于上述判断,排斥了当事人的主张。[1] 在另一案件中,诱拐子女的母亲一方主张,根据联合国《儿童权利公约》,在子女的权利上,让子女留在加拿大是对该子女最好的保护。法院认为,判断子女的最大利益不需要考虑子女在加拿大居住的好与坏,没有限定的例外事由,必须送交子女。[2]

(五)探望权的实现

加拿大各州并未针对跨国送交子女案件规定专门的探望权规则,诉讼中利用各州家族法上的探望制度解决相关争议。法院一般不会作出禁止探望子女的决定,但是对于因探望子女将使子女身体、情绪、精神、情感方面受到损害的,可以拒绝探望子女。探望权争议一般要求父母双方自主达成合意,只有无法达成合意时,法院才作出判决。但是,探望权的实现存在较大困难,因为一方往往拒绝配合实现探望权。司法判例上,法院不会通过判决停止向监护权人支付抚养费的方式间接促成探望权实现,这一方式,反而影响被抚养子女福祉。立法上允许法院对妨碍探望实现的一方以蔑视法庭罪进行处罚,处罚方式通常为拘留,不过,对于这一方式,法官也采取了较为谨慎的态度。当一方持续妨碍探望权行驶,致使另一方不能与子女见面交流,法院可以判决变更监护权。[3] 在跨国送交子女案件中,从程序开始至作出判决期间,法官可以根据诉讼申请人之请求作出探望权方面的命令,法院判断行使探望权的重要标准为是否符合子女利益。不过,也有的法官认为,在跨国送交子女案件中,不适合处理探望权争议,理由是将妨害诉讼的迅速进行,有关监护权和探望权争议适合在送交子女后,由子女惯常居所地法院进行审理。

(六)确保子女安全送交的措施

为有效执行法院送交子女命令,法官可在命令中规定送交时须有警察协助,也可令子女的父母双方作出保证(undertakings)。加拿大最高法院在Thomson v. Thomson 一案中,确认了令父母作出保证的有效性。[4] 加拿大中央机关对于保证所涉事项进行分类,并将其列入向当事人和律师发放的说明书

---

〔1〕 Y. D. v. J. B. ,[1996]R. D. F. 753(Que. C. A.).

〔2〕 J. S. S. v. P. R. S. ,[2001]9 W. W. R. 581(Sask. Q. B.).

〔3〕 Malcolm C. Kronby, *Canadian Family Law*, 10 th ed. , Mississauga(Ontario):Wiley, 2010, p. 86.

〔4〕 [1994]3 S. C. R. 551,[1994]6 FLR(4 th)290,[1995]119 DLR(4 th)253.

中。法院允许的保证事项包括诱拐子女的父母一方为子女被诱拐一方以及子女支付交通费用;子女被诱拐一方不请求对诱拐子女者执行逮捕命令等。在马尼托巴州,为了清除送交子女时的障碍,中央当局在最初的程序准备阶段就向法院请求询问诉讼申请人是否需要作出保证。法院对保证事项提示具体清单,包括:(1)子女惯常居所地出于子女福祉需要决定监护权归属时,在作出决定前让诱拐子女一方监护子女。(2)让诱拐子女者与子女返回婚姻时的居所居住,诉讼申请人到其他居所居住。(3)诉讼申请人为子女和诱拐子女者提供金钱上的帮助。(4)送交子女后,诉讼申请人仅适度探望子女。(5)为了改善父母双方关系,诉讼申请人与诱拐子女者协作,接受心理咨导。根据法院判决或者当事人合意协助监护权或探望权行使,并接受必要的审查。(6)诱拐子女者返回婚姻时的居所地后,诉讼申请人除了为探望子女而接送子女外,不接近另一方的居所,除非对方同意。(7)对于有关争议在双方无法自主解决时,为了使惯常居所地法院迅速决定监护权和探望权决定进行必要的协作。在魁北克州,法官对于是否命令当事人作出保证由法官裁量,允许作出的保证事项包括:撤销诱拐子女的刑事指控或者逮捕请求;送交子女后不行使刑事指控权;不执行单方取得的暂时监护权人变更命令,或者撤回单方的起诉;为子女或诱拐子女者提供机票费用;送交子女后尽早开始监护权决定诉讼程序;不妨碍诱拐子女者向惯常居所地送交子女;在有关监护权争议解决之前让诱拐子女者暂时监护子女,向子女支付抚养费,必要时接受专家的指导;送交子女后允许子女和诱拐子女者使用住宅;诉讼申请人将枪支交第三人(律师)保管或者放置于其他场所,或者保证不持有或购买枪支。[1]

新不伦瑞克州对外国法院判决中的保证命令也给予执行,或者对执行提供援助。如果当事人自主达成保证的合意,则由法院负责执行相关保证。魁北克州法院也同样执行父母在国外作出的保证,或者对保证的执行提供帮助。但是,根据魁北克州《民法典》第 3155 条以及《民事诉讼法》第 785 条的规定,外国法院的判决必须经过魁北州法院的承认执行程序才可以获得执行。在执行

---

〔1〕 D. T. v. H. D. ,November 14,2002,SOQUIJ AZ - 50151250(S. C.);C. E. S. v. E. V. ,October 1,2002,SOQUIJ AZ - 50146740(S. C.);R. F. v. M. G. ,August 23,2002,SOQUIJ AZ - 50141919(C. A.) Response to the 2006 Questionnaire(Canada),No. 27.

保证命令时,魁北克中央机关也给予一定的援助。马尼托巴州法院对同州的诉讼申请人应当作出如何保证提供帮助,在事后的监护权或探望权诉讼程序中,法官对该当事人是否遵守了保证事项进行审查。不过,马尼托巴州的中央机关一般不对保证命令的执行提供支援。

当事人不遵守法院送交子女的判决,法院以蔑视法庭罪进行处罚。一些法院对一审判决宣告无论是否上诉均可强制执行,一旦对一审判决宣告可以强制执行,上诉的当事人必须向上诉法院请求中止强制执行。在魁北克州,以蔑视法庭罪进行处罚时,罚款额不超过 5000 加拿大元,拘禁不超过 1 年。不遵守法院送交命令而带子女逃匿,构成掠夺子女罪或者违反法院命令罪,将启动刑事诉讼程序进行处罚。为了避免送交子女时出现问题,法院将与警察取得联系,并请求专门负责子女监护案件咨询的专家进行援助。魁北克之外的英美法系的州对拒绝履行法院判决以民事的侮辱法庭罪进行处罚,在发现义务人不履行判决时,法院可以发出相关命令,如拘禁、支付制裁金、命令支付诉讼费用、中止诉讼程序、实行监督下的探望权行使、停止支付抚养费等。在马尼托巴州,送交子女时,中央机关参与送交程序,并委托从事儿童和家庭服务的社会学专家到场,请求警察机构派出警察,在诱拐子女者拒绝交出子女时,可以借助警察采取直接强制措施。

三、日本跨国送交子女案件民事司法程序

日本 2011 年 1 月开始研究加入《海牙诱拐公约》问题,当初对于是否加入公约在日本国内存在较大争议,但是鉴于《海牙诱拐公约》对于保护儿童利益的重要意义,日本政府最终决定加入此公约。2011 年 5 月正式进行立法准备,并由外务省组织相关专家制定实施法案。2013 年 5 月 22 日日本国会同意日本加入《海牙诱拐公约》。同年 6 月 12 日通过了《关于跨国诱拐儿童民事方面的公约实施法》。2014 年 4 月 1 日《海牙诱拐公约》在日本正式生效。日本加入《海牙诱拐公约》对于解决国际性家事纠纷具有重要意义。[1] 此前,从日本诱拐子女至其他国家的,子女被诱拐的父母一方需要到法律和文化不同的国家

---

〔1〕 善積京子:「国境を越えた子の連れ去りに関する実施法—日本とスウェーデン」、『追手門学院大学社会学部紀要』2015 年 9 号。

探寻子女下落,向外国法院提起诉讼。从另一国家将子女诱拐至日本时,同样存在无法确保子女被迅速送交回国问题。加入《海牙诱拐公约》后,可以通过两国的中央机关合作,保障及时进行送交子女以及行使探望权程序。

(一)向中央机关的申请及其受理

日本指定的中央机关为外务省,当子女被父母一方从一国带至日本,或者将子女留置日本时,若被诱拐子女的父母一方惯常居所地国为海牙诱拐公约缔约国且依据该国的法律享有监护权,则可以向日本外务省请求帮助送交子女,但必须满足以下要件:一是子女未满 16 岁;二是该子女在日本国内;三是依据子女惯常居所地国的法律,带走或留置子女侵害了申请人的监护权。申请应当向外务省提交申请书,申请书中应记载如下事项:(1)申请人姓名、名称、住所或居所或事务所。(2)子女姓名、出生年月、住所或者居所。(3)带走或留置子女者的姓名已经确定其身份的必要事项。(4)子女惯常居所地国为《海牙诱拐公约》缔约国的证明事项。(5)可能与子女共同生活者的姓名、住所或居所以及能够确定其身份的必要信息。(6)能够明确申请人有监护权以及带走子女或留置子女侵害申请人监护权的必要事项。申请人既可以直接向外务省提交申请书,也可通过所在国中央机关转交。

外务省大臣收到送交子女援助申请,必要时可以为了获取被诱拐子女或者与该子女共同居住者的信息。外务省要求日本国内有关机构提供相关信息时,收到请求后,有关机关必须迅速提供此类信息。外务省根据相关信息仍然无法确定子女下落时,可以要求各地警察提供相关信息,并可请求警察为了获知子女下落采取必要措施。向日本送交子女的案件中,当有关案件已经被日本国外法院受理,该国的中央机关请求日本中央机关提供该子女在日本国内的身心状况、抚养状况、就学情况以及其他生活环境情况等信息时,符合以下条件,日本中央机关应当依据法律规定的程序请求日本国内行政机关、地方公共团体、其他执行机构提供相关信息:(1)该国外的中央机关被法院委托调查纠纷事实;(2)有关信息仅用于该事实调查;(3)案件中的当事人同意向该国中央机关提供信息。

外务省收到日本国外当事人请求送交子女的援助申请,决定受理后迅速将受理情况通知于申请人,并与该国中央机关取得联系。此外,还应当向申请者提供日本方面的诉讼程序、送交子女程序、与子女见面程序等相关信息。外务省决定进行送交子女援助的,可以通过斡旋方式实现当事人自动送交子女,也可以为申请人与子女见面提供支援。有足够的证据表明子女遭受虐待行为的,必须立即向各地设置的儿童保护机构或者福利机构进行通知。

子女被父母一方从日本带至或者留置于其他缔约国的,惯常居所地在日本且依据日本法律享有监护权者,认为子女被诱拐或被留置侵害了其监护权的,同样可以向外务省请求送交子女的援助,申请书中记载的事项与上述子女从其他国家带至(或者留置于)日本时申请援助所提交的申请书事项相同。外务省对于相关申请,只有在符合以下条件时,才可以作出驳回的决定:(1)被诱拐的子女已满16岁;(2)被诱拐子女所在国或地区不明;(3)被诱拐子女在日本或缔约国之外的国家或地区;(4)子女的所在地及申请人住所或居所处于同一缔约国国内;(5)子女的惯常居所地不在日本;(6)子女被带走或被留置当时,子女所在国或地区不是公约缔约国;(7)依据日本的法律,申请人对子女没有监护权,或者带走或留置子女明显没有侵害其监护权。

(二)中央机关对探望权的支援措施

申请外务省提供行使探望权的支援,需要满足以下条件:该子女在日本;在不能与子女见面或交流之前子女的惯常居所地国为公约缔约国;依据该缔约国的法律允许行使探望权。申请对探望权进行支援应当提交申请书,申请书记载如下事项:申请人姓名、住所或者居所;子女的姓名、出生日期、住所或者居所等;可能会拒绝与子女见面人的姓名及其信息;申请人不能与子女见面之日,该子女惯常居所地国为公约缔约国;申请人依据子女惯常居所地国法律规定享有探望权;可能与子女共同生活者的姓名。外务省决定受理探望权行使支援的,应当立即通知于申请人本人,如果申请事由日本国外中央机关转交的,还应当向该国中央机关进行通知。如果经审查,发现子女不在日本而在另一公约缔约国,则日本中央机关必须将申请人的申请书及相关证明资料交送给该缔约国的中央机关。在对探望权实施支援时,中央机关可以为了顺利实现探望权进行斡旋或其他措施,发现子女遭受虐待行为的,应立即向儿童保护机构及其他福利机关进行通知。

子女在日本国之外的其他缔约国,被诱拐子女的一方无法与子女见面,也可以向日本外务省申请提供行使探望权的帮助,但是其申请必须符合一定的条件,例如,申请人在日本有住所或居所;无法与子女见面当时,子女惯常居所地国为公约缔约国;根据探望权受妨碍时子女惯常居所地国的法律享有探望权;子女未满16岁等。日本中央机关决定实施探望权行使支援的,应当立即将申请人申请书及相关证明资料送交子女所在国的中央机关,并通知申请人。

(三)送交子女的诉讼程序

日本对于跨国送交子女案件实行集中管辖制度,此类案件由东京家庭法院和大阪家庭法院负责审理。东京家庭法院负责审理子女住所地(无住所地时为住所或居所地)位于东京高等法院、名古屋高等法院、仙台高等法院、札幌高等法院辖区内的案件。大阪家庭法院负责审理子女住所地(无住所地时为住所、或居所地)位于大阪高等法院、广岛高等法院、福冈高等法院、高松高等法院辖区内的案件。当事人可以协议选择管辖法院,协议管辖必须签订协议管辖书,以电子邮件、传真等方式达成的管辖合意视为书面合意。

子女因被诱拐至日本或被留置于日本而监护权受侵害者,可以向日本有管辖权的法院提起诉讼请求送交子女,具有当事人资格者可以当事人身份申请参加诉讼,法院也可以依职权追加其为当事人参加诉讼。当事人提起诉讼后,法院立即向外务省进行诉讼通知,并向对方送达诉讼通知书,规定提出答辩状的期间。诉讼费用原则上由当事人各自负担,允许法院根据案件情况确定诉讼费用的负担方法。法院可以决定事实调查费用、证据调查费用、传唤当事人费用以及其他必要费用由日本国库垫付;当事人因支付诉讼费用将明显造成生活困难的,可以向法院申请诉讼救助。

在日本,跨国送交子女案件不公开审理,但是法院认为有必要时,可以允许其认为适当的人旁听。诉讼进行过程中,当事人因出现特殊事由无法继续进行诉讼程序(当事人死亡除外),可以依据法律规定由有继续进行诉讼资格者继承诉讼程序,但继承诉讼程序者需要向法院提出继承诉讼申请书,驳回其申请的可以提出即时抗告。诉讼申请人死亡而无法继续进行诉讼程序时,其他有资格成为诉讼申请人者可以申请继承诉讼程序,但必须在诉讼申请人死亡1个月内提出申请。对方当事人死亡时,法院可依申请或依职权于对方当事人死亡之日起3个月内,让对子女有监护权的人继承诉讼程序。诉讼过程中,如果当事人居住地距法院较远,在听取当事人意见后,允许利用电视电话会议系统方式参与庭审,但证据调查不适用这一方式。

家事案件实行职权主义诉讼模式,因此,家庭法院依职权进行事实和证据调查。当事人有义务配合法院的调查，家庭法院命令其提交有关证据资料，其应当遵守法院的命令。家庭法院可以委托家庭法院调查官实施证据和事实调查，调查官调查结束后以口头或书面方式向法院报告调查结果，允许在报告中附具如何处理争议的意见。家庭法院有权命令调查官参加庭审，并陈述意见。[1] 必要时家庭法院还可以委托家庭法院技术官（医师）对当事人或案件所涉子女身心状况进行诊断，在法官要求其参加庭审并发表意见时，应遵从法官之命令。家庭法院还可以委托外务省及有关机构进行必要的事实调查，有权要求学校、保育所以及其他人就子女身心健康状况、生活状况等事项进行必要的报告。

当事人及案件所涉子女对法院作出的最终决定不服的，可以向上级法院提起即时抗告，抗告应当在作出决定之日起2周内提出。审理抗告的法院在听取当事人意见的基础上作出决定。对于法院的终局决定不服，认为存在宪法解释错误或其他违反宪法情形的，可以向最高法院提出特别抗告。

（四）子女参加诉讼程序及其程序代理人

在跨国送交子女案件中，案件所涉子女可以参加诉讼程序。法院认为适当时，依职权让当事人参加诉讼。子女自己申请参加程序，无须征得法定代理人的同意，可以独自参加诉讼程序。这一规定与日本国内的立法相协调，根据日本《家事诉讼程序法》的规定，为了尊重子女的意见，应当确保子女参与诉讼程序的权利。对此，《家事诉讼程序法》规定了子女意见表明权以及独自进行诉讼程序权。（日本《家事诉讼程序法》第151条、第118条）[2] 家庭法院在跨国送交子女案件中，通过听取子女意见或者家庭法院调查官的调查，努力把握子女的意思。在作出终局决定时，根据子女的年龄或者其发育状况，考虑其意思表示。

参加诉讼的未成年子女向法院提交参加诉讼申请书，法院根据子女的年龄

---

〔1〕 关于家庭法院调查官进行调查方法，在2013年11月9日由有关专家组成的研讨会中，学者们认为，家庭法院调查官的事实调查应当在第一次和第二次审理期日进行，调查事项不应当为综合性调查，而是依照法院的调查命令对子女的意思表示等实施调查。在通过书证无法充分把握事实时，可以直接与子女见面了解其身心状况和生活状况，不仅需要根据子女的年龄和发育程度把握其言语上的表现，还应当把握其非语言的表现。

〔2〕 村上未萌：「離婚後の子の利益—ハーグ条約から見た今後の家族の在り方」、www.meijigakuin.ac.jp/~hogakkai/sotsuron/2015murakami.pdf.，2015，12，30。

和发育状况认为子女参加诉讼有害于其利益的,必须驳回其参加申请,对于该驳回裁判可以提出即时抗告。未成年子女参加诉讼的,法院认为有必要时,可以为该子女从律师中选任程序代理人,也可以命令该子女自己选任律师。法院依职权选任或者命令选任程序代理人,法院有权决定代理人减额收取代理费用。子女的程序代理人在实施和解或对终局决定提起抗告行为时,必须获得特别授权。

日本对于子女程序代理人的选任不同于英国和美国,英国和美国为子女选任律师时,从具有代理资格的律师名单中选任,而日本并未专门对子女代理人建立律师名单制度,律师由当事人自己随意选任或者由法院选任法律援助律师。不过,日本律师联合会和各地律师协会注重对律师进行跨国送交子女代理业务的培训,随着判例的积累和实务经验的提高,很多律师将逐步提高业务代理技能。[1] 在日本,目前存在能够从事跨国送交子女代理业务的律师数量不足,大约在 150 人左右,各地分布状况也存在差异,一些偏远地区明显缺乏具有较好英语能力的律师,因此,培养掌握跨国送交子女业务的律师是日本今后一个急需解决的问题。[2]

(五)诉讼中拒绝送交子女的抗辩及其审理

诉讼程序中,诱拐子女者可以从保护子女利益角度主张拒绝送交子女。法定的拒绝送交理由包括:(1)送交子女的申请距诱拐子女或留置子女时已经超过 1 年且子女已经适应新的环境。(2)至带走子女或者留置子女时点,诉讼申请人现实上未行使监护权。(3)诉讼申请人同意带走子女或者留置子女,或者事后经过其同意。(4)送交子女将使子女存在遭受难以忍受的身心损害重大危险情况。在判断是否存在"重大危险"可能性时,可考虑包括如下事项在内的一切因素:第一,在子女的惯常居所地国,子女受到诉讼申请人暴力行为或者其他有损身心健康的言行;第二,对方当事人和子女在返回惯常居所地国时,对方当事人可能遭受诉讼申请人暴力行为致使子女受到心理伤害;第三,诉讼申请人和对方当事人在子女的惯常居所地国不能监护子女等。(5)根据子女的

---

〔1〕 大谷美紀子:「国際的な子の奪取の民事上の側面に関する条約」(ハーグ条約)の実施に向けて」、『総合法律支援論叢』2014 年 4 号。

〔2〕 村上未萌:「離婚後の子の利益ーハーグ条約から見た今後の家族の在り方」、www.meijigakuin.ac.jp/~hogakkai/sotsuron/2015murakami.pdf.,2016,1,2。

年龄和发育程度,子女拒绝送交的意见适当。(6)送交子女违背日本国人权以及基本自由的保障原则。除了上述第四项和第六项事由外,即使存在其他可以拒绝送交子女的理由,但如果送交子女有利于子女的利益保护,法院仍然可以作出送交子女的决定。

在拒绝送交子女抗辩事由方面,日本的立法基本上借鉴了《海牙诱拐公约》的规定。有学者认为,拒绝事由第四项中的"重大危险"这一规定较为抽象,日本有必要在裁判规范上加以明确化,确保具有可预测性。[1] 也有学者认为,日本立法上对于送交子女后子女是否会因为返还遭受"重大危险",法院具有极大的裁量权不是特别适当。《海牙诱拐公约》规定了强制送交规则,子女返回惯常居所地国符合子女最大利益,正因如此,很多国家都对送交的例外进行了严格限制。一般来说,子女的强烈反对,母亲一方遭受父亲的家庭暴力等一般不会成为拒绝送交子女的理由,甚至有的国家出现过子女主张受到父亲虐待也未因此成为拒绝送交的理由。日本法官具有较大的裁量权与《海牙诱拐公约》"原则送交"这一理念不符,存在作出不当裁判的危险。[2] 在欧盟成员国中,只有瑞士在国内立法上将诱拐子女一方遭受诉讼申请人暴力作为拒绝送交子女的事由,其他国家均将子女本身遭受暴力或虐待视为拒绝送交抗辩理由。日本在立法上也允许法官考虑诱拐子女者在送交子女过程中是否可能遭受暴力行为这一要素。[3] 对此,英国、美国等一些国家曾经向日本提出反对意见,认为日本的相关规定违反了《海牙诱拐公约》"子女是否存在重大危险"的判断原则。[4]

(六)诉讼期间禁止出国的命令

在审理跨国送交子女案件程序中,为了防止子女的利益遭受进一步的损

---

〔1〕 堂薗幹一郎、西岡達史:「2013 国際的な子の奪取の民事上の側面に関する条約の実施に関する法律(いわゆるハーグ条約実施法)の概要」、『法律のひろば』2013 年 66 巻 9 号。

〔2〕 伊藤合子:「国際的な子の奪取に関するハーグ条約批准がはらむ問題点」、http://bylines.news.yahoo.co.jp/itokazuko/20130324-00024025.,2015,12,27。

〔3〕 日本在立法上允许将诱拐子女者遭受暴力行为作为拒绝送交子女的事由,其立法时主要是为了加强对子女性的保护。因为从司法实践来看,诱拐子女者主要为母亲一方,女性嫁给外国男性后,其在语言能力、朋友圈的构筑、经济基础、社会保护等方面存在很大问题,容易遭受虐待行为,且很难脱离虐待环境。

〔4〕 読売新聞社:"強制引き離し子に配慮"、『読売新聞』2014 年 3 月 5 日夕刊。

害，当存在一方当事人将子女从日本带至日本国外的可能性时，法院依据另一方当事人申请命令不允许带子女出国。根据申请人的申请，法院可以命令将子女的护照交给外务省保管。当事人申请法院发出禁止出国命令时，应说明其意旨及事由，法院保障对方当事人有陈述意见的机会，如果听取其意见无法达成禁止出国目的，可以不听取意见陈述。法院一旦作出禁止出国命令，以适当方法告知诉讼当事人，禁止出国命令从告知当事人之日起发生效力，对命令不服可提出即时抗告。提起即时抗告的，若能够说明存在明显撤销裁判的原因或者执行裁判造成无法弥补的损失，则受理抗告的法院可以在裁判产生效力之前，令当事人提供担保后停止执行命令。在禁止出国命令生效后，如果禁止的事由消失，法院应依据申请撤销命令。外务省有权要求被命令禁止出国者将护照交外务省保管，出国禁止命令失效时，要根据申请交还护照。收到禁止出国命令的当事人不遵守法院命令，将被处以最高 20 万日元的罚金。

（七）法院决定的强制执行

法院对跨国送交子女案件作出决定且决定生效后，义务人不履行法院判决，债权人可申请法院强制执行，法院在询问义务人之后作出强制执行的决定。义务人不履行义务期间超过 2 周的，债权人可以申请法院采取间接强制执行措施。间接强制执行措施主要是法院命令义务人向债权人支付一定数额的金钱，促使当事人自动履行义务。法院强制执行时，应当指定执行官及送交子女实施人（送交子女实施人一般为诉讼申请人，也可以为其他人）。执行官通过实行强制措施将子女交于送交子女实施人。执行官除了说服义务人送交子女外，还有权实施以下行为：(1) 进入债务人住所或其占据的场所搜寻子女，此时有权为了打开闭锁的门户采取必要方法；(2) 让送交子女实施人与子女见面，或者让实施人与债务人见面；(3) 让送交子女实施人进入债务人居所或其占据的场所。在义务人居所或其占据的场所之外，执行官根据子女的身心影响状况，所处场所以及周边状况，认为有必要时，可以为了解除义务人的监护采取必要的行为。不过，实施这些行为时需要子女与债务人共同在场。执行官在解除义务人监护时受到阻挠的，有权为了排除阻挠采取具有威力的措施或者请求警察进行援助，但是，执行官不能对案件所涉子女本身采取具有威力的措施，对子女之外的人采取具有威力措施可能影响子身心健康的，也不得采取相关措施。根据日本法律规定，在执行程序中，作为中央机关的外务省可以参与送交子女程序，为执行提供必要的支援。例如,日本中央机关请求送交子女对象国中央机关进行协作;子女或者送交子女后与子女共同生活者有日本国籍时请求对方国家的日本大使馆进行合作。[1]

日本加入《海牙诱拐公约》之前,一些学者在讨论跨国送交子女决定的执行方法时认为,执行官可以类推适用动产执行的规定,可以由执行官从义务人处抱走子女交给权利人,认为这是为了保护子女的利益不得已的办法,但是反对意见认为,子女不是物(动产),不适合类推动产的执行方法。[2] 日本《海牙诱拐公约实施法》采纳了禁止强制带走子女的意见,要求执行场所原则上为义务人的居所,子女与诱拐子女者在一起时才能执行,执行官应当说服义务人主动送交子女。日本最高法院提醒各地法院在执行时应注意以下几点:第一,在父母一方抱着子女时,不得强行将子女与父母分开;第二,子女拒绝的,不得强行带走;第三,避免在住宅之外的场所执行。[3] 日本最高法院向执行官发布的执行指南中表示,执行官应当避免在公路上、保育院、学校等引人注目和容易发生纠纷的场所执行,不要在清晨和深夜时间执行。日本琦玉县法院职员综合研修所对执行官进行培训,让执行官掌握正确的送交子女决定的执行方法。

四、德国国际家事案件中的送交子女诉讼制度

1980年《海牙诱拐公约》获得通过。该公约作为一个全球性多边公约,以解决国际婚姻破裂后一方擅自将子女带离国外或滞留子女,另一方父母如何寻求救济这一问题。《海牙诱拐公约》分为六章,包括公约的适用范围、中央机关的职责、儿童的返还、探视权、一般规定、最后条款,其中,公约的适用范围、中央机关的职责以及儿童返还程序是公约的核心内容。为了配合《海牙诱拐公约》的实施,德国于1990年颁布《海牙诱拐子女公约及卢森堡监护权公约实施法》(SorgeRÜbkAG),2005年德国通过颁布《国际家族法领域特定法规范的实施法

---

〔1〕 加地良太:「国際的な子の奪取の民事上の側面に関する条約(ハーグ子奪取条約」、『立法と調査』2012年328号。

〔2〕 渡辺惺之:『渉外離婚の実務 離婚事件の基礎からハーグ条約まで』、日本加除出版株式会社、2012年、221頁。

〔3〕 読売新聞社:「ハーグ条約関連法成立 子供へ配慮手探り」、『読売新聞』2013年6月13日朝刊。

律》(IntFamRVG)对此前的立法进行了进一步完善。跨国送交子女纠纷由家庭法院专属管辖,1999年4月之前,德国全国600多个家庭法院均有权受理此类案件,1999年通过修改《海牙诱拐子女公约及卢森堡监护权公约实施法》,将返还子女纠纷案件集中于24个家庭法院审理,确保判决的公正性和迅速化,[1]2005年又排除了2所家庭法院的管辖权,最终有权审理跨国送交子女纠纷的法院减少到22个。

(一)诉讼当事人

1. 中央机关

德国根据《海牙诱拐公约》规定确定的中央机关为联邦司法部,司法部对此设置了专门机构。当子女从一国被带至德国或被滞留于德国时,另一方父母可向德国中央机关提出协助送还子女的申请书。中央机关可作为申请人的代理人或通过律师(律师为申请人的复代理人)向法院提起诉讼,原则上中央机关可以以自己而不是申请人名义起诉,但实际上几乎没有这样的案例出现。在送交子女诉讼制度中,德国未实行强制律师代理,但如果另一方当事人委托了律师,出于平等攻击防御之需要,中央机关一般劝告申请人委托律师。在此场合下,若申请人符合法律援助条件,中央机关可以为其选任律师,在不符合法律援助条件时,中央机关选任的律师不被法律承认,但可以向申请人提供律师人员方面的信息。[2]

2. 申请人

申请人是提出送交子女请求的人,其主张的依据是配偶将子女带至德国侵害了其监护权。诉讼以申请人为原告,尽管中央机关为其程序代理人或律师作为复代理人,但法院一般劝告申请人出席案件的审理,以方便搜集证据,更准确地认定事实。而实际上,申请人本身出席庭审的积极性也很高,一些申请人虽然居住在国外,但仍然能够积极出席审理程序。如果居住在国外的申请人缺乏来德国的经济基础,可以向德国申请法律援助以解决差旅费和住宿费问题。法

---

[1] Johanna Bacher, "Maßnahmen zur Umsetzung des Haager Kindesentführungsübereinkommens", *FPR* 2001, S. 237 f.; Andrea Schulz, "Internationale Regelungen zum Sorge-und Umgangsrecht", FamRZ 2003, S. 342.

[2] Anatol Dutta/Jens Scherpe, "Die Durchsetzung von Rückführungsansprüchen nach dem HaagerKindesentführungsübereinkommen durch deutsche Gerichte", *FamRZ* 2006, S. 903.

兰克福家庭法院在一些案件中,还为国外的申请人垫付相关费用,例如,法院为当事人购买机票等。

3. 诱拐子女的父母

送交子女案件,诱拐子女的一方为对方当事人,在有关案件中,母亲一方为诱拐者较多。诱拐子女的父母一方可以对诉讼请求提出抗辩,其抗辩事由包括:(1)在带走或滞留儿童时,应当照顾该儿童的个人、机构或其他团体实际上并未行使监护权,或对其带走或留置子女已经事先同意或事后默认;(2)其送交子女可能存在使子女在身体上或心灵上遭受伤害的重大危险或会使子女陷入不能忍受的境地。诱拐子女的父母一方有权聘请律师,在司法实践中,未聘请律师的情形较为少见。

4. 被诱拐的子女

被诱拐的子女亦为诉讼当事人,德国《家事案件及非讼案件程序法》(FamFG)进一步提高了诉讼中子女的程序地位,规定为了实现子女的利益应为子女选任程序辅助人(Verfahrensbeistand),程序辅助人的作用主要是聆听子女的意思表示,将子女的意思表示反馈于法院,其有权查阅诉讼记录,申请鉴定,对子女所处的家庭和社会环境进行调查。另外,在法院直接听取子女意见时其有权在场。子女的程序辅助人一般从社会心理学家、教育学家、法律家中选任,法院配有程序辅助人花名册。有的法院选任的程序辅助人不但精通《海牙诱拐公约》,还具有较好的外语能力(如法语、西班牙语、意大利语等),以利于与使用不同语言的子女进行交流。

5. 少年局

少年局在中央当局和法院履行《海牙诱拐公约》时有义务提供援助,援助事项包括:(1)提供被诱拐子女的社会背景和生活环境信息;(2)在任何阶段帮助通过和解解决纠纷;(3)配合法院为确保子女保持目前的住所提供帮助;(4)对法院有关命令的执行提供帮助,例如,帮助实现探望权,对送交子女提供帮助,协助法院判决的强制执行。一般来说,子女的惯常居所地的少年局有权实施上述行为,但是如果子女没有惯常住所地或者惯常住所地少年局不积极参与程序,子女的临时住所地少年局也可以履行相关义务。即使少年局不主动参与程序,家庭法院也可依决定通知其参加。

(二)子女送交程序的进行

1. 迅速审理原则

《海牙诱拐公约》第 2 条、第 11 条、第 12 条中均有送交子女程序应迅速进行的规定,对此,德国《家事诉讼程序法》第 38 条第 1 款规定,家庭法院应优先处理送交子女案件,除了遇到《海牙诱拐公约》第 12 条第 3 款之情形,不得中止审理,送交子女案件须在 6 周内审结,当事人亦有义务协助家庭法院解明案件事实,以确保程序迅速进行。

为了迅速进行审理,柏林等一些家庭法院还在案件受理方面采取如下做法:第一,收到送交子女申请书时,直接登记案件并编号,通知法院全体人员案件属于需要紧急处理的案件。第二,法院书记科分配案件及确定主审法官时,必须尽快将案件材料交至审理法官手中,即使法官在法院之外,也可直接电话通知。第三,案件记录表中用红色字体标出"送交子女案件",以唤起法官的注意。为了确保程序迅速进行以及保障判决获得执行,家庭法院可依当事人申请或依职权采取保全措施,保全命令包括判决作出前不得对子女住所进行变动;命令少年局对子女采取保护措施以防子女被隐藏;命令交出护照;判决作出前允许子女被带走的一方在辅助人陪伴下与子女见面。

2. 侵权证明书

《海牙诱拐公约》第 3 条第 1 款规定了带走或扣留儿童构成侵权的两种情形:(1)根据儿童被带走或被扣留前当时的惯常居所地国家的法律规定,如有侵犯属于个人、机构或任何其他团体的共同或单独监护权;(2)在带走或扣留的当时,实际上业已共同或单独行使上述监护权,或者如无带走或扣留情事,则将行使此项权利。特别是上述第一项述及的监护权,可因法律的规定或因司法判决或行政决定,或因依该国法律具有法律效力的某项协定而产生。《海牙诱拐公约》的这一规定实际上要求申请人需要证明子女被带走或留置构成侵权,法院往往根据侵权证明书依据自由心证做出判断,如果父母的一方非因错误或欺诈而同意带走、支付差旅费、购买机票等,法院可解释为带走子女未构成侵权。当其他国家不给德国的申请人开具侵权证明书时,德国的中央机关可通过其他缔约国的中央机关收集该国的法律信息。对于外国发出的侵权证明书对德国家庭法院是否有约束力这一问题，德国学界通说观点认为其不具有约束力。[1] 当然，在德国，实际上很少有法官要求申请人从国外获取侵权证明书，一方面是因为这可能影响案件审理效率；另一方面，还可能引起法律拘束力的争议。再者，一些侵权证明书并不表述事实关系，因此，有时很难理解其内容。

3. 听取子女意见

听取子女意见时，并不是只要子女陈述了异议就可满足拒绝送交的要件。还要考察异议内容，斟酌异议的合理性，例如，仅仅表示愿意与带其出国的父母一方生活或者愿意与国外的父母一方生活的，可能被认定为缺乏合理性，一般需要子女作出愿意送交至惯常居所地国的陈述。另外，判断异议内容时，必须结合子女的年龄和发育状况进行认定，审查其意见是否可能受到父母一方的不当影响。

某案件中1名6岁的儿童表示希望和父亲（诱拐子女者）在一起，但对于返回美国及其与母亲关系的询问在回答上较为暧昧，法院认为，该子女的希望与父亲在一起的陈述作为异议理由并不充分。[2] 某案件的上诉法院认为，尽管《海牙诱拐公约》第13条第2款未设置年龄限制，但是本案的子女8岁，根据其发育程度，不能就将来的居所形成和表达自由的意思。[3] 在某一案中，上诉法院在听取8岁的子女意见后，法院认为该子女想留在德国（所在国）的理由受母亲教唆后形成，该子女在爱尔兰（惯常居所地国）生活了5年，如果考虑其母国为爱尔兰，则其想留在德国的主张不可信。法院基于上述判断，没有认可子女的异议，作出了送交子女的决定。[4] 关于法院是否有义务听取子女的意见，司法实务中存在不同的见解，特别是对于多大年龄的子女有义务听取其意见存在争论。在某一上诉到联邦宪法法院的案件中，联邦宪法法院认为，虽然在涉及《海牙诱拐公约》的案件中没必要必须听取子女的意见，但是，在特别情形下应有例外。本案属于再次诱拐型案件，存在特别情况，有确认子女意见的

---

〔1〕 Palandt/Thorn, a. a. O., Rn. 74; Bach, a. a. O., S. 1054.

〔2〕 93 F 178/98 HK, Familengericht Flensburg (Family Court), 18 September1998.

〔3〕 4 UF 223/98, Oberlandesgericht Düsseldorf. 2005. ID820.

〔4〕 4 UF 223/98, Oberlandesgericht Düsseldorf. 1998. ID820.

义务。[1] 并且即使认为2名子女(诱拐时1名6岁,1名3岁)受到父亲的影响,必要时,也应当征求儿童心理学家的意见,判断子女意见的重要程度。[2]

4. 调解

家庭法院对案件首先尝试调解,尽量由带走子女者自愿送交子女。中央当局作为申请人时,还在申请书中直接表示法官可斟酌是否调解解决争议,司法实践中调解结案的案件较多。为数不少的案件在开庭审理期日前实施调解,有些案件法官亲自进行调解,中央机关进行协助,但为数不少的案件由法官委托给专门从事国际家事诉讼调解业务的民间团体 Mikk 实施调解,该组织具有精通国际家事诉讼的法律家以及社会心理学家,组织成员来自不同国家,并且很多人会两种以上语言,调解时经常使用组合方式选任调解员,例如,如果纠纷原因是将子女从德国带至波兰,则往往派出一名德国籍的律师和具有波兰籍的律师共同进行调解,以确保调解能够在了解各国社会、文化背景下实施。法院一般将调解期日确定在开庭审理前的两三天,确保调解不成时直接进入审理程序。如果当事人从国外到德国参见调解程序,有关程序费用、差旅费和住宿费可申请诉讼费用救助——而无论经济状况如何。如果当事人聘请了律师,律师也应当参加调解程序。由 Mikk 进行调解的,当事人必须支付调解人报酬,对这部分支出不能申请诉讼费用救助。在一般案件中,调解人报酬每小时为160欧元,但在跨国送交子女案中,一般每小时仅收取60欧元。

调解内容最主要的是促成当事人自愿送交子女,还允许就如下事项达成调解协议:第一,送还子女后,由子女惯常居所地法定机关对监护权人的决定进行调解,调解结束前,不得向法院请求监护权人的确定。第二,探望权事项。第三,申请人若为父亲,应向子女和母亲支付抚养费的事项。第四,案件申请人若为父亲,应为母亲或子女提供住所的事项等。调解协议经法院确认后,具有与判决同等的效力。

(三)送交子女命令及抗辩理由

送交子女命令的主文如何表述没有统一规定,一般采取"对方当事人将子

---

〔1〕 本案的大致情况是,最初母亲一方诱拐子女,后来父亲一方又将子女抢夺回国,母亲一方提起诉讼请求送交子女,上诉法院作出送交子女的决定。父亲一方不服,向德国宪法法院提起诉讼,主张判决侵害了宪法上的父母权利以及子女宪法上的权利。

〔2〕 2 BvR 1206/98, Bundesverfassungsgericht (Federal Constitutional Court of Germany), 29 October 1998.

女交还至惯常居所地或者交还至特定法院管辖区域”的方式。但这样的命令欠缺具体性,例如,是否需要带走子女的一方亲自将子女交还到指定地域,是否必须交给申请人本人等并不明确,这就很容易引起难以强制执行问题。一般说来,在判决主文中直接命令将子女送交于申请人或申请人指定的人超出了《海牙诱拐公约》框架范围,因为谁对子女有实际上的监护权属于子女惯常居所地国决定事项,交还国不具有判断这些事项的权利。在实务上,德国法院一般采取“阶段性交还命令”方式,以确保法院的命令能够获得执行。在第一阶段,法院命令将子女交还至子女惯常居所地国家,当事人可亲自实施送交行为,也可采取其他送交方式实现判决内容。但如果经过一定时间后仍然不履行义务,则发出第二阶段的命令,即命令将子女直接交还给申请人或申请人指定的人。

拒绝送交子女的抗辩条件非常严格,具体来说,存在类似如下情形时,拒绝送交子女才具有正当理由:(1)子女惯常居所地存在明显的战争、粮食危机、传染病等严重危险;(2)申请人具有酗酒或药物依赖症等情形;(3)申请人具有性虐待或使用暴力较大可能性;(4)子女无法忍受与兄弟姐妹分离等。〔1〕相反,以下事由一般不会被认可为拒绝送交子女的正当理由:(1)子女离开主要监护者将陷入精神上的危险;(2)子女惯常居所地对带走子女者发出了逮捕令;(3)送交子女将给子女造成经济上、教育上、生活上的不利益;(4)与申请人相比,带走子女者更适合于照护子女。〔2〕现实中,在申请人为父亲,带走子女者为母亲之场合,母亲一方有时会提出送交子女时本身可能会遭到申请人暴力对待这一理由,德国判例上认为,这一抗辩不能成为拒绝送交子女的正当理由,只有子女和母亲可能共同会遭受暴力对待时抗辩理由方被承认。此外,如果母亲遭受暴力对待会使子女陷入精神危险时,也构成拒绝交还的正当理由,但必须有证据证明,法院并不依职权进行事实调查。

某一案件的上诉法院认为,有必要对《海牙诱拐公约》第13条第1款b项作出严格解释,只有存在超过伴随送交子女通常危险的对子女利益造成重大危险之场合,才可使拒绝送交正当化。针对该案,法官认为,该案母亲一方主张的子女对

---

〔1〕 Holzmann, a. a. O., S. 208; MünchKomm/Siehr, a. a. O., Rn. 75; Staudinger/Pirrung, a. a. O., Rn. D 71.

〔2〕 Bach, a. a. O., S. 1056; MünchKomm/Siehr, a. a. O., Rn. 73, 77; Palandt/Thorn, a. a. O., Rn. 72.

父亲一方存在恐惧感，以及父亲一方在美国可能难以获得收入的事实具有正当性。一旦送交子女（审理当时两名子女分别为5岁、3岁），将使子女与母亲分离，子女出生后一直由母亲监护，与母亲分离将对子女带来重大精神危害，基于此，法院拒绝了父亲一方的送交子女请求。[1] 在另一案件中，上诉法院同样表示，只有在超出送交子女产生的一般困难，对子女的利益造成例外的重大“恶害”时，才可主张重大危险抗辩事由。法官还认为，至于子女与父母哪一方生活符合子女利益这一监护标准，不适用于《海牙诱拐公约》第13条第1款b项。在该案中，由于母亲一方没有能够成功证明父亲一方对子女会造成身体、精神的重大危害，以及父亲经济上和个人状况会使子女置于重大危险境地，法院最终作出了送交子女的命令。[2] 在本案中，母亲主张父亲一方不能监护子女，处于经济困难状态而拒绝送交子女，法院之所以未认可其主张，主要是因为母亲一方未能证明父亲一方经济困难将使子女陷入重大危险境地。换句话说，如果能够证明成功，法院将以对方当事人存在经济困难状态为由作出拒绝送交子女的决定。

在一些案件中，诱拐子女者有时会以对方的暴力行为、经济困难、担心刑事追诉、签证问题、诉讼费用等理由主张无法与子女共同返回子女惯常居所地国，让子女一个人回国，使得子女陷入重大危险境地。对于这一问题，德国法院认为，子女身体和精神上的危险，可以通过母亲一方与子女共同回国而解消，据此，未认可母亲一方无法与子女共同回国致使子女陷入重大危险的主张。[3]

还有一些案件中，当事人以强行送交子女违反宪法或者国际人权公约为抗辩事由，拒绝送交子女。在某一案件中，当事人主张子女具有美国和德国双重国籍，送交子女命令违反德国宪法不被遣返的权利。对此，德国宪法法院认为，基于法律家庭关系上的监护权送交子女，不属于遣返，不同于遣返。遣返是应他国请求遣返个人，涉及主权问题，而送交子女不具有这一特质。在某一案件中，当事人主张送交子女命令有损于家庭生活持续性，违反《海牙诱拐公约》第8条和《欧洲人权公约》第8条。对此，德国法院认为送交子女有可能干涉《欧洲人权公约》第8条家庭生活上的子女的权利，但是对有关家庭生活的干涉为

[1] UF 260/98; Oberlandesgericht Stuttgart (Higher Regional Court), 25 November.

[2] UF 39/99, Oberlandesgericht Bamberg.

[3] HC/E/DE 486. 2002. ID486.

《海牙诱拐公约》第 20 条和《欧洲人权公约》第 8 条所预期。[1]

(四)强制执行

当事人对法院送交子女的裁定可在 2 周内提起上诉,超过时间未上诉的裁定生效,不履行裁定的将由法院强制执行。与一般案件的执行不同,跨国送交子女纠纷案件法院可依职权采取强制措施,而一般案件需要当事人向法院申请强制执行。在德国,民事审判机构和执行机构分立,设有专门的执行法院和执行员,但在交换子女案件中,强制执行由作出裁定的法院直接负责,以利于实现执行效率,法官将执行方法通知执行员,并有权授予执行员对被执行人住所进行搜查的命令。

执行方法有 3 种:一是法院命令拒绝送交子女的当事人支付罚金;二是对其采取拘留措施;三是发布直接强制命令。一般说来,有些案件的当事人可能生活不富裕,采取罚金方法并不适当,而使用拘留方式可能又无法实现送交子女的法院命令,因此,有些案件法院会采取直接强制执行方式,即由法官或法官委托的执行员直接将子女带走交给申请人或申请人指定的人或者其他具有保护儿童利益的机构。现实中采取强制性带走子女这一执行方法也面临不少问题,对于执行员来说将哭闹的子女从母亲身边带走确实于心不忍,特别是如果两三次采取这样的执行措施还会给子女造成精神上的痛苦,因此,为了尽量一次执行成功,法官一般会向执行员说明注意事项,并随时与执行员保持联系。

在执行手段上,执行员悄悄将子女带走似乎并不存在违法问题。在某一母亲拒绝将子女交还给父亲的案件中,执行员得知子女正在住院,于是从医院后门悄悄进入医院,将子女带走交给了申请人。在直接强制执行时,法院可以请求警察给予帮助,但现实中很少这样做,因为法官或执行员在司法实践中掌握较为成熟的强制执行方法。根据法律规定,允许执行人员请求少年局提供帮助,但一些案件的执行人员却回避这一方式,因为立法上没有明确规定少年局参与执行的具体方法,而且少年局有时会站在被执行人的立场反对将子女带离父母身边,这反而影响执行效果。中央机关不直接参与执行,而是在执行程序中为法院提供有关信息,特别是在执行程序中如果子女和被执行人失踪,中央机关会通过各种途径寻找其下落。

---

[1] 5P. 127/1997(BGE 123 II 419)Bundesgericht,II. Zivilabteilung.

主要参考文献

一、中文类

[1]张伟主编:《家事法学》,法律出版社2016年版。

[2][澳]帕特里克·帕金森:《永远的父母:家庭法中亲子关系的持续性》,冉启玉等译,法律出版社2015年版。

[3]《德国民法典》,杜景林、卢谌译,中国政法大学出版社2014年版。

[4]《奥地利普通民法典》,周友军、杨垠红译,清华大学出版社2013年版。

[5]夏吟兰、龙翼飞主编:《家事法研究》(2013年卷),社会科学文献出版社2013年版。

[6]唐灿、张建主编:《家庭问题与政府责任:促进家庭发展的国内外比较研究》,社会科学文献出版社2013年版。

[7]松本博之:《日本人事诉讼法》,郭美松译,厦门大学出版社2012年版。

[8]熊金才、陈义权:《家事纠纷解决:理论与实务》,清华大学出版社2012年版。

[9]程维荣、袁奇钧:《婚姻家庭法律制度比较研究》,法律出版社2011年版。

[10]张晓茹:《家事裁判制度研究》,中国法制出版社2011年版。

[11]陈思琴:《离婚后亲子关系法律制度研究》,中国社会科学出版社2011年版。

[12]《韩国最新民法典》,崔吉子译,北京大学出版社2010年版。

[13]陈爱武:《家事法院制度研究》,北京大学出版社2010年版。

[14][德]迪特尔·施瓦布:《德国家庭法》,王葆莳译,法律出版社2010年版。

[15]《法国民法典》,罗结珍译,北京大学出版社2010年版。

[16]《澳大利亚家庭法》,陈苇译,群众出版社2009年版。

[17]姜海顺:《中韩家族法的比较研究》,法律出版社2009年版。

[18]陈群峰:《离婚利益协调机制研究——财产、子女及其他》,人民法院出版社2008年版。

[19]陈苇主编:《加拿大家庭法汇编》,群众出版社2006年版。

[20]杨临萍、龙飞:《德国家事审判改革及其对我国的启示》,载《法律适用》2016年第4期。

[21]冯源:《儿童监护事务的国家干预标准——以儿童最大利益原则为基础》,载《北京社会科学》2016年第3期。

[22]齐玎:《论家事审判体制的专业化及其改革路径——以美国纽约州家事法院为参照》,载《河南财经政法大学学报》2016年第4期。

[23]夏吟兰:《比较法视野下的父母责任》,载《北方法学》2016年第1期。

[24]陈苇、陈钊:《21世纪家庭法和家事司法之实践与变革》,载《中华女子学院学报》2015年第6期。

[25]齐树洁、邹郁卓:《我国家事诉讼特别程序的构建》,载《厦门大学学报》(哲学社会科学版)2014年第2期。

[26]杜焕芳:《强制交还国际诱拐儿童的司法裁量——以海牙公约第12条第2款为分析对象》,载《政法论坛》2014年第3期。

[27]孙永军:《论非讼法理在家事诉讼中的适用》,载《青海社会科学》2014年第4期。

[28]陈爱武:《论非讼事件审判的程序保障》,载《法学评论》2014年第1期。

[29]黄丹翔:《英国家事诉讼程序的发展及其借鉴意义》,载《司法改革论评》2014年第1期。

[30]杜焕芳:《儿童离境否决权的监护权认定——基于美国最高法院监护权第一案的展开》,载《暨南学报》(哲学社会科学版)2013年第12期。

[31]王葆莳:《儿童最大利益原则在德国家庭法中的实现》,载《德国研究》2013 年第 4 期。

[32]吴用:《海牙国际诱拐儿童民事方面的公约评价》,载《中国青年政治学院学报》2013 年第 6 期。

[33]于晶:《离婚纠纷中离婚自由与儿童最大利益原则的适用》,载《中国青年研究》2013 年第 10 期。

[34]陈爱武、郝振江:《论家事审判机构之专门化》,载《法律科学》2012 年第 1 期。

[35]石雷:《现代英国家事案件审判体制的变迁及其启示》,载《时代法学》2012 年第 5 期。

[36]张伟:《家事纠纷解决机制的调查与研究》,载《河南财经政法大学学报》2012 年第 6 期。

[37]陈爱武:《论家事审判机构之专门化——以家事法院(庭)为中心的比较分析》,载《法律科学》(西北政法大学学报)2012 年第 1 期。

[38]陈思琴:《离婚前父母教育计划:美国离婚法的经验与借鉴》,载《南昌航空大学学报》(社会科学版)2012 年第 2 期。

[39]傅郁林:《家事诉讼特别程序研究》,载《法律适用》2011 年第 8 期。

[40]陈苇、曹贤信:《澳大利亚家事纠纷解决机制的新发展及其启》,载《河北法学》2011 年第 8 期。

[41]郝振江:《德国非讼事件程序法的新发展》,载《河南省政法管理干部学院学报》2011 年第 2 期。

[42]李明建:《外国离婚后监护与未成年子女最佳利益原则立法分析》,载《兰州学刊》2011 年第 4 期。

[43]马忆南、邓丽:《当代英美家庭法的新发展与新思潮》,载《法学论坛》2011 年第 2 期。

[44]陈飏:《日本家事调停制度研究》,载《河北法学》2010 年第 1 期。

[45]陈苇、赵燕:《澳大利亚子女接触令实施的改进建议对我国之启示》,载《法治研究》2010 年第 9 期。

[46]滕威:《对我国设立家事诉讼程序制度的宏观思考》,载《金陵法律评论》2010 年春季卷。

[47]陈桂明、赵蕾:《中国特别程序论纲》,载《法学家》2010 年第 6 期。

[48]冉启玉:《英美法儿童最大利益原则及其启示——以离婚后子女监护为视角》,载《河北法学》2009 年第 9 期。

[49]王丽萍:《美国离婚后的子女监护制度及其启示》,载《法学论坛》2008 年第 2 期。

[50]白红平、杨志勇:《澳大利亚家庭法院的特点及对我国的启示》,载《山西大学学报》(哲学社会科学版)2008 年第 2 期。

[51]蒋月:《家事审判制:家事诉讼程序与家事法庭》,载《甘肃政法学院学报》2008 年第 1 期。

[52]王礼人:《家事案件审判体制改革之构想》,载《法律适用》2008 年第 11 期。

[53]王丽萍:《美国离婚后的子女监护制度及其启示》,载《法学论坛》2008 年第 2 期。

[54]张伟:《论儿童最佳利益原则——以离婚后未成年子女最大利益保护为视角》,载《当代法学》2008 年第 6 期。

[55]张晓茹:《日本家事法院及其对我国的启示》,载《比较法研究》2008 年第 3 期。

[56]陈苇、胡苷用:《离婚诉讼前处理子女抚养纠纷的一种新机制——澳大利亚家庭关系中心评介及其启示》,载《吉林大学社会科学学报》2007 年第 4 期。

[57]卫洁:《澳大利亚家庭法的家事调解制度对我国的启示》,载《山西农业大学学报》(社会科学版)2007 年第 2 期。

[58]成晟洁:《离婚纠纷中替代性纠纷解决机制研究——以美国 ADR 为参照》,山东大学法学院 2013 年硕士学位论文。

[59]王东莹:《论儿童最大利益原则在离婚亲子关系中的实现》,中国政法大学法学院硕士学位论文。

[60]张知悦:《离婚案件监护权的归属问题研究——以儿童最大利益原则为视角》,苏州大学王健法学院 2007 年硕士学位论文。

二、外文类

[1]小島妙子:『Q&A 親子の法と実務』、日本加除出版株式会社、2016。

[2]二宮周平、渡辺惺之編:『子どもと離婚——合意による解決とその支援』、信山社、2016。

[3]本間靖規:『手続保障論集』、信山社、2015。

[4]アジア家族法三国会議編:『家事事件処理手続の改革』、日本加除出版株式会社、2015。

[5]家庭の法と裁判研究会編:『家庭の法と裁判』、日本加除出版株式会社、2015。

[6]下夷美幸:『養育費政策の源流——家庭裁判所における履行確保制度の制定過程』、法律文化社、2015。

[7]二宮周平、渡辺惺之編:『離婚紛争の合意による解決と子の意思の尊重』、日本加除出版株式会社、2014。

[8]日本法務省編:『各国の離婚後の親権制度に関する調査研究』、日本法務省、2014。

[9]棚村政行:『面会交流と養育費の実務と展望——子どもの幸せのために』、日本加除出版株式会社、2013。

[10]善積京子:『離別と共同養育—スウェーデンの養育訴訟にみる「子どもの最善」』、世界思想社、2013。

[11]養育費相談支援センター編:『養育費確保の推進に関する制度的諸問題』、養育費相談支援センター、2012。

[12]日本弁護士連合会家事法制委員会編:『家事事件における子どもの地位』、日本加除出版株式会社、2010。

[13]アトキンビル、梅澤彩、清末愛砂:「ニュージーランドの家庭裁判所と家族司法制度および法の支配について」、『戸籍時報』2016 年 743 号。

[14]山口亮子:「子の監護権と転居——アメリカにおけるRelocation 問題」、『産大法学』2015 年 3 ~4 号。

[15]田中通裕:「フランス家族法(15)」、『法と政治』2015 年 4 号。

[16]山本和彦:「ハーグ条約実施法の概要と子の返還執行手続」、『新民事執行実務』2014 年 12 号。

[17]大谷美紀子:「返還拒否事由の審理判断に関する諸問題——家族法研究者の立場から」、『戸籍時報』2014 年 713 巻。

[18]嘉本伊都子:「国際的な子の奪取の民事上の側面に関する条約(ハーグ条約)をめぐる問題」、『家族社会学研究』2014 年 2 号。

[19]平田厚:「家事事件手続法における職権主義の消極性と積極性」、『判例タイムズ』2014 年 1 号。

[20]松村合德、石川光晴:「オーストリア非訟事件手続法(1)——その立法過程と条文試訳」、『比較法学』2013 年 2 号。

[21]日本弁護士連合会:「養育費・婚姻費用の簡易算定方式・簡易算定表に対する意見書」、『LIBRA』2013 年 11 号。

[22]犬伏由子、田中佑季:「親教育指針書(韓国親教育共同研究会 2011 年 4 月刊行)」、『法學研究』2013 年 1 号。

[23]犬伏由子、宋賢鐘:「韓国法における親の離婚と子の養育について:子の利益(福利)を実現するシステムの構築に向けて」、『法學研究』2013 年 1 号。

[24]紙子達子:「養育費・婚姻費用の簡易算定表の運用と問題点」、『LIBRA』2013 年 11 号。

[25]佐々木健:「新非訟事件手続法による配慮権手続及び訪問権手続」、『立命館法学』2013 年 5 号。

[26]ペーター・ベーム、佐々木健:「新非訟事件手続法による配慮権手続及び訪問権手続」、『立命館法学』2013 年 5 号。

[27]古賀絢子:「オーストラリア家族法における離婚後の共同養育推進とリロケーション紛争」、『比較法学』2013 年 3 号。

[28]杉井静子:「家事事件手続法制定により家事事件の手続はどう変わるか」、『総合法律支援論叢』2013 年 2 号。

[29]松原正明:「家事調停制度の基本構造」、『法政研究』2012 年 3 号。

[30]若林昌子:「面会交流事件裁判例の動向と課題」、『法律論叢』2012 年 2 ~ 3 号。

[31]加地良太:「国際的な子の奪取の民事上の側面に関する条約(ハーグ子奪取条約」、『立法と調査』2012 年 328 号。

[32]大坪和敏:「家事事件手続法の要点と同法施行に伴う実務の動向」、『LIBRA』2012 年 12 号。

[33]松原正明:「我が国の家事調停制度の基本構造」、『法政研究』2012 年 3 号。

[34]善積京子:「スウェーデンにおける離別後の養育・居所・面会(その2)」、『追手門学院大学社会学部紀要』2011 年 5 号。

[35]植木祐子:《児童虐待防止のための親権制度の見直し~民法等の一部を改正する法律案》、《立法と調查》2011 年 320 号。

[36]高橋由紀子:「ドイツの交流保護制度——親子の面会交流実現のための親権制限」、『The Teikyo Law Review』2011 年 2 号

[37]増田勝久:「家事事件手続における"子どもの代理人"」、『戸籍時報』2011 年 676 号。

[38]岩志和一郎:「子の権利の確保のための諸力の連携——ドイツ親権法の展開」、『早稲田法学』2010 年 2 号。

[39]粟林佳代:「フランス法における判例上の"訪問権"の生成過程(一)」、『佐賀大学経済論集』2010 年 4 号。

[40]棚瀬孝雄:「両親の離婚と子どもの最善の利益」、『自由と正義』2009 年 12 号。

[41]岩志和一郎:「ドイツにおける子どもの代弁人——手続補佐人の新たな規定」、『法律時報』2009 年 2 号。

[42]金亮完:「養育費履行確保等のための韓国の家事訴訟法・民法の改正」、『戸籍時報』2009 年 644 号。

[43]佐々木健:「ドイツ法における親子の交流と子の意思——PAS(片親疎外症候群)と子の福祉の観点から」、『立命館法学』2009 年 5~6 号。

[44]下夷美幸:「アメリカにおける養育費政策の現状とその作用」、『大原社会問題研究所雑誌』2008 年 593 号。

[45]佐々木健:「手続保護人(Verfahrenspfleger)の実務の現状と課題」、『立命館法學』2007 年 5 号。

[46]石堂典秀:「裁判所侮辱(Contempt)と面接交渉:オーストラリアにおける面接 交渉の強制執行システムの展開」、『法社会学』2006 年65 号。

[47]南方暁:「イギリスの家事事件処理手続と担い手の構成:合意形成援助とCAFCASS」、『家族〈社会と法〉』2005 年 21 号。

[48]東京・大阪養育費等研究会:「簡易迅速な養育費等の算定を目指して一養育費・婚姻費用の算定方式と算定表の提案」、『判例タイムズ』2003 年 1111 号。

[49]南野佳代:「子の監護権決定における親子関係:英米判例の意義」、『現代社会研究』2001 年 1 号。

[50]山口亮子:「アメリカにおける共同監護法と子どもの利益(1)」、『上智法学論集』1996 年 3 号。

[51]小野義美:「フランスにおける離婚合意援助システム:家事調停 mediation familiale 導入の動向」、『熊本法学』1992 年 72 号。

[52]최은정,“가사사건의 상담제도발전방안에 관한 연구”,대법원 사법행정연구원(2015).

[53]김원태, “가사소송에서의 미성년 자녀의 절차적 지위” ,민사소송 제19권 제1호(2015).

[54]송현종、노혜련,“가정법원복지서비스에 관한 연구:가사조사관 직무에 대한 법관과 조사관의 인식을 중심으로”,미래청소년학회 제11권4호(2014).

[55]김성태,“가사소송에 있어서 합의에 상당한 심판제도에 관한 연구”,홍익법학 제15권 제2호(2014).

[56]이영민,“면접교섭권과 아동의 권리”,학위논문(석사)——한양대학교대학원:법학과 2014.

[57]송현종,“가정법원전문조사관의 실천과정에 관한 연구:사회복지사의 경험을 중심으로”, 학위논문 (박사)——숭실대학교 대학원,사회복지학과 (일원)2013.

[58]Frank,Rainer,“독일에서의 가정법원”,가정법원 50주년 기념논문집,서울가정법원(2013).

[59]송현종,“가정법원 복지서비스에 관한 연구”,가정법원 50주년 기념논문집,서울가정법원(2013).

[60]송현종,“가사조사관의 인력과 직무에 관한 연구”,가족법연구 제26권 제3호(2012).

[61] 곽민희,“프랑스법상 친권의 귀속과 행사”,가족법연구 제26권 제3호(2012).

[62] 박복순,“협의이혼제도의 운용실태 및 개선방안”,젠더리뷰 제21호(2011).

[63]한숙희,“한국가사소송법에서 본 이혼 시 미성년자녀의 보호”,한국민사소송법학회지(2010).

[64] 박주영,“아동의 의견표명권에 관한 검토”,가족법연구 제23권 제2호(2009).

[65] 이희배,“이혼조정과 이혼상담의 비교”, 仁川法學論叢 제12집(2009).

[66] 이봉림,“이혼시 자녀양육비 확보제도에 관한 고찰”, 成均館法學 제21권 제2호(2009).

[67]이명철,“2008년 개정 민법에 따른 협의이혼절차”,가족법연구 제22권 제3호(2008).

[68] 이유정,“가정법원의 문제점과 개선방안”,가족법연구 제22권 3호(2008).

[69] 윤진수,“미국 가정법원의 현황과 개선 논의”,가족법연구 제22권 제3호(2008).

[70] 김상용,“독일가정법원의 기능과 역할”,가족법연구 제22권 3호(2008).

[71] 피정현,“가사소송에서의 소송자료수집원칙”,가족법연구 제22권 2호(2008).

[72]유희정,“미국의 이혼 후 부모교육 프로그램의 현황과 평가에 대한 고찰”, Family and Environment Research 제43권 6호(2005).

[73]김김진,“협의이혼제도의 개선방안에 관한 연구”,가족법연구 제19권 1호(2005).

[74] 문준필,“가사소송절차의 문제점과 개선방향”,가족법연구 제18권 2호(2004).

[75] 김용욱,“가정법원과 가사소송의 비교법적 소고 ”,가족법연구 제5호(1991).

[76] A. G. Masilla, *KM Jacquin*, *Relocation Evaluations in Child Custody Disputes*, Springer International Publishing, 2016.

[77] Rt. Hon Lord Wilson Justice, *The Family Court Practice* 2015, Jordan Publishing Ltd, 2015.

[78] Hadden, R. Davies, *How To Represent Yourself in the Family Court: A Guide to Understanding and Resolving Family Disputes*, Robinson, 2015.

[79] Steinke, M. Camela, *Family Court*, Blackwell Publishing Ltd., 2014.

[80] Lucy Reed, *The Family Court without a Lawyer: A Handbook for Litigants in Person*, Bath Publishing Ltd.; 2nd edition edition, 2014.

[81] Sarah Blackmore, Jacqui Thomas, *Reforming Family Justice: A Guide to the Family Court and the Children and Families Act* 2014, Family Law, 2014.

[82] N. M. Ross, *Independent Children's Lawyers: Relational Approaches to Children's Representation*, Social Science Electronic Publishing, 2012.

[83] J. Doughty, M. Murch, *Judicial Independence and the Restructuring of Family Courts and Their Support Services*, Social Science Electronic Publishing, 2012.

[84] Fuhrmann, G. W. & Zibbell, *Evaluation for Child Custody*, Oxford University Press, 2012.

[85] Malcolm C. Kronby, *Canadian Family Law*, 10*th ed.*, Mississauga (Ontario), 2010.

[86] Philip M. Stahl, *Conducting Child Custody Evaluations: From Basic to Complex Issues*, CA: Sage Publications, Inc., 2010.

[87] Lisa Young, Geoff Monahan, *Family Law in Australia*, LexisNexis Butterworths, 2009.

[88] Iain Goldrein QC, *Media Access to the Family Courts: A Guide to the New Rules and Their Application*, Jordan Publishing Ltd., 2009.

[89] Patrick Parkinson, Judy Cashmore, *The Voice of a Child in Family Law Disputes*, OUP Oxford, 2009.

[90] Judith Masson, Rebecca Bailey-Harris, Rebecca Probert, *Cretney's Principles of Family Law* (8 *Ed edition*), Sweet & Maxwe, 2008.

[91] Stephen M. Cretney, Judith M. Masson, Rebecca Bailey-Harris, *Principles of Family Law* (*7th edition*), Sweet & Maxwell, 2003.

[92] Gary Slapper & David Kelly, *The English Legal System*, *5th edition*, London, Cavendish Publishing Limited, 2001.

[93] Paul R. Beaumont&Peter E. McEleavy, *The Hague Convention on International Child Abduction*, Oxford University Press, 1999.

[94] M. L. Goldstein, "Interviewing Children and Adolescents in Child Custody Cases", *Springer International Publishing*, 2016.

[95] M Clemente, D. Padilla-Racero, M Gandoy-Crego, A Reig-Botella, R Gonzalez-Rodriguez, "Judicial Decision-Making in Family Law Proceedings", *The American Journal of Family Therapy*, Vol. 43, No. 4, 2015.

[96] M. Saini, R. Birnbaum, "An Ecological Risk-factor Examination of Judicial Decision-making for Supervised Access Orders in Child Custody Disputes", *Canadian Family Law Quarterly*, 2015.

[97] G. Davis, N. V. Steegh, L Frederick, "An Appeal for Autonomy, Access, and Accountability in Family Court Reform Efforts", *Family Court Review*, Vol. 52, No. 4, 2014.

[98] L. Nielsen, Woozles, "Their Role in Custody Law Reform, Parenting Plans, and Family Court", *Psychology Public Policy & Law*, Vol. 20, No. 2, 2014.

[99] R. Obert, M. Nookin, "Child Custody Revisited", *Law & Contemporary Problems*, Vol. 77, No. 1, 2014.

[100] I. Majstorovié, "Measures for Protection of Personal Rights of a Child in German Family Law", *Hrvatska znanstvena bibliografija i MZOS-Svibor*, 2014.

[101] Richard A. Warshaka, "In a Land Far, Far Away: Assessing Children's Best Interests in International Relocation Cases", *Journal of Child Custody*. Vol. 10, No. 3 – 4, 2013.

[102] P. Salem, I. Sandler, S. Wolchik, "Taking Stock of Parent Education in the Family Courts: Envisioning a Public Health Model", *Family Court Review*, Vol. 5, No. 1, 2013.

[103] N. Bala, R. Birnbaum, F. Cyr, D. Mccolley, "Children's Voices in

Family Court: Guidelines for Judges Meeting Children", *Family Law Quarterly*, Vol. 47, No. 3, 2013.

[104] J. M. Raub, N. J. Carson, B. L. Cook, G. Wyshak, B. B. Hauser, "Predictors of Custody and Visitation Decisions by a Family Court Clinic.", *Journal of the American Academy of Psychiatry*, Vol. 41, No. 2, 2013.

[105] M. Gaffney, "The Role of the Psychologist in Custody Disputes", *Irish Journal of Psychology*, Vol. 6, No. 2, 2012.

[106] M. E. Keyes, "Financial Agreements in International Family Litigation", *Australian Journal of Family Law*, No. 25, 2011.

[107] Amato, P. R., "Research on Divorce: Continuing Trends and New Developments", *Journal of Marriage and Family*, Vol. 72, No. 3, 2010.

[108] K. Holt, "A Practical Guide to Family Proceedings" (4th Edition), *Child & Family Social Work*, Vol. 15, No. 3, 2010.

[109] P. Parkinson, J. Single, "The Need for Reality Testing in Relocation Cases", *Family Law Quarterly*, Vol. 44, No. 1, 2010.

[110] S. Macadam, S. Macadam, "Jackson County Community Family Court Process, Outcome, and Cost Evaluation Final Report", *Bureau of Justice Statistics*, 2010.

[111] Sean E. Brotherson, Joseph White, Christina Masich, "Parents forever: An Assessment of the Perceived of a Brief Divorce Education Program", *Journal of Divorce & Remarriage*, Vol. 51, 2010.

[112] P. G. Jaffe, CVCN Bala, "A Framework for Addressing Allegations of Domestic Violence in Child Custody Disputes", *Journal of Child Custody*, Vol. 6, No. 3 - 4, 2009.

[113] Nigel Lowe, "A Review of the Application of Article 11 of the Revised Brusels II Regulation", *International Family Law Journal*, 2009.

[114] L. Sweet, C. Power, J. H. Li, E. Mattes, F. Stanley, "Family Law as a Determinant of Child Health and Welfare: Shared Parenting, Breastfeeding and the Best Interests of the Child", *Annual Review of Health Social Science*, Vol. 18, No. 1, 2009.

[115] J. Hamel, S. Desmarais, T. Nicholls, K. Malley-Morrison, J. Aaronson, "Domestic Violence and Child Custody: Are Family Court Professionals' Decisions Based on Erroneous Beliefs?", *Journal of Aggression, Conflict and Peace Rese*, 2009.

[116] P. Salem, "The Emergence of Triage in Family Court Services: the Beginning of the End for Mandatory Mediation?", *Family Court Review*, Vol. 4, No. 3, 2009.

[117] Barbara A. Babb, "Reevaluating Where We Stand: A Comprehensive Survey of America's Family Justice Systems", *Family Court Review*, Vol. 46, No. 2, 2008.

[118] Elizabeth G. Patterson, "Civil Contempt and the Indigent Child Support Obligor: The Silent Return of Debtor' s Prison", *Cornell Journal of Law and Public Policy*, Vol. 18, 2008.

[119] Ellis, Desmond, "Divorce and the Family Court: what Can be done about Domestic Violence?", *Family Court Review*, Vol. 46, No. 3, 2008.

[120] Dr. Benjamin D. Garber PhD, "Developing a Structured Interview Tool for Children Embroiled in Family Litigation and Forensic Mental Health Services: The Query Grid", *Journal of Forensic Psychology Practice*, Vol. 7, No. 1, 2008.

[121] Boshier, Peter, "New Trends in the Family Court-How Psychologists Can Best Help Children", *Original Law Review*, Vol. 4, No. 2, 2008.

[122] McIntosh Jennifer, Chisholm Richard. "Shared care and children's best interests in conflicted separation", *Australian Family Lawyer*, Vol. 20, 2008.

[123] S. L. Braver, M. C. Smith, S. R. Delusé, "Methodological Considerations in Evaluating Family Court Programs", *Environmental Forum*, 2007.

[124] R. Kaspiew, "Empirical Insights into Parental Attitudes and Children's Interests in Family Court Litigation", *Sydney Law Review*, Vol. 329, 2007.

[125] C. Cripps, "A Family Court: Some Proposals for New Zealand", *Springer Berlin Heidelberg*, 2007.

[126] Constance A., "Family Ties After Divorce: Long-Term Implications for

Children Family Process",*Family Process*,Vol. 46,No. 1,2007.

[127]N. Bala,B. J. Fidler,D. Goldberg,C. Houston,"Alienated Children and Parental Separation:Legal Responses in Canada's Family Courts," *Queen's Law Journal*,Vol. 33,No. 1,2007.

[128]D. T. Saposnek,H. Perryman,J. Berkow,S. Ellsworth,"Special Needs Children in Family Court Cases",*Family Court Review*,Vol. 43,No. 4,2005.

[129]Lenore E. A. Walker Ed. D,Kristi L. Brantley M. S. Justin A. Rigsbee MS,"A Critical Analysis of Parental Alienation Syndrome and its Admissibility in the Family Court",*Journal of Child Custody*,Vol. 1,No. 2,2004.

[130] K. Koistinen, D. Kotzias, S. Kephalopoulos, C. Schlitt, P. Carrer, "Outline Concerning the Revision of Act on Procedures for Non-contentious Affairs and Act on Inquiry Procedure for Family Affairs",*Materialvetenskap*,Vol. 27,No. 16,2004.

[131] A. Nicholson, "M Harrison, Specialist but not Unified: The Family Court of Australia",*Family Law Quarterly*,Vol. 37,No. 3,2003.

[132]H. Steinmetz,W. Lignier,É. Biland,C. Bessière,"Professional carrers and Divorces: A Study of French Family Courts", *Oncogene*, Vol. 22, No. 50, 2003.

[133] DAR. Thompson, "The Evolution of Modern Canadian Family law Procedure",*Family Court Review*,Vol. 41,No. 2,2003.

[134]Kuehnle,K. & Ellis,"The Importance of Parent-child Relationships: What Attorneys need to Know about the Impact of Separation", *Florida Bar Journal*,Vol. 76,No. 9,2002.

[135] Linda D. Elrod, "Reform the System to Protect Children in High Conflict Custody Cases",*William Mitchell Law Review*,Vol. 28,No. 2,2001.

[136] Carol S. Bruch, "Parental Alienation Syndrome and Parental Alienation:Getting it Wrong in Child Custody Cases",*Family law Quarterly*,Vol. 35,No. 3,2001.

[137] R. Chisholm, "Children's participation in family court litigation", *Australian Journal of Family Law*,Vol. 1,No. 3,1999.

[138] Smart, C. and Neale B., "Arguments Against Virtue—Must Contact Be Enforced?", *Family Law*, Vol. 27, 1997.

[139] K. Funder, "Complex Contact Cases and the Family Court", *Family Matters*, 1995.

[140] Borgman R., "The Influence of Family Visiting upon Boys' Behavior in a Juvenile correctionalinstitution", *Child Welfare*, Vol. 64, No. 4, 1985.

[141] Kemper, Schreiber, Familienverfahrensrecht, Nomos, 2015.

[142] Statistisches Bundesamt, Rechtspflege. Familiengerichte 2012, Wiesbaden, 2014.

[143] Doris Früh-Naumann, Psychologische Sachverständige, in: Reinhard Prenzlow (Hrsg.), Handbuch Elterliche Sorge und Umgang. Pädagogische, psychologische und rechtliche Aspekte, Bundesanzeiger Verlag, Köln, 2013.

[144] Sima Kretzschmar/Melanie Sander, Der Anwalt im Sorgerechts-und Umgangsverfahren, in; Reinhard Prenzlow (Hrsg.), Handbu-ch Elterliche Sorge und Umgang. Pädagogische, psychologische und rechtliche Aspekte, Bundesanzeiger Verlag, Köln, 2013.

[145] Dieter Schwab, Familienrecht. 20. Auflage, C. H. Beck, München 2012.

[146] Kurt Johannsen, Dieter Henrich: Familienrecht. Scheidung, Unterhalt, Verfahren. Kommentar. 5. Auflage, C. H. Beck, München 2010.

[147] W. Rahm, B. Künkel, R. Kemper, Handbuch Familien-und Familienverfahrensrecht, O. Schmidt, 2010

[148] Jens Gutjahr, Reform des Verfahrensrechts in Familiensachen durch das FamFG, Familie-Partnerschaft-Recht-FPR, 2006.

[149] A. Wacker, Erfahrungen bei der Durchführung von Verfahrenspflegschaft-eine Stärkung der Rechtsposition von Kindern im familiengerichtlichen Verfahren?, VS Verlag für Sozialwissenschaften, 2006.

[150] Ursula Bumiller/Karl Winkler, Freiwillige Gerichtsbarkeit. Gesetz über die Angelegenheiten der freiwilligen Gerichtsbarkeit. 8. Aufl., C. H. Beck, München, 2006.

[151] Borth Helmut/Hahne Meo-Micaela/Maurer Hans-Ulrich/Schwab

Dieter, Handbuch des Scheidungsrechts, München: Vahlen Franz Gmbh, 2004.

[152] Ludwig Salgo, Verfahrenspflegschaft für Kinder und Jugendliche: ein Handbuch für die Praxis, Bundesanzeiger, 2002.

[153] Meyer/Seitz/Krēger/Heiter, "Auf dem Weg zu einem modernen Familienverfahrensrecht-die familienverfahrensrechtlichen Regelungen im Entwurf eines FamFG," , FamRZ 2005.

[154] Anika Hannemann/Peter-Christian Kunkel, "Der Verfahrensp eger-das unbekannte Wesen", FamRZ, 2004.

[155] Andrea Schulz, "Internationale Regelungen zum Sorge-und Umgangsrecht", FamRZ, 2003.

[156] Silvia Sopper, "Rechtsprechungsubersicht zur Vergutung von Verfahrenspflegern", FamRZ, 2002.

后　记

本书从开始写作到最终定稿，用了大约2年时间。2年来，笔者经历了搜集、整理、翻译国外资料的困苦，但是，也因而对国外家事诉讼制度有了进一步了解而深感愉悦。本书的资料来源不仅包括国内外发行的学术专著与期刊，还包括国外一些学术团体、少年儿童保护机关和团体、家事法律咨询机构、家庭法院等网站公布的诸多资料。在阅读相关文献过程中，笔者震惊于国外家事诉讼研究的全面性与深入性，其中不仅有纯粹审理程序方面的研究，还有学者从心理学角度研究诉讼当事人与未成年子女的行为，或从社会学角度研究家事诉讼对家庭关系的影响，或从民法与家事诉讼法融合角度进行研究。国外的相关研究方法对笔者带来较大影响，相信这些研究方法将有助于笔者今后进一步扩展家事诉讼研究领域。有人问国外家事诉讼制度最大特点是什么，笔者除了回答子女利益最大化、职权主义诉讼模式这些诉讼法学者基本有所了解的特点外，更想回答的是国外家庭法院的福祉服务功能尤为明显。家庭法院不仅解决当事人之间的纠纷，还在处理纠纷过程以及作出裁判后为离婚家庭提供福祉服务，法院通过与外部机构进行协作为离婚家庭提供法律咨询、实施父母教育、支援探望权判决的履行。家庭法院借助这些活动消除当事人之间对立情绪，让父母关注子女的利益，了解离婚后在抚养子女方面的角色，认识离婚后通过协作共同抚养子女的重要意义。从这一角度来讲，国外家庭法院已经不是单纯意义上的解决纠纷的司法机关，还承担着提供福祉服务的功能。

在本书进入最后写作阶段，恰逢我国最高人民法院推出家事审判制度改革试点措施,在全国选择了100个左右基层人民法院和中级人民法院,利用2年左右时间尝试改革家事案件审理方式。试点结束后,将在总结经验基础上变革我国家事诉讼制度。而令笔者欣慰的是,本书可以为我国家事诉讼制度改革提供国外制度的参考模本,为建构我国家事诉讼制度尽些许微薄之力。笔者以为,国外家事诉讼中家事调查官制度、父母教育制度、子女利益保护人制度、探望权判决履行支援制度等内容对我国具有较大启示意义,我国有必要也有能力在合理借鉴基础上使之本土化。

在写作的本书过程中,笔者指导的硕士研究生刘树滨、常艺、王冰、闫天宇等同学在资料整理和书稿校对方面给予了大力帮助,在此表示感谢。河北大学政法学院为本书的出版提供了资金方面的支持,在此深表敬意与感谢,祝愿河北大学政法学院迎来更加辉煌的未来。

由于笔者知识水平和写作能力有限,书中若有错误或不当之处,敬请读者谅解并欢迎提出批评意见。

图书在版编目(CIP)数据

家事诉讼比较研究:以子女利益保护为主要视角 / 陶建国著.
—北京:法律出版社,2017
(法学与法治建设研究文丛 / 孟庆瑜主编)
ISBN 978-7-5197-1402-4

Ⅰ.①家… Ⅱ.①陶… Ⅲ.①离婚—子女—婚姻家庭纠纷—民事诉讼—对比研究—国外 Ⅳ.①D915.204

中国版本图书馆 CIP 数据核字(2017)第 223900 号

家事诉讼比较研究
——以子女利益保护为主要视角
JIASHI SUSONG BIJIAO YANJIU
—YI ZINU LIYI BAOHU WEI ZHUYAO SHIJIAO

陶建国 著

策划编辑 陈 妮
责任编辑 陈 妮
装帧设计 马 帅

出版 法律出版社
总发行 中国法律图书有限公司
经销 新华书店
印刷 固安华明印业有限公司
责任校对 杨锦华
责任印制 吕亚莉

编辑统筹 财经出版分社
开本 720 毫米×960 毫米 1/16
印张 19.25
字数 290 千
版本 2017 年 10 月第 1 版
印次 2017 年 10 月第 1 次印刷

法律出版社/北京市丰台区莲花池西里 7 号(100073)
网址/www.lawpress.com.cn
投稿邮箱/info@lawpress.com.cn
举报维权邮箱/jbwq@lawpress.com.cn
销售热线/010-63939792
咨询电话/010-63939796

中国法律图书有限公司/北京市丰台区莲花池西里 7 号(100073)
全国各地中法图分、子公司销售电话:
统一销售客服/400-660-6393
第一法律书店/010-63939781/9782 西安分公司/029-85330678 重庆分公司/023-67453036
上海分公司/021-62071639/1636 深圳分公司/0755-83072995

书号:ISBN 978-7-5197-1402-4 **定价**:53.00 元
(如有缺页或倒装,中国法律图书有限公司负责退换)